张海鹏 / 著

書生議政

SHUSHENGYIZHENG ZHONGGUO JINXIANDAISHI XUEZE KAN TAIWAN DE LISHI YU XIANSHI

中国近现代史学者看台湾的历史与现实

九州出版社
JIUZHOUPRESS
全国百佳图书出版单位

图书在版编目（CIP）数据

书生议政 ：中国近现代史学者看台湾的历史与现实 / 张海鹏著 .
—北京：九州出版社，2010.11（2011.4 重印）
ISBN 978-7-5108-0730-5

Ⅰ. ①书… Ⅱ. ①张… Ⅲ. ①台湾省－地方史－研究
－文集②台湾问题－文集 Ⅳ. ① K295.8-53 ② D618-53

中国版本图书馆 CIP 数据核字（2010）第 209007 号

书生议政：中国近现代史学者看台湾的历史与现实

作　　者　张海鹏　著
出版发行　九州出版社
出 版 人　徐尚定
地　　址　北京市西城区阜外大街甲 35 号（100037）
发行电话　(010)68992190/2/3/5/6
网　　址　www.jiuzhoupress.com
电子信箱　jiuzhou@jiuzhoupress.com
印　　刷　三河市东方印刷有限公司
开　　本　787 毫米 ×1092 毫米　16 开
印　　张　25.5
字　　数　360 千字
版　　次　2011 年 1 月第 1 版
印　　次　2011 年 4 月第 2 次印刷
书　　号　ISBN 978-7-5108-0730-5
定　　价　52.00 元

01 02
03 04

1992 年 5 月 11 日与中国国民党党史会副主任委员陈鹏仁（左）合影于阳明书屋宋美龄观鱼处

1997 年 6 月 15 日访问台北故宫博物院时向秦孝仪馆长（右）赠书

2005 年 8 月 25 日在湖南凤凰与中国国民党党史会原主任陈鹏仁（中）、台湾中央大学文学院赖泽涵教授（左）合影

2008 年 9 月 2 日与王晓波（右二）等台湾朋友在河南开封“林献堂、蒋渭水——台湾历史人物及其时代学术讨论会”上合影

05 06 07 08

2009 年 8 月 22 日在大连出席台湾殖民地史学术讨论会时与台湾学者戚嘉林（左）合影

2009 年 10 月 20 日与台湾辅仁大学助教授许毓良（右一）在日月潭九族文化村参观时合影

2009 年 10 月 30 日在台北中国国民党党史馆与马英九先生（右）见面

2009 年 11 月 10 日与政治大学历史系刘季伦教授（右）参观钱穆故居

目 录

·中国近代史的几个关键·

·论坛致词·

· 观察与思考·

· 书评与影评·

·附 录·

（代序）我的台湾经历与我的研究

——首次台湾之行与本集编辑缘起

台北的海峡学术出版社要为我出版一个集子，编什么内容，我甚犹豫，迁延甚久，并未动手。北京的九州出版社也提出要为我出版一个论述台湾的集子，我这才觉得有必要要当一回事来做了。我试图把我以往写作的有关台湾的历史和现实问题的文字，搜罗起来，勒为一集。这样就有必要回顾一下，写作这些文字的缘起。

1949年以后，海峡两岸隔绝数十年，学术界也是鸡犬之声相闻，老死不相往来。中国社会科学院近代史研究所（前身为中国科学院近代史研究所）图书馆订有台湾出版的《中央日报》，也采购一些台湾近代史学界的学术著作，研究人员只要有兴趣，还是可以接触到有关台湾的消息。改革开放以后，大陆学者可以在海外见到台湾学者。从近代史来说，最有影响的还是1982年在美国芝加哥举办的亚洲年会。大陆方面派了以胡绳为团长的代表团，台湾方面派了以秦孝仪为团长的代表团，两团在旧金山飞往芝加哥的飞机上见面，颇多佳话。

海峡两岸的人民都是中国人，两岸学者通过著作可能彼此有一定了解，对于能亲自见面，畅叙友情，都颇为期待。1989年，台湾解禁不久，我有机会多次在北京接待来自台湾学术界的客人。那时候，有台湾客人来，我们都迫不及待去会见。5月，台湾淡江大学历史系教授王明荪、讲师王樾来访，我那时是研究所副所长，便请各研究室主任出席欢迎。这是本所第一次接待来自台湾的学者。我在本所食堂请他们两位吃了便饭。王教授是湖北宜昌人，我是湖北汉川人，交谈似颇相契。6月初，美国夏威夷东西研究中心吴燕和教授来北京，经社科院丁伟志副院长介绍，说他想和近代史研究所建立某种联系，又听说他是台湾人，我便约了中外关系史研究一室主任张振鹍赶到宾馆去看他。那时候，纽约圣约翰大学教授李又宁女士正在本所访问，天安门事件后，美国美中学术交流委员会通知她，说呆在北京不安全，要她立即返回美国。李又宁教授坚持在北京很安全，要完成在北京的访问，认为学术界人士希望继续交流。我和本所代所长张友坤专门在四川饭店宴请了她。她也是从台湾出去的。8月，台湾东吴大学商学院国际贸易系赵淑敏教授应邀来所作报告。听众甚多，临时改在学术报告厅进行。她介绍台湾研究近代史的机构、期刊，以及她本人研究中国近代经济史的寂寞情况。这是本所第一次邀请台湾学者来所做学术报告。报告虽然较为浅薄，听众反映却较为热烈。

接着，"中央研究院"近代史研究所副研究员熊秉贞女士到北京，她是来山西参加明史讨论会的。我听到消息，约同我所科研处孙思源女士去民族饭店看她。那时候，北京大街上还有解放军执勤。我问她：在北京看见荷枪实弹的解放军没有？她说看到了，但是不怕。9月，我在本所会见了"中央研究院"近代史研究所研究员张存武。我说，北京的近代史研究所和台北的近代史研究所是兄弟单位，我们一直在寻找与你们建立联系。张先生也表示在寻找与我们建立联系。我提出，两个近代史所有很多相同之处，可建立资料互换关系，进一步可以共同编辑资料，更进可展开共同研究。张先生赞成此意。我请张存武先生回台湾后转达我对张玉法所长的问候。这位张先生颇富爱国情怀，觉得中国人要为中国争气，要把中国事办好。他对洋人的中国史著作颇为不直。相谈极为恳切。"中研院"近史所所长张玉法先生后来告诉我，他也曾在天安门事件后不久到过北京，敲过近代史研究所的大门，因为是周末，无人值班，只好怏怏而返。

1990年2月16日，以作家陈映真任团长的中国统一联盟大陆访问团访问中国社会科学院，李慎之副院长主持欢迎座谈会。我出席了这次座谈会。现任《海峡评论》副总主笔兼副总编辑毛铸伦、《海峡评论》杂志社总经理方守仁先生就是这时认识的。4月12日，我与王庆成所长会见台湾淡江大学历史系主任郑梁生和罗运治、陈茂进（山地人）教授。5月21日，台湾东海大学文学院院长吕士朋教授来访。吕教授主张祖国统一，对"一国两制"有不同看法。我曾陪同吕教授游天坛，参观卢沟桥和抗战纪念馆，参观了周口店北京猿人洞。

8月2日,我与王庆成所长一起会见“中央研究院”史语所副研究员宋光宇先生。

1990年是中国社会科学院近代史研究所建所四十周年，为此在8月30日至9月3日，举办了纪念建所四十周年的国际学术讨论会，会议主题为“近代中国与世界”。除了国内学者外，海外还有香港大学校长王赓武，香港中文大学历史系教授兼系主任吴伦霓霞，以及加拿大约克大学陈志让、英国剑桥大学讲师罗澜（Peter Nolan)、法国巴黎东方语言文化学院教授白吉尔（Marie-claire bergere)、日本三重大学教授小野和子、日本花园大学教授小野信尔、庆应义塾大学教授山田辰雄、京都大学名誉教授井上清和狭间直澍教授、神户学院大学中村哲夫教授、追手门学院大学伊原泽周教授、早稻田大学名誉教授安藤彦太郎、东京大学东洋文化研究所滨下武志教授、日本亚细亚大学校长卫藤沈吉、哈佛大学东亚研究中心孔菲力（Philip Kuhn)、美国伊利诺斯大学教授易劳逸（Lloyd E. Eastman)、美国西方学院教授陈锦江出席了会议。台湾方面有“中央研究院”近代史研究所前所长吕实强研究员,张朋园研究员、林满红副研究员出席了“近代中国与世界”学术讨论会。这是台湾学者第一次出席大陆的学术会议。

1991年8月9日，我与王庆成所长出席海峡两岸关系学术讨论会在国际饭店举办的冷餐会。主要是与淡江大学战略研究所李子弋教授会面，李子弋教授提议与我们就召开“孙中山学术讨论会”交换意见。李子弋说：孙中山与21世纪，是台湾方面确定的学术讨论会的主题。第一次已于今年5月在香港召开,会上无意中有争论,经报纸的渲染，扩大化了。第二次希望在大陆开,第三次在台湾开。台师大三民主义研究所所长赵玲玲的丈夫是郝柏村的办公厅主任，在大陆主办会议，郝柏村同意，军方愿意出钱。李子弋说：他们在台湾是两面作战，十分辛苦。一是反对“台独”，一是反对美国自由主义，希望得到大陆的精神支持。他希望多带些年轻人(特别是本省人)来大陆看一看。按以往的经验，硕士、博士生来一次大陆，民族感情便大大增加一次。此次会议也希望多带些年轻的博士、硕士来。经过讨论，初步达成共同召开学术讨论会的意愿。

同年8月29日至9月4日，在美国檀香山东西方中心出席纪念辛亥革命八十周年学术会议。中国大陆出席的有：金冲及、李侃、李文海、张海鹏、张岂之、张磊、章开沅、姜义华、汪敬虞，王玉璞为随行秘书；台湾方面出席的有：蒋永敬、李国祁、吕芳上、吕士朋、古鸿庭、张朋园、张玉法、李恩涵、胡春惠、王曾才、陈鹏仁等。会议期间，台湾海峡两岸的学者相处甚亲密。吕士朋、李国祁、王曾才三位还专门约我出去吃了早点。会议期间，为日本学者藤井升三教授所提论文涉及辛亥革命后孙中山与日本方面签订出卖东北主权的协议问题，引起了台湾学者的极大愤慨。出席会议的大陆学者因为对这个问题缺乏专门研究，没有参与讨论。在会下，有的台湾学者对我们没有在会上声援台湾学者有埋怨。那时，在台湾学者头脑中，孙中山是国父，是不能批评的。我曾与蒋永敬教授私下讨论，我认为，无论是孙中山，还是毛泽东，都是可以批评的，在学术讨论中尤其如此。蒋先生对此似不持异议。

这次会议是日本亚细亚大学校长、东京大学名誉教授卫藤沈吉策划的。卫藤在开幕式上说，策划这次会议，本意是促进台海两岸学者的会面与对话。没有想到，海峡两岸学者已经很熟悉了。卫藤在结束语中说：1981 年在东京召开辛亥革命七十周年学术讨论会，临到开会前一天，台湾学者宣布不能到会。这一次会议，由于苏联政变给中华人民共和国带来极大震荡，我担心海峡西岸的学者不能到会。我在夏威夷给东京打电话，知道海峡西岸的学者已经到了东京，我才放下了心，云云。在夏威夷会议期间，中国国民党党史委员会副主任委员陈鹏仁先生挽蒋永敬教授向我央求，希望允许他前往沈阳出席“九一八事变”六十周年国际学术讨论会。我答应立即做出安排，连夜给社科院联络处卢晓衡处长电话，请作出安排。去沈阳开会前，我给在台北的陈鹏仁电话，询问何时起程？陈告，未得李登辉批准，不能与会。

9 月 13 日至 21 日，中国抗日战争史学会和中国社会科学院近代史研究所等单位在沈阳召开“九一八事变”六十周年国际学术讨论会。我是那次会议的秘书长。台湾学者蒋永敬、胡春惠、李恩涵等以及国内研究抗日战争历史的学者多人出席。会议主题为：抗日战争与中国历史。台湾学者与我们的关系已经很亲密了。

9 月 25 日，我在本所主持了“中央研究院”近代史所李恩涵研究员演讲会。这是“中研院”近史所研究员第一次在本所做学术演讲。李恩涵先生私下对我说，1950 年代，他们读到我所丁名楠等先生著的《帝国主义侵华史》时，是把它当成经典著作来看的。

1992年5月的台湾之行，是我的台湾经历中，也是我的人生经历中一个重要事件。

那年5月8日至9日，台北木栅的政治大学历史研究所主办“黄兴与近代中国学术讨论会”。主办者是该校历史研究所所长兼系主任胡春惠教授，继任所长兼系主任张哲郎协助。那时候，两岸关系发展势头很好，台湾学者进入大陆不难，大陆学者入台还是禁忌。主办者立下雄心，要突破两岸关系的障碍，决心邀请一批大陆学者与会。他们提出了三十多位大陆学者的邀请名单送有关当局审查。被邀者中一部分有人大代表、政协委员身份，未能通过台湾的入出境管理局的审查。通过的部分才能寄出邀请函。被邀者中另一部分在大陆这边被否了，因为，有的主事者未能认识到批准学者去台湾出席学术会议，是两岸关系的一次重要进展。结果成行的只有三位：我和尚明轩、韦杰廷。那时候，除了极个别的直系亲属因丧病事故被允许入台探视外，学者们还没有入台的先例。中国社会科学院有关方面积极支持学者入台访问，这个想法得到国台办支持。我和尚明轩是近代史所研究人员，入台申请得到批准。韦杰廷是湖南省属的湖南师范大学教授，他的入台申请也被国台办批准了。我被国台办指定为代表团团长。这是大陆学者第一次赴台参加学术会议，是中国社会科学院学者第一次应邀赴台湾访问，是中国社会科学院与台湾的学术交流从单向转到双向的标志。我向大会提交了论文：《论黄兴对武昌首义的态度》。论文报告后，论文评论人是政治大学历史系副教授林能士，他的评语说：“张教授的这篇大作，广泛运用了各方面资料，以流畅的文笔，论述黄兴对武昌革命的认识与态度。整篇论文可说是论理清楚，无懈可击，令人敬佩。”（见胡春惠、张哲郎主编《黄兴与近代中国学术讨论会论文集》，台北，1993年3月版，第304页。）吕实强先生也在“中研院”近史所的大会上当着我的面，表达了对拙文的欣赏。

会后，我写过一篇会议报道刊登在《近代史研究》（已收入本书附录）。

关于这次台湾之行，有一些花絮，值得在这里记录。从这些花絮，可证推动两岸学术交流的不易与可贵。

国台办批准。国台办是国务院主管对台事务的官方机构。由于海峡两岸关系的缓和，国台办在两岸学术交流方面，希望推动大陆学者入台。正好有了台湾学术单位的邀请，国台办支持了中国社会科学院台办的入台申请。事涉初办，各方面关系尚待协调。我知道国台办批准赴台的消息，立即派人到国台办取到正式批准文件。因为距离启程的时间只有一周了，我拿到国台办的批准文件，直接驱车到公安部出入境管理局，找到一位主持工作的副局长，请他给我写公文给北京市公安局签证处办理出入境手续。那位副局长表示为难，因为，他还没有收到国台办的批准公文。我把我手头的那一份文件给他看，我说这份文件就放在你这里，请你依据这份文件给北京市公安局发出办理手续的指示。幸好那位副局长没有怀疑文件的真实性，同意照此办理。我拿到公安部开出的给北京市公安局的指令，直接来到前三门北京市公安局签证处。签证处工作人员拿到公安部的指令，态度很好，答允一周内办好手续。5月6日我去机场时，路过公安局签证处，取到了“中华人民共和国往来港澳通行证”。这是我此行唯一合法的身份证明。

国台办临行谈话。临行前，我和尚明轩在社科院台办主任卢晓衡陪同下到国台办交流局听取临行谈话。主谈人是交流局王晓民处长，陪同的是该处工作人员李唯一（后曾任国台办新闻发言人，现任交流局局长）。王晓民处长对此行甚为支持，她交代赴台注意事项，主要是坚持学者身份，尽可能避免官方人士在政府办公楼内接见，办公楼外可以会见；要求积极主动，广交朋友，了解台湾近代史学界情况。我提出，第一次到台湾，情况难以预料，如果遇到紧急情况，我无法与你们联系，怎么办？王晓民答以临机处置。“临机处置”四个字，是我此次临行谈话最大的收获。

过境香港。那时，两岸三地之间取得的协议，是大陆赴台人员必须经罗湖过境香港。5月7日，我们三人在深圳会合，上午9点在深圳一侧通关，手续简单。那时罗湖桥很简陋，走在罗湖桥上，看到浑浊的深圳河，一时感慨万千。我在80年代初编绘《中国近代史稿地图集》时，绘有一幅香港租借地地图，我从文字上和地图上已经熟知深圳河，此时从河上走过，东张西望，很想把深圳河看个究竟。竟然走不了几步，就到了香港一侧。此时香港还是英国管制，情形果然不同。通关时，我们被引导到一处简陋的大厅，在那里被要求等候。一等候就等了六小时，令人殊为难耐。这间大厅除了有水喝，其他什么都没有，也不能对外打电话。大厅里还安置了若干间小屋。人们被叫进去一个个谈话。我们一行三人，除了我侥幸未被谈话外，尚、韦两位都被叫进去谈话了。谈话时间可久可暂，议题五花八门，叫人摸不着头脑。他们两人从小房间出来，我正准备进去，忽被告知，我们三人可以出关了。

雨滞旺角。出关后到罗湖车站，胡春惠教授前来接车。我们不免一路骂英国人的统治，意颇难平。胡教授安排我们一行在旺角 Stanford Hotel 旅店下榻。一天折腾，到旅店时已经晚了。夜晚休息时，听到附近有枪声和爆炸声，有人告，香港治安不好。8 日早起，得知昨夜一夜大雨，报道说是数十年未见。我们一行先到港岛金钟大厦中华旅行社（实际上是台湾在港的领事机构）办理领取入台许可证手续，但是，许可证尚未拿到。胡教授告，香港珠海书院校长梁永燊请喝午茶，因为胡教授在此间担任珠海书院亚洲研究中心主任，对于梁校长的宴请，感到却之不恭，便应邀前往。哪知大雨下个不停，以至大雨天留客，我们难以和主人告别。下午要登机飞台，不得不冒雨回到旅店。出租车开到旅店街道中间，不肯走了，街两边积水太深，开到旅店门口，车要进水。我们付了费，请出租车等我们一下，接着拉我们到启德机场。等我们下了车，司机启动车子开跑了，把韦杰廷脱下来的一双皮鞋也拉走了。走进旅店，发现水淹旅店，大门前垒着沙袋，电梯间进水，电梯开不动了。记得我们的飞机是下午 3 点多起飞。我们匆忙结了账，却叫不到出租车。我请旅店的服务生帮忙叫一辆车。这位服务生西装革履，毫不迟疑，立马出门涉水找车，这颇让我惊讶。此举着实让我体会到了香港的服务态度之优良，令人佩服。这中间，珠海书院的秘书带韦杰廷上街买了皮鞋。服务生出门很久，才叫了一辆去机场运菜的货车，答应拉我们顺道去机场。上卡车时，已过下午 3 点，飞机快要起飞了。我说，不管三七二十一，去了机场再说。到了机场，才发现因为大雨，所有航班都停飞了，我们也松了一口气。下午 5 点左右，雨停下来了。华航和港龙合并，很快安排起飞。

启德机场登机交涉。记得我们一行（包括胡春惠）改搭华航航班飞台。哪知登机时，才发现我们手中没有台湾方面发出的入台许可证，机长不允许我们三人登机。我们不得已从舷梯上退了下来。经过胡春惠教授紧急交涉，又与台湾方面电话联系，得知所谓许可证即“中华民国台湾地区入出境许可证”，台湾有关方面刚办好，还来不及送到香港。证实了这一点后，机长才允许我们三人登机。大约晚9点，飞机在台湾桃园机场(正式名称为中正国际机场)降落。在飞机即将停稳时，机舱喇叭里想起了空姐的呼声：请张海鹏等三位到舷梯旁领取“许可证”。我们下得舷梯，有人把我们三人的“许可证”送到我们手中。我还记得，在那张“许可证”上签字的是“中华民国内政部长吴伯雄”。

胡教授陪同我们通关。在通关处，机场一位中年女士，非常热情招呼我们，让我们把大陆方面发的“中华人民共和国往来港澳通行证”押在她那里，只许我们带着“中华民国台湾地区入出境许可证”出关。出关后，有车来接。我们一行在8日晚10点多才到政治大学行政大楼顶层的访客住处。张哲郎等来问候安排一应事宜。半夜1点，我匆忙入睡。

出席政治大学“黄兴与近代中国学术讨论会”的经过与情况。9日上午9点，学术讨论会在政治大学行政大楼会议厅举行。尚明轩、韦杰廷紧随我后走进会议大厅。会场上的横标大书“黄兴与近代中国国际学术讨论会”。按照规定，我们不能出席台湾方面召开的国际会议。为此，我在事前与政治大学筹备方面联系时，已经说明。我们的来往函件，以及会议手册，都不见“国际”字样。走在我后面的尚明轩扯着我的衣角，指着会场横标，小声问我：要不要退出会场？我说，走吧，找自己的座位吧！我想的是，两岸隔绝数十年，我们终于走进了台湾的土地，走进了台湾的学术殿堂，这对于海峡两岸的关系，对海峡两岸的学术，是利莫大焉的。退出会场很容易，造成两岸关系的退步，挽回却甚不易。我有“临机处置”四个字，我就这样决定了。此后，会议按照议程，行礼如仪。会议中关于孙中山、黄兴历史作用的讨论，关于革命的评论，我在报道中写过了，此不赘述。

会议进行中，台湾大学三民主义研究所李炳南教授、台湾师范大学三民主义研究所赵玲玲所长先后来会，邀请我前往访问，接待方面当面严拒。我感觉形势严峻，不便插话。

会议期间，《联合报》记者要求采访，我拒绝。蒋永敬教授劝我不要拒绝。我告诉记者，我是学者，主要任务是参加讨论会，我接受采访，只谈学术，只有十分钟。5月10日该报刊登了联合报记者陈碧华专访：《大陆史学家最想看“大溪档案”社科院近研所副所长张海鹏：学者都希望以实事求是态度研究历史》。

在会场，我还邂逅海基会副秘书长李庆平。他主动来打招呼，告诉我，他刚从美国回来。

戴国辉安排受阻。9 日下午，会议茶歇时，日本一桥大学的戴国辉教授夫妇主动与我相识。他是台湾桃园人，又是北京的常客。他问我：张教授是否愿意与王晓波认识？我答：很愿意，只是无缘相见。戴说他来安排。10 日中午，戴国辉夫妇在外面请我吃饭。他说，他已经给王晓波打过电话，告诉王晓波，北京社科院的张教授来了，你愿不愿意与他见面？王答：非常欢迎！中国统一联盟可以请他演讲。戴说：混账！张先生是学者，怎么可以用中国统一联盟的名义呢？王答：那好，我们用台湾史研究会的名义来欢迎他。戴问我：你是否可以跟接待方面提出要求，在日程中留出半天，到台湾史研究会去坐坐？我同意了。

下午，我见到政大主持接待的朋友，提出在日程安排中请给我预留半天时间，我好有点自由活动。接待的朋友告诉我，接待计划有改变，我们离台的时间提前了，不可能给我预留自由活动时间。我随后把这个消息告诉了戴国辉先生。

晚饭后，有一杜姓青年来找我，很神秘地要我跟他走，说与王晓波见面。我跟他来到政大一处宿舍，走进政大中文系尉天聪教授家，在他家的顶层，大约是尉先生的书房，据说是违章建筑。在那里，陈映真（中国统一联盟主席）、王晓波（台湾史研究会会长）、尉天聪、戴国辉夫妇，以及杜姓青年在座。尉天聪先生准备了酱牛肉、口条和白酒。戴国辉与我介绍了交涉经过，王晓波等听后情绪激动。王晓波分析，可能是他与戴国辉的通话被窃听了。王晓波那时反国民党，情治机构对他控制很严，他家的电话是被监控的。

谈话中，王晓波问我：张先生怕不怕坐牢？我说，在 1949 年前，我当然是怕坐牢的。但是，在此时此刻，在台湾，我不怕坐牢。王晓波说：我们可以找一个立法委员到立法院提出质询，既然已经邀请张海鹏先生到台湾来了，为什么不可以安排张先生与台湾史研究会的学者们见面？我略微沉吟一下，说：我不主张这样做。这里不产生坐不坐牢的问题，我不是怕坐牢。我以为两岸关系发展到这一步，已经很不容易了。如果到立法院质询，我就可能成为一个新闻人物。成为新闻人物事小，使两岸关系倒退事大，两岸学术交流倒退，可能得不偿失。此事因我而起，则罪莫大焉。对此，与会各位颇首肯。最后大家建议，可以请政大方面安排飞机票在17日下午，这样，那天上午可能还有一点时间到台湾史研究会与诸位见面。我以为可以试试。戴国辉还谈及，他虽是台湾人，也是国民党盯着的对象，他也不能按计划在台湾多呆几天了，他要提前回日本，否则怕走不了了。14日晚，杜姓青年来电话询问如何安排？我告诉他，计划行不通，政大方面已经安排了17日早班飞机，17日上午完全没有时间了。

与政治大学校长张京育在校长办公室共进早餐。入台后，每天日程安排很满。5月11日早，安排与政治大学校长张京育共进早餐。早餐在校长办公室进行。客人除了我们三人外，还有从美国来的薛君度、李又宁等。校长办公室很宽敞，有专门厨师伺候。分宾主入座后，主人起立，说，各位请坐、各位请用餐。在这里，我体会了台湾的官式作风；第二天，蒋永敬教授请我在学生食堂共进早餐，体会了民情。

参观党史会和故宫博物院。5月11日早餐后的日程有两项：一是参观中国国民党党史编纂委员会，另一是参观台北故宫博物院。上午在阳明山阳明书屋参观党史会，此地原是蒋介石退台后的“总统府”。党史会主任委员李云汉、副主任委员陈鹏仁带领我们参观了蒋介石的办公室、宋美龄的卧室以及蒋经国的办公室。这几处都照原样保存。蒋办公室正中摆放着蒋介石巨幅戎装像，宋美龄卧室陈列着画架，还有宋美龄未完成的画作，似乎是梅花与花草。室外山坡下有一处水池，水池旁有两座圆圆的石凳，据说，这是宋美龄观鱼处，蒋氏夫妇休息时常在石凳上坐坐，以修心养性。陈鹏仁先生还陪着我在石凳上照了一张相。李云汉先生带着我们参观党史会档案和“大溪档案”。“大溪档案”是蒋氏担任中华民国总统的“总统府机密档案”，1949年退台后，放在桃园县的大溪镇，因以得名。秦孝仪（蒋介石侍从秘书）担任党史会主任委员后，为便于管理，把“大溪档案”调到阳明书屋。我看到玻璃柜里的“大溪档案”陈列，都是蒋氏手书信函、电报之类，很希望亲手拿出来看一看。李云汉先生说不可，因为没有开放，且管理权在“国史馆”。

中午，李云汉主任委员在阳明书屋设宴招待。据告，厨师是从台北市内专门请来的。宾主斛觥交错，相谈甚欢。

按照日程，下午2点参访故宫博物院。但是从阳明山到外双溪，山路重叠，路况不佳，我们一行到故宫博物院时，已是下午2点半。进了贵宾室，秦孝仪院长已等候多时。我看见秦孝仪院长脸上露出不耐烦的样子，又见他对陪同我们前来的胡春惠所长说，怎么迟到了半个钟头？客人一行还有薛君度、李又宁。分宾主落座后，除秦孝仪院长一人在沙发上落座外，我看见其余陪同人员二十多人都站在一边。这个架势，是我从来没有见过的。

秦院长先致欢迎词，我致答词。我带了一本我自己编著的《中国近代史稿地图集》，一把折扇，作为礼物，赠送秦院长。欢迎礼仪毕，秦院长侧头对胡春惠所长说：你们召开黄兴的会，怎么不请我去？黄兴是湖南人，我也是湖南人。我不仅可以参加你们的会，还可以做你们会议的主席！胡春惠曾在党史会工作，那时，秦孝仪是党史会主任委员，胡正好是他的部下。胡春惠所长毕恭毕敬，立正回答，解释会议筹备的经过，一口一声秦主任委员。现场静悄悄的。我看场面甚尴尬。我作为客人，想把话头扭回来。我开口说话后，秦院长和颜悦色与我对话。我们的对话难以继续，秦院长又对胡春惠发脾气。胡春惠急忙中说了错话。他说，这一年，我在香港，筹备会务的小事，都是博士班的学生在做。这一下，激怒了秦院长，他把沙发一拍，说，请我去参加会，是小事吗？弄得胡所长手足无措。在场的政大历史所副所长张哲朗看不下去，他与秦孝仪没有历史瓜葛，调头就走了。秦孝仪是特任官，官阶很高。这是我第一次看到国民党高官的派头与架势，十分感慨。1949年前，我不到十岁，在乡下看到国民党乡保长仗势欺人，看到抓壮丁的惨剧，却无缘看见国民党的高官。这一下，我似乎若有所悟了。

欢迎仪式后，院方安排我们参观陈列。我印象最深的，是展出把中国历史发展的轨迹与世界历史发展的轨迹用表格的形式加以对比，说明中国历史文化在世界上的地位，我觉得很有新意，使参观者一目了然。北京的展览比较单调古板，很值得向他们学习。

院方还让我们看了文物仓库。文物仓库在地下，似有两三层，曲曲折折，层层铁门巨锁，很是神秘。在地下室，还专门给我们辟出一室，展出晚清文物，其中一件，是1905年派遣五大臣出洋考察政治的国书。国书在姓名栏是空白的，显系尚未使用。这件国书尺寸甚大，我在北京从没有见过。这使我理解了，1949年故宫文物运台时，确实带走了许多好东西。这些文物，都是中国历史文化的瑰宝。

看了故宫后，又带我们参观了附近的张大千纪念馆。张大千60年代自南美归来，就卜居于此。张氏过世后，旧居开辟为纪念馆。纪念馆归属于台北故宫。在张氏屋顶上，看到山峦起伏、双溪并流景象，方才理解了外双溪的含义。

张大千纪念馆内有一处名为摩耶精舍的所在，大概是张氏的客房。秦孝仪院长在摩耶精舍举办晚宴。秦院长特别交代，一定要把张哲朗先生请来。张哲朗先生果然出席了晚宴。晚宴比较轻松，秦先生还讲一些笑话，主要是讽刺大陆的，如“爱字无心”之类。晚宴开始，秦院长致辞，说了一句：今天下午，我有点失态，请大家原谅。这算是自我检讨吧。晚宴进行中，秦院长要我谈谈参观感想。我大约讲了三点：一、台北故宫，保存了中国历史文化的精华；二、陈列中，用表格把中国历史与世界历史相比照，形式很好；三、台北故宫地下仓库建设一流，特别是用海龙瓦斯灭火的安全设施，令我印象深刻。我还说，北京故宫恐怕没有这样好的地下文物仓库和安全设施。秦院长接过话头说，北京故宫如果想建，我们可以帮忙呀，两地故宫可以交流呀！我接着说：秦院长，你的这句话，我是否可以给北京故宫带个口信呢？秦院长说：可以呀，你带个口信过去吧。应该说，最后的晚宴是很愉快的。

我回京后，曾给国家文物局写了一封短笺，说明了我访问台北故宫以及秦孝仪院长希望两岸故宫展开交流的意愿。这封短笺，国家文物局用红头文件印发了。这也算我兑现了带口信的承诺吧。

政大历史系和南港近史所演讲；与政治大学教务长刘兴汉餐会；邂逅邱创焕。5月12日，安排了两场演讲。上午在政治大学历史系，全体师生出席。系主任胡春惠主持。下午在南港近史所，参观了该所档案馆、图书馆，然后出席演讲会。近史所所长陈三井主持。我的演讲，主要是介绍中国社会科学院近代史研究所的研究工作。张玉法、张朋园、吕实强、刘凤翰、林满红均有提问。吕实强提出放弃意识形态问题，我做了答复，主要是任何人、任何研究者、任何社会人，都有意识形态，不是这种意识形态，就是那种意识形态，难以避免，放弃意识形态不能成立。

中午，政治大学总务长、教育学博士、教授刘兴汉请我们三人午餐，请我们谈中国大陆教育方针、大中小学教育情况，我主谈，尚明轩、韦杰廷补充。谈话过程中，遇到中国国民党副主席、“总统府资政”邱创焕。邱先生知道我们是大陆客人，很客气，说他今天到政治大学做了一场有关两岸关系的演讲，并把演讲稿送我们。看过演讲，了解了邱先生主张一个中国，主张中国应该统一，主张统一的中国应该创造全世界最大的生产力。

参访“国史馆”；拜访海基会。5月13日，我们参访“国史馆”。“国史馆”馆长瞿韶华先生主持接待。先在市内某处参观了“中华民国建国八十年展览”，然后参观了该馆档案整理、缩微设备、熏蒸室（日本引进）和书库，以及电脑设施。瞿先生是长者，行为颇具亲和力。参观后，瞿先生有午餐招待。吃饭时，海基会副秘书长李庆平在座。

饭后，胡春惠所长陪同我访问台湾师范大学三民主义研究所赵玲玲所长。我们两个单位正在筹划在北京召开“孙逸仙思想与中国现代化”学术讨论会，我和赵所长简单交换了筹备情况。

离开师大，稍事休息，我们三人在政大历史所博士班学生吴翎君陪同下前往拜访海基会，与海基会副秘书长陈荣杰会见。在座的有海基会几位处长（记得其中一位张处长是汉口人），还有苏起，但苏起从始到终未发一言。寒暄后，陈荣杰先生忽然问我：张先生，你是共产党员吗？我们三人中，尚明轩不是中共党员，韦杰廷是否中共党员，我没有问过。我是加入中共不久的新党员。我在入台前，填写台湾方面提出的表格时，是没有填写共产党员一项的。我正在考虑怎么回答，陈荣杰先生开口说道：你不需要回答我。我知道，你们当中有许多人是共产党员。我所以提出这个问题，是考虑，你们在台湾期间，可能有人向你们提出这个问题。如果有人问你，我建议你不要正面回答，打个哈哈，王顾左右而言他，用别的话题带过去。他说，如果你承认自己是共产党员，按照我们这边的法律，我们可以抓你。但是你是我们邀请的客人，抓你就不妥了。我们不抓你，还可能有民进党的人出来提告。如果你不承认你是共产党员，我们这边在大陆有眼线，如果证实了你是共产党员，说明你不诚实，在台湾撒谎了。这对你更不好。我认为，他的说法，很有参考价值。

但是事实上，在台湾期间，没有人向我们提出这个问题。

访问东海大学。5月13日晚，东海大学历史系副教授兼联经出版公司总编辑林载爵先生开车送我们到台中访问东海大学，文学院吕士朋院长接待。次日，吕士朋院长带领我们游览校园，参观校办牛乳厂，还参观了附属小学。附属小学校舍很不错，运动场跑道是用塑胶铺垫，我感到很新鲜。这所小学比我在北京所见小学，在设备上先进很多。小学校长是一位女性。她知道我们来自大陆后，说在1949年，她从河北南逃，“共匪”一直在背后追，多么惊险。说时仍很愤愤。林载爵陪同我们参观了学校图书馆。图书馆大门外，竖立着曾国藩之孙曾约农铜像。大约曾约农对这家图书馆帮助很大。图书馆内管理人员都是由学生来打工，是勤工俭学性质。馆内全部开架，进馆的读者可以任意取阅，靠墙还放置了一排课桌，供读者使用。图书馆藏书三十多万册。我曾对陪同参观的图书馆负责人提问，是否有丢书现象，丢了书怎么办？那位负责人回答很干脆，有丢书，丢一本补一本。这是显示馆方经费充足，底气很足。但是，一般书好补，珍本书怎么补呢？

据介绍，东海大学是教会大学，是大陆撤退后，大陆各地的教会大学合并而成。校内有一座建筑奇特的教堂，学校并不强迫师生信教。

14日晚，林载爵先生送我们回到台北。

与张家堂兄姊会面。住在桃园县中坜市的同乡族兄、姊张声炎、张巧芝兄妹，知道我来台湾，上午到政大来看我，叙乡情、话桑麻。这是1949年后第一次见面。见面时，声炎兄问我，你是丁卯年的吗？我说不是，我是已卯年的，丁卯年的是我的哥哥海涛。他说，啊，你是海鹏。可见，他对家乡人还是记得的。张声炎生于1925年（旧历乙丑），原本是小康之家，逐渐变得穷苦。张声炎从小在外读书、学徒，十万青年十万军时期，投入国民党军队。曾与共产党作战，退台后，是军中的学习模范，大大提升了文化素养，曾获蒋介石接见，升至上校退伍。他在军中营无线电通讯，业务娴熟，虽有资格，不得升迁少将，颇有不遇伯乐之憾。他因大脑肿瘤开过刀，脸面变形，不大出门，也未回过大陆。其妹是嫁给国民党军人的。1948年，我的家乡驻上了国军，她后来随一沈姓军人走了。她回过家乡，对家乡的落后颇多奚落。声炎对她有批评。声炎是一个统派。

在猫空与政大博士班同学茶叙。15日下午，应政治大学历史所林能士副教授邀请，在林能士带领下与五六位博士班学生到猫空山上茶叙，回答博士生们的提问。6点，历史系请吃饭。晚9点，赵玲玲所长、李子弋教授、缪全吉教授，还有一位周姓将军，在台北市内请我吃饭，谈至深夜，主要涉及共同举办学术会议事。

出席联合报系《历史月刊》社举办公开演讲会。5月16日，在联合报大楼出席"两岸学术交流对研究中国近现史的影响"演讲会。台湾方面有蒋永敬、张玉法、陈三井；大陆方有张海鹏、尚明轩、韦杰廷。主持人是《历史月刊》社社长刘涛先生。这次演讲会，联合报是登过消息的，听众包括各方面人士，记得有一位年长的化学博士也在关心大陆情况。但是，安排这个节目，我知道很晚。每天活动很紧张，我只好到了《联合报》大楼后，用了一个小时时间，休息兼思考。演讲后，邵玉明、王尔敏、张存武、刘绍唐诸先生现场提问，我回答了大多数问题。刘绍唐先生原是我四野政治工作人员，随四野南下，到了海南岛后，跑到了台湾。他是名气很大的《传记文学》的主编。

大约在1992到1993年之间，我在北京接到《历史月刊》社社长刘涛先生的电话，因为事先已经有活动安排，只在电话里聊天，未能见面。他告诉我，他住在《人民日报》大院里。看来，他是《人民日报》某干部的亲戚。这就是两岸关系的侧影。

赠送传真机故事。我在与政治大学历史研究所联系访问的过程中，对方往往要我的传真机号码。那时候，台湾使用传真机已比较普遍，而在北京，还是很稀罕。中国社会科学院也只有一两台，其中一台在外事局联络处。我偶尔利用联络处的传真机处理急件，还是不方便。到了台湾后，与张玉法、胡春惠诸先生谈起来，他们颇为同情。张玉法先生告诉我，他要约几位同仁捐钱送我们研究所一台传真机。我回到北京后，接到张玉法电话，他要从香港买一台传真机送过来。我回答他，这样不方便。因为，当时传真机很贵，大约人民币两万多元。从香港进口，我还要缴纳关税，说不定也要两万多元。近代史研究所财政窘迫，无力负担。他听到后，转从他的山东老乡那里（生产传真机工厂），给我所在的研究所送来了一台传真机。这已经是1992年年底的事了。这是本所使用过的第一台传真机。

捐钱的先生，除了张玉法、胡春惠外，大约还有蒋永敬、张朋园、林满红诸先生。究竟有几位，他们从来不告诉我。今年（2010）5月，中国社会科学院近代史研究所举办第三届“近代中国与世界”国际学术讨论会，在开幕式上，“中研院”近史所所长黄克武提到此事，但语焉不详。在闭幕式上，我把黄克武所长所提之事，前因后果，娓娓道来。当时，张玉法先生坐在我的身边，他轻声对我说，这事还提什么呢？我说，黄所长已经在开幕式上说了，他不是当事人，说不清楚。我是当事人，我有责任把它说清楚。此事光明正大，公开出来，不会有负面作用的。张先生笑了笑，接受了我对他的感谢。

香山会议。我从台湾回来不久，1992年6月9日至12日，在北京香山饭店，由中国社会科学院近代史研究所与台湾师范大学三民主义研究所、台湾孙文学术思想研究交流基金会联合主办“孙逸仙思想与中国现代化”两岸学术座谈会，我任大陆方秘书长。台湾学者以台湾师范大学三民主义研究所所长、教授、孙文学术思想研究交流基金会董事长赵玲玲为领队，共三十七人（包括淡江大学美国研究所所长李本京、台湾大学社会心理学教授黄光国、中国文化大学大陆研究所所长高辉、政治大学邵玉铭、香港中文大学副校长金耀基、日后成为大法官的董翔飞等），其中还有“国大代表”数人、国民党中央委员数人；大陆学者二十五人。台湾方面学者都是政治、法律方面的，我方是历史学者。这是两岸学术单位第一次合作召开这样的学术会议，也是我院首次与台湾学术机构联合在大陆举办以孙中山思想为主题的学术研讨会（由于第一次举办海峡两岸学术会议，缺乏经验，为谨慎起见，故称为座谈会）。会议期间有不少摩擦，甚至会务安排、出场场次、合影等细务，每天晚上都要争吵到深夜。有四五位台湾学者的文章须修改。在美国留学的周阳山，在文章开头就写有中共在大陆“残民以逞、穷兵黩武”。我找他们来谈话，一一指出，请他们修改，否则不能上会。我给周阳山专门谈所谓为客之道。他们回台后，在报上著文说大陆近代史所“过滤”他们的文章。开幕式当晚，中国社会科学院副院长汝信出面在颐和园听鹂馆宴请与会学者。国台办交流局局长张晓布也住在会场，以便随时了解并掌握情况。

接待台湾来的大陆访问团。香山会议后，6月29日至7月3日，以大陆研究会理事长欧阳勋为团长的台湾学术界人士三十二人出席中国社会科学院与台湾“亚洲与世界社”联合主办的“两岸关系新趋势研讨会”。代表团一行有现任和前任大学校长八人，前任“部长、副部长”和其他党、政与文化、新闻、出版等部门负责人多人，现任和前任“立法委员”、“国大代表”多人，是一个层次很高的代表团。汝信副院长主持接待，因为我和台湾学术界初步建立起来的关系，我和我院多人参加接机和接待。

1992年内，我在北京还接待了多批来自台湾的学者。1992年以后，在大陆，我主办或者参与主办的学术讨论会很多，每次都邀请台湾学者出席。在台湾、香港、日本、美国等地，我也应邀出席与中国历史相关的学术会议，每次都有机会与台湾的朋友见面，并共话友谊。限于篇幅，这里就不多写了。

我之所以把1992年台湾之行详细写出来，因为它是海峡两岸之间学术界的破冰之旅，很有意义。我曾经与“中研院”近史所前所长陈三井先生提及此事，他很感兴趣，鼓动我详细写出来。

1992年5月的台湾之旅，我是有收获的。简单总结，大略有：一、实际上体认了台湾的风土人情、台湾人的思想感情和行为方式，从实际感受上确认了两岸历史文化相同、血脉相连；二、初步了解了台湾中国近代史学界（包括三民主义研究）的学术机构、学术团体、代表性的学者，与其中许多人交了朋友，初步了解了台湾学术活动的组织方式；三、初步了解了台湾问题的症结何在；四、看到了台湾学术界运用当代世界科学手段的成功，尤其是电脑和网络的使用。1993年，我下决心在所内招进了一位学电脑和网络的大学生，请他开设计算机课程。我对所谓局域网没有概念，请他设计了一个简单的局域网（三台电脑组成）给我看。这个简单的局域网，是当时中国社会科学院唯一一个局域网。此后，我努力在所内推动电脑的使用和网络的建设。我自己也在1996年学会使用电脑，开始换笔写作了。

1992年5月的台湾之行，是海峡两岸关系发展的产物。1979年元旦，全国人民代表大会常务委员会发表了《告台湾同胞书》，提出了解决台湾问题的最新的方针。1981年，人大委员长叶剑英发表了“叶九条”的谈话。1983年，邓小平正式提出了“和平统一，一国两制”原则。1987年，蒋经国在岛内宣布“解禁”。1988年台湾老兵返乡潮后，两岸之间人员来往加速。1991年，台湾宣布废止“动员戡乱临时条款”，颁布《国家统一纲领》，表明了国家统一的意向。我的台湾学术之旅就在此后。1992年11月，海协会与海基会在香港达成“九二共识”，1993年4月，汪辜会谈在新加坡举行，就加强两岸经济合作和科技、文化、青年、新闻等领域的交流进行了事务性协商，签署了四项协议，受到了海峡两岸和国际社会的普遍好评。1994至1996年，李登辉的“台独”倾向暴露，两岸关系走入低谷。1998年10月，在上海举行了第二次“汪辜会谈”，双方还达成了包括两岸继续进行政治对话及汪道涵会长应邀访问台湾的“四项共识”。这次会谈的良好政治气氛，又被1999年李登辉的“两国论”破坏了。2000年政党轮替，民进党主席陈水扁上台执政，两岸关系止步不前，而且很紧张。2008年国民党再次上台执政，两岸关系才发生了积极变化。

此次台湾之行，对我个人的学术经历，产生了影响。

2001年，中国社会科学院提出开展台湾历史研究。经过近一年的酝酿和商讨，最后决定在近代史研究所建立台湾史研究室。我时任近代史研究所所长。考虑到1949年以后，国内出版的第一本台湾历史书，是近代史研究所前辈学者撰写的，考虑到所谓台湾历史，最关键的清初以后的历史，其中鸦片战争以后的历史，就是中国近代史的内容，我个人感到责无旁贷。于是，2002年4月，近代史研究所成立台湾史研究室，由我暂时兼任主任。作为成立台湾史研究室的活动，我特别邀请了台湾的台湾史研究会创会会长王晓波教授前来演讲。八年来，台湾史研究室从无到有，研究人员不算我有九人（其中一人已退休，一人已调离）。现在在职七人中，三位是副研究员，六人有博士学位，在近代史所内，力量已不可小觑了。有关日据时期警察制度研究、有关日据时期台湾总督府经济政策研究、有关日据时期台湾米糖经济史研究、有关日台经济关系研究、有关二二八事件研究、有关台湾中学历史教科书研究、有关台海冲突与交流研究等方面的著作，也已出版，为中国大陆的台湾历史研究，贡献了心力。

中国大陆的台湾史研究，总体来讲，发展是不够好的。除了厦门大学台湾研究所开展台湾史研究比较有基础外，其他各单位少有专人从事台湾史研究。无论是从业人员、研究机构，还是学术刊物与学术著作的出版，较之台湾和日本，我们都是落后的。大陆各单位注意研究台湾现状的人很多，研究台湾历史的人很少。在我看来，没有台湾历史研究作为支撑的台湾现状研究，未必能走得很远。在有了台湾史研究室这一实体后，我决心大力推动台湾史研究中心的成立。

2002年9月底，中国社会科学院台湾史研究中心召开成立大会。国台办主任陈云林、副主任王在希、中国社会科学院常务副院长王洛林和副院长朱佳木等出席会议。中共中央政治局委员、中国社会科学院院长李铁映和国务委员钱其琛致了贺电。台湾史研究中心成立理事会，以朱佳木为理事长，南京大学茅家琦，厦门大学陈孔立，还有我，三人任副理事长，我本人兼任研究中心主任。成立台湾史研究中心，目的在协调、推动大陆的台湾史研究。主要方法是召开学术讨论会，通过学术讨论会，把研究力量团聚起来。

中国社会科学院台湾史研究中心主办和协办的学术讨论会有：

2004年12月，海峡两岸台湾史研究的趋势与未来学术讨论会，北京；

2005年8月，纪念台湾光复六十周年暨海峡两岸关系学术讨论会，长沙；

2006年8月，海峡两岸二二八事件学术讨论会，厦门；

2008年9月，林献堂、蒋渭水——台湾历史人物及其时代学术讨论会，开封；

2009年8月，台湾殖民地史学术研讨会，大连。

2010年，我们还将在重庆召开台湾光复六十五周年学术讨论会。

以上会议，每次都有台湾学者出席，少者数位，多者数十位。也有日本学者出席，日本一些研究台湾历史的著名学者对我们举办的会议，对大陆的台湾史研究，开始关注了。

台湾史研究中心还计划推出中国社会科学院台湾史研究中心丛刊，这是一套专门出版台湾史学术专著的系列读物。第一本王键著《日据时期台湾米糖经济史研究》，已于2010年由江苏凤凰出版社出版。以后还将陆续有新著推出。我们自己编著的《台湾简史》、《台湾史稿》也将陆续付梓。我们希望在建立中国大陆的台湾史学科体系方面，有所着力。

我从2003年开始招收攻读台湾史的博士生，已经有三位先后毕业。他们分别研究日据时期台湾警察政治、美国对台援助和1950年代初中国国民党改造运动，各有专攻，各有成就。

我还指导了两位博士从事台湾史博士后研究，一位从事日据时期（1895—

1945）台湾总督府经济政策研究，另一位是台湾青年学者，从事台湾总督府平复汉人武装抗日之研究，也是各有所成。

我已经过了七十一周岁。活动能力有限，我已经不大可能在纯粹的台湾史研究上做出成绩了。1992年以来，我在推动中国近代史研究的同时，也分了一部分时间和精力，关注台湾史研究。我给自己规定的任务，是组织和推动，是协调和提倡。这些方面，已经做了一些工作，铺下了一个摊子，形成了一支力量。我对他们寄予无限期望。我希望他们把台湾史研究进行下去，不仅在学术上成功，在为国家大局服务上，也要做出努力。

也许，我能到台湾访问的机会不会多了。我怀念那里的许多朋友们。我认识的朋友中，有人当了大官，如林满红，本来是"中研院"近史所的研究员，2005年10月，我在"中研院"活动中心下榻，林小姐和她的丈夫陪我早晨去爬山，下山来在小店里吃油条，喝豆浆，何其乐也。马英九掌政柄后，任命她为"国史馆"馆长，这是一个很大的官。有人从官位上下来了，如"中研院"史语所的前任所长杜正胜先生，他当过台北故宫博物院院长、"教育部长"。他没有加入民进党，却极力为"台独建国"出谋划策。我访问过的"中研院"台湾史研究所筹备中心主任刘翠溶，不久就当上了"中研院"副院长，今年因得罪了"立法院"民进党的委员，辞职不干，回头任台湾史研究所特任研究员；请我吃过饭的"中研院"史语所所长王泛森，接了刘翠溶的职位。我访问过的梁肃戎先生、秦孝仪先生、瞿韶华先生、刘凤翰先生、苏云峰先生等已经作古。我见过邱创焕、关中、孙震、陈癸淼、施明德、陈忠信、林中斌、郁慕明、许信良、邱进益、张荣恭、林浊水、颜建发、董立文诸先生等政界人士，与他们有过交谈。我也曾向学术界名士胡佛教授、杨国枢教授、于宗先教授、李亦园教授、李守孔教授、王家俭教授等请益。年轻一点的学者兼政界人士李炳南、周阳山、林郁芳等也曾餐叙。也见过洪秀柱、陈其迈、叶宜津等蓝绿民意代表。认识并且有来往的学者，年长的、中年的、年轻的，还有很多很多。去年在台湾，我还拜访了同乡前辈王作荣先生，他对中国的现代化多有期待；也有几次机会，与马英九先生邂逅，握手致意。

我个人在1992年5月初涉台湾后，开始对台湾的历史与现状关注起来。从首次赴台后，先后又有五次到台湾访问。2009年10月到11月，在台湾时间长达四十六天。从关注台湾的现状出发，从海峡两岸关系的起伏出发，写了一些有关台湾的历史与现状的文章，几乎每年都有。本书把这些文章的大部分都收录进来了。这些文章，大多是在大陆和台湾的报刊上公开发表的，也有少部分未曾公开发表。这些未曾公开发表的文章，已经过了许多年，没有什么保密性了，所以也收录进来，意在说明，我在这些问题上曾经有过的思考。

文集中有一组名为“中国近现代史的几个关键”，收入了七篇文章。这七篇文章，有六篇在台湾发表，只有一篇题为《走向民族复兴的重要标志——论抗日战争胜利的历史意义》，是在大陆的刊物上发表的。这七篇文章，有的看起来似乎与台湾的历史与现状没有多少关系，其实是有关系的。这七篇文章涉及辛亥革命以来的中国近现代史，涉及国共关系的历史，涉及两岸共同关注的若干问题。这些问题，实际上对于理解台湾的历史与现状是密切相关的。请读者留意。

出版社要为我出版一本涉及台湾问题的集子。这就给我一个机会回顾近二十年来与台湾、台湾朋友的联系。这种回忆，也许可以构成二十年来两岸交往的缩影。是耶，非耶，请读者不吝指正！

2010年6月26日

北京东厂胡同一号

台湾的历史与现实

历史和现实：

“一国一制”和“一国两制”研究①

一

中共提出解决中国统一的“一国两制”方案，是针对海峡两岸数十年分裂因而产生政治、经济、意识形态等差异而提出的明智之举。国人咸认是解决中国和平统一的最佳方案。可惜迄今未得到对岸各界有影响人士的善意回应，反对之声鹊起。究其原因，窃以为主要是心理障碍难以消除。

一是怕降低台湾人民生活水平。其实，“一国两制”的题中之意，已经保证了大陆人民不会去共台湾人民的产，不会去台湾吃大锅饭；由于两岸和平竞赛，经济上互相扶持，反而会推动台湾的经济继续发展，从而刺激台湾人民生活水平进一步提高。降低生活水平云云，是没有根据的。随着祖国大陆改革开放的力度加强,这种议论现在已不大能听到了。另一是“中央”与“地方”之别。据说当省长没有什么味道。中国古人常讲鸡首牛后。台湾经济纵然繁荣，比较大陆而言，毕竟是弹丸之地。两岸统一起来，联手发展经济，创造中国人的21世纪，何等荣光。是做统一中国的负责人好，还是挂着“中华民国”招牌做台湾的负责人好，孰轻孰重，虽愚者不难分辨。进一步说，促进祖国统一，是历史的功臣，人民永远记得他，纵为牛后，不失大将风度；阻碍祖国统一，是历史的罪人，人民永远唾弃他，但做鸡首，何以立于天下？何况统一是民族的需要，历史的归宿，鸡首的地位能长期维持下去吗！以民族大

① 本文是为1992年8月在北京召开的“第二届海峡两岸关系学术研讨会”写作的。刊于北京《统一论坛》，1993年第2期；台北《海峡评论》，1993年第2期。

义为重，对历史负责，宁为鸡首，智者不取。

最近李登辉先生在台湾“中央研究院”院士大会上讲话，明确提出“一国一制”的口号。从主观愿望而言，从理想而言，“一国一制”果然比“一国两制”好，自不待言。中共何以如此愚笨，何以竟不要比较好的“一国一制”，而要比较不好的“一国两制”？愚笨者，是从现实出发也，聪明者，是从理想出发也。试问“一国一制”何以能成为事实？谓“一国一制”为不负责任的高调，恐不得指为苛刻的批评。

二

如果回顾一下中华民国的历史，在1912年以后，在中国土地上，何曾存在过“一国一制”的历史事实？1912年1月1日孙中山建立的中华民国南京临时政府不过存在了三个月。其后袁氏当国，演成军阀割据，北京有政府，广州也有政府，北京有国会，广州亦有国会，同是在一个中华民国旗号下，孙中山要搞三民主义，北洋系要搞帝制，复辟封建。这不是“一国两制”吗？孙中山去世后，国民党组织广州国民政府，实施北伐，北伐军占领武昌，国民政府迁都武汉，史称武汉国民政府。不论广州国民政府还是武汉国民政府，都是与北京政府对立的，同在中华民国旗号下，实施不同的制度。

1928年南京国民政府成立，北伐军占领北京，年底张学良宣布东北“易帜”，表面上，中国是统一了。但几乎与此同时，在第一次国内革命战争中失败了的共产党人，在湘赣、赣南、闽西、湘鄂赣、闽浙赣以及鄂豫皖、湘鄂西、广西左右江地区，发动武装起义，建立工农武装割据政权，随后在1931年11月在赣南宣布成立“中华苏维埃共和国临时中央政府”，颁布《中华苏维埃共和国宪法大纲》。这个事实说明，“一国两制”的现象再一次在中国出现。国民党政府不允许中华苏维埃共和国的存在，发动五次武装围剿，迫使红军做了一次二万五千里的战略大转移，把根据地从赣南搬到了陕北。中共从濒临灭亡中站了起来，陕甘宁根据地得以成立。

由于日本帝国主义妄我中华的野心大暴露，中华民族面临生死存亡的关键时刻。西安事变以后，尤其是七七事变以后，国民党及国民政府不能不承认中共中央、陕甘宁根据地及其武装力量的存在这一现实，“兄弟阋于墙外御其侮”，再次携手合作，共赴国难。中共掌握的武装力量被改变为国民革命军第十八集团军，中共中央所在地的陕甘宁根据地被承认为中华民国国民政府治下的陕甘宁边区政府。随着抗日战争的展开，在敌后各地，陆续产生了一些抗日民主政权。1938年1月，得到国民政府批准的晋察冀边区政府作为“中华民国的组成部分”建立起来[①]。此后，晋绥边区、晋冀鲁豫边区政府等也陆续建立。以上地方政府，有的得到了批准（如陕甘宁边区、晋察冀边区），有的未履行合法的批准手续，但它们都是抗日战争时期中华民国治下的地方政府，事实上得到了国民政府的认可。

从历史和事实上看，上述陕甘宁边区、晋察冀边区等地方政府，与国民政府并存，是中华民国时期的真正的“一国两制”现象。一国：大家都是中华民国，即一个中国。两制：国民政府是中国国民党领导，边区政府是中国共产党领导，边区有自己的辖区和人民，它建立抗日的民主政权，实施一系列的抗日政策，与国民政府有诸多不同，在领导体制、指导思想和追求的长远目标上，与国民政府有根本差异。简言之，一个是国民党体制，一个是共产党体制。但是有一点是相互认同的：国民党体制下的国民政府是中央政府，共产党体制下的边区政府是地方政府，在“抗日高于一切”的前提下，“精诚团结”，“坚持抗战到最后胜利”[②]。能够说，这不是“一国两制”，而是“一国一制”吗？

曾任台湾“新闻局长”、现任政治大学教授的邵玉铭先生在《对中国统一问题及中国前途之我见》的文章中说，中国实行一国两制无历史经验可寻，显然是缺乏历史知识的表现。上举国民政府与边区政府共存的事实，足可补其知识之不足。其实，在国民党内部，某些政要也在考虑类似“一国两制”的方案。在国民党内任中宣部长及国民参政会秘书长的王世杰在1941年就曾考虑过：“如共产党有诚意，不到处扩充势力，政府或可划定一特殊区域，允其在该区域内实验其理想，并保留若干军力，同时并允其参政中央民意机关”，

① 见延安时事问题研究会编《抗战中的中国政治》，上海人民出版社，1961年翻印，第371页。

② 同上书，370、371页。《晋察冀边区军政民代表大会致电国民政府暨全国同胞报告边区政府成立的经过》，《新华日报》，1938年2月14日。

“此种办法并可作为战后解决方案”[①]。事实上，边区的存在，就是这种方案的实施，说无历史经验可寻，显然是不妥的。

抗战时期中国的这种“一国两制”现象，抗战胜利后继续存在。原来的边区变成共产党领导的解放区，边区政府演变为各解放区人民政府。国民党政府不愿看到解放区继续存在下去，于是撕毁和谈协定和停战协定，挑起了国共两党争夺全国政权的激烈斗争。不到四年时间，国民党政府在大陆的统治结束了，共产党领导的地方政府，在1949年10月一举变成了中央政府，建立了在全中国的统治地位。如果当初和谈协定生效，国共两党继续携手合作，建设和平民主的联合政府，中国的发展前景将是另一个路子，也许用不着花今天这么多精力来讨论统一问题了。

由以上历史回顾可以看出：从中华民国来说，不论是从1912年1月算起的三十八年内，还是从1928年10月算起的南京国民政府的二十二年内，中国没有真正统一起来，中国没有形成真正的“一国一制”，倒是始终存在着真正的“一国两制”。

三

既然在中华民国的历史上并未形成“一国一制”，而始终存在着“一国两制”，为什么今天中共提出“和平统一、一国两制”的主张，却得不到台湾当政诸公及有影响的各界人士的积极回应呢？以上回顾历史，不是为了揭疮疤，而是为了避免数典忘祖。在这里，有必要再结合历史和现实，于理和势上，作一些剖析。

抗战军兴，国民党政府承认中共及其领导的边区政府，边区政府也坦然以地方政府自居，不去与国民党较一日之短长，不以中央政府自诩。这是国共双方在理和势上作出了冷静的正确判断的结果。

通过十年内战的残酷厮杀，国民党没有把共产党制服、消灭，共产党在历经万千磨难之后，再次崛起于陕北，并且提出了抗日救国、停止内战的响

① 王世杰日记，1941年7月31日。见《王世杰日记手稿本》，“中研院”近代史研究所影印本，1990年版，第121页。

亮口号，赢得了民心，这说明了共产党的存在及其政策，自有其深刻的理由。国民党也省悟到在自己最强大的时候不能消灭共产党，在外敌当前、民族危亡的时刻，更难以使共产党就范。为了民族大义，国民党终于放弃了十年内战时期的屠杀政策，与共产党握手言和。以蒋介石为首的国民党政要，对历史、对民族的最大贡献，莫过于此。试想，在外敌当前的时刻，国共双方仍坚持十年内战的政策，中华民族的前途何堪设想。共产党能获得合法地位，其军队得到改编并开赴抗日前线，其边区能被承认为地方政府，这都是期盼已久的事，比较十年内战，其地位和作用得到了巨大改善。它不企求去争中央政府的地位，因为它自知尚不具备那样的资格。如果共产党不约束自己，一味与国民党争中央地位，中国抗战前途也是难以设想的。中国在抗战中出现“一国两制”局面，国共双方关系在合与分之后又走向合之一路，是形势的逼迫使然，所谓势不得不如此，理不能不如此是也。

反观现实，我们也可以作出同样的剖析。

台海两岸的现实，是 1949 年的国内局势及其后的国际局势交叉影响的结果。朝鲜战争爆发，美国进一步认识到台湾用以抵抗共产主义的新中国、抵抗社会主义各国的重要性，积极插手台湾事务。中国政府面临朝鲜战争、国内恢复经济和收回台湾的两难选择，一时无暇也无力解决台湾问题。其实，中华人民共和国成立，不仅宣布中华民国法统的终结，也宣布它承继中华民国的全部财产，包括土地和人民，正像中华民国于 1912 年 1 月 1 日成立时宣布承继满清政府的全部国土和人民一样。旧国已去，新国已立，全部土地理应纳入版图。台湾土地未与祖国统一，并不意味着中华民国的法统在台湾继续合法。这个道理不难理解。联合国在 1971 年通过决议，恢复中华人民共和国的合法席位，根据的就是中华民国的法统已经终结这一道理。之所以在 1949 年后二十多年才通过这一决议，是某些大国出于冷战利益需要蓄意阻挠的结果，并不表明“中华民国”的法统一直存在到 1971 年。这表明，参加联合国的一百多个主权国家，承认了中华人民共和国承继了中华民国的全部遗产这一事实。只是这一承认被国际恶势力推迟了二十多年。台湾虽孤悬海外，中国政府却迭经声明：台湾是中国神圣领土的一部分，原则立场，坚定不移。当初中华民国承继满清遗产时，台湾尚在日本帝国主义手中。一当日本在二次大战中败北，根据国际协定，台湾立即回到中华民国版图。同理，中华人民共和国宣布台湾为它的一个省，是合情合理合法的。有识之士应从势和理的角度，向台湾人民剖析这个道理，减少心理障碍，使台湾早日与祖国大陆统一。

由此可见，今天的台湾问题是中华人民共和国的内部问题。台湾存在着与大陆不同的社会制度和价值取向，是一个国家内的两种制度问题。这个“一国两制”问题，并不新鲜，正是在中华民国时期一直存在着的那个问题，而且就是那个问题的自然延伸。所不同者，主客异势而已。如果现实一点，这个“一国两制”，于理于势，都是说得通的。不看到“一国两制”存在的客观事实，空谈“一国一制”，不仅是不明时势，也是不理智的表现。有识之士，请多鉴督！

四

6月30日台湾《世界论坛报》著文讨论中国统一问题，提出“一国两制”“不失为两岸接受走向和平统一的最佳选择”，“没有其他的中和性方式”可以取代。该文最后说：“中国五千六百多年历史从未有过和平统一成功的实例，如今却有一个千载难逢的良机，让海峡两岸当局发挥最高政治智慧，擅自运用‘一国两制’之和平竞赛方式，为开创统一的富强康乐新中国树立一个最佳模式，使世世代代的中国人永不发生内战流血、骨肉相残的悲剧，则这一世代两岸中国人所创造的‘和平统一’典型，将永垂中华民族历史而不朽。”此文识见高远，语重心长，用心良苦。

上文指出中国历史上没有出现“和平统一”的实例，实非虚言。按此历史逻辑推演，中国今日之统一也只有用非和平的方式进行了。事实上，的确存在着这种可能性。忆往昔，“反攻大陆”之声不绝于耳，“解放台湾”之调日唱日高，就是证明。1979年中共发表《告台湾同胞书》，此后提出“和平统一，一国两制”的主张，主动停止炮击金门，台湾解严开禁，终止所谓“戡乱条款”，海峡上空出现了一片瑞霭祥云。然而，既然“和平统一”没有历史实例，“和平统一”有现实根据么？这也要从理和势两方面作些剖析。

有一点先要明确：中共提出“和平统一”是有“但书”的，这个“但书”是：

外国干涉台湾局势、台湾出现独立情形，中共但不能坐视。这意味着，只要不出现上述两种情况，“和平统一”是中共的原则立场。窃以为，中共提出“和平统一”，不仅是理智的表现，也是形势使然。

何谓理智？第一，新中国继承中华民国遗产已经四十余年，其综合国力较之中华民国时期已空前强大，且今后还要继续强大。要完成版图，跨海征台，较之50、60年代，已非难事。有的台湾学人预测，大陆以武力征台，只要二十八小时，咄嗟立办。二十八小时之说如何得来，不得而知，征台可办，大约非虚。可办而不办，正好体现了中共不纠既往，大度为怀的诚意。第二，中共已掌握国家政权，国共两党的积怨已成历史陈迹，和平解决是上策，武力解决是下策，非不得已不得用此策。第三，民族大义，昭于日月。两岸都是中国人，血浓于水，亲情无所不在。“度尽劫波亲情在，兄弟一笑泯恩仇”。和平统一，体现了民族大义、国家至上。打破坛坛罐罐，骨肉相残，即使收回台湾，必将形成永远的感情鸿沟，于人于己，均所不利。

何谓形势使然？第一，从国际言。中国恢复联合国席位，中美建交，已大大改善了中国的国际地位。尤其是苏联、东欧剧变后，旧的社会主义阵营已然不再存在，冷战局面顿行消失。中国作为联合国常任理事国，与世界上大约一百四十个主权国家友好交往，又大大改善了周边关系。台湾作为美国在冷战时期安置的对抗共产主义世界的桥头堡的作用大大降低了。两大集团对抗的形势消失，世界形成多极化，中国成为其中一极；在这种世界秩序下，各大国一时都失去了自己的敌人，资本主义世界及其各国内的固有矛盾将再次凸显，观美国与日本，与德国，与欧共体各国间的矛盾，观德国大罢工、法国农民包围巴黎、美国铁路大罢工及洛杉矶大骚乱等，可见上述判断是有根据的。美国的利益究竟在哪里？它的经济滑坡、社会秩序混乱提醒美国人民，美国人到了自扫门前雪的时候了。《美台关系法》虽然存在，但美国人有多少精力照顾台湾？美国人在试图插手台湾的时候，能不顾及与中国的关系吗？台湾作为中国的一部分，不去背靠大陆，积极寻求与祖国统一的办法，而去仰仗他人的鼻息，面子挂得住吗？里子保得住吗？第二，从国内言。中共从50、60年代奠定了国内经济建设的若干重要基础，其后发生大挫折，1978年十一届三中全会后，确立以经济建设为中心，改革开放，探索有中国特色的社会主义的基本国策，不过十来年时间，国家实力空前增强，人民生活水平大大提高，举世认同，有口皆碑。台湾权威人士考察大陆后，也惊称，台湾已往低估了大陆的经济发展。台湾自20世纪60年代末经济起飞以来，经济繁荣，民物殷阜，外汇存底雄厚被称为亚洲四小龙之一，所有中国人看了都高兴。但是台湾只能做小龙，作不了大龙，也是事实。资源、市场、劳动力、科技基础，都受到限制。台湾经济要进一步起飞，出路在哪里？许多有识之士对此也是茫然的。大陆虽有巨大的潜力，光辉的前途，但是眼前也有巨大的困难。九百六十万平方公里土地，全方位开放，一缺资金，二缺管理经验。两岸中国人联手稿经济建设，互补互惠，即可大幅度提升大陆的生产力水平，又可给台湾的经济找到广阔的出路。两岸实现和平统一，21世纪如果不是中国人的，殊无天理！邱创焕先生不久前在台北政治大学对学生作“开拓中国世纪”的演讲，提出如果中国大陆生产力提高到台湾的程度，则中国大陆、台湾、香港三地在本世纪末的生产毛额可达十万亿美圆，无论人口和生产力均居世界第一位。因此，他“呼吁中国人：终止敌对，经济合作，一心一德，开拓新纪！”这个设想是有眼光的。但是如果不实现和平统一，这个目标是不能达到的。武力解决，必定鸡飞蛋打，台湾受了损失，大陆受的损失恐怕更大。从中华腾飞的长远追求着想，中共放弃用武力追求“一国一制”的痛快做法，而主张用和平统一造就“一国两制”的麻烦做法，是深具眼光的，是真正对理事负责的，也是真正高姿态的。

台湾的有识之士应该看到，大陆的社会主义改革是不可逆转的，大陆的生产力发展水平是无止境的，中国的前途是无限光明的。台湾如果不及早做未雨之绸缪，等到大陆经济全面起飞以后再来筹议统一问题，那时天平的指针偏向那一边，是不待智者而明的。

最后，我们可以做出如下结论：“和平统一，一国两制”的八字箴言，是打开中国历史上没有和平统一先例的死结的唯一钥匙。掌握它，运用它，中国历史就走通了。两岸政治贤达们，创造历史的新机遇掌握在你们手里，你们为民族大义、国家前途，勇敢地去实践吧！

以上所述，可能是读书人的迂腐之见。刍荛之议，谨供各位先进批评，是所至幸！

与王晓波教授商榷“不完全继承”理论①

晓波教授吾兄如晤：

贵刊《海峡评论》今年2月以后各期均收到。拜读各期，可以想见我兄经营此子，煞费苦心之态，良可感佩。7月号披露陈映真先生与我兄在美演说消息后，即在迫切等待中。今读9月号二兄在纽约乡情座谈会演讲台湾前途和两岸关系文，果然许多真知灼见，对弟颇多启迪。映真先生关于战后台湾资本主义发展历程的论述，弟从中颇多获益。吾兄演说台湾前途和两岸关系，开宗明义、提纲挈领摆出的观点是：“台湾历史的变化总是和中国势力与外国势力的角逐相关”，真是明快至极，弟赞佩之至。窃以为，岂止台湾历史如此，自一百五十多年前的鸦片战争以来，近代中国与世界的关系日愈紧密，中国的痛苦与悲哀，中国的战争与和平，中国的强盛和弱小，中国的发展与挫折，中国的开门与关门，中国的现实与未来，在在均与中国势力和外国势力的角逐相关，举凡政经大事鲜有例外者。所谓中外势力相角逐，无非中国要独立，要富强，要自立于世界民族之林，外国势力则反对中国独立，排斥中国富强，如此而已。台湾作为中国的一个省(1885年建省以前则以台湾府隶属福建省)，其荣辱兴衰当然也与其大陆母体历史发展的特点息息相关。从历史的宏观发展确立这样一个指导性的观点，对我们认识近代以来的中国历史，我以为是至关重要的。吾兄主《海峡评论》笔政，发表各先生之宏文，多本此要旨，实在深获我心。近年报章哄传台湾经验，如果脱离中外势力角逐的实质内容，所谓台湾经验云云，实在是难以令人心悦诚服的。有云：“大陆在1949年以

① 本文原是1993年9月写给《海峡评论》总编辑王晓波教授的一封信，署的时间是1993年9月21日。王晓波总编辑收到后，以《一个蹩脚的文字游戏——与王晓波教授商榷“不完全继承的理论”》为题发表于《海峡评论》1994年第3期。收入本书时用本题。

后，共产党再一次把中国变成一个封闭的体系。……重新组织一个内部的自足体系。”（转引自《海峡评论》7月号第52页，原载《现代中国历程》，许倬云先生文），此论显然是从表面观察出发，倒果为因了。1949年后中国大陆再次变成一个封闭体系，首先是、主要是以美国为首的资本主义世界对新中国实施封锁禁运的结果，中国东南半壁不能凭借海洋与海外相交通，不得不背靠西北大陆“一边倒”了。毛泽东曾说自力更生，不过是在当年那种恶劣的国际环境下中华民族憋在心中的一口气罢了。实则，封闭体系也好，华沙谈判、乒乓外交打开中美关系渠道也好，不过是中外势力相角逐的反映罢了。

吾兄在演讲中着重讨论了“不完全继承”和“一个中国”“同时而不并存”的理念。拜聆之下，亦有不甚明白之处，特申愚见，以求教于吾兄之前。

“不完全继承”之说，我第一次听到，是在1992年8月在北京讨论两岸关系的会议上，吾兄为与拙见商榷而提起，当时未见吾兄详为申述，弟亦未再深熟思之。今读演辞全文，得知所谓“不完全继承”指中华人民共和国与中华民国的关系，是一种“不完全继承”的关系。分对外对内两方面言之，对外，中华人民共和国继承了中华民国在联合国的席位，也继承了中华民国对外一百五十多个国家的邦交，但是“还有x个国家的邦交没有被中华人民共和国继承”；对内，“还有台湾的统治权没有继承”。这是所谓“不完全继承”的基本内容。准此内容，弟以为应请教者如次：

第一，何谓继承？政府继承是全部还是局部？窃以为继承必以遗产为言。不成遗产何言继承？民法中的遗产继承即准此立法。一人未曾寿终，其私产可以赠与，可以出卖，不论赠或售之物，不得谓为遗产。既已寿终正寝，其财产即称遗产，除依遗嘱处分（遗嘱为生前所作，体现了个人意志），遗产应按继承人顺序依法继承。就国家而言，一个政府在合法运转（不论其效率、艰辛如何），不发生继承问题，一旦发生继承问题，就是旧政府不能继续生存，新政府已取而代之（不论其取代方式是和平的抑或非和平的）。新政府继承的旧政府遗产，首先是国家的全部土地和人民，即全部版图。今日日本细川护熙政府继承了自民党历届政府数十年积累下来的全部遗产，采用的是和平的方式。中华人民共和国政府继承中华民国遗产，中华民国政府继承大清帝国政府遗产，是非和平的方式，而所继承之遗产都是未经分割的全部版图。依政治学和国际法而言，主权国家的政府继承均是完全继承，未闻有不完全继承者。当然，一个主权国家因国际国内因素分割为两个或多个主权国家（如原东西德、南北朝鲜、前苏联、捷克斯洛伐克、原南斯拉夫等），情形虽有不同，然在实质上仍是完全继承。

我在拙文（《“一国一制”和“一国两制”研究》）中指出：中华人民共和国成立，不仅宣布中华民国法统的终结，也宣布它承继中华民国的全部遗产，包括土地和人民。联合国在 1971 年决议恢复中华人民共和国的合法席位，根据的就是中华民国法统已经终结这一道理。之所以在 1949 年后二十多年才通过这一决议，是某些大国出于冷战利益需要蓄意阻挠的结果，并不表明中华民国的法统一直存在到 1971 年。这表明，参加联合国的一百多个主权国家，承认了中华人民共和国承继了中华民国的全部遗产这一事实。近读贵刊 7 月号旅美作家余东周先生《从法律与现实看台湾重返联合国问题》一文，发现愚见在余先生大文中获得了全面支持。余文明确指出：当毛泽东站在天安门上向世界庄严宣布“中华人民共和国成立了”的那一刹那，中华民国也就结束了。也就是说，在中华人民共和国政府成立的那一刹那，与其前政府间的继承的法律关系立即成立。此后，中华民国政府就丧失了代表中国的资格。中华人民共和国从中华民国政府所继承的是全部而非部分，包括后者掌权时统辖的领土、人民、主权及其他法律关系，当然包括台湾在内。因此中华人民共和国政府作为中国在联合国的唯一合法代表，其代表权的效力范围，当然及于台湾，并不因北京未曾有效统治该地而受影响。我无缘结识余东周先生，拜读此文，有如神交，可知这位先生侨居美国，能在贵刊发表如此文字，确是公道和正义的支持者了。

上述论点，已获得国际社会的证实。1971 年 10 月，联合国决议恢复中华人民共和国在联合国的席位；1972 年 2 月，中美发表上海公报；1972 年 9 月，中日签署建交声明；1978 年 12 月，中美建交联合声明发表。这些文件确认了共同的原则：中华人民共和国是中国唯一合法的政府，台湾是中国的一部分。至此为止，尽管拖延了二十多年，国际社会毕竟承认了这样一个事实：中华人民共和国全面继承了中华民国的遗产。

第二，“不完全继承”的根据何在？吾兄演辞说：“这种国内的政府继承关系，通常都是用革命或暴力的手段来达成，中华民国推翻满清帝国是用革命的手段，中华人民共和国推翻中华民国也是用革命的手段来推翻的，问题是还没有推翻完成。”因为“没有推翻完成”，所以，“还有台湾的统治权没有继承”。“没有推翻完成”，似乎是“不完全继承”的根据。请允许我不客气地说，这个根据有些似是而非的地方，应当作一些分析。

吾兄既然承认中华人民共和国政府和中华民国政府是一种“政府继承关系”，这与我在上面讨论的观点实质上是相同的（应当强调指出：这种政府继承关系，主要是对国家主权的继承关系）；又说是“不完全继承”，则不仅在逻辑上，而且在法理上是矛盾的，有破绽的。台湾偏处东南海隅，只有三点六万平方公里，只及整个中国九百六十万平方公里领土的二百六十六分之一。既承认中华人民共和国政府对整个中国领土享有主权，则这一主权自然理应达于台湾地区，这是不言而喻的，是国际社会共同承认的。把中华人民共和国政府暂时未实现在台湾的统治权（其原因下面分析）说成是对主权的“不完全继承”，显然隐含了对国家主权的割裂，而独立国家的主权不容分割既是国际法的一项原则，也是主权国家的立国准则。因此，“不完全继承”在法理上是说不通的。

中国中央政府在台湾不能实施统治，在1949年前的历史上出现过两次。甲午战败，丧权辱国，使台湾沦于日本达半个世纪之久，这是外力迫使中国丧失台湾主权的例子，也是中国不能将统治实施于台湾的例子。《开罗宣言》、《波茨坦公告》确认台湾应当回归祖国，1945年10月，中国政府恢复了对台湾的统治。与此相联系，还可说到中华民国对清政府的继承权问题。当1912年1月1日中华民国临时政府在南京宣布建立时，北京的朝廷还存在，而且台湾不在中国管辖之下。1912年3月11日，孙中山公布《中华民国临时约法》，该约法总纲第三条规定：“中华民国领土为二十二行省、内外蒙古、西藏、青海”，台湾并不在其内。我们是否可以说中华民国对清政府的继承是“不完全继承”呢？也是不可以的。从法理上讲，中华民国政府对清政府的继承是完全继承。只有承认这一点，三十三年后台湾回归祖国，就是完全合法合理的了。由此再上溯三百年，1644年，以顺治为帝的大清朝廷在北京建立，明朝中央政府早在李自成起义军打击下瓦解，李自成退出北京后迫于形势，又与南明小朝廷联合抗清。南明永历十五年（清顺治十八年即公元1661年），臣服永历帝的福建抗清将领郑成功率部渡台湾，驱逐了控制台湾的荷兰侵略势力，在台湾建立了南明地方政权。从此，郑氏后人在台湾把南明永历年号再坚持了二十年。（永历十六年，永历帝在云南被吴三桂杀害，永历政权瓦解。）1683年（康熙二十二年，永历三十七年），施琅受清政府命收复台湾，清政府完成了对明代中国版图的全部继承。这就是说，从1644年清朝定鼎北京，到1683年台湾收归版图，其间有三十九年之久，清政府的继承权才得以最后完成。吾兄为台湾史专家，弟在此唠叨辞费，意在说明我的观点，并不是要班门弄斧。

中华人民共和国政府对中华民国的政府继承关系，我以为同清政府对明政府的继承关系，差可比拟。中华人民共和国政府在台湾没有建立起有效的统治（此指法理而言，与“一国两制”没有矛盾），不是对台湾的统治权没有继承，不是“不完全继承”，而是还没有最后完成法理所规定的完全继承。

对这种事实上没有完成的完全继承，我以为还应该说两句话：第一句是这种没有完成，是外力干预造成的；第二句是，这种完全继承目前尚在完成的过程中。对第一句话，不难解释，因它与吾兄在演讲中的指导思想相照应，我在上举拙文中也曾点破过，这里只引用戴国辉教授的几句话作证明。戴国辉说：“韩战爆发，形势巨变。美国第七舰队美其名为中立化，实质上却从介入国共关系的1950年6月27日起，防御中共军进攻国府台湾。美国已经不能够忽视不沉的航空母舰，台湾……就是在美国本身远东战略的执行与围堵中共的作战上，国府也成为不可或缺的海上堡垒的一环。”“国府台湾四十年来，靠美国的保护，在军事和国际政治上幸存下来。经济也隶属于美、日资本，在贸易上则一面挤过两国的空隙，一面灵活运用美、日、台三角循环结构，确立了今日的国际经济地位。”（戴国辉著、魏廷朝译：《台湾总体相——住民·历史·心性》，台北远流出版公司，1991年第二版，第133—134、216页）正是美国的军事、经济支持，使得成立未久、在旧中国破败基础上国力仍十分弱小的新中国政府难以完成对中华民国主权的完全继承。

第二句话，其实也不难解释。说这种完全继承目前尚在完成的过程中，正是大家都可以理解的目前两岸关系的政治现实。余东周先生说：“中国目前的分裂现象并不是外力把它一分为二的结果，而是国内发生革命内战所残留的局面，且此种‘分裂’现象，因中华人民共和国政府宣称台湾是中国的一部分，而没有导致两个具有国家地位的政治实体的出现。就法律言，中国并没有分裂，中国依然只有一个，台湾之所以尚未回归，是因为继承手续尚未办完所出现的一种不幸现象。”这里只补充一点：海峡两岸的“分裂”现象虽是国内发生革命内战所残留的局面，非外力强加，然而继承手续所以延迟至今尚未办完却是外力干预的结果。这种尚未完成全部继承手续的现实还说明，两岸之间国内革命内战时期的关系尚未最后结束。

1949年9月29日中国人民政治协商会议通过的《共同纲领》（相当于临时宪法），其序言第一句话是：“中国人民解放战争和人民革命的伟大胜利，已使帝国主义、封建主义和官僚资本主义在中国的统治时代宣告结束。”这当然是要继承旧中国全部遗产的公开宣示；其总纲第二条规定：“中华人民共和国中央人民政府必须负责将人民解放战争进行到底，解放中国全部领土，完成统一中国的事业。”这是鉴于新政府成立时，全国还有许多地方未得解放（包括台湾在内），而责成中央人民政府必须完成统一中国的事业，所谓完成统一事业，就是完成全部继承事业的宣示。1978年《中华人民共和国宪法　序言》规定：“台湾是中国的神圣领土。我们一定要解放台湾，完成统一祖国的大业。”1982年《宪法　序言》重申：“台湾是中华人民共和国神圣领土的一部分。完成统一祖国的大业是包括台湾同胞在内的全中国人民的神圣职责。”以上所引，就是我所说这种完全继承目前尚在完成过程中的主要根据。完成祖国统一事业，在50年代，主要是用武装斗争的手段，在1978年前，所谓解放台湾，在理论上也是强调武装斗争的手段；在1978年后，由于国际国内形势的重大变化，中国政府提出了用和平的办法统一祖国的要求，这就是“和平统一，一国两制”八个字。达此目的，中国新旧政府就在法理上和事实上完成了完全继承的全部过程。这些方面说来话长，此处就不再叨叨了。

第三，上面论证了“完全继承”合于法理，“不完全继承”不合于法理，我以为这是能够在学理上站得住的。既然已经论证“不完全继承”不合于法理，似乎话已说完。但是，我还愿意指出，“不完全继承”说可能成为台湾某些人关于两岸分裂现实（据此要求按照分裂国家统一办法处理）、对等政治实体、台独、独台乃至“一中一台”、“两个中国”诉求的理论根据，这恐怕是超出于其提出者的主观愿望的。

在这次纽约乡情座谈会上，有一位“浪迹海外”的郭正昭博士（就是那位在1972年参与翻译《现代化的动力》的先生吧）演讲，他在开场白中称映真先生“是最值得敬重和推崇的当代社会主义者”，称晓波兄“是一个狂热的爱国主义者，一个强烈的民族主义者”，我还要补充一句：吾兄是一位执著的、情有独钟的中国统一论者。读吾兄的文字，看吾兄的为人，我以为这个看法是不错的。这种精神是永远值得我尊重的。但是我还要说，不得不说，吾兄关于两岸关系是“不完全继承”关系的研究，在学理上是站不住的。吾兄反对台独，反对独台，反对一中一台，反对两个中国，是有文字为凭的，就在这篇讲演中也能看出这种追求。如说中华人民共和国跟中华民国，“从联合国的席位来看，显然也是一种继承关系”，“联合国的席位被继承了，中华民国对美国的邦交也在1978年12月被继承了，对日本的邦交也被继承了，包括对南韩的邦交也在去年被继承了”。这是一种事实，但目前在台湾的许多学术界的朋友也不见得这样慨然认许吧。能认许这样的事实，却在学理上得出两岸关系是“不完全继承”关系的结论，是有些出人意外的。我以为，这或许是对两岸关系目前尚未完成最后继承这种事实的误解吧。也许是想从这种继承关系的现实状况中去寻求某种解释。这种误解或解释如果能够成立，极可能授人以柄。因为，如果两岸关系是“不完全继承”关系，如果这种“不完全继承”关系长期保留且能够定格，即中华人民共和国对中华民国遗产的继承中有一部分（如台湾的统治权或二十九国的邦交）是由于“不完全继承”理论允许的，则可能长期或永远不能被继承，那么，“两个中国”（中华人民共和国和中华民国同时并存）不是合理合法的吗？“一中一台”，“台独”或“独台”有什么理由要反对呢？那么，吾兄为之奔走呼号、不屈奋斗的统一的中国何时能够实现呢？在“不完全继承”的理论框架下，统一的中国是否能够实现呢？这是我在读过吾兄演辞后对吾兄理论的破绽和矛盾所造成后果的最为担心之处。关于“一个中国”“同时而不并存”的解释，在我看来也是有毛病的。既然是“一个中国”就没有“同时”和“并存”的问题。将“同时而不并存”对应起来解释，包涵着令人费解的矛盾，是一个蹩脚的文字游戏。在联合国席位问题上，1971年前是一个中国，1971年后是一个中国，如1971

年前那一个中国在1971年后不再存在了，那么这“一个中国”前后是统一的，本身无矛盾。事实上，1971年前的那一个中国在联合国席位上虽然不存在了，但在其他地方还存在，还有二十九个邦交国一百五十个邦交国之别，这不是“同时”而又“并存”着“两个”“一个中国”吗？所以我认为，“产生了一个国际法上前所未有的现象，就是一个中国同时而不并存”的事实是没有的，强调这个现象，极有可能违背吾兄主观愿望而为“两个中国”轮提供理论根据。

此信拖泥带水，写得太长，应该打住了。因为着重讨论“完全继承”和“不完全继承”的法理问题，着重在学术研究的层面上交换意见，对吾兄演讲中有关中国统一、“一国两制”方面一些具体问题，如国号问题、宪法问题等等，这里都未谈到。我作为历史学者，不愿对未来未经证明的问题多所涉及。我以为，中共方面的负责人士过去表示过，只要主张统一，只要坐下来谈，什么问题都可以谈，国号问题、宪法问题等，都是可以讨论的。我想，这些话是应该值得台湾各界人士考虑的。

愚意所及，仅为一管之见，是否有当，尚祈不吝教正。

张海鹏敬上

1993年9月21日于北京

勿忘国家耻，励精图富强

——甲午战争百年祭①

一

中日甲午战争爆发百周年之际，凭吊往古，借鉴来兹，因作甲午战争百年祭。

甲午战争是在19世纪90年代不利于中国和朝鲜的国际氛围底下，由雄心勃勃、力图称兵海外的日本蓄谋发起的。在那时以前半个世纪，中国、日本先后被挟着鸦片和大炮的西方资本主义列强打开了大门，成为半殖民地半封建社会的国家。日本随后发生明治维新，革新政治，着力培植国力，走上“脱亚入欧”路线。它一方面创造条件摆脱半殖民地地位，同时积极加入西方列强向海外扩张、殖民的行列，把“开疆拓土”、“布国威于四方”作为基本国策。19世纪70年代以后，世界进入自由资本主义向垄断资本主义转变的时期。远东的中国和朝鲜成为那时国际间斗争的焦点。英、法、德、美、俄等国都想在这里攫取利益。与中朝两国隔海相望的新兴的资本主义国家日本，抢在各国的前面，不仅想独吞朝鲜，而且要染指中国。中国与朝鲜山水相连，唇齿相依，自古以来两国关系密切。两国政府间存在一种传统的、松散的以礼聘往来、扶危济困为主要内容的宗藩关系。日本要吞并朝鲜，进一步侵略中国，首先要排除中国的影响。1876年，朝鲜被迫同日本签订了它同外国签订的第一个不平等条约。1885年，因朝鲜甲申政变失败，日本与清政府订立《天津会议专条》，规定今后朝鲜遇有重大变乱，中日两国向朝鲜派兵应先互行文

① 本文原载于台北《海峡评论》，1994年第8期。

知照，因此实际上取得了向朝鲜派兵的权利。此后，日本政府积极扩军备战，准备侵略朝鲜和中国。

1894年6月初，朝鲜南部农民起义高涨。朝鲜政府请求清政府派兵协助镇压，日本也借机怂恿清政府派兵。当清军一部到达汉城以南的牙山时，日军优势兵力未获朝鲜政府邀请也随即赶到汉城。两军对峙，形势紧张。中国政府请俄、英两国调停，两国虚与应付。日本在外交上取得英俄的默许后，立即行动起来。7月23日，日军占领朝鲜王宫，迫令朝鲜政府宣布废除中朝间所有条约，“授权”日军驱逐在朝清军。两天后，日军在牙山口外丰岛向前来增援的中国海军不宣而战，击沉中国运兵船高升号，船上士兵八百余人死难；同日，日军还突然向牙山清军发起进攻，清军溃败。8月1日，中日双方政府同时向对方宣战。甲午战争正式展开。

日本蓄谋已久，早已厚养兵力，弯弓待发。宣战后，日本陆海军齐动，分四路扑向平壤。9月中，自牙山等地退至平壤的清军战败，旋即退回国内。日军终于全部占领朝鲜领土，此后战争转向中国领土。

日军陆海军编组为第一军、第二军和联合舰队向中国进犯。9月17日，日联合舰队在大东沟附近海面与清北洋舰队爆发著名的黄海大海战，两军激战五小时，清舰损失较大，日舰亦受重创。接着日第一军自鸭绿江进入辽东，10月占凤凰城，11月占岫岩州，12月中占领海城。第二军第一师团在10月下旬登陆辽东半岛花园口，11月占领金州、大连湾和旅顺。日军在旅顺屠杀和平居民两万余人，充分暴露了日本从事的这场侵华战争的军国主义性质。

对于日本发动的这场突发的侵略战争，清政府完全没有做好因应准备。朝廷颟顸，政府腐败，指挥无能，前线失败。当日军刚一进入辽东，当权者不是组织抵抗，而是推动妥协求和活动。先是指望英美调停，不得要领，后又被迫直接向日本求和。日本代表在广岛与清政府派出的求和代表虚与委蛇时，日军却在前线发动了攻势。北洋舰队的根据地威海卫和清朝陆军的集结地海城、辽阳、牛庄一线，成了日军进攻重点。自广岛开来的日第二军第二、六师团从山东半岛荣城湾登陆，分路从背后钳制威海卫，于1895年2月2日占领威海卫，加上联合舰队从海上进攻，北洋舰队终于全军覆没。在辽东，清军围攻海城不克，日军冲开重围，反而于1895年3月初攻占清军后方根本重地牛庄。日本取得了战场上的重大胜利，示意中国可派李鸿章前往求和。当李鸿章获得清廷授予“商让土地”的权力抵达日方指定的谈判地点马关时，日军又抢先占领了位于台湾海峡的澎湖列岛，控制了大陆与台湾之间的通道，明确表示了攫取台湾的意向。

甲午战争以签订屈辱的《马关条约》而结束。《马关条约》规定，清政府承认朝鲜独立，实际上是承认日本控制朝鲜；中国割让辽东半岛、台湾全岛及所有附属各岛屿和澎湖列岛；赔偿日本军费银两亿两；日本人可以在中国各通商口岸自由设厂制造工业品，并免征一切杂税；中国开放沙市、重庆、苏州、杭州为商埠，日船可以驶入以上各口。由于日本独吞远东巨利，引起俄、德、法三国干涉，日本退还辽东半岛，中国以银三千万两赎回。

《马关条约》是鸦片战争以来中国政府对外签署的最为屈辱的不平等条约之一。条约带给中国的物质和精神损失极为巨大。原先以为只有西洋的英、法、俄、美等国可以轻易地使清政府就范，现在，连东洋的日本也可以轻易地迫使清政府就范了。从此，中国在半殖民地道路上又大大向前买进了一步，中国人民的痛苦更加深重了。

二

对于日本侵华战争的态度，统治者和老百姓是截然不同的。

清朝统治者为了自己的权位利禄，不把国家、民族的利益放在首位。遇到外敌侵略，不是把组织人民抵抗作为自己力量的基点，而是处处仰仗外国的调停。最高统治者那拉氏深知，要保持清政权和个人的权位，就要取得外国的支持，不管发生怎样的内忧外患，只要谨守这一点，她的位置就可以保住。当日本在培植战力、加强战备的时候，她正在挪用海军经费大修供个人享用的三海工程和颐和园。1894 年 11 月正值她六十岁寿辰，她不顾外患正殷，拨出内帑和公款一千几百万两白银筹备庆典。她不希望战争打破她的寿诞庆典，极力支持奕欣、李鸿章谋求对日妥协。奕欣在 1860 年后二十多年间，一直是对外投降外交的主持者。此次重返总理衙门，一上手就推动求和活动。李鸿章早就相信，对外敌来袭，与其抵抗，不如乞和，与其战胜，不如失败。中法战争就是在这种指导思想下胜而后签订对外屈辱条约的。此次战争，李鸿章掌握军事大权，参与外交决策，种种作为，集中体现了清政权不能保卫国家领土主权、不能保卫民族利益的反动本质。战争初始，李鸿章一再批评部下请备战守是“胆怯张皇”、“糊涂胆小”，要他们“静守勿动”、“各守营盘”。当时，朝中有人揭露，在北洋海军覆灭以前，李鸿章是“闻败则喜，闻胜则怒”，希望速败速和。他把北洋海军当作自己私产，打击部下积极求战的士气，秉持“避战保船”的消极作战方针。黄海海战，北洋虽有小败，日舰却先退，北洋海军经过休整还可大有作为。但李鸿章夸大败绩，报告朝廷说，北洋舰队“仅足守口，实难纵令海战”，严令舰队躲在威海港内，不准出海迎敌。这就把渤海、黄海制海权拱手让给了敌人，造成此后关门挨揍、俯首降敌的局面。在李鸿章的消极作战方针指导下，各地不少守土有责的官员闻敌先退，使祖国大好河山轻易为敌所占。日军在辽东半岛和在山东半岛登陆都是在没有遇到抵抗的情况下成功的。

与统治者相反，人民群众和参战将士虽在清政权的腐败统治下，仍为保卫祖国疆土、抗击外国侵略，勇敢作战，流血牺牲，其爱国主义行为，是彪炳史册的。举几个例子。1894年7月25日，中国雇佣的英国商船高升号运载清兵千余人行至半岛附近，遭日舰拦截，英国船长决定投降，清军坚决反对，表示“宁死不当俘虏”、“拼死一战决不投降”，交涉历三个多小时，日舰猛放排炮击沉高升号，一千多中国士兵用宁死不屈、不怕牺牲的英雄气概，使日军的投降企图破产。平壤战役，虽因统将畏葸怕死、指挥失当、敌众我寡而失败，但广大将士英勇抗敌的业绩是可歌可泣的。总兵左宝贵亲自登城指挥士兵用命，有力抗击日军进攻。左宝贵与营官多人战死平壤。黄海海战中，致远舰虽身受重伤，但管带邓世昌与全舰官兵同仇敌忾，鼓轮猛撞敌舰吉野，中途遭鱼雷击沉，全舰二百五十人壮烈牺牲。经远舰管带林永升战死后，在“船行无主”的情况下，全舰士兵坚守岗位，团结一心，与敌接仗，直到葬身海底。定远、镇远两旗舰广大官兵配合默契，顽强搏敌，不怕牺牲，表现了勇敢无畏的精神。日军侵入辽东后，辽阳、岫岩、凤凰城一带民众纷纷组织民团抗敌，或协助清军防守。猎户李樾率猎户两千人加入清军，参加战斗。金州城南三道沟塾师阎士开拒绝给日军带路，大义凛然地说：我是一个堂堂的中国人，岂能当你们倭寇的走狗！

台湾军民反对日本割让台湾的斗争更是如火如荼，轰轰烈烈，气壮山河，史不绝书。1895年5月至10月，历时五个月，台湾军民本着“与其生为降虏，不如死为义民”的精神，展开反抗日军占领的武装斗争。台北失守后，台湾义勇军与台湾守将、南澳总兵刘永福率领的黑旗军共约“兵民一气，不计生死”，同仇敌忾，一心抗日，使占领台湾的日本侵略者受到了应得的惩罚。据竹越与三郎《台湾统治志》载，侵台战争中，日本共动用兵力五万人，夫役两万人，伤病死亡达三万余人。主力军近卫师团伤亡过半。近卫师团长能久亲王中将、旅团长山根信成少将，都在战争中毙命。当时就有人评论说，如果清军在平壤和鸭绿江都能像在台湾一样的战斗，辽东等地就不至于丢失，割辽割台的事都不可能发生。台湾军民把反抗侵略、保卫祖国的爱国主义用鲜血写在祖国的史册上，成为近代中国爱国主义传统的光荣篇章之一。此后台湾人民的抗日斗争从未间断。

历史事实证明，中国的老百姓是有爱国心的，为了保家卫国，他们是舍得奉献一切的。只要有好的领导者实施正确的组织引导，在劣势条件下打败敌人是可能的。令人痛心的是，清朝政府腐败无能，推行投降路线，导致甲午战争的失败，给历史留下沉重的一页。

三

《马关条约》是中国的耻辱。它对中国的影响，无论从哪个方面来说，都是至大至巨的。这里仅以战争赔款一相来说明。根据条约，中国向日本赔偿白银2亿两，加上赎还辽东费3千万两和威海日军驻兵费150万两，总共23，150万两白银，约折合当时日元35，000万元，相当于日本全国四年的财政收入。日本在战时从中国掠夺的相当于1亿日元的战利品不计在内。日本朝野看到大批财源滚滚而来，顿时感到无比富裕。据有关记载：日本政府将这笔巨款的绝大部分（约3亿日元）用于扩充海陆军及扩大军备生产，其中建立著名的八幡制铁所只花了不到60万日元，就打下日本钢铁工业基础；其余有2000万元归皇室，1000万元备荒，1000万元用作教育基金。以此为基础，日本的军国主义和资本主义顺利发展，成为此后打败俄国，进一步大规模侵略中国和亚洲其他国家的重要契机。

反观中国，则处境至为悲惨。单拿赔款而言。为了在三年内还清赔款，不至于增加5%的利息，清政府立即着手向西方借款。从1895年到1898年，清政府先后向俄、法、英、德银行团完成三笔巨额借款共30，900万两白银，扣除回扣，清政府实得26，000万两，差不多全部交了赔款。为此，清政府承担了列强提出的严酷的政治和经济条件，大约说来，借款本息必须在三十六年或四十五年内还清，不得提前。在还清本息前，中国海关必须由外国人控制。中国政府为此要支付本息超过6亿两白银。战争虽是中日两国打的，其结果，却是西方列强和日本一起宰杀中国。当时中国一年的财政收入约8000万两白银，要拿出差不多八年的全部收入来偿付赔款和借款，中国在现代化的步伐上还有任何作为吗？还敢奢言求富求强吗？经济剥削和政治奴役像两根绳索，把中国政府的脖子勒得紧紧的，把中国人民的手脚捆得紧紧的了。甲午战后的中国，深陷半殖民地深渊而不能自拔，坎坷的洋务自强运动因此招致破产，微弱的现代化追求遭到致命打击。

日本通过甲午战争获胜，大大刺激了西方列强的贪欲，远东局势变得愈加复杂了。1840年后侵华的国家中，日本本是一个被人瞧不起的角色。甲午一役，日本饱掠而归，哪个西方列强不想从中国身上割取一脔呢？中国被称为“东亚病夫”,说它“正躺在死亡之榻上”,谁都想来分配一点这个病夫的遗产。列强瓜分中国的狂潮由此掀起。各帝国主义国家通过对中国的压迫侵略和他们相互间的争夺、协议，中国的大好河山被他们划分为各自的势力范围：胶州湾被德国强租为租借地，山东成为德国的势力范围；旅大地区被俄国强租为租借地，东三省成为俄国的势力范围；广州湾（今湛江一带）被法国强租为租借地，海南岛和越南邻近地区成为法国的势力范围；威海卫和香港新界被英国强租为租借地，长江流域成为英国的势力范围；日本不仅占领了台湾省，还把福建省当做它的势力范围。美国忙于美西战争，争夺菲律宾，腾不出手来，但它随后通过“门户开放”的宣布，取得了在中国各势力范围插足的权利。这种瓜分狂潮引起中国人民的强烈反抗，由此导出八国联军侵华和十一个帝国主义国家联合强迫中国签订《辛丑条约》以制裁中国的悲剧来。

20世纪30年代，日本又发动了长达十五年的侵华战争，给中国人民造成难以形容的创伤和痛苦。在东西方帝国主义的长期侵略和控制下，中国的版图怎能不变色？中国差不多从半殖民地变成殖民地了！历史事实很清楚地昭示人们，中国近代的贫穷落后，中国的现代化难以起步，是西方列强和东方日本的侵略和掠夺造成的。

四

落后就要挨打，这是毛泽东从中国近代历史的教训中总结出来的一条确凿明晰的真理。这真理看似简单，却是近代中国创造历史的那些人们抛了几多头颅，洒了几许鲜血才认识的啊。

落后、挨打、耻辱，刺激中国人迅速觉醒。在中国近代史上起过推动历史前进作用的改良派和革命派，其活动的起点都在甲午一役。孙中山于1894年11月在檀香山成立兴中会，其章程写道："中国积弱，非一日矣……堂堂华夏，不齿于邻邦；文物冠裳，被轻于异族。有识之士，能无抚膺！"该章程第一次喊出了"振兴中华"的口号，显然是受了甲午战争的刺激。康有为于1895年5月在北京发动"公车"上书，要求变法维新，正是与《马关条约》的签订有关。他们都认识到中国的落后，希望加以改变。维新派批评洋务派追求西人的"船坚炮利"，徒袭他人皮毛。他们要求革新政治，发展资本主义。此后一切"工业救国"、"教育救国"等方案的提出都是从维新改良主张衍化出来的。但是封建的皇朝制度的存在，外国势力的控制，使他们的主张不能实现。与此相反，革命派看到朝廷的腐败，朝廷是"洋人的朝廷"，不仅要求根本推翻朝廷，还要求推翻站在朝廷之上的洋人势力，中国才能发展。此后中国共产党主张的反帝反封建的新民主主义革命路线，也是从这一认识发展而来的。

从认识中国的落后到寻求正确的方策来获得国家的独立，先进的中国人整整奋斗了半个世纪。从1895年到1945年，中国第一次赢得了对外战争的胜利——打败了日本帝国主义发动的第二次侵华战争。再过四年，新中国诞生，彻底实现了国家的独立、民族的解放，奠定了中国实现现代化的牢固基础。从此，国家的发展才有了全新的起点，中国人做了一百年民富国强的梦，才有了实现的希望。

古人云："十年生聚，十年教训"。从甲午战争以来，我们已是百年生聚、百年教训了。从生聚和教训的时间看，我们已经十倍于往昔，我们 应当比古人做得更好些了。所谓教训，就是勿忘国耻，勿忘造成国耻的诸多原因，勿忘历史留给我们的那些宝贵经验。所谓生聚，就是要发奋图强、励精图治，把我们的物质文明和精神文明抓好，把有中国特色的社会主义建设好。国家独立了，国家富强了，才能够给我国人民提供一个和平发展的稳固环境，才能得到处理国际事务的平等地位，才能和平友好地结交朋友，善处周边诸邻邦的关系。生聚与教训，归结为一点，我们不是要还牙于人，而是要在平等的基础上求得中国民族和平与发展的机会，求得自立于世界民族之林的能力，求得在国际上平等对话的权利，求得为人类作出较大的贡献。

回顾甲午战败，马关签约，清政府拱手将台湾让与日本。继荷兰人之后，台湾第二次建立起外来人的政权，使台湾人民无辜蒙受亡国之苦。幸得台人不懈反抗，又幸得中国取得对日作战最后胜利，终于在五十年后台湾回到祖国怀抱。这说明祖国是时刻关怀着宝岛台湾的。1895 年日人割占台湾时，台湾曾出现过短暂的以"遥奉正朔"、年号"永清"为形式的"台湾民主国"。那是愤于清政府的卖国，反对日本占领，绝不是"台独"的表现。今日岛内台独嚣张，则是迎合外国势力，反对祖国统一，恰是违背台湾人民光荣传统的。台湾回归祖国，正是历史指示的唯一出路。由中国人自己来解决台湾回归祖国问题，也正是历史向两岸同胞提出的要求。

今日做甲午战争百年祭这篇文章，回顾百年前中国在甲午战争中遭受的耻辱，展望前程，我们应当有这样的抱负。

1994 年 6 月 24 日作

论台海两岸暂时分离的由来

——评台湾当局《台海两岸关系说明书》①

台湾当局于7月初发布《台海两岸关系说明书》（以下简称“说明书”），意在宣示政治立场，说明对中国统一的态度与看法，为争取加入联合国造势。“说明书”在“前言”之后，首列“台海两岸分裂分治的根源与本质”，把台湾问题产生的责任推到中共身上，显然歪曲历史，混淆视听，不可不加评论。

有必要首先例举该“说明书”在回顾历史时所犯的历史地理方面的常识错误。一、“说明书”说，民国三十八年，“中国遂以台湾海峡为界暂时形成分裂分治之势”。1949年，国民党政府及其军队被人民革命力量击得粉碎，其残余力量退往台湾省，并据有台澎金马等地。台澎在海峡之东，金马在海峡之西，金门逼近厦门，马祖逼近福州，何谓以台湾海峡为界？何人为之划界？显然，“为界”之说，是用地理常识的错误掩盖了“两个中国”的曲笔。二、孙中山先生“创著三民主义”，开始于1905年同盟会成立之时，完成于1924年国民党“一大”。“说明书”把它安排在“中华民国建国初期”之下来叙述，显然是常识错误。“说明书”认为民生主义“并欲防止资本主义与共产主义之弊端”，貌似公允，实是曲解。孙中山先生认为，他的民生主义就是社会主义，“是对资本家打不平的”，他在1924年反驳一些国民党员“在中国只要三民主义就够了，共产主义是决不能容纳的”说法，指出，共产主义是最高理想，“共产主义是民生的理想，民生主义是共产的实行”，民生主义就是共产主义，共产主义是民生主义的好朋友。这些言论大多出自孙中山在1924年的“三民主义”演说，是白纸黑字印在书上的。可惜孙中山去世后，国民党抛弃了孙中

① 本文发表于《光明日报》，1994年9月28日第3版“理论经纬”。收入国务院台湾事务办公室新闻局编《两岸关系与和平统一——1994年重要谈话和文章选编》，九洲图书出版社，1995年2月。

山的民生主义——社会主义学说，把“三民主义”变成了专制主义。三、“说明书”说：“民国八年，列宁所领导的布尔什维克在‘十月革命’中夺取政权，苏联共党并成立第三国际，推动世界革命，邻近的中国便首当其冲。”这句话至少有两处常识错误。第一，十月革命是1917年（民国六年）发动的，第二，第三国际于1919年成立时，苏联共产党尚未产生。应当指出，这时的中国是在北洋军阀北京政府的统治下，中国国民党和稍后成立的中国共产党都不是执政党，也都不是“合法”存在的政党。这两个政党，首先是国民党，都获得了共产国际的帮助。所谓“首当其冲”云云，是不妥的。共产国际在半个世纪前已经解散，早已是一个历史名词，它对中国的革命事业固然有瞎指挥的地方，但它对当时幼稚的中国革命党人处理中国革命问题是有不少正确指导的，今天如果忘记或否定这一点，恐怕要被指责为忘恩负义。

“说明书”指出1912年成立的中华民国，是有独立主权的。这个事实不存在争议。强调这一点，意义何在呢？意在说明共产主义在中国的萌芽和发展，中国共产党的成长、壮大以至走上武装夺取政权的道路，1931年11月中共在赣南成立“中华苏维埃共和国”，“代表中国再度分裂的开始”；意在说明1949年10月建立中华人民共和国，终于在台海两岸形成分裂之势。总之，是要说明中华民国成立后，在国内闹分裂的，责任在中共，中共大逆不道。

如果这个逻辑站得住，势必要提出一个问题：中华民国是怎样成立的？中华民国成立前大清帝国是否是一个主权国家？1840年鸦片战争后，中国逐步走上半殖民地道路，但大清国毕竟还不是一个完全殖民地国家，它的独立主权虽然受到帝国主义侵害，在一定程度上，它还是一个主权国家。依以上逻辑，大清的遗老遗少不是也可以批评孙中山领导的中国革命同盟会推翻清王朝、建立中华民国是分裂、是大逆不道吗？我们当然不同意这个观点。我们要十分明确地肯定推翻清王朝、建立中华民国在中国历史上的革命意义。清王朝作为一个封建的王朝，腐朽落后，以人民为敌，在外国侵略面前妥协退让，不能负起保卫人民利益的责任，给国家带来一系列耻辱。以同盟会为代表的革命党人发动武装斗争夺取政权，完全是正义的行动。可惜的是，由于革命党人的软弱，中华民国南京临时政府存在不过三个月，就将政权拱手让给袁世凯，造成此后军阀割据、国家分裂的可悲局面。

1949年成立的中华人民共和国，与1912年成立的中华民国，在形式上有相似之处，像中华民国继承大清国的版图、人民和主权一样，中华人民共和国继承了中华民国的版图、人民和主权。中华人民共和国成立，表明国家权力转移到占人口大多数的工农和全民族手中。台湾当局不承认这一点，说什么“中共”（按：台湾当局惯以中共代指中华人民共和国）不代表中国，简直是令人笑掉大牙的常识错误。1971年中华人民共和国恢复其在联合国的合法席位，今天有一百五十九个国家与中华人民共和国建立外交关系，表明国际社会普遍认定中华人民共和国政府是唯一代表中国的合法政府，台湾是中国的一部分这一客观事实。造成新中国政府不能依国家主权原则在台湾实施统治的，恰恰是台湾当局，谈论台湾问题由来的根源，不能不指出这一点。中华民国的法统1949年10月已经断绝。台湾当局今天以“中华民国”名义在台湾维持统治是缺乏法理依据的。按国际法，国家主权不能分割是一个根本原则。一个国家的主权，既不容外国干涉，也不能由国内某地区、某部分人加以侵夺。中华人民共和国政府迄今未能完全完成国家的统一，台湾当局的分裂行为是一个重要的原因。“说明书”要求讨论两岸关系搁置主权，是实行分裂政策而又不便说明的软弱借口。

那么，中华人民共和国成立之前，在中华民国时期，国家分裂的责任是否能推到中共身上呢？前面说过，北洋军阀统治时期，中国国民党和中国共产党都不是“合法”存在的政党。在共产国际帮助下，中国国民党改组为革命性的政党。共产党员以个人身份参加国民党，实现了国共第一次合作，以共同反对北洋军阀的统治，进而达成了北伐的重大胜利。此时，国民党背叛了人民革命，中山舰事件发生了，“清党案”通过了，“四一二政变”与“七一五分共”接连发生，国共合作破裂。北伐胜利果实为国民党攫取，共产党被打入血泊之中。从历史的眼光来看，分裂的责任应当由国民党来承担。

国民党在攘夺北伐胜利果实的基础上，在南京成立国民政府。共产党人从血泊中站起来，总结历史教训，开展独立自主的革命斗争。于是有南昌起义、长沙暴动、广州起义、井冈山的割据，以至“中华苏维埃共和国”的建立。对中央根据地，蒋介石指挥大军发动五次所谓“围剿”，迫使红军作出二万五千里的大转移，中共力量损失惨重。

“九一八”事变发生，蒋介石政权本着“攘外必先安内”原则，秉持不抵抗主义、使日寇得以占领东三省，进入华北。中共领导红军在长征途中，鉴于外敌入侵，国难当头，发表宣言，呼吁国民党组织全国统一的国防政府，组成全国统一的抗日联军，共赴国难，抗日御侮。随后又发布《抗日救国十大纲领》，努力推动国共合作和抗日民族统一战线的成立。“西安事变”后国民党政府也被迫相机调整政策，红军被改编为国民革命军序列的八路军和新四军，中共中央所在地的陕甘宁边区被承认为国民政府统治下的陕甘宁边区政府，随后，晋察冀边区政府也作为“中华民国的组成部分”批准建立。共产党坚持全面抗战路线，放手发动群众，八路军、新四军深入敌后，开辟广大的敌后战场，给日寇以极其沉重的打击，给国民党政府的正面战场以有力的战略配合。只是国民党执行片面抗战路线，消极抗战，积极反共，甚至背着共产党，多次与日本侵略者秘密谈和，企图以共同反共为前提，出卖国家利益，导致正面战场节节败退。

抗战八年，中共由于放手发动群众。团结一切抗日的人士积极抗战，政治和军事影响获得国内国际广泛承认。1945 年 5 月共产党主张废除国民党一党专政，建立民主联合政府，将中国建设成为一个独立、自由、民主、统一和富强的新国家，但不为国民党所接受。1945 年秋经国共谈判签订《双十协定》，国民党承认和平建国的方针和人民的某些民主权利，承认避免内战，两党和平合作建设新中国。但是，国民党不能容允边区政府的存在，随即撕毁协定，发动内战。1946 年 1 月，国共双方在美国调停下签订《停战协定》，政治协商会议通过改组政府组织、召开国民大会、实行和平建国纲领等决仪。若依此形势发展，中国有可能走上和平民主建设新阶段。但是不到半年，蒋介石悍然撕毁停战协定和政协决议，向中共领导的解放区发动全面进攻。大规模内战爆发。国民党再次违背民意，要把共产党领导的人民革命势力打倒在血泊之中。应当由谁来承担分裂的责任呢？1946 年 1 月的政协决议，是国民党、共产党及其他各党派联合协议的大宪章。国民党背叛这一宪章的原则，召开一党独大的非法国民大会，通过所谓宪法，把独裁“合法”化，把内战“合法”化，把分裂“合法”化，难道也要中共承担分裂的责任吗？

“说明书”说“抗战胜利后，共产党利用中国人民筋疲力尽之际，武装叛乱，席卷大陆”。此话颠倒黑白。国民党撕毁“双十协定”、“停战协定”，违背政治协商会议要求和平建国的民意，悍然发动内战，不是共产党武装叛乱，而是国民党破坏和平。共产党只有一百万军队，没有外援，国民党有四百万军队，又有美国的强有力支持，怎么只有三年时间就被共产党席卷大陆？共产党领导的地方政府怎么在1949年10月一举变成中央政府，建立起对全中国的统治地位？国民党的失败是民心丧失的最好证明。国民党罔顾民意，不识大势，应负分裂国家的责任。

今天两岸关系的现状完全不同于南北朝鲜和东西德国。后者是国际的协议，前者是中国人民统一祖国的意愿尚未最后实现。在阻碍中国和平统一的因素中，某些外国势力干涉中国内政，或支持台湾某些势力制造“两个中国”、“一中一台”，或支持另一些势力制造“台湾独立”是其中的主要原因之一。“说明书”隐瞒了这个事实真相，反而嫁祸于人，非不知也，有所讳也。

“说明书”以“三民主义中国”与“共产主义中国”之争为词，说是“中国往何处去”的本质。此说也是了无新意。共产主义是中国人民长期追求的远大理想，前已指出，孙中山先生也是同意的。至于三民主义，国民党在大陆没有实行，在台湾何曾实行？拉着大旗作虎皮，实在没有多少号召力，连生活在台湾的老百姓也说服不了。倒是毛泽东于1940年在《新民主主义论》中，1945年在《论联合政府》中，1949年在《在中国共产党第七届中央委员会第二次全体会议上的报告》和《论人民民主专政》中，一再指出，孙中山的三民主义的政治原则与共产党的最低纲领是基本上一致的，表示完全同意“非少数人所得而私”的民权主义，完全同意“耕者有其田”和“使私有资本制度不能操纵国民之生计”的“节制资本”主张，准备加以实行。事实上，新中国建立以后，在共产党领导下，孙先生这些主张，都得到了实现。

今天，中国经过十五年的改革开放，在实践中又总结出了以邓小平名字命名的建设有中国特色的社会主义理论。在这一理论的指导下，中国的改革既坚持了社会主义原则，又吸收、借鉴世界各国包括资本主义发达国家所创造的一切先进文明成果，从而造就了当今世界上最为活跃的一大块现代化发展的热土，大大改变了中国的面貌、大大改善了十二亿人民的生活素质。这种情形，还将以其高速发展的趋势，继续令世人震惊，包括台湾、香港、澳门在内的大量投资者也从中多多受益。“中国往何处去”，还用得着更多争论吗？“说明书”作者闭眼不看事实，怎么能为中国的统一说出正确的见解呢？

中国的统一要靠中国人自己

——书生议政：年终看两岸关系①

1994年行将结束之际，《海峡评论》总编辑王晓波教授来函，征询我对两岸关系、中国前途和国际形势的看法，表示“《海峡评论》渴望能刊出您的真知灼见，提供给热爱中国，热爱和平的朋友们分享。”在下不才，承蒙如此看重，实不敢当。谚云：天下兴亡，匹夫有责。以此出发，在下以平日观察，整理思路，奉上若干看法，敢云真知灼见，聊作刍荛之献，以供识者之哂云耳。

1994年的两岸关系

近几年的两岸关系，由于两岸的共同努力，有明显的缓解。这是有目共睹的。1993年以汪辜会谈的成功，营造了两岸事务性会谈的良好气氛。两岸在民间团体形式下，高层负责人就经济、事务取得共识，是隔绝四十多年后两岸接触方面迈出的历史性的一步。人们满怀喜悦心情，预测1994年的两岸关系，将在继续朝着缓和、协商、合作的方向发展，在某些领域可能会出现新的突破。这样的心情是可以理解的。可惜，期望值过高。现在，1994年年关将近，我们已经可以说，1994年的两岸关系并不像预测的那样顺畅，而是充满了强烈的不和谐音，使人们闻到了火药味和血腥味。

1994年头三个月，福建沿海渔民遭台湾军人枪击毙命者数起；3月31日，浙江淳安县发生意外的杀人抢劫导致两岸三十二人死亡的“千岛湖案”，台湾

① 本文是应王晓波总编辑约稿而作，原载于台北《海峡评论》，1995年第1期。文章末尾写了“奉命放言”四个字，实际上是与开头标示的总编辑约稿相呼应，不过是文章做法而已。台湾有的学者引用时，在“奉命放言”四个字上做了文章，虽经解释，竟不得理解。

当局借此煽动民情，两岸关系陷入低潮；7月10日，台湾苏澳港口因强台风过境，在当地从事劳务的大陆船工六百三十名被禁止入港避风，造成十二人死难、二十六人致伤的重大海难事件；11月，小金门台湾军人炮击厦门，造成炸伤四人、炸毁建筑物的惨案。在政治层面上，李登辉与司马辽太郎谈话，说国民党政权是台湾的“外来人政权”，要“出埃及”，倾吐了“皇民”苦衷和“台独”阴暗心理。台湾当局在两岸关系中，鼓吹“搁置主权”，鼓噪“对等政治实体”，用“重返联合国”和“度假外交”、“务实外交”、“金钱外交”，大搞“两个中国”和“一中一台”。虽然有8月7日焦唐会谈就劫机犯遣返等若干事务性处理方式达成共识，发表共同新闻稿，似乎在接续汪辜会谈成果方面取得一定进展，但它实在是淹没在两岸不和谐杂音中，未引起人们足够注意。

上述种种在在说明，两岸关系是脆弱的，不稳定的，是经不起风浪的，是令人担忧的。

“一个中国”的定义

中国的前途在统一。这是两岸绝大多数人民的意愿。统一的前提是一个中国。这是逻辑的要求，学理的要求，也是现实的要求。不是一个中国，自然就谈不上统一，这是明明白白的。《日本经济新闻》11月28日发表蒋纬国的谈话，质疑“是根据一个中国的前提实现统一呢，还是把目标放在别处”，是很有道理的。

几十年来，两岸都主张一个中国。这是近几年来两岸走向接近、缓和的认识基础。这是很可贵的。差异在何谓“一个中国”上。

1949年国民党政府败退台湾后，中华人民共和国政府作为代表中国的唯一合法政府，无论从国内法统和国际法原则的角度都是无可争议的。据此，一个中国就是中华人民共和国。台湾当局人士从中华民国1912年建国的法统说为据，仍认为一个中国就是“中华民国”。这是把中华民国的法统凝固化了。一位台湾历史学者为此寻找历史根据，认为南明在台湾建立的政权是正统政权，而否认1644年在北京建立的清政权合乎法统。须知，中国历史三千年，从来没有一个不变的法统或正统，从没有一个一以贯之的法统或正统。1644年，清政府否认了明政府的法统，清政府就变成正统。1912 年，中华民国政府否认了清政府的法统，中华民国政府就变成了正统。1949 年中华人民共和国政府否认了中华民国的法统，中华人民共和国就变成了正统。

由于历史的原因和外国的干预，台海两岸形成了暂时分离的局面。虽然海峡两岸都声称只有一个中国，如果不解决两岸统一问题，把这种暂时分离的局面固定化，就在客观上造成了两个中国的局势。一个中国（中华人民共和国）加一个中国（中华民国）不就是两个中国了吗？这种局势，台湾似能容允，大陆是不能容允的。中华人民共和国政府已多次宣告，坚决反对“两个中国”。大陆不仅不能坐视所谓“台湾共和国”（即台独）的出现，也不能坐视“中华民国”在台湾长期地、永远地存在下去。法统正统，法理昭然，不须多加解释。所谓“台湾问题”，所谓“中国统一”问题，就是这个问题。不是撤销中华人民共和国，就是撤销中华民国；或者两个国号都撤销，经两岸协商，采用一个两岸都可以接受的新国号。解决之道，无非和平方式与非和平方式。非和平方式太过残酷，两岸中国人都不愿接受。和平方式损失最小，但可能造成撤销一方的心理负担。如果不能承担这种心理负担，又不能谋其他所以最小损失之道，则只有非和平方式了。

以一个中国的立场来说，大陆和台湾都是中国的组成部分，但不是平等的组成部分。中国的主体在大陆，台湾是中国不可分割的一部分。大陆的人口是台湾的五十七倍，国土是台湾的二百七十倍（约言之）。人均 GNP，大陆由于人口总数庞大，虽仍在发展中国家的水平上，但综合国力确是台湾不能比的。撇开社会制度和意识形态不说，在这种形势下，是撤销中华人民共和国现实、合理呢，还是撤销中华民国现实、合理？

台湾当局似乎体认到这一点。今年 7 月台湾“大陆委员会”公布《台海两岸关系说明书》，在解释台湾 1991 年公布《国家统一纲领》“宣告同时废止动员戡乱时期临时条款，在宪政层次上，不再将中共视为叛乱组织”的含义时，特别指出“‘中华民国政府’不再在国际上与中共竞争‘中国代表权’”，如果没有理解错的话，这就是放弃“中国代表权”之谓，就是声明“中华民国政府”不再代表中国之谓。如果这种理解没有歪曲台湾当局的认识的话，无异说明上述文件宣布台湾当局自动放弃“中华民国”名号，这与我在上文提出撤销一方名号的设计正好合辙了。如果这样，中国统一问题就好解决了。

然而不然。煌煌文书，公诸海内外，所谓“不再在国际上与中共竞争中国代表权”只是虚晃一招，接着又提出“一个中国，两个对等政治实体”的架构，提出双方“在国际间为并存之两个国际法人”的概念，以及在1993年、1994年大肆鼓捣“重返联合国”的运作，这不是在自掌其嘴么？既要放弃“中国代表权”，又要充当国际法人“重返联合国”，哪一个是真的呢？看来，要“一个中国”是假，要“两个中国”是真。既然要“搁置主权”，为何又要充当“国际法人”？既然要充当国际法人，为何又不去竞争“中国代表权”？这真是现代“以子之矛攻子之盾”的笑话了。

为了弥合这些说辞的自相矛盾，《台海两岸关系说明书》提出解释说：“一个中国”是指历史上、地理上、文化上、血缘上的中国。这个解释，是“搁置主权”的注脚。抽掉主权，是这个“一个中国”解释的要害。作为国际法主题的国家，最重要之点是主权所属，国家主权对内是独占的，对外是排它的。卧榻之旁，岂容他人鼾睡。天无二日，国无二主，古今皆然。任何一个主权国家都是历史上的、地理上的、文化上的、血缘上的。如果有一个历史上、地理上、文化上、血缘上的国家而无主权，只能是宗主国的殖民地、托管地之属，哪里谈得上主权国家。所谓历史上、地理上、文化上、血缘上的中国，正是具有主权的中国。近代史上中国受帝国主义侵略，主权受到侵夺，并未完全沦丧。讨论两岸关系，而对“一个中国”作出这样的解释是荒谬不通的。“搁置主权”不通，所谓“主权在民”就通么？“主权在民”是在全体人民，不是在部分人民。“主权在民”的含义，是说全体人民中的某一部分不能对“主权”提出非分要求。一个国家的任何一部分人民都可以对国家主权提出要求，这还是一个统一的国家么？

台湾官方文件和要人在“一个中国”问题上充满了理论的荒谬和逻辑的混乱。理论荒谬和逻辑混乱，反映了内心的空虚和失据。坚持“一个中国”，提出“中华民国在台湾”就说不通。坚持“中华民国在台湾”，就要搞“两个中国”。公开打出“两个中国”，不仅大陆坚决不答应，台湾人民也不答应。于是遮遮掩掩，东躲西藏，说的一套，做的一套。尽管巧舌如簧，岂能尽掩天下人的耳目！

“一国两制”使台湾人民失去什么

中共以“和平统一，一国两制”作为处理两岸关系的准则，作为解决中国统一问题的最佳方案。台湾当局表示“绝不接受”，认为“一国两制”的目的，“是要中华民国向中共全面归降，要台湾地区人民在一定时间后放弃民主自由制度”。这是曲解，是对台湾人民不负责任的错误引导。然则，果真实现“一国两制”，台湾人民就无所失么？浅见以为，这个问题还是要堂堂正正地说清楚为好。

失还是有的，它主要表现在：

“中华民国”的名号要取消。如前所述，中华人民共和国的成立已经否认了“中华民国”的法统，实现“一国两制”，当然不能允许“中华民国”的名号在台湾继续存在，这是题中应有之意。否则，就不是“一国两制”，而是“两国两制”了。取消名号，对已取得官方政经利益的人士可能带来损害，对普通老百姓也会有一些心理负担。这当然需要有一个适应时间。大陆人民在四十五年前抛弃了这个名号，当初大多数人并无不适之感。如果对统一后的“一个中国”的国号加以讨论，制定新的国号，可以大大缓解台湾人民的心理负担。窃以为，为了取得“一国两制”的最大收效，大陆人民不妨作一点让步，同意讨论甚至改变已经习惯了的中华人民共和国国号，比如改成“中华共和国”，使两岸全体人民都能接受。

台湾作为统一后的“一个中国”的特别行政区，对于中央政府来说，当然只能是地方政府。这种中央和地方的角色转换，可能对官方人士带来压力，对老百姓则仅有心理负担，甚或无所谓负担。老百姓经商、做工、种田，其奈中央、地方何。如果合理解决台湾官方少数精英去中央政府做官，官方人士的压力也会减少。

至于说到台湾人民要放弃民主自由制度，显然是一种不必要的担心和忧虑。尽管许多台湾有识之士对台湾社会的民主自由制度极为不满，但实行“一国两制”仍将保证这种制度不会改变，至少五十年不变。五十年后是否改变？如果五十年后台湾人民对这种制度很满意，有什么必要改变？所谓民主自由制度，究竟是大陆的好，还是台湾的好，还有待竞争和检验。四十五年前，中共就是在反对国民党的不民主、不自由、专制独裁中发展壮大起来的，是为中国人民争民主争自由而获得人民支持的。今日大陆建立的社会主义民主制度随着经济改革的深化，也要逐渐改善。五十年后在民主自由制度方面，兴许台湾人民要主动向大陆人民学习呢。

有人以为实行“一国两制”，是台湾“归降”，或是大陆“吞并”，因而不是庄严的统一。这都是误会。“一国两制”是用和平方式解决中国统一问题的最佳方案。统一后，台湾的社会结构、政治制度、经济生活都按照原有的轨道运转，军队照样保留，国际活动空间除了不能与外国建交外，不是缩小了而是更大了，台湾地区人民不仅能更好地与大陆做生意，也能更好地与世界各国做生意。台湾人民的生活水平将会更高。台湾地区人民和大陆人民将会挺起胸膛对世界说，我是独立的、统一的、民主的、富庶的中国的公民。这将是自鸦片战争以后一百数十年来中国人最开心的一天。为了作一个挺起脊梁的中国人而统一起来，该是多么庄严！

蒋纬国先生最近对香港《良友》杂志发表谈话，坚定地认为，中国是一个，中华民族是一个，两岸应该要面对共同的问题谋求解决，表示“我现在对在中国大陆的发展，对在台湾的发展，我是一个联合的看法”，坚决相信中国一定会统一的！真正要想卖国的“吴三桂”是没有多少的。蒋先生的话，颇值得玩味。

台湾“国策顾问”陶百川先生11月5日在《联合报》发表《两岸怎样安度未来五十年》的文章，也接受统一后有关中央政府和地方政府的提法，提出“统一而不集权，分治而不分裂”，“使省政府与中央政府处于平等的地位，各自行使宪法赋予的权力，享受各取所需的利益”。我以为，这些主张都可以在“一国两制”的大框架下来讨论。不要把“一国两制”看成一个吃人的恶魔，一看到它就赶快回避。“一国两制”是解决和平统一中国的方案，这个方案除了“一国”不能变更外，其容纳度是很大很大的。台湾各界社会人士各种意见中，除了关涉“两个中国”方案不可采以外，其他意见，大多可在“一国两制”的大方案中来切磋，总能找出使两岸大多数人满意的办法来。

冷战结束后，国际局势在多极化格局中发展。总起来看，这对中国统一是有利的。中国的统一靠中国人自己。把希望寄托在外国人身上，统一是无期的。中国人来安排中国的统一，只有两条路，和平的路和非和平的路。我们要争取走通和平的统一之路，使全体中国人、全世界各民族人民，都为中国人的智慧而欢呼。果如斯，则中国幸甚，小民幸甚！

奉命放言，思虑不周，书生议政，难免偏颇，庶几乎言哉！

1994年11月30日草

台湾与祖国共患难

——回顾《马关条约》割台百周年[①]

1994 年 8 月，海峡两岸的中国人用不同形式，纪念了甲午战争百周年。匆匆不及周载，今又到了《马关条约》签字百周年的日子。世事沧桑，不堪回首。我们却偏要回首那不堪回首的当年，回首百年前那腥风苦雨的日子。此决非好史癖所能解释。人们往往曲解历史，以为历史是古董，是过去的事，不过借茶余饭后之谈资而已。这是市井迂腐俗见，不足一驳。中国历史五千年，历朝历代，斑斑足迹。今天是由昨天发展而来，昨天由前天发展而来。《马关条约》签字以来的百年，是中国历史发展的关键、转折的百年，其间痛苦悲愤、喜怒哀乐，并非常人所能道。嗟予后生，切勿忘却百年前中国人的苦难，切勿忘却列祖列宗的奋斗足迹啊！

割台五十年，抗日五十年

1895 年 4 月 17 日，在日本马关之春帆楼，中国议和大臣李鸿章、李经方被迫在《马关条约》上签字，日方签字代表为日相伊藤博文、外相陆奥宗光。该约之第二款规定：中国将台湾全岛及所有附属各岛屿、澎湖列岛之管理权并该地方所有堡垒、军器工厂及一切属公对象，永远让与日本。6 月 2 日，中国政府代表李经方与日本首任台湾总督桦山资纪在基隆外海办理了上述岛屿主权的交接手续，日本从法律上完成了对台湾的占领。

日本在事实上强占台湾，绝非在基隆外海办理交接手续那样轻松，而是花了极大的代价，在血与火中完成的。从 1895 年 6 月初日军占领台北，到 10

---

① 本文载于《海峡评论》，1995 年第 4 期。

月占领台南，五个月之内，台湾绅民在吴汤兴、徐骧领导下，与驻防台南的南澳镇总兵、黑旗军首领刘永福联合抗日作战，步步为营，屡挫敌军。历经三角涌、大科坎、龙潭坡、大湖口、新竹、尖笔山、苗栗、大甲溪、彰化八卦山、云林、大埔林、嘉义、曾文溪诸役，终因弹尽粮绝，后援无继，为强敌所败。日军付出了伤病死亡三万余人的代价，北白川宫能久亲王以及山根信成少将都在此次强占台湾之役中毙命。日军在挑起甲午战争的整个过程中也未付出如此惨重的牺牲。时人洪弃父在《台湾战纪》一书序言中说，如果清军在平壤和鸭绿江都能像在台湾一样作战，辽东等地就不至于丢失，割辽、割台的事就不可能发生，高度赞扬了台湾军民抵抗日军占领的英勇顽强精神。

1895年11月，桦山资纪宣布台湾全岛已经平定。言犹未已，台湾人民本着“义不臣倭”的决心，在1896年元旦，在宜兰发动武装起义，开始了长达七年的台湾义民抗日武装起义高潮。台湾全岛，从北部的宜兰山区、中部云林、温水溪地区到南部的凤山地区，处处燃起抗日烽火，北部的陈秋菊、简大狮，中部的简精华、柯铁，南部林少猫是最大的几支。1902年，义民起义被日军残酷镇压。从1907年起，台湾各地抗日起义再次爆发。十年中，计有1907年北埔起义，1912年林圯埔起义、土库起义，1913年苗栗起义、东势角起义，1914年南投起义、大甲大湖起义、六甲起义，1915年太平庄起义、新庄起义、噍吧哖起义，就中以北埔、林圯埔、苗栗、噍吧哖等地的起义最称著名。连续二十年的武装抗日活动此后虽有所缓和，但到1930年10月，又爆发了震动全台湾的雾社起义，雾社土著同胞利用开运动会发动，杀死日本官吏、警察共一百三十七人。

1937年日本全面发动侵华战争后，台湾人民处在极端困难的情形下，仍然配合国内全面抗战，进行着艰苦的反对日本占领的斗争。荦荦大者如：1937年11月，宜兰矿工七百人暴动反抗日本军警压迫，12月，各地中华会馆三百余人秘密组织“抗日救国团”；1938年，华侨秘密计划炸毁基隆港的日本军舰，台共发动炸毁日军久留米仓库；1939年3月，高雄、台北发生反战暴动，10月，被征入伍的“军夫”三百人在基隆港暴动；1940年，花莲、屏东、新竹各地发现秘密反战传单，号召台湾青年不去祖国作战；1941年，台湾文化协会发动文化界人士秘密结会，准备接应祖国军队登陆；1942年，南投、竹山等地人民反抗日本战时措施，被捕数百人；1943年，基隆人民不满日本战时体制，被捕两百人；1944年，台北帝大学生结合同志两百人，密谋响应祖国；等等。台湾人民以各种形式反抗日本，几乎无年无之。

1945年4月17日，台湾革命同盟会为纪念《马关条约》五十周年发表宣言，其中说："台澎同胞，为着求自由解放，为着伸张正义，为着保有民族正气，明知众寡不敌，继续奋斗，抗拒强暴。起初发动七年抗战，其次又是十次暴动，抗日反帝的怒潮今日依然笼罩着台澎诸岛。五十年间，牺牲六十五万人。虽然尚未成功，可是先烈的不朽精神仍不断鼓励着我们勇往直前，不达目的，绝不停止！"皇天后土，立此存照。这个总结充分说明，日本割台五十年，台湾人民抗日五十年。这就是"与其生为降虏，不如死为义民"的台湾人。回顾历史，我们深深感到，这是生为台湾人的光荣，这是生为中华民族一分子的台湾人的光荣！在中华民族抗击外敌侵略的历史上，台湾人民写下了特殊的一页。

台湾的苦难，祖国的苦难

日本割占台湾五十年，使台湾人民沦为"清国奴"，遭受到没齿难忘的苦难。部分台湾人难免产生"弃儿"的悲怨。"弃儿"毕竟是儿，"弃"却绝不是出自母亲的心愿。当时的祖国在列强欺凌下，处在半殖民地的深渊，统治者软弱无能，不能将全民族的力量凝聚起来，不仅导致台湾被割让，在此之前还有香港、九龙半岛被割让，还有东北、西北大约一百五十万平方公里（差不多四十一个台湾）的土地被割让。不仅台湾人民悲愤难抑，凡有血性的中国人无不感到耻辱，感到悲愤难抑！祖国啊，母亲，您何时能够强大起来，何时能有力量保护四万万中华儿女不受欺凌?!

当台湾遭受日本占领者二十年的武装镇压，遭受到日本统治者高悬"六三法案"为厉禁，政治上压迫、经济上剥削、思想文化上钳制，甚至不能说中国话、不能写中国字、不能上中国学，在"皇民化运动"中挣扎时，祖国母亲同样遭受着无与伦比的屈辱。翻开《马关条约》签订以后的中国政治地图，可以清楚看出，列强用"利益范围"（或称"势力范围"）和租借地形式，差不多把中国瓜分尽了。由此吊起帝国主义侵略中国的胃口，以为“东亚病夫”已经躺在死亡之榻上，只要轻轻一击，就可以彻底肢解它。于是八国联军侵华，占领京城一年多时间。《辛丑条约》不仅规定了巨额赔款（三十九年内赔款本息约十亿两白银），还规定北京使馆区由外国驻兵，北京至大沽口十二处地方由八国驻兵，这就是为什么七七事变时日军在北平近郊的卢沟桥与中国士兵发生冲突的由来。与此同时，俄国军队数十万占领整个东北，不肯撤退，终于在 1904 至 1905 年在中国土地上打了一场日俄战争。战争结果，日俄两国背着中国，在美国的朴茨茅斯签订了瓜分中国东北势力范围的条约。

甲午战争和日俄战争中日本获胜，大大鼓舞了日本实施其以朝鲜为跳板，侵占我东北、侵占全中国的战略图谋。开始，日本以第一次世界大战对德宣战为借口，向中国出兵并占领山东省，接着向袁世凯政府提出灭亡中国的二十一条要求，在上海镇压工人运动，挑起济南事件；第二步，在沈阳皇姑屯炸死张作霖，制造借口，发动“九一八”事变，出兵占领整个东三省，并以伪满洲国名义在东北实行殖民统治；嗣后制造华北事变，实施分离华北政策，最终通过 1937 年卢沟桥事变形成全面侵华态势。日本全面侵华造成中国人民人力、物力、国力的损失，已经永远无法计算，单以南京三十万人被屠杀及各地众多的万人坑，就永远难以抚平中国人民在战争中的伤痕。近代中国，国将不国，事变迭起；国耻始终撞击着人们的心灵。首都三次被外国军队蹂躏：1860 年 10 月英法联军占领北京，皇帝“北狩”热河；1900 年 8 月八国联军攻占北京，朝廷“西巡”西安；1937 年 12 月日军攻占南京，国民政府以重庆为陪都。广州三次被外国占领，上海两次被占，南京两次被占，北京三次被占，天津及其他重要省会、众多城市均有一次或多次被外军占领的记录。

我们把祖国比作母亲。母亲在受难，频受侮辱，自身难保，她的数以亿计的儿女在外国侵略下得不到安全保障，颠沛流离，饥不果腹，饿莩载道。儿女们唯有挽起手臂，共御国侮，救母于危，难道能埋怨母亲不能保护自己吗？在台湾被日割占的五十年中，台湾人民蒙受了苦难，祖国人民也同样在蒙受苦难啊！

梦牵魂绕，台湾、祖国相依存

在祖国与台湾分别处于患难之中的时候，台湾与祖国的命运相依。台湾的有识之士从来都清醒地认识到这一点，并为此而付出了艰苦的努力。

前文所述台湾人民抗日五十年的大量事实，已经证明了这一点。我们还可以在这里补充一些事实。

马关割台的消息传来，两岸人民十分震惊，同声谴责。康有为在北京发动了一千三百名举子“公车上书”，是民意的典型反映。台湾人民的愤怒更是万口一词。在台湾士绅鼓动下成立的“台湾民主国”，虽气运甚暂，但改元“永清”，仍强烈表明在那种特殊的时代氛围下，台湾人民为保存实力、与祖国共命运的信念。此后，在辛亥革命、五四运动、北伐战争直至抗日战争中，台湾的爱国主义者或者积极配合，或者亲身投入，或者在台湾掀起以反日为标志的种种民族解放运动、工农运动。正如对台湾史有深切研究的王晓波教授所说：“每一个阶段的中国民族运动都波及台湾。虽然，日本帝国主义的刺刀强行割裂了台湾海峡，然而，海峡这边的台湾同胞和整个中国民族运动的脉搏还是共同跳动的。”罗福星、林献堂、蒋渭水、王敏川、李友邦是其中的代表人物。

对民族主义运动取急进态度的“祖国派”主张把台湾的希望放在祖国的力量上面，声言：“若要救台湾，非先救祖国着手不可。欲致力于台湾革命运动，非先致力于中国革命成功不能。待中国强大时候，台湾才有回复之日，待中国有势力时候，台湾人才能脱离日本强盗的束缚。”就是对民族主义运动取缓进态度的“台湾派”，在其活动和思想中也有鲜明的祖国意识，如林献堂1946年所说：“台胞在过去五十年中，不断向日本帝国主义斗争，壮烈牺牲，前仆后继，所为何来？简言之，为民族主义也”，“台胞不但在敌人治下无时或忘祖国，对于祖国数十年来的内忧外患尤极关切”。

以上事实一再说明，就是在日据时期，台湾的命运在客观上也是与祖国紧密相连的，台湾人民的追求、活动与思想在主观上是与祖国人民一致的。如果没有抗日战争创造了近代中国第一次对外战争的胜利结局，台湾的回归祖国是很难设想的。这一事实雄辩地证明了祖国与台湾的关系，说明了母亲与儿女的关系。日据时期台湾出现的台湾独立主张，反映了那个特殊的历史时期台湾人民的抗日诉求和对祖国统一的期待，它与今日出现于台湾的台独分离主义是不可同日而语的。今日某些人所谓的“弃儿情结”和“台独意识”，在历史上是找不到合理的依据的。

当此《马关条约》签订一百周年，回顾百年来台湾的历史道路，我们会有几点感悟：第一，台湾与祖国的分离是帝国主义侵略的结果，在台湾与祖国关系上，我们要警惕外国的干涉。第二，在台湾被外力割占，祖国处于屈辱之中，祖国没有忘记台湾，台湾人民心向祖国，可见祖国和台湾本来是命运一体。第三，“台湾独立”的口号在台湾和祖国处于危难之际，作为反帝口号有它的历史合理性，但在祖国已然完全独立并走上蓬勃发展的坦途时，仍打出这一旗号则是逆时代潮流而动，具有分化中华民族凝聚力的作用，是违背民族意愿的，是不合时宜的。

1945 年 10 月台湾回归祖国后，台海两岸分离又有五十年的岁月，这既是内战的结果，又是外国干涉的结果。我希望祖国的统一不要再等一百年，那样太久了。当后人命笔纪念下一个百年时，文章最后一句话可能是：统一既然如此重要，又如此须臾不可或缓，上一代人不能解决，其无能和拙劣多么令人嘲笑！后人之笑今人，犹如今人之笑前人一样，吾人知所惕励否？！

1995 年 3 月 9 日

用谈判来推动祖国和平统一的进程

——学习江总书记十五大报告札记[①]

党的十五大是我党在社会主义建设时期承前启后、继往开来的一次重要会议，具有里程碑意义。其地位和作用与七大类似。七大把毛泽东思想作为我们党的指导思想，从而保证了此后中国革命和建设的胜利发展。十五大把继承和发展了的毛泽东思想—邓小平理论，和马克思列宁主义、毛泽东思想一起作为我我们党的指导思想，这必将使我国在建设社会主义强国的奋斗过程中，获得强大的推动力量，从而取得我国社会主义建设的更伟大的胜利。

“一国两制”、和平统一祖国，是邓小平理论的重要组成部分之一。江总书记根据邓小平理论关于“一国两制”的构想，在十五大报告中精辟地阐明了推进祖国和平统一的一系列方针政策，特别重申了他在1995年春节谈话中坚持“和平统一、一国两制”的基本方针和发展两岸关系、推进祖国和平统一的八项主张。他代表中国共产党再次呼吁：作为第一步，海峡两岸可先就“在一个中国的原则下，正式结束两岸敌对状态”进行谈判，并达成协议；在此基础上，共同承担义务，维护中国的主权和领土完整，并对今后两岸关系的发展进行规划。希望台湾当局认真回应我们的建议和主张，及早同我们进行政治谈判。在一个中国的前提下，什么问题都可以谈。只要是有利于祖国统一的意见和建议，都可以提出来。祖国统一的问题，应当由两岸中国人自己解决。这些开诚布公、语重心长的谈话，充分体现了中国共产党人不计前嫌，为了祖国的统一和民族的团结，以大局为重、曲己就人的宽阔胸怀。

分裂的国家达成统一，无非是和平方式和非和平方式。中国历史上有多

① 本文载于北京《统一论坛》，1997年第6期。

次国家统一的记载，鲜有用和平方式达成者。单以台湾论，清初统一台湾，也是武力征服的结果；1945年10月中国收复台湾，则是日本战败投降的结果。今天，中国共产党提出用和平方式统一祖国，其最主要的方略和承诺就是“一国两制”，这在中国历史上是前无先例的。用非和平方式统一国家，虽然要打破坛坛罐罐，流许多血，但是，对于统一本身来说，却要干脆得多，痛快得多。用和平方式则不同，大家庭的安宁固然得以维持，争吵和麻烦却要多许多。

中国共产党宁愿争吵和麻烦，而舍弃干脆和痛快，不是一相情愿，也不完全是由主观意志决定的，它是客观情势和主观愿望相结合的产物。所谓客观情势，是因由于中共十一届三中全会提出了改革开放和集中精力搞经济建设、探索有中国特色的社会主义的新路线，这条路线不仅得到了全国人民的拥护，而且这条路线还决定了必须要有稳定的国内环境，必须要有能保证集中精力搞建设、方便吸引外来投资的周边环境和国际环境。这就不允许在海峡两岸发生非和平的统一方式。海峡两岸经过三十年的紧张对峙，尚且都坚持一个中国的原则，这就有了可能和平统一的思想基础。祖国大陆虽然还比较贫穷，但已初步建立了社会主义的工业体系，其综合国力较之旧中国时期增长了许多，已具备了用和平方式统一祖国的物质条件。而且海峡两岸毕竟都是炎黄子孙，战争不仅会更大地拉开两岸距离，恶化感情，也会迟滞两岸经济发展。和平统一的主观愿望的产生，是与上述客观情势的出现相匹配的。1979年元旦全国人民代表大会常务委员会发表告台湾同胞书，同一天邓小平发表谈话，1981年叶剑英发表《关于台湾回归祖国实现和平统一的方针政策》(俗称“叶九条”)，以及邓小平在80年代初提出用“一国两制”解决台湾问题的基本设想，随着改革开放方针的形成、确立和深化，逐步展现出来，就是很自然的了。

用和平方式解决台湾问题、统一祖国，最基本的方法就是谈判。谈判当然就要讨价还价，就不能依任何一方固执成见，就需要并且允许在保留各自基本要求的前提下，作出有利于自己，也无害于对方的种种让步。如果互不让步，谈判中不能达成共识，谈判可能破裂。谈判破裂的结果，就是非和平方式的恢复。祖国大陆提出的谈判条件最简单，就是“一国两制”四个字。“一国”，当然就是一个中国，离开了这个条件，就失去了谈判的起码基础。这个条件就是祖国大陆的基本要求，也是台湾应该不能拒绝的要求。这个条件实际上已考虑了双方的共同要求。“两制”，就是祖国大陆实行社会主义制度，台湾实行资本主义制度，祖国大陆不用社会主义去吃掉台湾的资本主义，当然，台湾的资本主义也不能去吃掉大陆的社会主义。这个条件实际上是祖国大陆对台湾的重大让步。因为，统一以后，台湾也实行社会主义，一国一制，对国家的治理和发展都最为方便。但是考虑到台湾的实际情况，考虑到台湾地区人民的承受能力，提出两制共存，河水不犯井水，在一个国家的大方向下共同发展。这个两制，实际上包含了比较香港更为宽松的条件。而且如江泽民同志在1995年春节谈话（俗称“江八点”）和十五大报告中所指出的，只要在一个中国的前提下，什么问题都可以谈。我想，这个什么问题都可以谈，甚至于包括国号，包括统一的具体形式。不能不说，这是最大限度地考虑到了台湾的需要。台湾（不管哪个政治派别）如果拿“一国两府”、“一国两区”、“一国两治”、“一中一台”、“台湾共和国”、“中华民国在台湾”、“台湾主权国家”、“两个对等且互不隶属的政治实体”、各自“独立的国际法人”等种种措辞相呼应，那实际上背离了“一个中国”的大原则，而跌入了“两个中国”的泥淖。这是导致谈判破裂而恢复非和平方式的基本因素。

两岸之间的谈判首先是政治谈判，最要莫过“在一个中国原则下，正式结束两岸敌对状态”，这是第一步。在此基础上再讨论和平统一的具体方案。很明显，海峡两岸的目前状态是1949年以前国内战争尚未结束的产物。原则上，那场战争至今尚未结束。因此要谈判和平统一，首先要结束战争，结束敌对状态。1979年告台湾同胞书发表的同时，宣布停止对金门炮击，以及其后“一国两制”方针的阐明，宣告了海峡上空和平气氛的形成。1987年台湾废止内战时期发布的“戡乱令”，开放两岸探亲，开放台商来大陆投资，进一步浓厚了这种和平气氛。因此，正式结束战争、结束敌对状态已经不是一个很严重的问题，应该不难达成。弃此不为，迟滞不进，像不久前李登辉所胡吹的什么“老子党”，什么“台湾主权独立”，什么要以主权国家元首身份访问中国大陆等等，以种种借口推迟政治谈判，绝对是不智的行为。这方面，中国国民党的历史上是有非常严重的教训可以吸取的。

近代中国历史上的一个非常有趣的政治现象是国共两党的反复谈判。可惜，国民党自恃老大，始终坚持一党专政，容不得国内有一点反对的力量，失去了多次有利的谈判机会，反而使自己陷入了愈来愈难以自拔的境地，终于不能在大陆立足。远的不说，单以1945年的重庆谈判和1949年的北平谈判为例，一个是谈判成功而后国民党又撕毁协议、发动内战的，一个是谈判成功而后国民党拒绝在谈判协议上签字、终于导致国民党残余部队兵败江南，造成两次严重后果的谈判，可以充分说明这种历史教训。

目光短浅，不能审时度势，看不清历史发展的基本趋势，是国民党拒绝谈判、或者丧失谈判时机的内在原因。

1945年8月29日开始的重庆谈判，经过 一系列讨价还价，到10月10日签订《政府与中共代表会谈纪要》(即俗称《双十协定》)，对于国内和平建国的若干基本方针达成了一致意见，但对于共产党领导的武装力量和解放区民主政权的合法地位，未能达成协议。尽管如此，这个协议还是给国内追求和平的人们一线光明的希望。但10月10日协定签字，10月13日蒋介石就发布“剿共密令”，国共双方军队旋起冲突。由于蒋介石并未做好武力统一的准备，又不得不继续讨论和平统一方案，而为了讨论和平，又不得不先讨论停战。于是1945年12月20日，美国特使马歇尔使华，负责调处国共冲突；同时，蒋经国受命赶赴莫斯科会见斯大林，要求苏联帮助压中共就范。

蒋经国作为蒋介石的私人代表赴莫斯科与斯大林会谈，关于中国统一，蒋经国表达的一个重要思想是：国民政府可以与中共和平共存，它的另一个说法叫“容共”。蒋经国告诉斯大林，蒋介石还提出了“容共”的具体计划：同意让中共代表参与政府工作；准许中共拥有十六至二十个师的军队，但是中共军队必须接受国民政府的指挥；中国若干地方政府可由中共负责，但先决条件是，中共掌握的地方政府，必须服从国民政府的命令。引起我们兴趣的是蒋介石关于中国统一方案的设计。这个方案，简约一点说，就是承认中共可以负责一定区域的地方政府，可以拥有一定数量的合法武装，中共代表可以进入中央政府做官。这在四年前，或者十年前，一定是一个大受中共欢迎的方案。所谓“十年内战”时期，中共要争取的，实质上不也就是这些吗？那时候蒋介石不答应这些，发动了十年剿共内战。在九一八事变日寇局部入侵中国的形势下，还发明了“攘外必先安内”的理论来支持其剿共战争。

七七事变，外祸日亟，日寇发动全面侵华。在民族危亡迫在眉睫的时刻，撕杀了十年的国共两党，终于秉持民族大义和“兄弟阋于墙外御其侮”的古训，握手言和，实现以国共合作为基础的民族统一战线。国共合作、民族统一战线干什么？民族敌人在前，需要共赴国难。这是国共双方可以接受的合作前提。光有前提并不能造成合作的局面，如果国民党继续剿共，即使前提存在，合作也难成功。国共合作成功的关键在于，将共产党领导的红军改编为国民革命军第八路军（后又改名为第十八集团军）和新四军，将陕甘宁根据地作为中华民国治下的陕甘宁边区，这些是实现国共合作的基础。打好了这些基础，国共合作才能建立，才能做到大敌当前，共赴困难。所谓基础云云，不过就是国民党政府承认并允许共产党可以负责一定区域的地方政府，拥有一定数量的合法武装。有了这个良好基础，才在全国打开了合作抗击日寇的大好局面。

但是尽管合作抗日，国民党并未放弃反共主张。国民党把共产党作为中国的心腹之患，必欲置之死地而后快。终于发生了有计划地消灭皖南新四军军部九千人的行动 。皖南事变善后过程中，国共双方展开了政治、军事的攻防战，高潮迭起。所争者说到底无非还是是否允许共产党负责的地方政府和一定的武装力量的合法存在问题。

皖南事变后，国民党内对 如何处理共产党问题，是有不同意见的。王世杰、张治中等人都曾分别向蒋介石陈述过自己的意见。1941 年 7 月 31 日，王世杰与蒋介石的政治顾问、美国人拉铁摩尔（Lattimore）讨论国际局势和中国形势，提出了对待共产党的设想。他说：“予谓如共产党有诚意，不到处扩充势力，政府或可划定一特殊区域，允其在该区域内试验其理想，并保留若干军力，同时并允其参政中央民意见机关。此种办法并可作为战后解决方案。”（王世杰日记，1941 年 7 月 31 日，《王世杰日记手稿本》，台北，1990 年版，第 121 页。）这个思考，实际上是按照共产党的要求和中国政治的走向来进行的。共产党当时所要求的并不是全国政权，只是要求承认自己开创的地方政权和一定数量的武装力量，至于参政中央民意机关，则国民参政会有共产党代表，是国民党主动邀请的。王世杰当时身负国民党中宣部长、军委会参事室主任、国民参政会秘书长等重任，他在考虑共产党问题时比蒋介石及鲁莽军人要现实得多。这个想法如果能在高层达成共识，顺利解决皖南事变之善后，则对此后中国政治走向的善化和联合政府主张的实施，可能会有积极作用。可惜此计不用，发展到后来就时不我待了。

王世杰这个思考被蒋介石接受并浮上台面，是晚在四年之后。比较起来，王世杰允许共产党参政中央民意机关，蒋方案允许共产党参加中央政府工作，条件要更宽松些了。但时移事易，经过四年之后，顽敌日本已经投降，国共两党在中国时局中所处的地位与当初已大不相同了。国民党的政治军事实力在全国虽仍独大，共产党的政治军事实力的发展却要令人刮目相看了。据1945年9月的统计，共产党有党员121万，有军队127万，民兵268万，占有地区104.8万平方公里，人口扩大到1.255亿，建立了23个行署、90个专署、590个县（市）政权、占有县城285座。在这时候，蒋的方案不能从国内政治军事力量对比的现实出发，从政治智慧上来解决国内和平、统一和民主建设的大问题，却要依靠非政治的手段，玩弄“剿共”的老把戏，却在仅仅三年间，把自己的政治军事本钱消耗得差不多了。

即便如此，到1949年4月国共北平谈判《国内和平协定》，国民党、蒋介石还是不能认识国内政治军事力量对比已经发生极大变化的现实，拒绝接受中共提出的和平条件。结果，长江天险、划江而治、东南半壁、江南财富之区等等，都不能挽救国民党在中国大陆失败的命运。

历史事实就是这样：不过四年功夫，中国大地上发生了翻天覆地大变化。共产党从在野的、不被承认的合法政党的地位变成了执政党，许多民主党派则变成了参政党，共产党从几个地方政权中脱颖而出，成了中央政权的执掌者；国民党则相反，它失去了整个中国大陆，蜗居台湾一隅，只保住了台澎金马的地方政权。历史发展，有如落花流水，是丝毫不留情面的。

但是，中国的统一问题并未解决。从前是中国国民党从中华民国的角度考虑中国的统一问题，今天则是中国共产党从中华人民共和国的角度考虑中国的统一问题。

今天，中共考虑中国统一问题，基本的原则就是“和平统一、一国两制”。“一国两制”作为一个名词及其完整的涵义，当然是历史上不曾出现过的。它是中共为解决港澳台与祖国实现统一而设计的方案。这个方案的形成并不是一蹴而就的。方案的提出当然首先是从国际国内大量的现实需要出发的，是考虑到全体中国人的最大利益的，也应该说吸取了历史的经验。就今天中共提出“一国两制”而言，它对国民党及台湾当政者允诺的条件，比当初国民党在大陆形式上开给共产党的条件要宽松得多多。首先，明言“两制”，即台湾可继续实行资本主义制度，不要求它像大陆那样实行社会主义制度，这就保证了台湾老百姓的生活方式不变更，其经济制度可照样运转。当初国民党政府只准边区政府实行国民党的三民主义，不允许它在政治制度方面实行民主改革；要求在边区批准国民党的新县制，各县仍归相关的省政府辖治，等于事实上取消边区政府。其次，明言允许台湾保留军队，这与当初国民政府对共产党的军队进行攻剿打杀，多次提出不近情理的限制、整编，完全不同。再次，除了对外建交权外，允许台湾拥有广泛的国际生存空间，以改善其与国外的经济、文化交往。这个条件当初国民党完全没有给共产党，以至于共产党不能从苏联取得任何援助。蒋介石1941年初向美国驻华大使詹逊密告：“中国共产党迄今未得苏联政府任何财政、军火或人员之协助”（见秦孝仪主编《中华民国重要史料初编》，第三编《战时外交（一）》，台北，1981年版，第537页），可作证明。说穿了，今天中共只要求台湾当政者认清国际国内现实，从一个中国的大局出发，放下“中华民国”旗帜，打消“中华民国在台湾”这个变相“台独”的意识，其余均可大体照旧。当初共产党负责的地方政府，当然承认自己是中华民国的组成部分，承认蒋委员长的领导，并无不承认中华民国的表示。今天台湾当局面对与半个世纪前决然不同的现实，却腆称“牛后”，明显是对历史不负责任的表现。

我在数年前讨论“一国两制”的历史根据的文章中说过：“抗战军兴，国民党政府承认中共及其所领导的边区政府，边区政府也坦然以地方政府自居，不去与国民政府较一日之短长，不以中央政府自诩。这是国共双方在理和势上做出了冷静地正确判断的结果。”今天台湾当政者也应该从理和势的方向上来思考“一国两制”问题，再像蒋介石当年那样作为主人，从强势者角度考虑中国统一问题，那样的历史条件早已不存在了，是势所不能了。识时务者为俊杰，这也可以说是历史发展的铁则。当年不顾及时务而失去谈判机会的历史教训，不可不记住。

1949年前的国内战争，实际上也是中国的统一战争。中华人民共和国建立后，由于国际形势的变化，美国的干预，台湾与祖国的统一未能及时完成。这实际上是说，当初进行的统一战争，在理论上并未结束。所以，当务之急，是结束两岸敌对状态，缔结和平协定。中国共产党的“和平统一”主张，就是希望结束两岸敌对状态的明确表示。我以为，结束了两岸敌对状态，就是完成了一个中国的认知。走完了这一步，再来从长计议两岸统一的具体步骤，完成祖国统一的大业。所谓从长计议，时间可以花得多一些，过程可以拉得长一些，两岸间的讨论可以更仔细一些。但是，如果不考虑结束敌对状态，那就意味着维持战争状态，那是很危险的。那不仅给外人提供可趁之机，也给“台独”主张提供表演舞台，因此，也意味着仍然存在着由“和平统一”方式转变为非和平统一方式的条件。

时间对于全体中国人是有利的，因为，改革开放所带来的经济发展的巨大成就，正在不断转化为祖国统一的物质力量。较之 1979 年中国共产党刚刚提出“和平统一”主张时候的情势来说，台湾地区在统一谈判中讨价还价的有利因素，正在逐渐消失。从这个意义上说，时间又不是很多的。时不我待，为了祖国的和平统一，重开谈判是上选之策。在这方面，两岸朝野政治贤达是大有活动空间的。能不能开创和平统一祖国的先例，就在乎大家的努力了！

1997 年 11 月 26 日于东厂胡同一号

吕秀莲嗜“台独”如命，是麻烦制造者[①]

台湾是中国领土不可分割的一部分，自古已然，这不是一个可以随意争论的问题。但是，吕秀莲作为台湾地区新当选的地区领导人副手，却大肆鼓吹“台独”理论，说什么台湾和祖国大陆是“远亲近邻”，是“两个华人国家”。许多舆论指出，这是吕秀莲在玩火。吕秀莲一伙如果沿着这条路走下去，就会把台湾人民推向战争的火海。吕秀莲的“远亲近邻”、“两个华人国家”论，与李登辉的“两国论”一样，是道地道地的“台独”理论；吕秀莲也和李登辉一样，是个麻烦制造者。

吕秀莲是顽固的台独分子，一直在鼓吹台湾“独立”。不能否认，在近代中国历史上，台湾有过一段黑暗的岁月。那是指 1895 年至 1945 年期间，台湾被迫割让给日本的时期。台湾的被迫割让，是台湾的痛苦、台湾人民的痛苦，更是整个中国和中国人民的痛苦。1994 年和 1995 年，当甲午战争爆发和《马关条约》签订百周年的时候，海峡两岸的中国人回顾百年前的痛苦经历，一致指出，那样屈辱的历史不应该重演；唯有中华民族的自强和发展，才可以避免落后就要挨打的命运，才可以避免马关的屈辱历史重演。但是，吕秀莲却率领所谓台湾百人团来到日本马关春帆楼朝拜，不顾廉耻地留下了《登春帆楼有感》的歪诗，胡说什么“日清马关签约日，台湾脱离中国时”，胡说《马关条约》“断裂台湾与中国历史关系”，号召台湾人“告别历史悲情 / 迎向 / 独立自主尊严幸福 / 二十一世纪新明天”。我最近访问日本下关市，看到这首歪诗还挂在春帆楼二楼走廊的墙壁上，受到春帆楼主的尊重，令人极不愉快。吕秀莲还声称，《马关条约》把台湾割让给日本，是台湾的“大幸”，简直无

① 本文发表于《中国社会科学院院报》，2000 年 4 月 28 日第 1 版。收入本书时，题目有订正。

耻到极点！台湾被迫割让给日本，给中国人民（尤其是台湾人民）带来了无穷痛苦，台湾人民无数次反抗，六十五万人牺牲，军事殖民统治和皇民化政策，何来“大幸”。把民族苦难说成是“大幸”，完全是汉奸理论。

最近台湾地区新当选的领导人在台湾警告世人不要对他5月20日的就职演说期望过高，说什么以往五十五年、李登辉十二年没有解决的两岸关系，他不可能一个演说就解决了。这个五十五年说就暗藏了钉子，它同吕秀莲的“日清马关签约日，台湾脱离中国时”完全是一个调子。台独分子忽视了一个基本的历史事实：台湾的被迫割让是暂时的，台湾是中国领土却是永远的。太平洋战争爆发后，美、英政府对日宣战，中国政府也随即对日宣战。根据众所周知的国际法，中国政府对日宣战即意味着，中国政府废除了此前与日本签订的一切条约，包括有割让台湾条文的《马关条约》在内。正是因为中国政府有这个宣布，有这个明确立场，1943年的《开罗宣言》和1945年的《波茨坦公告》都明确规定了日本占领的包括台湾在内的中国领土，战后必须归还中国。正是根据这两个国际条约，也是根据中国八年抗战以及中国政府对日宣战、宣布废除一切对日条约的精神，1945年10月25日中国军队进入台湾，中国政府代表在台北从日本人手里正式接收了台湾，这表明台湾结束了日本的殖民统治，回到祖国怀抱。日本虽然通过战争把台湾攫夺为殖民地，没有、也不可能割断台湾与中国的历史关系。即使在日本的统治下，台湾知识界还在不断接受大陆文化的薪传和影响，当日本帝国主义全面侵略中国时，不少台湾热血男儿组成义勇队前来大陆参加祖国人民神圣的抗日战争。在中华民族将要面临灭顶之灾的时候，海峡两岸的中国人心想在一起，血流在一起，什么时候也没有割断过台湾与祖国大陆的历史与亲情关系。

吕秀莲等台独分子有意忽视一个基本历史事实：台湾虽然曾经一度割让出去，但是随着中国人民抗日战争的胜利，台湾又回归祖国怀抱，迄今已经五十五年了。不承认、不愿意看到这一点，是台独分子的悲哀，是台独理论之荒谬绝伦、不能自圆其说的基本障碍。这个历史事实是任何人都歪曲不了的。台独分子散布所谓“台湾悲情”，说什么台湾被割让是中国遗弃了台湾。这也是不符合事实的。日本早就在觊觎台湾。割占台湾，绝不是清政府的自愿，战争失败决定了清政府是被迫的。日本占领台湾，台湾人民被当作“清国奴”，遭受蹂躏，部分台湾人难免产生“弃儿”的悲怨。但是所谓“弃”，却绝不是出自祖国母亲的心愿。国家被帝国主义侵略，处在半殖民地深渊，统治者软弱无能，不能将全民族的力量凝聚起来，不仅导致台湾被割让，还导致国家其他领土和主权的严重丧失。这不仅使台湾人民悲愤难抑，所有中国人无不感到悲愤难抑。凡有血性的中国人无不盼望祖国及早强大起来，能保护它的亿万儿女不受外力欺凌。回顾百年历史，不能不指出，台湾与祖国的暂时分离是帝国主义侵略的结果。保持台湾与祖国永远分离，是某些帝国主义势力至今仍不肯放弃的。

1949年以来，台湾与祖国大陆的暂时分离，是国内战争的结果。从理论上讲，这场国内战争至今并未结束。“和平统一，一国两制”的方针，就是为了解决国内战争遗留下来的问题。这个方针，是和平的方针，是最有利于中华民族统一的方针，是最有利于海峡两岸人民眼前和长远利益的方针，又是一个坚决反对台湾独立的方针；用战争手段解决两岸遗留问题，当然要痛快得多，简单得多，但是损失也多。谁也不希望看到两岸骨肉相残的局面再现。但是，如果有人要搞台湾独立（不管哪个政党执政），或者由于外国干涉导致台湾独立，或者借口国民党下野长期拖延两岸谈判，无限期地拒绝两岸统一，战争手段就是不可避免的了。吕秀莲等台独分子罔顾两岸人民的根本利益，一意孤行台独立场，肆意分裂祖国，在中华民族的民族大义面前，是绝不会有好下场的。谓予不信，请吕秀莲等台独分子拭目以待！

2000年4月22日

“一国两制”是和平统一祖国的根本方针[①]

“和平统一,一国两制”，是中国共产党解决国家统一问题的基本方针，早经宣布多年。从“叶九条”、“邓六条”到江泽民的“八项主张”，已经形成了解决台湾问题的系统主张。这些系统主张所体现的原则是明确的、坚定的：一国就是一个中国，而且世界上只有一个中国，大陆和台湾都是中国的一部分，中国的领土和主权不容分割；用和平的办法完成国家统一，统一以后的中国可以实行两种社会制度，台湾继续实行资本主义制度，大陆作为中国的主体继续实行社会主义制度。海内外明达之士咸认为这是从中华民族的民族大义出发的，和平解决台湾问题的唯一正确的主张。

周恩来早在1955年5月在全国人大常委会上就说过：“中国人民解放台湾有两种可能的方式，即战争的方式和和平的方式。中国人民愿意在可能的条件下,争取用和平的方式解放台湾。”[②]这是中国政府领导人第一次公开宣布和平解决台湾问题的主张。中国共产党第十一届三中全会提出了“台湾回到祖国怀抱，实现统一大业”的主张，放弃了“解放台湾”的提法。此后通过一系列文件，发展形成“和平统一,一国两制”的方针。

实际上，解决国家统一问题，无非是战争的手段或者和平的手段，除此以外，没有别的办法。有人研究，中华民族最近两千多年的历史中出现过九次国家统一问题，九次都是用战争方式解决的。[③]我们希望第十次国家统一问

---

① 本文为出席2002年4月在深圳举办的“海峡两岸关系学术讨论会”而作。刊登于《海峡评论》，144期，2002年12月1日出刊。该刊编辑加了正题《强迫台湾实行社会主义不会有好结果》。

② 中共中央台湾工作办公室、国务院台湾事务办公室编：《中国台湾问题》，九洲图书出版社，1998年版，第62—63页。

③ 参见曾祥铎：《从中国历史上的九次大一统看海峡两岸未来的统一》，收入1991年9月《海峡两岸关系学术研讨会论文集》，台湾研究会、中华全国台湾同胞联谊会、中国社会科学院台湾研究所联合编印，1991年。

题，能跳出这个周期率，用和平的方式解决国家统一问题。

香港、澳门问题的解决，已经为我们提供了用和平方式解决国家统一问题的强有力的证据。香港、澳门问题与台湾问题，当然并不完全相同。香港问题、澳门问题是中国与英国、葡萄牙之间的国家关系问题。台湾问题是一个中国内部因内战原因遗留下来的问题。但是，香港、澳门的回归祖国怀抱，留给台湾问题的解决以十分重大的参考价值，这就是，在国际国内诸多因素下，解决国家统一问题是可以避免战争方式的。这个非战争方式，就是用“一国两制”来保证和平统一。

有人不相信。你们不是还不承诺放弃武力吗？你们要公开宣布放弃武力，就表明了你们的诚意。这是极为幼稚的想法。台湾问题的出现，从根本上来说，是国民党发动反人民的内战的结果，是美国出兵台湾海峡破坏祖国统一的结果。战争的游戏规则就是实力原则。只有兵临城下，才可能出现和平。这个原则，古今中外，概莫能外。1948年，在人民解放战争大决战的形势下，出现过天津方式和北平方式，所谓天津方式就是战争方式，所谓北平方式，就是和平方式。正是因为有了用战争解决问题的天津方式，才使得用和平解决问题的北平方式有了可靠保证。和平方式的得来，是实力较量的结果。在今天的海峡两岸关系中，战争或者武力方式，不是针对台湾人民的，是针对台独势力的，是针对外国的武力干涉的。正是不承诺放弃武力，台独势力才不敢打出台湾独立的旗号，外国干涉势力才不敢肆无忌惮地支持台独势力。这就为和平地解决祖国统一问题奠定了最可靠的基础。用放弃武力来表明和平诚意，和平是不能到来的。

有人认为统一后会降低台湾人民的生活水平。这是怕大陆去台湾“共产”。这种担心是多余的。其实，“和平统一，一国两制”的方针如果得到落实，“共产”之说就不可能出现，台湾人民的生活水平也不可能下降。“一国两制”的“两制”包含了十分明确的内容。所谓两制是：中国的主体实行社会主义制度，台湾维持现有的经济、社会制度和生活方式，维持与外国的经贸文化关系，台湾人民的各种合法权益，包括私人财产、房屋、土地、企业所有权、合法继承权和外资投资不受侵犯。[①] 在一个中国内，两种制度长期共存，共同发展，谁也不吃掉谁。这种“两制”安排，完全是从中华民族的整体利益、长远利益出发而设计的，是解决海峡两岸关系的最恰当的安排。按照这种安排，大陆怎么可能到台湾去“共产”呢？不惟不会去“共产”，而且在台湾财政经济有困难时，大陆还可以提供适当帮助。早在 1963 年，中国共产党就做了这种准备，周恩来总理曾致函陈诚，涉及财政方面，就提到台湾“所有军政及建设经费不足之数悉由中央拨付”。[②] 邓小平提出“和平统一，一国两制”方针后，也指出统一后，大陆不派人去台湾，不仅军队不去，行政人员也不去。这就是说，中央政府不会去收台湾人民一分钱的税。最明显不过的是，现在两岸虽未实现统一，两岸经贸关系有了大规模的发展，据 1999 年底的材料，两岸经贸总额累计已达到 1604 亿美元，台湾顺差 1084 亿美元。2001 年两岸贸易总额为 323 亿美元，其中大陆向台湾出口 50 亿美元，台湾向大陆出口 273 亿美元，台湾顺差 223 亿美元。台湾是大陆第二大进口市场，大陆是台湾第二大出口市场和最大的贸易顺差来源地。[③] 这不是为台湾经济和社会生活做出了有力贡献的铁证吗。怎么可以说统一后大陆要到台湾去“共产”呢！现在台湾经济状况不佳，是李登辉推行“戒急用忍”政策的结果，是台湾当权者“台独”意识膨胀，造成两岸关系紧张的结果。

怕降低生活水平，怕大陆“共产”，这种疑虑在二十年前还情有可原的话，在今天，就更失去了立论的根据了。经过二十多年的改革开放，中国大陆社会主义现代化建设已经取得了举世公认的成就。在 20 世纪的最后一年，中国大陆的国民生产总值已经超过了一万亿美元，2001 年底，外汇存底已经超过了两千亿美元，尽管由于人口多，人均数量并不多，但综合国力已经进入世界前列，排名第七。九百六十万平方公里国土，经济发展潜力极其巨大，经济发展前景极其诱人。全世界商人的眼光都集聚于此。统一以后，台湾商人不仅可以在祖国的发展中取得更大的利益，台湾经济也可以以祖国作为发展

---

① 1981 年 9 月 30 日叶剑英向新华社记者发表的谈话，《人民日报》，1981 年 10 月 1 日。

② 中共中央文献研究室编：《周恩来年谱》中卷，中央文献出版社，1997 年版，第 321、524 页。

③ 参见2002年1月31日外经贸部副部长安民在外经贸部等部门联合纪念江泽民主席《为促进祖国统一大业的完成而继续奋斗》讲话发表七周年座谈会上的发言，人民网 2001 年 1 月 31 日。

的腹地，而获得同步发展。在这样的条件下，台湾人民的生活水平怎么可以下降呢！除此而外，和平统一对于两岸人民、对于整个中华民族至少还有两大好处：第一，完成了祖国统一，实现了中国人民的夙愿，这为中国现代化发展的进一步腾飞、为两岸人民可能获得更大的福祉打下了坚实的基础；第二，用和平方式实现统一，避免了武力或者战争方式给两岸人民带来的损伤，造成了中华民族大家庭的空前大团结，这种大团结，是无法用生活水平来形容的。

有人以为，"一国两制"就是维持现状。按照"一国两制"，台湾可以实行现行的资本主义制度，可以保留军队，可以享有终审权，等等，有人以为这就是维持现状。似乎"你不吃掉我，我不吃掉你"，就是维持现状。对此，我个人有不同的理解。试问：现状是什么？现状是李登辉当政十二年以来所推行的"中华民国在台湾"、"两国论"，是以"台湾独立"作为纲领的民进党的执政，是台湾当政者否认"一个中国"的共识。这个现状说穿了，就是反对祖国统一。因此，这个现状是不能维持的。"一国两制"最核心的一条，是统一于一个中国，在一个中国的架构内保持两种不同的社会制度。连"一个中国"的共识都不能达成的现状是绝对不能长期维持的。其实，统一以后，台湾也不是简单地维持现状。在一个中国的架构下，台湾不仅可以保持现行的社会经济制度，可以保留军队（军队的职责是维护祖国领土主权的完整不受侵犯，而不是以防范大陆为目的，不能构成对大陆的威胁），可以保留终审权，可以保持同外国的经济文化联系，而且全国性政权机构中，还为台湾同胞留下一定领导职位，全国人民代表大会、全国政治协商会议都可有台湾同胞的代表出席，参与国家大事的管理。这就不是简单地维持现状了，在一个中国的架构下，台湾人民的代表可以参与全国事务的管理，这是台湾的现状所无法容纳的。所谓"你不吃掉我，我不吃掉你"，是指社会制度而言。两种社会制度，井水不犯河水，长期维持，至少五十年不变。1979 年，有美国客人问邓小平："你们是否要在将来某个时期激烈地改变台湾的现状，在台湾实行共产党的制度？"邓小平回答：将来台湾实行什么制度，可以根据台湾人民的意志决定，愿意选择什么就选择什么。如果台湾人民感到它的现行制度要保持一百年，这个可以。我经常说一百年，一千年，意思是指长期，我们不会用强制的办法使它改变。[①] 邓小平把这个问题已经说到底了，说得很透彻了。这种说法，是对祖国的社会主义制度有信心的表现，是对中国的社会主义现代化建设有信心的表现，是对中国应该对世界作出自己的贡献有信心的表现。在九百六十万平方公里的广大领域内，有几万平方公里（台湾地区加上香港、澳门，总面积不超过三点八万平方公里）的土地实行资本主义制度，还有什么担心呢。中国应该有这样的心胸。五十年后，一百年后，台湾人民如果觉得现行的资本主义制度对自己更有利，何必要改变它呢。从另一个角度说，祖国统一了，台湾和大陆都是祖国不可分割的一部分，究竟是谁吃掉谁呢？两制共存，谁也没有吃掉谁嘛。

还有人说，“一国两制”不完全，不如改成“一国三制”，或“一国多制”。因为香港、澳门回归祖国，“一国两制”得以成功贯彻，颇有不愿与港澳为伍的想法。这种想法不免有点小家子气。台湾、香港、澳门和大陆，都是祖国神圣领土的一部分，不必这么小家子气。再说，台湾的社会制度，固然不同于香港的社会制度，也不同于澳门的制度，从这个层面说，可以说成三制或者多制。但是相对于祖国大陆实行的社会主义制度（今天我们实行社会主义市场经济，仍然是社会主义制度范畴之内），台湾、香港、澳门都可归纳为资本主义制度，这应该是没有分歧的。尽管三地在政治制度、法律制度等层面上仍然有着许多具体而微的差别。就像美国的资本主义制度不同于日本、不同于欧洲各国一样，我们不能说他们实行的不是资本主义制度。所谓“两制”，是就总体而言。

有人说，“一国两制”没有历史经验可循。这是缺乏历史知识的表现。应当指出，作为“一国两制”这样完整的、明确的概念，是历史上没有过的，它是中国共产党在新的历史时期面对国际国内的现实问题，并且总结了历史经验后提出的。这个历史经验是什么？我想可以指出近代中国历史上的一些现象。

例如，1912 年中华民国成立以后，就一直没有实现一国一制。最典型的是抗战期间，中共中央所在地的陕甘宁根据地被承认为中华民国国民政府治

① 转引自前引书《中国台湾问题》，第 72 页。

下的陕甘宁边区政府。随着抗日战争的展开，晋察冀边区政府获得当时行政院批准作为“中华民国的组成部分”建立起来。[①] 此后，晋绥边区、晋冀鲁豫边区政府等也陆续建立。以上中共领导的地方政府，都是抗日战争时期中华民国治下的地方政府，事实上得到了国民政府的认可。

上述陕甘宁边区、晋察冀边区等地方政府，与重庆（陪都）的国民政府并存，可以看作是中华民国时期的“一国两制”现象。一国：大家都是中华民国，即一个中国。两制：国民政府是中国国民党领导，边区政府是中国共产党领导，边区有自己的军队、辖区和人民，它是抗日的民主政权，实施一系列的抗日政策。它在领导体制、指导思想和追求的长远目标上，与国民政府有根本差异。简言之，一个是国民党体制，一个是共产党体制。但是有一点是相互认同的：国民党体制下的国民政府是中央政府，共产党体制下的边区政府是地方政府，在“抗日高于一切”的前提下，“精诚团结”，“坚持抗战到最后胜利”[②]。这个历史事实是客观的，应该说，它很有点类似于我们今天所说的“一国两制”。

其实，在国民党内部，某些政要也在考虑类似今天我们所说的“一国两制”的方案。在国民党内任中宣部长及国民参政会秘书长的王世杰在1941年与蒋介石的政治顾问、美国人拉铁摩尔（Lattimore）讨论国际局势和中国形势，提出了对待共产党的设想：“如共产党有诚意，不到处扩充势力，政府或可划定一特殊区域，允其在该区域内实验其理想，并保留若干军力，同时并允其参政中央民意机关”，“此种办法并可作为战后解决方案”。[③] 事实上，1945年10月的重庆谈判，蒋介石还亲自向毛泽东提出了这样的方案。但是在中共接受了这样的方案后，蒋介石又亲自把它撕毁了。抗战胜利后全国人民盼望的一丝和平曙光，刚一出现，就被国民党政府彻底破坏了。国民党政府发动了大规模的国内战争，企图用武力消灭共产党，结果自己在大陆落得了完全失败的下场。

也有人说，“一国两制”不好，不如实行“一国一制”。十年前，李登辉在“中

---

① 见延安时事问题研究会编：《抗战中的中国政治》，上海人民出版社，1961年翻印，第371页。

② 前引《抗战中的中国政治》，第370、371页。《晋察冀边区军政民代表大会致电国民政府暨全国同胞报告边区政府成立的经过》，《新华日报》，1938年2月14日。

③ 王世杰日记，1941年7月31日。见《王世杰日记手稿本》，“中研院”近代史研究所影印本，1990年版，第121页。

央研究院”院士大会上就这样说过。搞“一国一制”当然好，但是李登辉能够做到“三民主义统一中国”吗，能够做到和平演变中国吗？这真好比蚍蜉撼大树，无非梦癔。当然，大陆要在台湾推行社会主义，也未必能够成功，强迫台湾人民实行社会主义，不会有好的效果。所以邓小平考虑过，如和平解决不可能，不排除用武力方式解决台湾问题，即使武力方式解决，台湾的现状也可以不变。[①]这就是说，即使用武力解决台湾问题，也可以在台湾实行“一国两制”，就是这个道理。所以，解决台湾问题，实现祖国和平统一，最好的办法不是“一国一制”，而是“一国两制”。

换句话说，面临海峡两岸现状，只有“一国两制”是和平统一祖国的最佳方案，而李登辉的“一国一制”则是挑起战争的方案。李登辉鼓吹“一国一制”，实际上是鼓吹“中华民国在台湾”那样的“一国一制”，这与他的“两国论”是同义语，而“两国论”又与“台独”是同义语。李登辉想实行“台独”那样的“一国一制”，显然是在玩火，是在挑起战争。所以“一国一制”是与和平统一祖国背道而驰的。

不管从哪个角度分析，“和平统一，一国两制”都是解决台湾问题的最佳方案，是一个统一的整体设计。邓小平说过：“是社会主义吞掉台湾，还是台湾宣扬的‘三民主义’吞掉大陆？谁也不好吞掉谁。如果不能和平解决，只有用武力解决，这对各方都是不利的。”[②]只有实行“一国两制”，才能保证“和平统一”的实现。“一国两制”是通向和平的光明大道，企图用“一国一制”挑战“一国两制”的方案，是通向战争的方案。试想，要求和平，又不接受“一国两制”，反对战争，又要“一国一制”，怎么可能得到呢！

2002年3月9日草成，20日修改

---

① 邓小平对海外知名人士的谈话，1981年8月26日，引自《中国台湾问题》，第72页。

② 邓小平：《一个国家，两种制度》，《邓小平文选》第三卷，人民出版社，1993年版，第59页。

国家要统一，民族要复兴，是新世纪头二十年的行动指南

——学习江总书记十六大报告的感想①

胡锦涛同志在参加十六大分组讨论时指出：江泽民总书记在十六大所作的报告是我们党在新世纪新阶段的政治宣言，是全面建设小康社会、加快推进社会主义现代化的行动指南，是一篇马克思主义的纲领性文献。我完全同意这个评价。

江总书记用“三个代表”的思想贯穿了全部报告。“三个代表”的核心，是代表全国绝大多数人民的根本利益。国家的完全统一，民族的繁荣振兴，正是全国绝大多数人民的根本利益之所在，也是海内外中华儿女的共同心愿，当然也是台湾同胞的利益之所在。在这个思想指导下，十六大报告阐述了“一国两制”和实现祖国的完全统一的方案。这个方案是向台湾的二千三百万同胞提出的，也是向台湾的当政者提出的。这是中国共产党代表全国人民的根本利益，代表中华民族的最大利益，向台湾同胞表达的最大善意和最大诚意。我们要呼吁台湾同胞、台湾当局善自领会，把握机遇。

在中国近代历史上，台湾同胞和大陆同胞共同经历了悲惨的历史命运。帝国主义的侵略，国内统治者的腐败无能，导致了人民大众的无穷苦难。台湾人民经历了日据五十年的灾难，大陆各地也在同时被帝国主义瓜分为势力范围，东北广大土地还遭受日本帝国主义的殖民统治，大半个中国曾经笼罩于日本侵略的战火之中。日本帝国主义投降后，台湾回到祖国怀抱。两岸人民本来从此可以共同生活在祖国的大家庭里。但是由于国民党统治集团在反

① 本文是2002年11月15日上午在海峡两岸关系研究中心学习十六大报告座谈会上的发言，刊载于《中国社会科学院院报》，2002年12月26日。

人民的内战中失败逃往台湾，造成了两岸人民长达半个世纪的分离。今天是应该结束这种分离的时候了！

台湾在有文字记载的历史上就与中国大陆有着密切的经济文化联系，早在元朝，中国政府就在澎湖设置了管理机构，清朝初年设置台湾府隶属福建省，1885年从福建省析出，正式成立台湾省。台湾是中国的一部分，无论从历史、文化渊源和人民，都是无可辩驳的事实。今天大陆在中国共产党领导下，正在建设并完善社会主义市场经济体制，已经实现了总体小康的生活水平，今后要向全面小康社会迈进。孙中山先生在一百多年前成立兴中会时提出的“振兴中华”的口号，今天已成为我们的现实。我们为什么还要容允两岸的分离呢？江泽民总书记在十六大报告中庄严保证：“两岸统一后，台湾可以保持原有的社会制度不变，高度自治。台湾同胞的生活方式不变，他们的切身利益将得到充分保障，永享太平。”这是何等胸怀！应该赶快坐下来讨论结束两岸敌对状态，讨论台湾地区在国际上与其身份相适应的经济文化社会活动空间，讨论台湾当局应该有什么样的政治地位这样的实际问题。很显然，“一国两制，和平统一”，就能使台湾同胞永享太平，使台湾当局有恰当的政治地位；“台独”只能招致战争，玉石俱焚，什么政治地位都将化为乌有。

江泽民同志在十六大报告中强调：国家要统一，民族要复兴，台湾问题不能无限期地拖下去。这是把实现祖国的完全统一，和实现民族的复兴，作为新世纪的战略任务，作为我们党的行动纲领。海峡两岸都要有紧迫感。报告在讲到维护世界和平的时候特别强调始终把国家的主权和安全放在第一位；在讲到反对外国势力干涉中国统一和台湾分裂势力搞“台湾独立”图谋的时候，强调“维护祖国统一事关中华民族的根本利益，中国人民将义无反顾地捍卫国家主权和领土完整，决不允许任何人以任何方式把台湾从中国分裂出去。”这种掷地有声的语言，是中国共产党和中国人民的誓言，是不能视而不见、听而不闻的。

这里以香港为例。1982年9月，在讨论香港回归问题的时候，邓小平同志代表中国政府对英国首相撒切尔夫人宣布：“主权问题不是一个可以讨论的问题”，“1997年中国将收回香港。就是说，中国要收回的不仅是新界，而且包括香港岛、九龙”。“如果不收回，就意味着中国政府是晚清政府，中国领导人是李鸿章！”他还对香港客人说过，这里没有当代的李鸿章，如果我们不收回香港主权，人民会起来打倒我们。江泽民同志在报告中讲中国人民将义无反顾地捍卫国家主权和领土完整，与邓小平同志讲的是一个意思。江泽民同志在讲到这一点的时候，赢得出席党代会的全体代表长时间的热烈掌声，正是充分地体现了民意。

我学习江泽民总书记的报告，我的体会就是：国家要统一，民族要复兴，是中国人民在新世纪头二十年的行动指南。在新世纪，我们要把国家统一和民族复兴的任务紧密结合起来。国家统一是民族复兴的标志，民族复兴必然要求实现国家的完全统一。国家统一和民族复兴代表了全中国（当然包括台湾同胞）绝大多数人民的根本利益，代表了中华民族的共同利益，为此，我们要积极推动祖国完全统一的进程，大力推进全面小康社会的到来，实现中华民族的全面振兴！

关于台湾史研究中“国家认同”与台湾史主体性问题的思考①

台湾是中国的一部分，是中国的一个省，台湾史是中国历史的一部分，这是中国人的常识，也是中国历史学的常识。中国大陆各省都在编撰各省的通史，台湾也应该编写自己的新的通史，这是自不待言的。但是近十年来，在李登辉、陈水扁的主导下，台湾史研究成为一个具有高度政治敏感性的话题。如果说台湾史是中国历史的一部分，就会发生所谓“国家认同”问题。这在具有正常思维、有一些基本历史知识的人们看来，是难以理解的。所谓“国家认同”，到底要认同哪一个国家呢？显然那不是要认同中国，而是要把台湾作为一个国家来认同。它反映的是陈水扁的“一边一国”的基本主张，这也就是“台独”的主张。

“台独”是一个政治口号，是一种分裂国家的政治主张，在当前，是台湾岛内诸如李登辉、陈水扁之流明知不可为而偏要为之的政治行为。刚刚结束的“立法委员”选举，泛蓝取得了过半数的成绩，表明了台湾民众对陈水扁当局谋求“正名”、“制宪”等急独主张的抵制。这种抵制是有意义的。但是关键还在于十三亿人民的意愿，还有国际社会的压力。在这次“立法委员”选举以前，陈水扁说过：“台湾虽然是一个主权独立的国家，台湾的两千三百万人民却不能享受百分之百的完整国家主权”。把这句话翻过来说就是：台湾不能享受百分之百的完整主权，因为台湾不是一个主权独立的国家，只有中国才享有百分之百的完整独立主权。这也说明，陈水扁虽然想急独，但还是不敢越过底线，不敢宣布台湾独立。

但是为了谋求台湾的独立，台独论者硬是要从中国历史中寻找根据，极

① 本文为中国社会科学院台湾史研究中心2004年12月主办“海峡两岸台湾历史研究现状与未来趋势学术研讨会”而作。刊登于《中国社会科学院院报》，2005年3月15日第3版；《新华文摘》2005年第10期转载。

力歪曲中国历史和台湾历史。流毒所及，关涉到台湾历史的许多方面。

台湾史就是本国史，这是台独人士近年提出的主张，而且已经通过台湾的教育行政当局强行贯彻到高中历史教科书中。高中历史课程分为台湾史、中国史和世界史，台湾史从中国史中分割出来，中国史被肢解。虽然反对之声盈耳，主事者闻而不见，不予采纳。所谓台湾史就是本国史，明显是把台湾作为一个国家看待。纵观整个中国史和世界史，台湾从来不是一个国家，只是中国的一部分。即使根据不平等条约《马关条约》，台湾曾经割让给日本，台湾成为日本的殖民地，也不曾成为一个国家；1945年10月回归祖国怀抱，台湾依然是中国的一个省。讲历史，最重要的是要讲出历史根据。根本就没有台湾是一个国家的历史根据，怎么能把台湾史讲成本国史呢！讲不出历史根据，却硬要把台湾史说成本国史，就是数典忘祖，就是分裂国家，数典忘祖、分裂国家的人就是"乱臣贼子"，人人得而诛之的。台湾人和大陆各省人一样，他们的本国史只能是中国史。站在这个立场上，讲台湾史，或者鉴于台湾历史的某种特殊性突出台湾历史的重要性，是可以理解的，也是应该的；但是跳出中国史的立场讲台湾史，不仅违背了中国历史的真实，也违背了台湾历史的真实，那不是讲台湾史，而是乱台湾史，乱中国史。乱台湾史、乱中国史的结果，酿出许多令人苦涩的笑话，所谓中国是"外国"，是"敌国"，"中华民国史是外国史"，"孙中山是外国人"，等等。听到这些无知妄语，我们不知道是要笑呢还是要哭？

为了把台湾史说成本国史，没有根据也要制造出根据来。所谓《开罗宣言》没有法律效力，就是他们制造出来的一个根据。1943年11月下旬，国际反法西斯战线的三个盟国美英中等三国首脑在开罗聚会，商讨战争后期以及战后处置日本的方案。因为苏联没有对日宣战，没有参加开罗会议。开罗会议讨论了军事问题和政治问题。军事问题是最急迫的话题。政治问题主要是在美国总统与中国军事委员会委员长蒋介石之间展开。中国方面提出了处置日本投降和收回日本窃据的我国东北、台湾和澎湖列岛等多项问题。经过讨论，这项处置方案为三国首脑通过。11月26日开罗会议结束后，罗斯福和丘吉尔带着开罗宣言稿到德黑兰与斯大林会晤。斯大林看过《开罗宣言》后表示同意，于是在12月1日将《开罗宣言》公布于世。台独论者说《开罗宣言》未经三国首脑签字，不是法律文件。这是削足适履，削历史事实之足，以适应台独谬论之履。1943年的开罗会议和德黑兰会议，是国际反法西斯战线四大盟国首脑之间在战争紧张时刻召开的最高军事政治会议，所做出的最重要的军事政治决议经四大国首脑一致同意，正式公布，是战时最重要的文件，也是当时最重要的国际法文件，怎么能说它没有法律效力呢？须知《开罗宣言》是当时的三大国首脑一致通过的，发表后，没有任何一个当事人表示异议。而且在两年后的1945年7月26日美、英、中三国首脑在另一个重要文件即《波茨坦公告》中正式引用，随后苏联首脑斯大林也在这个文件上签字。这个文件的第八条明确载明："开罗宣言之条件，必将实施；而日本之主权，必将限于本州岛、北海道、九州岛、四国及吾人所决定其他小岛之内。"由《开罗宣言》所决定、《波茨坦公告》所肯定的这些条件，又在1945年9月2日的《日本投降条款》中再次得到确认。这个"投降条款"是由同盟国各国代表和日本国代表共同签署的。1972年9月29日签署的《中日政府联合声明》中，日本政府再次声明"坚持遵循波茨坦公告第八条的立场"。这一系列重大的历史文件都以《开罗宣言》关于处分日本的决定为根据，怎么可以说《开罗宣言》是无效的，是没有法律效力的呢！无知到要开历史的玩笑的人，一定要在历史事实面前碰得头破血流！

国际法与国内法的不同在于，国内法是由一国的立法机构提出并经讨论通过颁布后在一国范围内施行的，国际间并没有国际立法机构形成国际法条文。所谓国际法是由两国及多国通过双边和国际会议折冲樽俎所形成的文件，由此所形成的各种国际关系案例所抽象出的各种共同认识，公认的权威的国际法学者发表的有关国际法的著作，有时也为有关各国所遵循。因此国际法并不是由任何人说了算的。台湾"教育部长"杜正胜所谓《开罗宣言》是新闻公报，不是会议公报的说法是站不住脚的。应该说《开罗宣言》是经四国首脑授权公开发布的新闻公报，也是会议公报，是严肃的国际法文件。经国家间权威机构授权发布的新闻公报，一个世纪以来，往往为相关国家处理国际关系时所采用。中美之间有关建交和处理共同关心的课题所发布的"三个公报"，是处理中美关系的政治基础，其基本原则也是用"公报"来体现的；中日之间解决建交和进一步密切关系的《中日联合声明》、《中日和平友好条约》

和《中日关于建立致力于和平与发展的友好合作伙伴关系的联合宣言》，其中两个是用宣言或声明的形式发布的，这些文件对中日两国是具有法律的拘束力的。

台湾当局不愿意在历史教材中凸出《开罗宣言》的地位和作用，却愿意肯定《旧金山和约》的作用。这无非是利用了美国人当初在其中埋下的所谓"台湾地位未定论"的措辞，似乎日本只是放弃对台湾和澎湖列岛的权利，并未明言归还中国。其实，无论是就国际法、国际惯例和国际形势，所谓"台湾地位未定"都是没有根据的。今天的国际社会有谁还相信台湾地位未定呢？仅就《旧金山和约》文本而言，该约规定"日本放弃对台湾及澎湖列岛的一切权利、权利根据与要求"，"日本放弃对千岛群岛及由于1905年9月5日朴茨茅斯条约所获得主权之库页岛一部分及其附近岛屿之一切权利，权利根据与要求"。这里可以说明三点：第一，日本对于台湾及澎湖列岛的一切权利、权利根据与要求，均来自《马关条约》，是从清代时期的中国取得的，现在要放弃这些，当然是要物归原主。清政府已被推翻，中华民国政府是他的合法继承人，中华人民共和国政府又是中华民国政府的合法继承人。因此，无论从中华民国的角度，还是从中华人民共和国的角度，都是一个中国，日本所放弃的权利当然应该归还中国。第二，日本所放弃的对于千岛群岛及库页岛一部分及其附近岛屿的权利、权利根据与要求，也没有指明归还苏联，因为苏联是俄罗斯帝国的合法继承人，没有人怀疑日本放弃的这些权利应该归苏联收回。同样的文字表述，为什么没有人说千岛群岛及库页岛一部分及其附近岛屿地位未定呢？仅仅挑出台湾来说地位未定，显然是不合条约自身的文字逻辑的，是说不通的。第三，美国主持的对日和约谈判，排除了中国的参加，苏联拒绝在和约上签字，和约文本上做出了对中国和苏联应享受的权利的不公正描述，是那时国际政治的反映。尽管如此，客观地说，和约文本上看不出台湾地位未定的含义。所谓台湾地位未定是美国人根据当时的国际政治版图演绎出来的，并不是真实的存在。

把否定《开罗宣言》、肯定《旧金山和约》的思路贯彻到历史教科书中，造成中国历史和台湾历史中的混乱现象，为"台独"的政治图谋张目，完全是徒劳的。历史学界应该通过扎实的学术研究，讲出历史事实的真相，击破不能成立的“台独”历史根据！

通过以上分析，我们可以看出，从历史和现实来说，台湾从来是中国的一部分，从来不是一个独立的国家。站在中国史和台湾史的立场，所谓“国家认同”自然是认同中国，不存在其他的所谓“国家认同”问题。研究台湾史，研究中国史，没有也不可能有根本的利害冲突。从中国史的角度看台湾史，我们可以看出台湾史在中国历史中的独特性；从台湾史的角度看中国史，我们可以看出台湾史与中国史的同质性。台湾史与中国大陆各省的历史相比较，各有独特的史实，表现出各种不同的特色。贯穿其中的共同特点，是中国历史文化的传统，是共同的经济、政治发展的路向。尽管日据五十年，日本的殖民文化曾经强行影响了台湾，但是，中国历史文化特点的共相在台湾社会有着强烈的存在，难以消灭。

站在这个立场，谈台湾历史研究中的主体性问题，是一个不难处理的问题。作为台湾史研究，它的主体，当然是台湾自身。台湾的人口构成，台湾的历史发展道路，都可以从主体性的角度来说明，但是所有这些，都与中国大陆的原生性紧密相关。如果把这个主体无限夸大，超出中国史的范围，那就是为“台独”制造历史根据，是台湾史研究者需要警惕的。当前在台湾出版的台湾史著作中，出现了一些值得注意的主体性倾向。比如一些著作，把清朝时期的台湾称作清领时期，又把日据时期的台湾称作日治时期，贬此扬彼，泾渭分明。所谓“清领”，是指台湾曾经为清朝占领或领有的意思。台湾自有文字记载以来，就是中国的领土，历史上曾经有短暂的时期为荷兰、日本占据，不久便为中国收回。所谓“荷领”、“清领”、“日治”，分明是把台湾的主体性无限扩大为“台湾国”，是为“台独”制造历史根据的用语，虽然一字之差，却体现了一种春秋笔法。台湾史研究者不可不注意及此。不久前台湾“教育部”公布的《高中历史课程纲要草案》，制定了台湾史课纲。在台湾史课纲中，把全部台湾史分成四个单元，其中把史前到19世纪称为早期台湾史，把20世纪前半称为日本统治时期，把20世纪后半称为战后的台湾(含两个单元)。在第一单元中，把清代在台湾的统治和经营一笔抹掉，1885年的台湾建省也一字不提。这样来讲台湾史，台湾的主体性是有了，但台湾是中国的一部分的历史事实就一笔抹杀了。用这种台独史观来教育青年学生，来影响台湾史教学与研究，其“去中国化”的用心不是昭然若揭了吗！

以上是我对台湾史研究中有关“国家认同”和台湾历史的主体性的一点思考，讲得不对的地方，请各位指正。

台湾人民的抗日斗争彪炳史册①

2005年是《马关条约》签订一百一十周年，也是祖国宝岛台湾被割让给日本一百一十周年；今年又是世界反法西斯战争暨中国人民抗日战争胜利六十周年，也是台湾回归祖国怀抱六十周年。在这样具有纪念意义的日子里，回顾台湾人民在日据时期的抗日斗争，当是有意义的。

一百一十年前，清政府在甲午战争中败于“蕞尔”小国日本，被迫签订丧权辱国的《马关条约》，致使台湾沦为日本帝国主义的殖民地，与祖国分离达五十年之久。从台湾被割让的那一天起，英勇不屈、“誓不臣倭”的台湾人民就开始了轰轰烈烈的抗日武装斗争。后来，随着日本殖民统治的确立和形势的变化，台湾人民在继续进行武装斗争的同时，又采取了政治斗争和文化斗争等形式，与日本殖民统治者进行周旋，始终没有放弃过争取民族独立和回归祖国怀抱的信念。台湾人民这种信念和精神，值得我们永远怀念。

武装斗争视死如归

甲午战败、马关割台的消息，令举国震惊，朝野上下，群情激愤，人民群众在悲愤的气氛中逐渐觉醒起来。以孙中山为首的革命派立即成立兴中会，探索以革命方式推翻腐朽的清朝统治的道路；以康有为为首的改良派在北京掀起“公车上书”，发动戊戌维新运动，希图走上从体制内改造清政府的道路。马关割台是中国历史发展的一个重要的关节点。

正是在这样的大的历史背景下，全国迅速掀起了轰轰烈烈的反割台斗争。反割台斗争在台湾的反应尤为强烈，人们奔走相告，鸣锣罢市，并拥入官署，

① 本文为纪念抗战胜利六十周年而作，与杜继东合作撰写，原载《台湾工作研究》，2005年第9期。

抗议清政府的卖国割台行径，表达了誓死抗日保台的决心。台湾地方绅士丘逢甲刺指血书“抗倭守土”，并领衔联名致电清廷表示“愿与抚臣誓死守御台湾”。另有绅民向台湾巡抚呈递血书，悲愤陈诉“万民誓不服倭，割亦死，拒亦死，宁先死于‘乱民’手，不愿死于倭人手”。在北京的台湾举人和台籍官员也纷纷上书，要求坚持抗敌，绝不能将台湾“弃以予敌”，表示只要不将台湾割弃，“台地军民必能舍死忘生，为国家效命”。

在清政府决意弃台、日本已调军准备武力攻取台湾的情况下，台湾官民决心救亡图存，于5月25日成立“台湾民主国”，正式拉开了抗日保台的帷幕。“台湾民主国”以台湾巡抚唐景崧为总统，丘逢甲为副总统，刘永福为大将军（驻守台南），另设议长、大臣等官员。国旗仿清朝龙旗样式，为蓝地黄虎旗，龙在天，虎在地，以示尊卑；虎首内向、尾高首下，以示臣服于清；年号为“永清”，意即不忘大清。“台湾民主国”以台湾绅民的名义致电清廷表示：“台湾绅民，义不臣倭，愿为岛国，永戴圣清。”唐景崧也在电文中反复强调，他是“暂充总统”，“仍奉正朔，遥作屏藩”。这充分表明，“台湾民主国”是台湾官民为抗日保台而采取的应急救亡措施，以“永清”相号召，并非谋求独立之举。

面对台湾人民的同仇敌忾，日本以桦山资纪为台湾总督兼军务司令官，统率由北白川宫能久亲王率领的陆军精锐部队近卫师团约一点五万人，由海军中将有地品之允和少将东乡平八郎等率领的海军常备舰队共十一艘军舰，集结于台湾北部海面，准备以强大军力夺占台湾。台湾方面则以台北和台南为中心，以唐景崧所率清军和刘永福所率黑旗军共约四万人为主，加上吴彭年、吴汤兴、徐骧等各地兴起的义军，在台北到台南沿线次第布防。

5月29日，桦山资纪督率日军登陆台岛，迅速占领基隆，并向台北进发。守军虽在三貂岭和瑞芳进行顽强抵抗，但终因力量悬殊，于6月3日被迫后撤。6月7日，日军进入台北，“台湾民主国”宣告失败，唐景崧乘德国轮船撤回厦门，丘逢甲、林朝栋也相继内渡。6月17日，桦山资纪在台北宣布建立殖民统治政权，宣告台湾及澎湖列岛“归入大日本版图”，并定此日为所谓“始政日”。

此后，台湾人民的反抗斗争更加猛烈地在全台展开。以刘永福为首的黑旗军以及新楚军等部清军，与徐骧、姜绍祖、吴彭年、吴汤兴、胡嘉猷、江国辉、苏力、黄娘盛等各支义军配合作战，继续坚持抵抗。

6月11日，日军分兵两路进犯台中门户新竹，遭到徐骧、吴汤兴、姜绍祖义军和清军杨载云部的激烈抵抗，22日，由于军械不继，粮食断绝，义军主动后撤。新竹失陷后，义军曾发起三次反攻，展开了激烈的新竹争夺战，先后进行大小战斗二十余场。义军著名首领姜绍祖在第二次反攻时受伤，被俘后慷慨就义。义军牵制日军达一个月之久，有力地迟滞了日军的进攻。侵略者哀叹说："原来以为台湾不过巴掌大小之地，以一旅之众即可一举歼灭，而结果证明，轻信这种结论是错误的。"

其后，黑旗军和义军在大甲溪、大肚溪、彰化、彰南、云林等地与日军展开殊死搏杀，黑旗军和义军还曾一度进行反攻，收复云林、苗栗一带，歼敌近千名。

台湾军民的抵抗使日军陷入泥潭，日本政府不得不派兵增援，任命高岛柄之助为台湾副总督，率第二师团赶往台湾。同时，在马公湾停泊的四十多艘军舰上的三万多名日军也进驻台湾。9月16日，日军成立"南进司令部"，调集四万大军，海陆并进，倾巢南犯。北白川宫能久亲王率领近卫师团直扑嘉义。清军王德标率部与徐骧、林义成、简精华等义军联合抗敌，刘永福也派总兵柏正材统兵来援。王德标与徐骧派人在城外暗埋地雷，待敌来犯时佯装败退，诱敌深入，炸死日军七百多人。日军仓皇撤退，中途又遭伏击，北白川宫能久亲王受重伤（不久因伤死于台南，是日军侵略中国过程中被击毙的级别最高的官员）。

次日，日军大举进攻，用大炮轰塌嘉义城墙突入城内，守军被迫退到距台南府城仅二十公里的曾文溪。日军集中兵力发动猛烈进攻，徐骧、王德标、简精华等义军奋勇杀敌，先战溪北，后战溪南。日军受阻后，分兵从上游涉水渡河，从侧面进攻义军。日军炮火齐发，步、骑齐攻，守军以一当十，毫不退缩，战斗异常惨烈。徐骧身负重伤，仍跃起高呼："大丈夫为国死，可无憾！"壮烈牺牲。王德标、柏正材等也以身殉国，曾文溪终为日军所得。

此时，从海路进攻的日军分别从台南以北的布袋嘴和台南南部的枋寮等地登陆，与陆路日军相呼应，对台南形成南北夹击、三面包围的态势。驻守台南的刘永福内无粮饷，外无强援，被迫于10月19日夜乘英国船退回厦门，台南城防动摇，日军乘机于21日攻陷台南。至此，台湾人民抗击日本占领的有组织的武装斗争告一段落。不久，日军分兵南下恒春，又占领后山的宜兰、苏澳等地。从1895年6月到10月，不畏强暴的台湾军民前仆后继，奋勇杀敌，在极为艰难的条件下谱写了可歌可泣的抗日保台篇章。日本侵略者前后出动7万大军和常备舰队的大部分舰只，付出了包括北白川宫能久亲王和第二旅团长山根信成在内的四千八百名官兵死亡和二点七万人负伤的惨重代价。其伤亡人数比此前甲午战争中的伤亡人数多出将近一倍。桦山资纪曾惊叹说："本地的士兵与辽东的中国兵显著不同，有不畏死之气概，不能轻视之。"

桦山资纪向日本大本营报告，台湾全岛完全平定。然而，台湾人民反抗日本殖民统治的斗争却没有停息。日军所到之处，杀人放火，奸淫掳掠，无恶不作，无不激起台湾同胞的满腔怒火，他们纷纷揭竿再起，继续进行抗日斗争，进行了七年的反日游击战。

当年12月13日，黑旗军旧部林大北在宜兰起义，以"驱逐倭奴、恢复中华"相号召，打响了全台沦陷后反抗日本殖民统治的第一枪。各地台胞奋起响应，逐渐形成以北部简大狮、中部柯铁和南部林少猫为主的多支抗日义军（此三人当时被称为"抗日三猛"）。日军除以武力"讨伐"外，还采取"招抚"政策，诱降、骗杀反日武装民众，终将义军各个击破。

日本殖民当局为了维持对台湾人民的高压统治，在全岛建立了严密的警察制度，对台湾人民的反抗活动进行残酷镇压，但是，台湾人民并没有被吓倒，抗日起义时有发生，其中较著名的有1907年的北埔起义、1912年的林杞埔起义、1913年的苗栗起义、1914年的六甲起义、1915年的噍吧哖起义（又称西来庵事件）。

在全岛武装抗争被平息以后，由于日本殖民当局对台湾土著居民（原住民）采取歧视政策，加上政治上迫害、经济上剥削，引起土著居民的激烈抗争。土著居民的抗日斗争此起彼伏，绵亘不断。其中最著名的是雾社事件。1930年10月27日，雾社土著居民因不堪日警欺压，在部落头领莫那鲁道的领导下，乘学校开运动会之机，发动起义，袭击了警察所、邮局、制脑公司及日本官吏宿舍等，杀死日寇一百三十余人，缴获步枪一百八十支，子弹两万三千多发。日本殖民者调集大批军队和警察前来镇压，遭到起义者的顽强抵抗。日军使用飞机大炮狂轰滥炸，甚至丧心病狂地使用毒瓦斯残酷屠杀起义群众，12月

8日，终将起义镇压下去，但起义领袖大都宁死不屈，或以身殉难，或自杀成仁，在中华民族抗击侵略的历史上留下悲怆的英雄事迹。在这长期武装抗日斗争中，共有六十五万台湾同胞献出了宝贵的生命，在中华民族抵抗外来侵略的历史上留下了惊天地泣鬼神的动人篇章。

民族运动轰轰烈烈

在日本强大的军事和警察统治下，台湾人民武装斗争逐渐低落，但台湾人民的抗日斗争并未停止，一种新的斗争形式即非暴力的抗争活动开展起来，并逐渐汇聚成为轰轰烈烈的民族运动。

台湾民族运动的开端，缘于1914年12月日本人板垣退之助发起的台湾同化会。板垣的计划是给予台湾人某些权利和待遇，以换取台湾人同化于日本，而台湾地方精英林献堂等人支持同化会的目的则是为台湾人争取更多权利，以减轻台湾的中国同胞在总督专制统治下的痛苦。该会虽于1915年被解散，但参与其中的一部分台湾人成为日后民族运动的领导和骨干。可以说，同化会开创了台湾人从事政治运动的先河。

第一次世界大战前后，民族自决原则广泛传播，各国民族运动此起彼伏，祖国大陆发生了声势浩大的五四运动，朝鲜发生独立起义，俄国发生十月革命，日本国内也兴起了民主运动。这一切大大刺激了台湾岛内外的知识分子，一场反抗日本殖民统治的民族运动拉开了帷幕。日据时期的台湾民族运动，实际上是在日本高压下争取台湾人民作为中华民族的一分子，争取维护中华民族的民族利益的运动。

斗争首先从留日台湾学生中开展起来。1918至1920年，彭英华、林呈禄、蔡培火等人在东京先后成立了启发会、应声会和新民会等组织。其中新民会是一个影响较大、存在时间较长的政治性组织。该会于1920年1月成立于东京，以林献堂为会长，蔡惠如为副会长，宗旨是“为增进台胞的幸福谋求政治改革”。该会还出版《台湾青年》杂志，刊载政论文章，如主张撤废“六三法”、提倡“台湾议会请愿设置运动”的时评等，在岛内外产生了广泛影响。1920年底，“六三法”撤废活动演变为台湾议会设置请愿运动，林献堂等决定通过请愿方式要求日本当局在台湾设置议会，削弱总督权力，改变总督专横、独裁统治的现状。他们顶着来自日本殖民当局的巨大压力，每年派出代表到日本东京进行请愿活动，请愿书被一次次拒绝，他们坚持不懈，直到1934年，这一历时十五年，向日本议会上书达十五次的请愿活动方告结束。

大陆如火如荼的新文化运动在台湾知识分子中引起强烈反响。部分知识精英痛感当时台湾人缺乏智慧，认为必须有一个推动文化、启迪民智的组织来充实台湾人的现代知识，提高台湾同胞的民族、民主意识。1921年10月27日，台湾文化协会在台北正式成立，其宗旨为“助长台湾文化之发展”，对台湾民众进行文化启蒙宣传。文化协会共有一千三百二十名会员，培养了一大批台湾政治社会运动的骨干，他们采取发行会报，组织读报会，举办讲习会、文化演讲会，以及成立电影部放电影等方式，在全岛各地广泛进行启蒙工作，在台湾同胞中造成了很大的反响，对台湾青年的影响尤其深远，不仅赴祖国大陆留学的人数剧增，而且台湾各校内进步学生组织纷纷建立，不满日本人欺压的学潮迭起。

针对日本殖民当局妄图扼杀台湾的中国文化，泯灭台湾同胞民族意识的殖民文化政策，爱国知识分子以笔为剑，与之展开针锋相对的斗争。以连横、赖和、张我军、杨逵等为代表的一批台湾知识分子，抱定以文保国、以史保种的决心，在日本帝国主义的高压下，发愤作文著书，向世人表明台湾是中国的一个省，台湾文化是中国文化的一部分，台湾人是中国大家庭中的一分子。他们是文化战线上反抗日本殖民统治的英勇斗士。

随着启蒙运动的发展，台湾的工农运动也开展起来。1925年彰化县二林的蔗农在文化协会理事李应章（李伟光）的领导下，建立二林蔗农组合，反对制糖公司的剥削，从而与日本警察发生冲突，造成“二林事件”。此后各地农民纷纷建立农民组合，并于1926年成立台湾农民组合，由农民领袖简吉任中央委员长。1927至1928年，由台湾农民组合直接组织或指导的农民抗争事件就有四百二十起之多，其中尤以两次“中坜事件”最为激烈。此外，台湾工人也纷纷成立木工、土水、码头、店员、印刷、机器、船炭等工会，1928年还成立了“台湾机械工会联合会”和“台湾工友总联盟”，开展反对日本资本家剥削的斗争。

文化协会的影响力与日俱增，引起日本殖民者的恐慌，他们一边进行镇压，一边挑拨文化协会内部的矛盾，进行分化瓦解。1927年1月，文化协会产生分裂，以连温卿为首的左翼激进派占居主导地位，温和派林献堂、蔡培火等退出，文化协会日趋激进，遭到殖民当局更为严厉的镇压，于1930年停止活动。

文化协会分裂以后，蒋渭水、蔡培火等台湾知识分子于1927年7月10日在台中成立台湾民众党，以孙中山的新三民主义为蓝本，制定“以农工阶级为基础的民族运动”的政治路线，进行反对日本殖民统治的斗争，曾领导过高雄浅野水泥会社罢工、台湾制盐会社罢工等著名的罢工活动。因民众党的斗争策略越来越激进，林献堂等人退出民众党，于1930年8月成立“台湾地方自治联盟”，以设立地方各级议会为宗旨，进行各类推进活动。

身居大陆的台湾同胞也时刻关注着台湾的命运，成立各种组织支持和支持台湾人民的抗日斗争。1922年1月，侨居北京的台胞创立“北京台湾青年会”，邀请蔡元培、胡适、梁启超等为荣誉会员，名义上以“疏通会员意志、奖励研究中国文化”为宗旨，实际上暗中支持台湾岛内的议会设置请愿运动，并公开揭露日本殖民者在台湾的独裁统治。1923年10月，在上海的台湾学生也成立“上海台湾青年会”，组织各种反对日本独裁统治的活动。在厦门、南京等地读书的台湾学生也纷纷成立各种团体。1926年12月，在广州的台湾学生在中山大学成立了“广东台湾学生联合会”，后改为“广东台湾革命青年团”，创办会刊《台湾先锋》，呼吁中国民众勿忘台湾，援助台湾。

1928年4月15日，林木顺、谢雪红、林日高等人在上海成立台湾共产党，提出要推翻日本帝国主义的殖民统治，实现台湾独立；实行土地革命，消灭封建势力。台共并派人返回台湾发展组织，积极进行工农运动。台湾共产党虽在三年后被日本殖民当局取缔，但对台湾人民的抗日斗争产生了重大影响。

面对风起云涌的反抗活动，日本殖民当局非常恐慌，采取了严厉的镇压措施。1931年2月，台湾民众党被强加上“绝对反对总督政治和民族自决主义”的罪名而遭到禁止。1931年7、8月间，总督府大肆镇压台湾共产党，台共领导人和大批党员被捕，台共的整个组织领导机构被严重破坏。至此，台湾民族运动趋于衰落。

抵制“皇民化”不屈不挠

轰轰烈烈的民族运动虽然被镇压下去，但台湾人民“誓不臣倭”的反日民族主义精神并没有被泯灭，各种反抗事件仍然层出不穷，使日本殖民当局疲于应付。1937年卢沟桥事变的发生给台湾同胞以极大的心理冲击，反日的所谓“非国民言行”四处出现。为了巩固日本南进的这个战略基础，彻底奴役台湾人民，日本殖民当局根据1937年9月近卫内阁的“国民精神总动员计划”，制定了强迫全台人民“皇民化”的方针，发动了一个企图使台湾的人民和土地“都成为皇国的真正一环”的皇民化运动，其主要内容有禁止台民使用汉语，强迫台民学习和使用日语；废止中文报刊；强迫台民使用日本姓名；禁止使用“台湾人”名称，一律改称“皇民”；封闭中式寺庙，改奉日本天照大神；禁止中国纪年，改用日本正朔；禁穿中式服装，改着日本和服与“国民服”，等等，目的在于彻底消灭在台湾的所有中国文化，而代之以日本文化。1941年，殖民当局成立“皇民奉公会”，由总督长谷川亲任总裁，大力推动所谓“皇民奉公运动”、“储蓄报国运动”和“增产挺身青年运动”等，威逼台湾人民为日本帝国主义的侵略战争卖命。

皇民化运动引起了台湾人民的坚持抵制和反抗。当局虽禁止使用汉语，规定在公共场所和机关、学校必须讲日语，一旦发现有人讲汉语，将受到严厉惩罚。但这个规定形同虚设，没有多少台胞遵行。台胞除在家里使用汉语外，在银行、公司、医院、车站等公共场所也常用汉语交谈，更有不少人坚持不讲日语，如林献堂“终生不读日文、不说日语，不着和服”。民众还暗中坚持学习汉语，部分汉学书房突破重重阻力生存下来，一直到1943年才被总督府强行关闭。在所谓的“国语”（即日语）讲习所，人们表面上学习日语，等日语老师离去，便利用教室里学日语用的收音机收听祖国大陆的广播。

更换日本式姓名的政策也受到台胞的抵制。该政策从1940年2月正式实施到当年8月，六百多万台湾民众中只有一百六十八人改换了日本姓名，仅占总人数的0.002%左右。后来日本殖民当局强行规定，如不改名，公职人员要受到撤职处分，一般居民不许登记户籍，不给发放各类配给物品。少数人迫于生计，不得不改换日本姓名，但仍想办法保留原来姓氏之根，如陈姓改为“颍川”，林姓改为长林，吕姓改为宫下、刘姓改为中山、魏姓改为大梁、黄姓改为江夏等。在“皇民化”的高压下，台胞仍然保持着原有的生活方式和风俗习惯，祖国流行的服饰仍然可以影响到台湾。中国的传统节日、婚丧嫁娶，仍沿旧风；墓碑、神主依旧镌刻着堂号或者祖籍，表明了台胞强烈的认祖归宗观念。对日本人强迫奉祀的天照大神祇，台湾民众只是应付差事，内心崇拜的仍是中华民族历来奉祀的神祇。台湾人民的祖国意识是日本殖民者不可能轻易改变的。正如有人指出的，“在日本人的强暴统治下，度过了艰辛苦难的五十年之后，我们全体台湾人民终以纯洁的中华血统归还给祖国，以纯洁的爱国心奉献给祖国”。日本末任总督安藤利吉也说，“万一敌军登陆，台湾人会不会突起响应，袭我皇军之后，造成严重的事态呢？就我来说，就缺乏这种完全依赖台人的勇气和自信”。在台湾人民的抵制下，日本殖民当局皇民化运动的终告失败。

在社会、文化、思想等领域抵制“皇民化”的同时，部分台湾同胞积极参与抗日武装斗争。在台湾岛内，由于日本侵略者的高压统治，大规模的抗暴起义难以发动，但零星的暴动时有发生。1938年，台共领导的反战志士炸毁了日军久留米油库，炸死炸伤日军数十名；高雄、六甲等地相继发生袭击日警的反战暴动。1939年3月，高雄农民一千多人反对日本警察强拉“军夫”，于领得枪械后突起暴动，与日宪兵队激战半日，失败后有数百人被杀；10月，被强征入伍的“军夫”三百余人，在基隆港集中时突起暴动，当场杀死押送的日军官兵三十余人，然后携枪逃散。1940年，在花莲、屏东、新竹等地发现许多反战传单，号召台湾青年不要到祖国大陆作战；台南教员李钦明、李启明兄弟集合同志五十余人，秘密组织“台湾民族主义青年团”，准备在祖国军队光复台湾时起义响应，因事泄被捕入狱。1942年，南投、竹山等地人民因反抗日寇战时措施，被捕数百人，都被严刑拷打致死。1944年，因盟军在太平洋战场上节节胜利，民间盛传美军将在台湾登陆，台北帝国大学学生蔡忠恕联络痛恨日本统治的青年学生二百多人，秘密搜集武器，准备在美军登陆时起义策应，因事泄被日本宪兵队逮捕，牵连达千人之多，蔡在严刑拷问下死于狱中。

全面抗战爆发后，大批台湾爱国志士认为这是实现台湾光复的良机，纷纷辗转返回大陆，与原在大陆的台胞一道，投身于祖国的抗日大业中。抗战期间，台湾同胞组建的抗日团体纷纷在大陆各地出现，如谢南光领导的“台湾民族革命总同盟”，陈友钦领导的“台湾青年革命党”，张邦杰领导的“台湾革命党”，黄光军为团长、李建南为副团长的“台湾光复团”，柯台山负责的“台湾国民革命党”等，上海有“台湾人民解放联盟”，厦门有“台湾同胞抗日复土总同盟”、“台湾革命青年大同盟”等。这些组织无不以抗击日本侵略，推翻日本在台统治为宗旨。黄埔军校出身的李友邦于1939年2月在浙江金华组织的台湾义勇队，则是唯一一支由大陆台胞组成的抗日武装团体，他们长期活跃于东南沿海地区，从事抗日斗争，为抗日战争的胜利做出了独特的贡献。

1945年8月15日，日本宣布无条件投降，台湾人民奔走相告，无不欢欣鼓舞。10月10日，台湾民众第一次举行了双十节国庆大会，台北等各大城市人山人海，欢呼声、鞭炮声响彻云霄。10月25日，国民政府任命的台湾行政长官陈仪以台湾、澎湖受降主官的身份在台北接受日本台湾总督兼第十方面军司令官安藤利吉呈递的投降书，别离五十年的台湾重新回到了祖国母亲的怀抱。这一天，台湾民众穿新衣，悬彩灯，挂国旗，舞巨龙，万人空巷，欢庆回归。此后，每年的10月25日成为台湾的光复节。

日据时期五十年的历史反复证明，尽管日本殖民统治是残酷的，“皇民化”的用心是狠毒的，但台湾人民的抗日精神未曾泯灭，台湾人民的中国心未曾改变，台湾的中华文化的根依然牢固。今年是抗日战争胜利和台湾光复六十周年，缅怀先烈，展望未来，我们相信，日本殖民时期的“去中国化”不能成功，“台独”份子在台湾推动“去中国化”的努力肯定是要失败的。

认识台湾历史的特点与对台工作的复杂性①

对祖国而言，台湾的历史有它自己的历史特点。透过台湾历史的发展、演变，我们看到，今天台湾工作中的几乎所有问题，都可以在历史中找到原因。开展对台工作，不能不注意发现、研究这些原因，不能不注意研究台湾历史发展中的种种特点和特性。

如何理解台湾自古以来就是中国历史的一部分

台湾自古以来就是中国领土不可分割的一个组成部分，这是坚持一个中国立场的政治性的命题。在学术上怎么来论证、说明这个命题，还是需要下一番工夫的。换句话说，这个问题的认识在学术上还是有分歧的。

考古学者的意见，由于四千五百年前，或者一万年前，台湾海峡曾经几次与大陆直接连接，大陆先民很容易来到台湾。后来又有菲律宾、印度尼西亚等地的先民渡海来到台湾，是所谓南岛语系。又有学者认为，所谓南岛语系，也是中国大陆地区闽越先民形成的。后来由于海峡隔绝，台湾先民的原始状态保留了下来，形成了后来的番族。所以旧石器时期、新石器时期的考古遗物，大多与中国大陆地区的古文化相似或者相类。台湾岛上的早期住民，不管是来自大陆东南沿海的百越，还是南岛民族，都只有语言，没有发明文字。这些说明不了有文字形成的历史以来中国大陆对台湾的管辖，或者主权关系。

最早可能涉及台湾的历史记载，是战国初期成书的《尚书·禹贡》篇，《禹贡》是我国最早的地理书，它把全国分成九州岛，其中扬州北到淮河，东到海洋，

① 本文是为应邀在当代中国研究所国史讲座演讲准备的，那次演讲在2007年11月30日在当代中国研究所进行。《当代中国史研究》2008年第2期摘要报道了这次演讲。全文是第一次发表。

海中有所谓“岛夷卉服”的说法，有学者认为，所谓“岛夷”，就是指台湾岛上的先住民。清代台湾府志编修时，编纂者高拱干认为台湾最早出现在文献上，可从《尚书·禹贡》追溯起，这个说法，学术界分歧很大，许多学者表示怀疑。比较明确的记载是《三国志》。《三国志·孙权传》载，孙吴政权于黄龙二年（公元230年）派遣将军卫温和诸葛直率领一万官兵“浮海”抵达“夷洲”。他们到达夷洲后，因水土不服，疾疫流行，“土众疾疫死者十有八九”，不得不返回大陆。这是中国官方派军队登陆台岛的最早记载。此后不久沈莹著《临海水土志》（成书于公元264年至280年）说“夷洲在临海东南”，“土地无雪霜，草木不死”，“土地饶沃，既生五谷，又多鱼肉”，留下了世界上有关台湾情况的最早记述。多数学者根据《临海水土志》所描写的地理方位、种族特色，认为“夷州”就是台湾。也有些学者认为“夷州”可能是日本或冲绳。这次孙吴政权出兵登台，未能留下管理台湾的证据。

过了三百七十年，《隋书·流求国传》记载隋朝大业三年和四年（公元607年和608年），隋炀帝派羽骑尉朱宽两次统兵前往流求（即台湾）。大业六年（610年），又派武贲中郎将陈棱和朝请大夫张镇州率兵万余人到达流求，当地土著居民“初见船舰，以为商旅”，相继前来贸易。这说明当时已常有大陆商人在台湾通商，所以当地居民看到船只才习以为常。这次派兵登台，也没有留下管理机构。多数学者认为，《隋书·流求国传》所说的流求指的是今日台湾。

又过了差不多四百年，唐五代史书没有关于台湾的确切记载。这种情况，到了宋代才发生变化。宋代时海峡两岸已经出现较多的往来和经济活动，福建泉州居民已有不少到澎湖定居，从事农业和渔业活动。南宋赵汝适著《诸蕃志》载：“泉有海岛曰澎湖，隶晋江县。”泉是指泉州。这里已经明确了澎湖在建制上已经归福建省晋江县管辖了。知泉州郡汪大猷还在澎湖建房二百间，“遣将分屯”，可见已经在那里驻军巡逻了。这是关于澎湖与福建隶属关系的最早记载。还有的记载说澎湖“宋时编户甚蕃”。可见，至少澎湖地区已正式纳入大宋版图。

到了元朝，迁居澎湖的汉人更多。他们在此建造茅屋，过着定居的生活。元朝初期，为了开发台湾，元朝把福建省会从福州迁到泉州，并在澎湖设置巡检司（荣孟源、陈孔立认为在1292至1294年，即元世祖至元二十九至三十一年；张崇根认为在1279至1281年之间，元世祖至元十六至十八年；许雪姬、戚嘉林认为在1281年，即元世祖至元十八年）。巡检司“职巡逻，专捕获”，捕捉罪犯，兼办盐课，虽然级别不高，属九品，但这是中央政府派驻台澎地区的第一个行政执法机构。自此以后，中央王朝开始派员管理台澎地区。这个时期，元朝政府多次派兵前往台湾招抚，但因语言不通和航海知识不足，无功而返。

明朝的海禁政策，导致东南沿海海盗盛行。海禁没有阻挡住闽粤汉人迁居台湾，商业贸易更加频繁。到澎湖、台湾的大陆人，包括贫苦的农民、往来贸易的商人以及从事海盗贸易的人。明朝万历、天启年间，颜思齐率众纵横台湾海峡，招徕泉州、漳州移民，对台湾进行大规模有组织的拓垦，被后世尊为“开台王”。天启五年（1625年）颜思齐病亡后，郑芝龙被推为首领，他以台湾为根据地，进行走私贸易活动，成为东南沿海一股强大的势力。有组织的汉人势力进入台湾，开始于颜思齐、郑芝龙。

在郑成功从荷兰东印度公司收复台湾以前，明朝政府未能在台湾设官治理。虽然如此，当时的中国人，以及当时来到台湾的外国人，都自然地认为台湾是中国的地方。理由如下：

1. 荷兰东印度公司占据台湾初期，在征税问题上与日本人发生争议。荷兰人向日本人指出：“台湾土地不属于日本人，而是属于中国皇帝，中国皇帝将土地赐予东印度公司，作为我们向澎湖撤退的条件。”[①] 这里所说中国皇帝将土地赐予东印度公司不是事实，这只是地方官允许，地方官并未将这一要求上报皇帝批准。但这句话的前半段却说明，荷兰人是承认台湾原本是中国的土地。

2. 清朝顺治十九年（1662年），郑成功率大军攻占台湾赤嵌后包围了大员的热兰遮城，迫使荷兰人签约投降，结束了荷兰人在台湾长达三十八年的殖民统治。此前，郑成功以大明征讨大将军名义致函荷兰驻大员长官揆一，招降荷兰人，称：一、澎湖诸岛距离漳州诸岛不远，因此隶属漳州。同样，台

① 见《巴达维亚城日记》第1册，第64页。转引自陈孔立主编：《台湾史纲要》，第42页。

湾临近澎湖诸岛，台湾也应隶属中国。二、中国人自古即据有这些土地，并已开垦。三、以前荷兰人来此请求通商，在此并无寸土之地。郑成功的父亲郑芝龙出于友谊，暂借台湾给予荷兰人，此次率大军前来，是收复故土。郑成功要求荷兰人投降，退出台湾全岛，拒绝任何其他解决方案。[①] 连横在《台湾通史》中也引用了郑成功1661年4月26日写给荷兰“总督”的信，称：“台湾者，中国之土地也。久为贵国所据。今余既来索，则地当归我。珍瑶不急之物，悉听而归。”[②] 郑成功这时候是南明的臣子，他是以中国的名义收复故土的。收复以后，即在台湾设置一府二县。郑成功是在台湾建立中国的行政机构的第一人。

3. 荷兰东印度公司占据台湾后，台湾岛上的中国人不断掀起反抗。荷兰人当时记载说：“中国人对于我们来福尔摩沙，并不喜悦。他们在煽动‘土人’”“反抗公司”。[③] 郭怀一在领导驱逐荷兰人的起义时说：“各位受红毛虐待，不久将被迫害而死。如其等死，不如一战。胜了，台湾归中国人所有。失败了，也是一死。”这次起义失败后，在台湾的中国人驱逐荷兰人的决心并没有削弱，“华人含恨，遂汹汹欲动”。[④]

4. 明朝政府虽然未在台湾设官置守，但在管理上等同内地。如在贸易管理上，对台湾的鸡笼、淡水、北港等地与大陆沿海的港口同等对待。[⑤] 当倭寇侵扰台湾时，明朝政府曾派兵前往驱逐。

5. 台湾的附属岛屿钓鱼列屿是中国领土，明朝以及明朝的属国琉球的记载是明确的。

从台湾历史演变中得出的一条基本结论：世界上没有任何人比中国人更早地发现、开发、认识台湾。台湾考古发掘早已证明，台湾有旧石器和新石器时期的文化遗存，生活在台湾的早期人大多是从中国大陆过去的，台湾史前文明与大陆文明具有同源性。由于闽粤地方人民逐渐移植、开发澎湖、台湾，

---

① C.E.S. 著，周学普译：《被遗误之台湾》，台湾经济史三集，台湾研究丛刊，第64—65页。

② 连横：《台湾通史》第一卷，商务印书馆，1983年版，第17页。

③ 曹永和：《台湾早期历史研究》，第168、171页。

④ 连横：《台湾通史》第一卷，商务印书馆，1983年版，第15、16页。

⑤ 参见曹永和：《明郑时期以前之台湾》，黄富山、曹永和主编《台湾史论丛》，第一集，台北，众文图书公司，1980年版，第49页。

宋元以来，中国历代中央政府就在澎湖设治，实施了管理澎湖、台湾的行政责任。17世纪初期，虽然台湾部分地区一度为荷兰人占领，但荷兰人明确认识到，台湾属于中国皇帝。就是说，17世纪初的西方占领者知道，中国皇帝是台湾的管理者，只有中国人有资格对台湾提出权利要求。其他人，不管是西方的荷兰人、西班牙人，还是后来的美国人、法国人，还是东方的日本人，都是窃据者，都是侵略者。清朝在康熙时期，彻底消灭南明小王朝，从明郑手里征服台湾，完成了国家的统一，建立了对台湾的有效统治。以后，海疆多事，边疆危机，外来的觊觎者每每打着占领台湾的主意，清朝统治者认识到加强台湾的管理和防务的紧迫性，于是将福建省的台湾府升格为省的建制，1885年宣布台湾建省，1888年完成与福建省的分治。虽然封建统治者一度认为台湾是化外之地，那只是表明台湾尚不及内地省份那样得到了较好的开发，文化政教尚有待加强推广的意思，并不表明台湾不是中国的领土。鉴于以上事实，我们有理由认为台湾自古以来是中国的一部分。所谓台湾四百年历史是站不住脚的，说台湾建省与大陆只有十年的关系，是无知的说法。

1980年，"台独"学者史明在美国出版《台湾人四百年史》，1992年，史明又在台湾出版《台湾不是中国的一部分》。1996年，中国史学会和全国台湾研究会主持编写了由厦门大学台湾研究所陈孔立教授主编的《台湾史纲要》，就是意在驳斥史明的观点。

关于开罗宣言、旧金山和约所谓台湾归属问题

这个问题涉及台湾的地位问题。台湾地位本来不是一个问题，这是在开罗宣言、波茨坦公告以及战后的实践中早已解决了的问题。但是最近一些年来，"台独"势力鼓吹开罗宣言的法律"位阶"低于条约，认为旧金山和约没有明确台湾的归属，开罗宣言应该服从旧金山和约。今天台湾新版的高中历史教科书已经没有了开罗宣言的位置。

在开罗宣言发表六十周年的时候，国台办召开过一次座谈会，我在会上作过一个发言。我那次发言的主要内容是：开罗会议与中国有什么关系？第一，中国以第二次世界大战东方主战场的资格，获得了出席开罗三国首脑会议的

权利，说明了中国国际地位的提高。在第二次世界大战期间，蒋介石作为中国首脑第一次出席三大国首脑的国际会议。这是近代中国第一次由首脑出面参与重大国际问题的处理。第二，《开罗宣言》指出："我三大盟国此次进行战争之目的，在于制止及惩罚日本侵略"，"将坚持进行为获得日本无条件投降所必要之重大的长期作战。"这是对中国抗日战争的重大支持。中国人民正陷于日本侵略者的全面蹂躏之下，非常希望得到这样的国际支持。第三，《开罗宣言》明确指出："三国之宗旨在剥夺日本自1914年第一次世界大战开始以后在太平洋所夺得或占领之一切岛屿，在使日本所窃取于中国之领土，例如满洲、台湾、澎湖群岛等，归还中华民国。"中华民国当时在国际上代表中国。收回东北，是1931年以来全国人民的心愿；收回台湾、澎湖群岛，是1895年以来全国人民的心愿。三大国首脑关于满洲、台湾、澎湖群岛回归中国的决定，正式确定了中国领土主权完整不可分割的国际法原则。

在那个座谈会上，我还说到《开罗宣言》的历史地位不可动摇。

《开罗宣言》所确定的原则有两点：第一是以强大的对日作战的军事压力，迫使日本无条件投降；第二是迫使日本退出其以武力或贪欲所攫取之所有土地，包括自1914年第一次世界大战以来在太平洋所夺得或占领之一切岛屿，所窃取于中国之领土如满洲、台湾、澎湖群岛等，使朝鲜独立自由。这是当时三大国首脑（实际上包括苏联首脑斯大林的同意是四大国首脑）关于第二次世界大战结局所作出的最重要的政治决定，这也是有关人类社会历史前途的决定。

须知《开罗宣言》是当时的三大国首脑一致通过的，发表后，没有任何一个当事人表示异议。而且在两年后的1945年7月26日美、英、中三国首脑在另一个重要文件即《波茨坦公告》中正式引用，随后苏联首脑斯大林也在这个文件上签字。这个文件的第八条明确载明："开罗宣言之条件，必将实施；而日本之主权，必将限于本州岛、北海道、九州岛、四国及吾人所决定其他小岛之内。"由《开罗宣言》所决定、《波茨坦公告》所肯定的这些条件，又在1945年9月2日的《日本投降条款》中再次得到确认。这个"投降条款"是由同盟国各国代表和日本国代表共同签署的。1972年9月29日签署的《中日政府联合声明》中，日本政府再次声明"坚持遵循波茨坦公告第八条的立场”。这一系列重大的历史文件都以《开罗宣言》关于处分日本的决定为根据，怎么可以说《开罗宣言》是无效的，是没有法律效力的呢！“台独”势力鼓吹所谓《开罗宣言》法律位阶不够的政治谎言，是难以成立的。

1950年6月，朝鲜战争爆发，美国总统杜鲁门命令第七舰队进驻台湾海峡，阻止国共双方的相互进攻，“台湾未来地位的决定必须等太平洋安全的恢复，对日和约的签订或经由联合国的考虑”。此时，美国政府公开否决关于台湾归属的战时协议及美国自己在其中的承诺，企图剥夺中国收回失土的权利和对台湾的领土主权。美国政府官员及一些学者大造舆论，称“《开罗宣言》和《波茨坦公告》不具有约束力”、“中国接收台湾并非取得主权”。“台独”势力鹦鹉学舌，也就是这些根据。

1951年9月8日，在没有海峡两岸中国人参加的情况下，美、英等四十八国代表在旧金山签署《对日和约》，规定“日本放弃对台湾及澎湖列岛的一切权利、权利依据和要求”，但是未明确载明日本放弃的这些权利应该归属于谁，制造出所谓的“台湾地位未定论”。对此，周恩来总理昭告世人：“《旧金山对日和约》由于没有中华人民共和国代表参加准备、拟定和签订，中央人民政府认为它是非法的、无效的，因而是绝对不能承认的”。台湾国民党当局也发表声明，“《旧金山对日和约》排除中华民国政府参加，故其对中华民国没有约束力”。试问：日本获得台湾、澎湖列岛的“权利根据”何在？还不是由于《马关条约》的签订，说明这种“权利根据”在于中国吗？放弃从中国获得的割让权利和“权利根据”，不就是还给中国嘛！如果联系到《开罗宣言》和《波茨坦公告》，怎么可以得出“台湾地位未定”的结论呢？！况且，《旧金山对日和约》还提到“日本放弃对千岛群岛及由于1905年9月5日朴茨茅斯条约所获得主权之库页岛一部分及其附近岛屿之一切权利、权利根据与要求”，并未直接言及归还苏联，从来没有人提出上述岛屿有什么“地位未定”问题。这说明：这里所谓放弃某地“一切权利、权利根据与要求”，与归还某地给原主，并无实质区别。实际上，由于1972年以后中美之间三个联合公报的签订，由于1972年中日复交的联合声明中日方表示坚持遵循波茨坦公告第八条的立场，所谓“台湾地位未定论”的谣传，早已灰飞烟灭了。

“台湾地位未定论”试图在国际法上造成一种幻觉，似乎台湾不是中国的领土。但是，回顾其出笼的经过，不难发现，它完全是美国出于政治、军事需要的某一个阶段对华政策的产物，以此制造“两个中国”、“一中一台”、“台湾独立”。中美三个公报明确宣示，美国“承认世界上只有一个中国，台湾是中国的一部分，中华人民共和国政府是代表中国的唯一合法政府”。“台独”分子借“台湾地位未定论”来为“台独”开道，是根本站不住脚的。以今天的国际法知识，任何人都不能否定上述一系列国际文件所具有的国际法效力。在这个问题上，还要准备一旦国际上有什么风吹草动，“台独”势力搞什么花招。

关于台湾族群问题

台湾移民社会所产生的族群冲突是台湾社会的顽症。

台湾是一个典型的移民社会，千百年来，在开发台湾的过程中，为获取生存空间，闽粤移民与土著民族发生冲突。闽粤移民逐渐占居主导地位的过程中，漳州人、泉州人、客家人之间因经济利益、地方文化信仰等问题产生矛盾与冲突，引发大规模的械斗，积淀成强烈的分类意识与抗争心理。

台湾的地方官员认为，台岛“土性松脆，民俗浮嚣”，“好訾毁，喜斗轻生”，“三年一小反，五年一大反”。其实，台湾开发过程中的族群冲突是由台湾移民社会的结构决定的。在以地缘关系组合的社会群体中，移民间因经济利益、文化信仰等问题难免产生冲突，而清政府的管治力量十分薄弱，未能加以有效疏导，游民大量存在，无事生非，一哄而起，成为动乱之源。沿海民众中敢于渡台开垦者，大多具有冒险犯难的精神，在荒芜的台湾岛上必须披荆斩棘，与大自然顽强搏斗，同时又要与其他开垦者争水争地，以致民风强悍，好事轻生。

日据台湾五十年，日本移民加军人七十万人。几百万台胞与日本人的斗争从未间断。从早期的“台湾民主国”的武装抗争，到台湾议会设置请愿运动。台湾光复后，两百万大陆军公教人员迁居台湾，与台湾本省人为政治权力、经济资源的分配再次发生冲突，以至于今。

目前台湾有四大族群，即闽南、客家、外省人以及少数民族。虽然台湾已经发展为经济发达的资本主义社会，但以地缘区隔的社会群体结构牢不可破，族群间的分类冲突仍然十分剧烈，成为台湾社会的一大沉疴，严重制约着台湾社会各族群间的正常联系与交流。

由于过分的爱土爱乡，往往造成狭隘的地方主义，极端排外，阶级意识十分淡薄。每到选举来临，候选人总会打出“台南人选台南人”、“台东人选台东人”的旗号。长期以来，广大台胞经受了太多的压抑和挫折，同情弱者。台湾大小选战，候选人打到最后不是比理念，比政绩，而是跪地求饶，比谁最倒霉，谁最受苦，把自己装扮成最大的受难者。

移民社会产生的族群分裂，是一个社会问题。加上当政者处置不当，引导不当，加大了这种分裂。族群分裂，给包藏各种政治野心的政客留下了广大的活动空间。在这种活动空间里，族群分裂可能形成对祖国的离心力。但是，另一方面，移民社会又蕴藏着对原乡的怀念。台湾的族群，不仅标举闽粤来历，而且标举河洛来历，把河洛看成原乡。就是在日据时期，台湾的文化人也没有忘记河洛。这就是中华民族的根，就是中国文化的根，就是台湾必须与祖国统一的历史和文化根据。河洛文化是台湾文化的源，台湾族群的不同文化差异，是台湾文化的流。台湾工作，必须注意这个文化特征。

关于台湾意识与“台独”意识

关于台湾意识和“台独”意识。这是两种不同的意识。在一个中国的前提下，站在台湾的角度观察历史、观察现实、观察世界，可以提出独特的观察角度，这就是台湾意识。从这个角度出发，香港有香港意识，澳门有澳门意识，内地各省也都可以有自己的观察角度，也都可以形成自己独特的意识。就是说，某地因地缘因素产生某种独特意识，是不必大惊小怪的，但是，某地的独特意识要服从于中国意识，如果这种独特意识超过了中国意识，就危险了。这是处理独特意识与中国意识的辩证法。

具有特殊意义的“台湾意识”起自于日据时期。那时候，生活在台湾的中国人，面临着“母国”（日本）和祖国（中国）的心理矛盾。即使那时，“台湾意识”中的祖国意识，仍然反映了在台湾的中国人的中国意识。1949年后海峡两岸的长期隔离，国家统一未能及时实现，“台湾意识”有所增长。“台湾意识”与“台独意识”不能完全等同，也难以划出明确的界限。在今天，民进党和国民党都在标举“台湾意识”。民进党的“台湾意识”就是“台独意识”，国民党的“台湾意识”，一定意义上是模糊的“台独意识”。台湾工作在处理这个问题时，要非常慎重。马英九当了中国国民党主席和大选候选人以后，多次标举这种模糊的“台独意识”。2006年3月下旬，我在美国胡佛研究所听了马英九的演讲，他的演讲题目是：《国民党与台湾》。强调一下国民党与台湾的关系是可以理解的，但在国民党前把中国二字去掉了，适应了一些人要求把中国国民党改成台湾国民党的呼声，是一种模糊的“台独意识”。

中国幅员辽阔，历史上，除了儒家教化在各地占主导地位外，各地方的民间意识千差万别。台湾意识作为中国的一种地方意识，其核心就是爱土爱乡，渴望台湾稳定，经济发展，人民安居乐业，做台湾岛的主人。台湾由于孤处海外，与大陆有一条海峡相隔离，台湾意识具有典型的冒险性、反抗性。台胞坚信“三分靠天命，七分靠打拼，爱拼才会赢”。有清朝统治“遗弃”的经验，又遭日本帝国主义压榨五十年，刚回到中华祖国，又由于当政者处置失当，发生二二八事件的流血冲突，广大台胞要求出头天的强烈愿望屡遭挫折，形成深深的悲情意识。在国民党统治的时代条件下，国民党垄断了台湾社会的主要政治资源，造成体制外力量的集结，这就是所谓党外时期的政治和宣传活动。悲情意识、本土意识、台湾意识、民主意识，甚至“台独”意识相结合，成为某些台籍政客的政治包装，往往能够左右台湾社会的舆论，形成一定的政治导向。

台湾的现代化集中于台北地区和高雄地区。国民党承袭了殖民遗产，加强对台湾西部地区、都市地区的投入，北部发展快于中南部、西部快于东部。两岸经贸交流使大资产阶级、中产阶级获利，中南部、东部地区的下层民众由于劳动密集型产业移往大陆，部分人失业，因此未蒙其益，先受其害，对两岸融合持消极态度，造成民进党的票仓。这也是台湾意识在台湾内部的反映。

“台独”意识则不然，它是一种分离意识。对于“台独”意识在历史上的形成，不能简单地看待。

最早的“台独”主张来自于郑成功的儿子郑经。郑成功的父亲郑芝龙是著名的海盗，换句话说，是著名的海上贸易集团的首领。郑芝龙看见大势不对，率先投降了清朝。郑成功反对他父亲的主张，不同意投降清朝。在清朝已经取代了明朝统治的情况下，郑成功的主张是于大节有亏的。他代表南明小朝廷收复台湾，也即是代表中国收复台湾，又是对国家有贡献的。但是他的儿子郑经却违背了父亲的意志，提出了“台湾独立”的口号。康熙年间，在施琅用武力攻打台湾之前，清朝廷曾多次派人前往台湾招抚郑经。郑经对清廷许诺的“八闽王及沿海各岛”不屑一顾，声称“东宁（指台湾）远在海外，非属版图之中，东连日本，南蹴吕宋，人民辐辏，商贾流通。王侯之贵，固吾所自有。”[①] 他还声称台湾“横绝大海，启国东宁”“万世之基已立于不拔”。郑经在写给他舅舅的信中还说：“能以外国之礼见待，互市通好，息兵安民，则甥亦不禅听从，不然未有定说，恐徒费往返耳。”[②] 在这里，郑经以台湾为“独立国家”，认为台湾“横绝大海”、“商贾流通”、“王侯之贵”都已具备。这些理由，也就是今天“台独”势力的基本理由。郑经要求比照朝鲜、琉球，向清朝纳贡称臣，遭到了康熙皇帝的坚决拒绝。于是，在康熙二十二年(1683年)，命施琅统帅两万大军征台，一鼓而下，终于完成了台湾与祖国的统一。这是历史上第一次“台湾独立”，在以和平招抚方式无望以后，是以非和平的方式解决的。

1895年6月的“台湾民主国”，是在《马关条约》签订以后，清朝统治者无能保护台湾，日本占领者即将进入台湾的无奈情势下的产物，是台湾官绅不屈服日本占领的一种曲折的爱国表现。台湾民主国的年号取名“永清”是这种曲折表现的反映。日本用强大的武装完全占领台湾，结束了台湾民主国的命运。从这个角度说，也是非和平的方式解决了“台湾独立”问题。

20世纪20至30年代台湾共产党主张的“台湾独立”，是一部分台湾人不屈服于日本在台湾的殖民统治，用发起“独立运动”来摆脱日本统治，为回归祖国创造必要条件的行动，是中华民族民族精神在那个历史条件下的曲折体现。但是，台湾共产党被台湾总督解散。这说明台湾总督府用国家强权制止了台湾共产党的“独立运动”。总督府使用强权，还是非和平方式。

1945年8月日本无条件投降时候，部分日本驻台少壮军官和个别台湾青

① 《郑经复孔元章书》，载《康熙统一台湾档案史料选辑》，第70页。

② 《郑经复董班舍书》，同上，第67页。

年主张“台独”，则是感于台湾即将回归祖国的恐惧心理，用“台独”来加以抵抗的反映。鉴于当时台湾即将回归祖国的大势，台湾总督否决了这个意见。

二二八流血事件及以后国民党在台湾实施的白色恐怖，引起了新的“台独”主张和“台独”意识，是对国民党统治的反抗情绪。今天台湾的一些坚决主张统一和主张“台独”的精英人士，相当多人都是因为反对国民党暴政坐过牢的。

站在一个中国的立场上怎么看待历史上出现的“台独”意识和主张呢？郑经的台独主张是要批判的；1895年的“台湾民主国”、20世纪20至30年代台共的“台独”主张，是值得同情的；1945年的“台独”活动是要否定的；台湾光复以后的“台独”主张和“台独意识”，有它值得同情的一面，但是由于对统治者的不满，用“台独”主张来加以反抗，是一种不能解决问题的行为。这种分离意识的滋长，不利于国家的统一和进步，是不值得鼓励的。至于20世纪80年代以后民进党的“台独”主张和“台独”运动及其“台独”纲领，尤其是民进党在台湾“执政”以后的“去中国化”、“文化台独”及其“台独”诉求（包括对岛内、对大陆、对国际社会），是用“台独”来抵制国家统一，是开倒车的反动意识和行为，中华人民共和国全国人民代表大会用《反分裂国家法》的国家大法来制裁在台湾可能出现的“独立”行为，是维护国家统一和国家利益的表现。

今天在处理“台独”问题时要注意，在20世纪60年代台湾经济开始起飞的时候，正是我们自己在搞“文化大革命”的时候。我们对“文革”的批判和反思，对台湾当时的统派，带来了打击。我们在“文革”以后实施改革开放方针，重新确立社会发展方向，带来了国家的巨大进步，也在一定意义上给外人以资本主义改革的印象。在海峡两岸长期隔绝，国民党在台湾的绝对的反共教育，以及国际共产主义运动处于低潮，都在一定程度上刺激了“台独”思想的增长。今后如何继续实施社会主义现代化建设，如何进一步完善社会主义市场经济体制，如何保证国有经济继续成为国家的主导经济，如何建设社会主义和谐社会，如何进一步缩小社会分配的差距和贫富差别、城乡差别，如何建设社会主义公平、正义和法制社会，全面提高人民收入水平，达到共同富裕，等等，党的十六大、十七大决定的正是这些重大问题。正确执行这些措施，都会加大对台湾人民的吸引力，都会压缩“台独”意识和势力的活动空间，从而促进国家的平统一事业。

关于“中华民国”名号问题

目前存在于台湾的“中华民国”名号问题，是一个十分难以处理的“烫手红薯”，丢也丢不得，拿也拿不起。如何处理与拿捏，颇费斟酌。

1949 年 10 月，中华人民共和国成立，准备一鼓而下台湾。但是由于美帝国主义发动朝鲜战争，派出第七舰队进入台湾海峡，阻碍了人民解放军解放台湾的步伐，解放台湾的计划被迫搁置。海峡两岸关系的最大特点，迄今为止，原则上、理论上，表现为国内战争尚未结束。这是我们坚持说不放弃使用武力实现祖国统一的基本理由。

中华人民共和国政府是代表中国的唯一合法政府，中华民国政府已不复存在。这是国内发生革命或战争后掌握主动权的一方通常的做法，符合国际惯例。中华人民共和国政府继承了中华民国政府管理的中国全部领土、人民和财产，包括台、澎、金、马在内，这在法理上，与 1912 年中华民国继承清朝政府管理的中国全部领土、人民和财产，性质是一样的。由于内战尚未结束，台湾当局继续打出“中华民国”旗号。中华人民共和国政府虽然合法地代表全中国的主权，但对中国的治理，暂时不及于占全国领土二百七十分之一的台湾。对于代表全中国的中华人民共和国政府来说，窃据台湾的“中华民国政府”是伪政府。这是符合中国历史传统的，也是符合国际法的，从国际法的角度说，一个主权国家不能同时存在两个中央政府。1972 年联合国通过 2758 号决议以前，“中华民国政府”一直在联合国里占据了应该由新中国政府代表的合法席位。2758 号决议通过以后，形势才发生根本变化。直到今天，承认中华人民共和国的国家有一百六十九个，表明世界上绝大部分主权国家都承认中华人民共和国；尽管如此，仍有二十四个国家承认台湾的“中华民国”，尽管这些国家非常小，在国际上不具有重要地位，而且由于台湾的金钱外交才得以维持。对于这种形势，我们要承认这是国内战争没有结束，台湾的伪中华民国政府还控制着中国一部分——

台湾的治权的反映。从国内战争的角度说，只有大军南下，犁庭扫穴，才能彻底解决这个问题。

台湾在两蒋统治的时代，顶住国际压力，否定“两个中国”、“一中一台”、“台湾独立”、“台湾地位未定论”，坚持“中华民国”是代表中国的唯一合法政府，否定中华人民共和国政府的存在。这个“坚持”有两方面的象征意义：一、本着中国历史上“汉贼不两立”的传统，表示“一个中国”的存在；否定中华人民共和国政府，在一切国际组织（包括联合国）内实行“汉贼不两立”政策，有你无我，有我无你。二、表示中国内战没有结束，中国统一没有完成。

这两点象征意义，我们在中国统一没有完成的前提下，肯定它具有一定的积极意义。这个积极意义在于，“中华民国”虽然是伪政府，但它却坚持世界上只有“一个中国”的原则。然而，它也有消极意义，这就是，它的“一个中国”是“中华民国”，至今仍吸引了一些国家的承认。这个情况，与当年南明小朝廷时期台湾的处境极为相似。郑成功代表南明小朝廷驱逐荷兰，宣布台湾是中国的土地，这是它的积极意义；但是，南明小朝廷已经不能在中国实施统治，仅剩下台湾一岛，给郑经留下了拒绝投降清朝的口实，积极意义变成了消极意义。今天的国际现实，客观上肯定了“两个中国”即中华人民共和国和“中华民国”的存在。这为我们处理海峡两岸关系问题带来了困扰。台湾方面，国民党在台上的时候同意 1992 年海基会与海协会达成“一个中国，各自表述”，就是以“中华民国”的“合法性”存在为根据。我们今天承认“九二共识”，实际上也承认了这个事实。我们承认的“九二共识”，重点在“一个中国”，这个中国就是中华人民共和国；国民党当局承认的“九二共识”，重点在“一中各表”。这就是中华人民共和国和“中华民国”同时存在，“一个中国”有各自不同的含义。当然，民进党主政，连“九二共识”也不承认。他们坚持的是“中华民国在台湾”，是一边一国，最终目标是“台湾共和国”。

进入 90 年代以来，李登辉在台湾内部机制上下了很大工夫，力图走出国共内战的阴影，在台湾内部民意上造成在台湾的“中华民国”是独立主权国家的意向，在国际上造成“中华民国在台湾”是主权国家的形象。在国际诉求上进展不大（但在国际斗争空间上造成了某种气氛，对我形成了心理压力），在培养台湾民众的独立意识上取得相当成功。即使是统派，除了少数外，大多由于以往国民党在台湾实行彻底的反共教育，也都有着台湾是主权独立国家的意识。有的台湾学者尖锐指出：今天台湾，只有泛蓝和泛绿，没有统派和独派。所谓泛蓝和泛绿，实质上只剩下深绿和浅绿的区别了。即使明年国民党上台执政，他们能够打出的旗号，还是“中华民国在台湾”。

台湾地区领导人在台湾内部机制上的这些运作，多年来淡化了台湾地区人民对“一个中国”的认识，淡化并放弃了《国统纲领》提出的“统一中国”的长远目标，逐步形成了以台湾现存秩序就是“中华民国在台湾”的错误认识。这就是现在“执政”的民进党力求突破“中华民国”旗号的民意基础。在民进党看来，“中华民国在台湾”与“台湾共和国”其实没有什么两样。它的长远目标是追求“台湾共和国”，但是眼前也可以接受在台湾的“中华民国”。它之所以不断冲击在台湾的“中华民国”，还是不满足于“中华民国”。所谓“入联公投”就是这么回事。国民党搞“返联公投”，除了选战策略，也有维护在台湾的“中华民国”的意思。面对民进党和陈水扁的突破，**我们的困难是，如果不在表面上维持“中华民国”的存在，无异承认“台湾共和国”；如果维持“中华民国”的局面，实际上肯定了“两个中国”。换句话说，在今天的台湾现实，如果国民党坚持“中华民国”，我们还要支持他；如果不支持，就给了民进党口实，就变成支持“台湾共和国”了。这是一个两难处境。再换一句话说，我们承认“九二共识”，默认了“一中各表”，实际上是很无奈的。因为，相对“台独”而言，“一中各表”是我们可以忍受的。而且，“一中各表”又有抵制“台独”的含义。这就是说，“九二共识”、“一中各表”有一定的积极意义，又有一定的消极意义。在看待这个问题上，我们要有清醒的头脑。**

结束国内战争局面，无非是两种手段：战争解决问题，或者和平解决问题。《反分裂国家法》给出了实施非和平手段的最后底线。如果台湾当局（不管是民进党还是国民党）始终不越过这个底线，我们的对台工作能够坚持到什么时候？现在估计，如果民进党继续在台上，他可能不断冲击这个底线；如果明年马英九上台，他可能在明里不会冲击这个底线。不管是国民党还是民进党执政，如果因为种种国际因素或者两岸关系的制约，他们长期坚持“中华民国在台湾”，而不谋求“台湾共和国”，我们怎么办？这是需要从长计议、认真思考的。

党的十七大报告，关于海峡两岸关系，针对目前台湾局势讲了很好的意见，坚持了两岸和平发展的主题，在台湾反映很好，没有给陈水扁找到利用它来刺激选战的借口。我刚刚看到台湾一位研究大陆问题的专家杨开煌教授评论十七大对台战略的文章，标题是：从容不迫的十七大，副标题是柔性反独策略。他认为，十六大报告突出了促统的急迫性，十七大突出了柔性反独策略，是中国大陆拥有更多的自信和实力的表现。这个观察有他一定的道理。

十七大报告指出：“坚持一个中国原则，是两岸关系和平发展的政治基础。尽管两岸尚未统一，但大陆和台湾同属一个中国的事实从未改变。中国是两岸同胞的共同家园，两岸同胞理应携手维护好、建设好我们的共同家园。台湾任何政党，只要承认两岸同属一个中国，我们都愿意同他们交流对话、协商谈判，什么问题都可以谈。我们郑重呼吁，在一个中国原则的基础上，协商正式结束两岸敌对状态，达成和平协议，构建两岸关系和平发展框架，开创两岸关系和平发展新局面。”报告还指出：“当前，‘台独’分裂势力加紧进行分裂活动，严重危害两岸关系和平发展。两岸同胞要共同反对和遏制‘台独’分裂活动。中国主权和领土完整不容分割。任何涉及中国主权和领土完整的问题，必须由包括台湾同胞在内的全中国人民共同决定。我们愿以最大诚意、尽最大努力实现两岸和平统一，绝不允许任何人以任何名义任何方式把台湾从祖国分割出去。”这个报告指出了“一个中国，和平统一”的基本原则，要求牢牢把握两岸和平发展的主题，真诚为两岸同胞谋福祉、为台海地区谋和平，维护国家主权和领土完整，维护中华民族根本利益，同时要求坚决反对和遏制“台独”活动。这些对台的原则和方针，我都是拥护的。

但是，由于报告中提到“大陆和台湾同属一个中国的事实从未改变”，提到“台湾任何政党，只要承认两岸同属一个中国，我们都愿意同他们交流对话、协商谈判，什么问题都可以谈”。这就涉及所谓“九二共识”问题，涉及“中华民国”名号问题。如果台湾当局（不管是民进党还是国民党）明确认可“九二共识”，那就是认可一个中国，但是这个中国是“一中各表”。这就表明我们承认在台湾是存在“中华民国”的。拿“中华民国”和“台独”斗，是有一定意义的；拿“中华民国”和“中华人民共和国”斗，则是不能接受的。两难问题并未改变。

根据台湾与祖国大陆的历史经验，我想今后解决台湾问题可能有如下几种模式：

第一，康熙——施琅模式。解决台湾问题，除了牢牢把握和平发展的主题，一定要坚持中国主权和领土完整不容分割的原则，坚决反对台独，一定要有非和平的方式作为强有力的后盾，决不可掉以轻心。施琅出兵以前，清朝廷多次派人前往台湾招抚，所谓招抚，就是讲和，郑经不接受招抚，只有出兵才最终解决问题。这是历史的基本经验。历史尚未提供非和平方式的经验。《反分裂国家法》第八条“‘台独’分裂势力以任何名义、任何方式造成台湾从中国分裂出去的事实，或者发生将会导致台湾从中国分裂出去的重大事变，或者和平统一的可能性完全丧失，国家得采取非和平方式及其他必要措施，捍卫国家主权和领土完整。”《反分裂国家法》给出了实施非和平方式的三个条件，但是，在我看来，这三个条件还是比较笼统，难以具体掌握，如何具体解释这些条件，还需要制定细则。需要明确认定什么叫法理上的、事实上的分裂行为，什么叫引起分裂的重大事变，什么叫和平统一的可能性完全丧失。这些概念或者定义丝毫不能含糊，不能出现模棱两可的解释。一旦出现符合上述概念、定义的分裂行为，就要毫不犹豫地采用非和平方式，以快刀斩乱麻的凌厉手段，一举解决台湾问题，完成国家统一。我看，民进党现在的做法，正在为采用非和平的方式创造条件。如果明年大选，还是民进党在台上，加上北京奥运会的举办，民进党当局可能会放手一搏。

如果实行非和平的方式，当然要打破一些坛坛罐罐，但为了国家统一，也只能在所不惜。打了再建设，可能发展速度更快。鉴于台湾发展的历史经验，采用非和平方式后，也要在台湾实行“一国两制”，给予台湾高度的自治。在这种模式下，台湾是否保留原有的军队，值得研究。

第二，《马关条约》模式。这个模式的基本点，就是把台湾割让给外国。在今天，以及可以预见的将来，这个模式大概不会出现。但是，出于历史的经验，我们不能绝对排除这种可能性。因此，我们的工作要建立在排除这种可能性的基础上。

第三，共管模式。这样的模式，尚无可以借鉴的历史经验。当年郑成功驱逐荷兰，荷兰人曾提出类似条件，郑成功不予考虑，未能实现。这样的模式，美国可能愿意接受。美国的国家利益，最好的是永远维持海峡两岸现在的局面，不统不独。但是在一定的条件下，可能会退而求其次，同意共管模式。美国和台湾都有人在谈论这种结局。在我看来，这样的局面可能不会出现。但是国际局势是非常诡谲的、国际利益是极为复杂的，要堵塞通向这种结局的道路，要有预防，要有紧急预案，要不断敲警钟。

第四，“一国两制，和平统一”模式。要实现这个模式，要准备出现许多麻烦和困难。十七大报告呼吁在一个中国原则的基础上，协商正式结束两岸敌对状态，达成和平协议，构建两岸关系和平发展框架，开创两岸关系和平发展新局面。要做到这一点，要花费很多时间和精力。

甲、在一定的国际国内背景下，台湾当局接受我们提出的一个中国基础，那事情比较好办，两岸经过利害权衡和谈判，可能达成“一国两制，和平统一”。在这个前提下，再来商定具体的统一程序。

乙、依据目前的形势判断，在最好的情形下，台湾当局也不会接受我们提出的一个中国基础。顶多他们可以接受“一中各表”。在“一中各表”的局势下，也可能通过艰苦谈判，达成结束两岸敌对状态，签订和平协议，构建两岸关系和平发展框架的愿望。但是如何实现实质统一，短期内难以实现。

丙、在“一中各表”难以突破的现实下，要完成国家统一，实行联邦制可能是一种容易为双方接受的方案。邓小平过去也说过，“一国两制”带有联邦制意义，但我们不用联邦制名义。不用联邦制名义能够解决统一问题固然很好，但是从和平统一的角度说，能够说服对方同意的统一办法，联邦制可能更现实一些。如果这一步我们不让，祖国统一的愿望就更要遥远，而且变数更多。利弊权衡，需要我们仔细斟酌。

实行联邦制，可能有几种形式。一种是：保留中华人民共和国和中华民国名号，另立双方同意的共同国号，以共同宪法作为新国家的宪法，主要是规定“一国两制”条款。

另一种是：撤销中华人民共和国国号和“中华民国”名号，经双方协商另立新的国号，在新的国号下，分成大陆地区和台湾地区，这就是一国两区。但是大陆是中国的主体，社会主义制度是中国的主体，中央政府只能设在大陆。在台湾地区，可以实行高度的自治，甚至可以区别于港澳，称之为特别自治区。

和平统一的模式，历史上没有先例。以上都是我一厢情愿的设想，也许还可以提出其他更好的方案。让我们创造条件实现“和平统一”的设想吧。

2007年11月28日于东厂胡同一号

两岸学术交流的一些回顾与建议①

两岸中国近代史学术交流的若干回顾

海峡两岸学术交流从零的突破，到有了较为全面的开展，不到二十年时间。

二十年前，两岸学者迫切需要了解对方，但是，存在许多政治的禁忌，难以逾越。以中国近代史研究为例，二十年前，两岸之间有着一些戏剧性的接触。1972年，我所在的研究所（那时称为中国科学院近代史研究所）开展中华民国史研究，到1978年陆续用内部的形式发表了若干研究成果，并整理出版了一些史料，但那时都是以内部形式出版的。1981年公开出版了《中华民国史》第一编第一卷。此举引起了台湾政治界和学界的紧张，以为是"中共的阴谋"，是后朝替前朝修史，"等于宣布了中华民国的死亡"。一些学术团体和政治团体纷纷举行座谈，对所谓"中共阴谋"予以揭露和批判。中国社会科学院近代史研究所民国史研究室主任孙思白先生，当时曾在《近代史研究》杂志著文，说明近代史研究所研究中华民国史的缘由，解释研究民国史既不是"统战阴谋"，也不是政治行为，而是学术行为。但是，这篇解释的文章，台湾的朋友们似乎并未读到。近日我参与林满红馆长在"国史馆"主持的座谈会，我谈及此节，林满红馆长、张玉法院士似乎都是第一次听到。可见两岸学术交流的不易。

1979年元旦，全国人民代表大会通过并发表了《告台湾同胞书》，文告提出的解决台湾问题的基本立场、方针和原则，为和平统一、一国两制提出了

① 本文是出席台北2009年11月13—14日"两岸一甲子学术讨论会"时提交的文章。2009年11月14日新华网、人民网曾以《大陆权威学者建议国共合办辛亥革命百周年和抗战胜利七十周年纪念活动》为题作了详细报道；《中国社会科学报》在2009年12月24日第5版摘要刊登；台北《世界论坛报》2009年12月28第3版日刊出全文；又载台北《远望》杂志第256期，2010年元月号。

最初的设想，是三十年来我们对台工作始终遵循的原则，从此揭开了两岸关系和平发展的历史新篇章。正如胡锦涛总书记所说："《告台湾同胞书》的发表标志着我们解决台湾问题的理论和实践进入了一个新的历史时期。"自那以后，《告台湾同胞书》所确定的基本原则，始终没有改变。

1982年，美国芝加哥举办亚洲年会，主办方在年会中安排了中国大陆和台湾近代史学者见面，共同探讨辛亥革命的历史。大陆方以当时中共中央党史研究室主任胡绳为团长，李宗一、章开沅、赵复三等为成员，组织了代表团；台湾方则以当时中国国民党党史编纂委员会主任委员秦孝仪为团长，李云汉、张玉法、张忠栋等为成员，组织了代表团。据张玉法院士后来告诉我，在行前，台湾代表团秦孝仪团长交代了见到大陆学者要不苟言笑的原则。事也凑巧，从旧金山到芝加哥的飞机上，两岸学者坐到了一起。胡绳团长一行主动向台湾学者微笑打招呼，台湾学者则表现拘谨。在芝加哥的会议上，两岸学者就辛亥革命的性质问题，出现了争论和相互辩驳。这是两岸近代史学者第一次在国外的会议场所碰面并就中国近代史问题交换了意见。

1987年，台湾领导人蒋经国宣布了解禁政策，提出了国民党"革新"的主张，并且开始表现出了本土化趋势。此后随着老兵回大陆探亲，一些学者也到大陆探访。1989年起，陆续有台湾学者、台湾团体到大陆访问。我个人作为中国社会科学院近代史研究所副所长，多次在所内接待来自台湾的学者。1990年9月，中国社会科学院近代史研究所为纪念建所四十周年，召开了近代中国与世界国际学术讨论会，首次邀请了"中央研究院"近代史研究所前所长吕实强以及张朋园研究员、林满红副研究员出席。1991年8月，为推动海峡两岸学者见面，东京大学名誉教授卫藤渖吉与美国东西中心代主任杜维明联合在美国檀香山举办纪念辛亥革命八十周年学术会议，两岸各有十人出席。大陆方面有金冲及、张岂之、李文海等，台湾方面有蒋永敬、张玉法、吕士朋、李国祁等出席，我也出席了这次会议。这次会议期间，两岸学者有关辛亥革命的不同观点在会上没有展开的机会，学术争辩不多。会上，两岸学者相处甚相得，基本上相敬如宾。

我的台湾经历与学术交流

1992年5月以前，两岸近代史学者之间的交流是单向的，即只有台湾学者到大陆，没有大陆学者到台湾。改变发生在1992年5月。这年5月9日，在台北的政治大学历史研究所召开“黄兴与近代中国”学术讨论会，以张海鹏为团长的大陆学者三人出席了这次会议。这是大陆学者第一次出席在台湾举办的学术会议，引起了海峡两岸学术界的重视。这次会议，主要讨论了孙中山和黄兴及其在辛亥革命历史中的地位和作用。会中，有台湾学者提出了对孙中山革命的否定意见。我曾在会议上发言，对此作出响应，我说，如果否定了辛亥革命，就等于否定了中华民国。否定了辛亥革命，哪里出来的中华民国呢？这个响应，引起了哄堂大笑。这至少说明，多数人还是不同意否定辛亥革命的。

1992年6月，中国社会科学院近代史研究所与台湾师范大学三民主义研究所联合主办了“孙逸仙思想与中国现代化”的学术讨论会。这是海峡两岸学术单位第一次联合举办学术讨论会。双方各推出二十五位学者，大陆方是近代史学者，台湾方是三民主义和政法方面的学者人士。这次会议的召开经过，是一次思想的碰撞，是历史学者和政法学者之间的碰撞，也是双方学者了解对方的过程。同样主题的讨论会，上述两单位还在1994年开过一次。我本人是这两次会议的主要组织者。大陆方面的学术单位还在广东中山和湖北武昌多次举办有关孙中山和辛亥革命的学术讨论会，都有台湾学者在场。1992年以后，台湾举办的邀请大陆学者出席的学术会议有逐渐增加的趋势，除了历史学外，还涉及其他各个学科领域。中国近代史领域的学术会议仍是热门，有关孙中山研究和抗战研究的学术讨论会，都有许多大陆学者参加。近年来，还有不少台湾学者出席了在大陆各地举办的中华民国历史和台湾历史的学术会议。两岸中国近代史学者学术交流的热络，说明大家面临共同的学术研究对象，有着共同的学术追求，有着迫切了解并分享对方学术思想、学术成果的愿望。经过近二十年的学术交流，两岸学者在学术语言、具体的学术结论上都有靠近的趋势。这种共通性，原则上反映了一个中国的分离的两个地区的学者的彼此追求，具有中华文化强烈的吸引力、亲和力和刺激性，这与中国学者同外国学者之间的学术交流是不同的。两岸学者之间在具体的学术研究上也有不同的见解，在近代历史的理解上甚至有着不同的政治立场和思想分歧，其实这些不能掩盖两岸学者对近代中国历史进程的共同理解以及从中反映出来的对共同的文化根源的理解和追求，对中华民族核心利益、中华文化核心精神的维护，对中华民族复兴的期待。这一点，在两岸学者之间是具有特殊性的，完全超越了一般的学术交流的意义。

关于两岸共同举办中国近代史上重大事件纪念活动的设想与建议

以上所述可见，两岸政界和学界对近代中国历史进程是共同关注的，因为它是所有中国人共同走过的道路，是海峡两岸分离的基本历史根据，是各自独立形成不同发展道路的前提，是一个中国的理论和实践急需解决的重要历史认识问题。

今年7月，在长沙举办的两岸第五届经贸文化论坛开幕式上，全国政协主席贾庆林说到“当前，两岸同胞大交流方兴未艾，两岸各界大合作势不可挡，两岸关系大发展前景光明。”贾庆林还建议协商签订两岸文化教育交流协议，建立两岸文化教育交流合作机制，认为这是推动两岸关系不断向前发展的客观需要。他还指出，大力加强两岸文化教育交流合作，要提高层次，扩大领域，丰富内涵，这对于增进中华文化认同、中华民族认同，建设好我们共同的精神家园，推动两岸关系和平发展，促进中华民族伟大复兴，具有重要的意义。

我完全赞成这样的建议。我认为，这样的建议可以首先在对近代中国历史上的重大事件和人物的纪念与研究上加以落实。

以下是几个重要的年份：

2011年10月，是辛亥革命一百周年；

2015年8月，是中国人民抗日战争暨世界反法西斯战争胜利七十周年；

2016年11月，是孙中山诞辰一百五十周年；

2017年7月，是卢沟桥事变八十周年；

2019年5月，是五四运动爆发一百周年；

2020年8月，是鸦片战争爆发一百八十周年；

2021年7月，是中国共产党第一次全国代表大会召开一百周年；

2024年1月，是中国国民党第一次全国代表大会召开一百周年。

以上共列出八个年份发生的大事。这八件大事，都是中国近代历史上发生的大事，从鸦片战争到孙中山诞生，从辛亥革命到五四运动，从中国共产党到中国国民党的第一次全国代表大会，从卢沟桥事变到中国人民抗日战争的最后胜利，改变了自鸦片战争以来近代中国的历史进程，是近代中国发展到现代中国的最重要的几个标志，是所有中国人，包括海外华人基本上有共识的历史事件。

以上八个历史事件和人物，大陆政府和学术界在一定年份纪念日到来时，是有隆重纪念或者学术探讨的。以辛亥革命和孙中山诞辰为例，每逢十年纪念日期，大陆政府和学术界都有隆重纪念活动，这已经形成一个政治和学术活动上的品牌，六十年来，除了“文革”期间特殊外，都没有改变过，今后也还要接着做。

为了加强和扩大两岸学术文化交流，建议首先在辛亥革命一百周年纪念上建立合作机制。还有两年，就是辛亥革命一百周年纪念。我建议，辛亥革命百周年纪念活动，可由中国共产党和中国国民党（也可考虑两岸其他党派）联合举办，共襄盛举。顶多明年初就要组成筹办班子，进行仔细策划与设计。筹办班子应由国共两党相当层级负责人牵头，吸收学界和各界代表组成。纪念活动主要体现一个中国原则，体现两岸和解、两党和解、中华民族团结向前看的精神，重点阐明辛亥革命在中国历史上，尤其是在近代中国历史上的划时代意义。

辛亥革命百周年学术活动，以往在大陆都是由中国史学会和湖北省社会科学联合会联合主办。如果两岸合作，可否在上述两单位外，增加台湾的中国近代史研究会（是否增加香港的中国近代史研究会，也可以提出讨论），共同举办。学术活动，当然主要以学术内容为主，也要体现一个中国原则，体现两岸和解、国共两党和解、中华民族团结向前看的精神，探讨辛亥革命在中国历史上，尤其是在近代中国历史上的作用和划时代意义。

如果这个合作模式成功，那么，2015 年抗战胜利七十周年的庆祝活动和学术讨论活动，可以照此精神办理。

如果 2011 年和 2015 年两场重大纪念活动举办成功，对于推动两岸人民对辛亥革命和抗战胜利重大纪念的历史意义会形成共识，至少会消弭许多误会，会对拉近两岸人民的历史认识产生非常大的积极意义，会大大提升中华民族的向心力和凝聚力，对促进中华民族的伟大复兴和国家的统一形成积极的精神力量。

两岸政治家和学术界领袖拿出魄力，以团结合作的精神，促进这个建议的实现。而且一定要成功实现!

如果 2011 年和 2015 年两场重大纪念活动举办成功，就实际上形成了一个两岸合作举办重大历史纪念活动的合作机制，这种机制既是政治上的，也是学术上的，即关涉大众，也关涉精英，从历史认识入手，会极大地拉近两岸人民的距离。这两场纪念活动成功了，以下六场纪念活动也就容易成功了。其中，2016 年 11 月孙中山诞辰一百五十周年纪念、2017 年 7 月卢沟桥事变八十周年纪念、2019 年 5 月五四运动爆发一百周年纪念、2020 年 8 月鸦片战争爆发一百八十周年纪念，都是较为容易成功的。国共两党的第一次全国代表大会纪念，合作举办可能敏感性强一些，但是，在以上六次成功举办纪念活动后，这两次纪念活动成功的几率就加大了。

如果以上八次纪念活动基本成功，实际上两岸政治对话的基础就形成了。

2009 年 10 月 30 日作于台北市仙岩路 16 巷 39 弄 3 号 4 楼

对未来两岸政治关系的可能定位及发展刍议①

序　言

我演讲的题目是《对未来两岸政治关系的可能定位及发展诌议》。所以叫诌议，是因为，两岸对两岸关系的主张是"先经后政"，两岸之间的政治接触和讨论还拿不上台面，我作为局外人也只能献上诌议。再加上，我是历史学者，不是政治学者，也不是两岸关系的研究者。所论可能隔靴搔痒，远离主题，敬请指正！

一、观察台湾现状的几条小史料

此次来台湾从事学术交流，已经一月。接触了一些单位和学术界人士，有几点细微的观察。

1．此次来台，飞机是直航。但是我注意到，飞机从上海外海进入海峡中心线，然后在适当地方进入桃源机场。这条航线，谨守了海峡中心线的分际。

2．我和妻子到台北车站附近新光三越购物。店里规定，购物超过了若干元可以获奖。我妻子前往打听，才知道我们没有国民身份证，算是外籍人士，不能获奖。

3．我此行是因我所在的中国社会科学院近代史研究所与中央大学签订交流协议，我是来履行协议的。按照协议，双方互给来访的学者以适当生活补贴。

---

① 本文在台北亚太和平基金会和政治大学国际关系研究中心两次演讲的基础上修改定稿。发表于台北《海峡评论》第229期，2010年1月1日出刊；部分内容刊载于台北《远望》杂志，第256期，2010年元月号。

领取生活补贴，在收据上签字时发现，收据上印有“含外籍人士 20% 所得税”字样。这就是说，我作为外籍人士，需要在生活补贴中缴纳 20% 的所得税。

4．我应邀在台湾几所大学演讲，在助理给我发演讲费时，我发现再次被作为外籍人士看待（同样印在收据上）。有一所大学的签单上印有“非中华民国国民身份证持有者须在外国人一栏签字”（大意），我必须在外国人一栏填写上中国国籍，姓名也只能签在这里。我在外国人一栏填写中国国籍和姓名时，内心里很是不安，五味杂陈。

5．到“国史馆”查档案，大陆学者必须有台湾接待单位的介绍信。台湾学者则不必。我曾与“国史馆”某重要人士讨论，可否将大陆学者视同台湾学者？大陆学者虽没有台湾国民身份证，但是台湾当局发给大陆学者的“中华民国台湾地区入出境许可证”，许可证上有许可证号，应被视为权威证件。我建议将这个权威证件视同台湾居民的国民身份证。“国史馆”的那位朋友哑然，他对我的建议似有认同之意。但是第二天他在了解情况之后响应我不能。

以上是我近日经历的几点细故。以下再说到几个人的观点。

1．有几次，有马英九先生出席的机会，我正好在场。我几次听到马英九主席在演说中提到“中国的台湾”。我很注意。我记得 2006 年 3 月底在胡佛研究所听马英九主席演讲《国民党与台湾》，没有说到“中国的台湾”。

2．我曾有机会与“中研院”近史所著名研究员年过八旬的某先生见面，这位先生从前颇有“反革命”的外号，主张改良比革命好，也主张政党政治、民主政治。近来大为称赞大陆的发展，甚至不以大陆今日未能实现西方式民主政治为忤。

3．近日与中国国民党党史会前主任委员年过八旬的李先生晤面，李先生讲中国的前途，认为战争和杀戮的时代已经过去了，国共两党相互仇恨的时代也过去了，今后是和平的时代，应按照和平的方式实现国家的统一。他说，国家要统一，作为历史学家，这一点看得很清楚。我过去与李先生接触，感觉李先生是正统国民党人，反共观点强烈。1997 年曾应我的邀请到北京出席卢沟桥事变六十周年学术讨论会，那是他第一次到大陆，至今他还很欣慰。

4．我曾在阳明山上与几位台湾历史学家恳谈，大家对目前的两岸关系也感到满意。一位学者说，过去国共斗争是兄弟之争，今后要共同为中华复兴而努力。

5．我们在购物时接触了不少商场售货员，也有出租车司机，他们与我们谈话，普遍夸奖大陆的发展，对10月1日国庆阅兵的威武壮丽赞叹不已；相比台湾的经济停滞，啧有烦言。

我已经多次来过台湾，第一次在1992年5月，第二次在1997年6月，第三次在2001年1月，第四次在2003年3月，第五次在2005年11月。前两次是李登辉执政时期，后三次是民进党执政时期。每次来都有不同感受。此次耳闻目见，发现普通老百姓和精英人士关于大陆的言谈有了很大的变化，情绪较为高涨。我判断，这与大陆近些年的发展有关，也与2008年国民党重新执政后两岸关系发生的积极变化有关。我接触到的台湾朋友中，大多数人都对马英九的两岸政策表示肯定，对两岸关系的改善表示相当期许。

二、对当前两岸政治关系现状的粗浅观察

李登辉在执政末期（1999年），提出了“两国论”，引起了两岸关系的倒退。陈水扁执政时代，贯穿“四不一没有”的是“一边一国”，并且大打“台独”牌，两岸关系更是大倒退，甚至面临战争的边缘。2005年3月全国人民代表大会通过的《反分裂国家法》正是针对这种情况制定的。“台独”势力以执政者的身份，采取一系列“去中国化”的步骤，尤其是想要通过所谓“公投”和“制宪”的办法，从“文化台独”走向“法理台独”，企图改变台湾现行状况，破坏台湾海峡两岸的和平局势。如果不制止“台独”分裂势力分裂国家的活动，势必严重威胁中国的主权和领土完整，严重威胁国家和平统一的前景。1860年代美国在南北战争期间不惜以六十万人的牺牲打了一场统一战争，并制定了《反脱离联邦法》，立法原意在限制南方州奴隶主的分裂联邦国家的行为，维护美国的统一。华盛顿的林肯纪念馆为了纪念林肯，在林肯铜像背后的墙上刻上了林肯维护国家统一的功绩。《反分裂国家法》与《反脱离联邦法》具有同样的立法原意。

《反分裂国家法》以《中华人民共和国宪法》为法源依据，以国家专门法的形式，宣布一个中国的坚定原则，是对“台独”分裂势力的严正警告，是

对台湾地区领导人的“台独”活动的严正警告，也是对今后台湾地区上台执政的任何领导人的执政原则的警告。以台湾专门法的形式，把一个中国的原则，把台湾是中国的一部分的原则规定下来，对活动在台湾政治舞台上的任何政党，特别是主张“台独”的政党划出了底线。遵守这个底线，在这个底线范围内活动，台海两岸关系就是和平的；越出这个底线，出现了以任何名义、任何方式造成台湾从中国分裂出去的事实，或者发生将会导致台湾从中国分裂出去的重大事变，或者和平统一的可能性完全丧失，就会在台海两岸关系上出现非和平的局面。是否出现非和平局面，其实主动权在“台独”势力，在台湾执政的政党。一些分析人士所说的“台独不独，中共不武”，大概就是这个意思。一旦出现非和平局面，“台独”势力、在台湾执政的政党的主动权就丧失了。那时候，《反分裂国家法》规定的国家意志就要执行，任何人为的因素都阻挡不了。当然在那种情况下，国家统一的步伐就加快了。

2008 年 3 月台湾大选，台湾选民用选票否决了“台独”势力继续执政的可能性。以马英九为代表的国民党势力上台执政，以积极的两岸政策，大大改善了两岸关系，使人们看到两岸政治关系可能改善的前景。两岸关系的整个形势发生了很大的变化。诸如两岸经贸关系的扩大，台湾国际地位的提升，叫了许多年的两岸三通终于得以实现，文化教育交流或者扩大，或者启动实施。ECFA 正在紧锣密鼓地讨论，双方都希望年底以前能够启动谈判进程。这种变化，我在此次台湾之行的过程中，已经实际感受到了。前述第一节所列第二个五点，就是这种感受的记录。

两岸政治关系上一个重大变化是，国民党及其执政团队接受了“一个中国”的政治前提。虽然有“一中各表”，两岸对“一个中国”的解释各有不同，但是两岸同时接受“一个中国”还是有着强烈的象征意义。它至少是用“一个中国”的象征意义，取代了“台独”势力的“一边一国”，排除了“台湾独立建国”的选项。这就为两岸之间的政治对话打下了一个好的前提。2005 年胡锦涛与连战会谈达成的“两岸和平发展共同愿景”，不仅在吴伯雄担任主席的国民党党纲中反映出来，也再次在最近召开的国民党十八全大会上进入国民党党纲。这表明国共两党在“和平发展”四个字上有了共同语言，初步形成了互信。如果这种“共同语言”和“互信”在台湾岛内各政党、各阶层以至底层民众中能够基本接受，在两岸执政党中间能够巩固、坚持和发展，那么，台海两岸关系当会有大的进步。

以上是对两岸政治关系的积极面的一种宏观的观察。当然也可以说到另一面。如果从完全现实的角度看当前的两岸政治关系，我感觉到实际上还是存在着“一边一国”的状况。国民党当局并没有改变李登辉当年在康奈尔大学发明的“中华民国在台湾”的思想。这一思想在后来李登辉主导的“修宪”中多次明确地表达出来。

我这样说，是根据我实际考察所得到的印象。我在第一节里列举了五条小史料，意在证明我得到的印象。首先，直航飞机并不是真正的直航，虽然没有绕道香港，却实际遵循了海峡中心线，这是一道颇为敏感的虚线，它实际上隔开了一个中国的两个分离的地区，造成了“一边一国”的现实。如果不飞上海，由南京直下桃源，我看至少可以节省半个小时航程。其次，台湾方面在实际管理中，把来台的大陆人民当作“外籍人士”即外国人看待。我对这一点的感受是深刻的。我觉得，这与前几年杜正胜先生做教育部长时所说的孙中山是外国人，对我的冲击是同样的。此点，我建议马英九执政团队，尤其是陆委会需要加以思考、检讨。

十多年前，我在担任中国社科院近代史所所长时，接待过不少台湾来的学者朋友。一些朋友向我抱怨，大陆一些单位举办的学术会议，对台湾同胞收取会务费，与外国人一样；大陆公园收取门票，对台湾人和外国人同样收费。这些意见我认为是正确的。虽然，我明白，上述收费并没有法律和政策依据，我还是向有关方面反映过台湾学者的意见。后来事实上都取消了，在这些方面，台湾朋友与大陆朋友同样享受国民待遇。“中央研究院”近史所研究员林满红在《台湾认同危机背后的迷思》这篇文章里，曾指出台商在大陆的企业，根据中国大陆中央和地方法规，不算是“国内投资”，而是“国外投资”。我认为，这是只知其一，不知其二。中国大陆改革开放之初，为了吸引港台投资，给予港台投资商以更大的优惠，在法律、法规制定上规定港台投资“参照”或“适用于”“外商投资规定”，这样港台投资商就获得了很大的减税、免税优惠。这是有利于台商经营的，也是造成台商特别是中小台商大多盈利的原因之一。经过二十多年的发展，大陆经济发展了，港台商人的经济实力也壮大了，大陆民营资本和国有资本深感在税收减免上与外商和港台商人处在不平等的起跑在线，强烈呼吁改变为普遍的国民待遇。2005年全国人民代表大会通过的《所得税法》，已经规定在中国大陆的中外商人（包括港台商人）在税收上享受同样的国民待遇。台商在大陆的身份，是依据"台胞证"，有了"台胞证"，台湾朋友可以享受各种权利。当然，"台胞证"也不等于大陆公民的"居民身份证"，但是"台胞证"的地位，比起来台大陆居民的"中华民国台湾地区人出境许可证"，要高得多，这也是一个事实。

以上可见，在两岸统一解决以前，两岸秉持的"一个中国"是理念上的，不是事实上的。事实上，或者说，从务实管理上，两岸仍是"一边一国"。

三、对两岸政治关系可能定位的设想

个人认为，1991年国民党执政时代通过的《国家统一纲领》，基本上还是一个应该沿用的纲领。那时候，李登辉上台不久，政治路线还基本上承续蒋经国时代。制定这个纲领至少有两方面的含义：一方面，为了应对中共"一国两制，和平统一"以及三通的呼吁，把国家统一的目标放到很长远，既可以等待时局变化，又可以应付中共攻势；另一方面，制定这个纲领表明了中国国民党对国家统一的期望，这个纲领实际上排除了"台独"倾向，或者政治上走"台独"路线的可能性。李登辉执政后期，政治上倒向"台独"，通过多次"修宪"，提出种种倾向"台独"的政治主张，实际上把由他自己主持制定的"国统纲领"搁浅了。陈水扁执政，以"台独"为纲，并以"国家"名义，在2006年把"国统纲领"以"冻结"的形式废止了。从此"国统纲领"不再提起。

我认为，今天讨论两岸政治关系的可能定位，首先要讨论台湾的定位。讨论台湾的定位，浅见以为，恢复或者重新制定"国家统一纲领"是一个必须面对的前提。

自1949年以后，中国大陆一向反对"一中一台"，反对"两个中国"。台湾在国民党执政期间实际上也反对"一中一台"、反对"两个中国"。这个立场至今没有改变。我以为，这个立场原则上是对的。反对"一中一台"固不必说；反对“两个中国”，是20世纪50年代必须提出的课题。时间过了六十年，今天，固然全世界绝大多数国家以及联合国不承认“中华民国”是一个独立的主权国家，“中华民国”在联合国没有自己的席位，几乎所有需要主权国家才能进入的国际组织，“中华民国”都不能参加，但是仍有二十多个国家（尽管是很小很小的国家）承认“中华民国”。换句话说，在这二十多个国家的法律里，“中华民国”是作为一个独立主权国家而存在的。这就是说，中华人民共和国和“中华民国”“两个中国”同时并存而未能相互取代的事实，客观上至今没有改变。从汉贼不两立的立场出发，海峡两边的“两个中国”都反对“两个中国”。争论只是谁是“汉”，谁是“贼”。因此，我们可以说，在“两个中国”中的一个“中国”被消灭以前，在“一个中国”成为事实的过程结束以前，双方都默认了“两个中国”的现状。如果不默认这一点，海基会、海协会两只白手套还要他做什么呢？我们似乎可以这样说：两岸在立国原则上是互不承认对方，在现实考虑上是“互不否认对方”。

在相互默认的前提下，台湾还可以有一些工作可做。召开国是会议，宣布恢复或者重订“国统纲领”是一个重要的选项。当然，今天台湾族群分裂较之1990年代更甚，国是会议能否顺利取得共识，可能是一个难题。但是通过国是会议的召开形成一定的舆论氛围则是进一步讨论的基础。望难却步，不是为政者长远之计。当然，今天重订“国统纲领”不必重抄当年的旧章，可以根据今天新的时代条件，提出新的意见，但是这样的新意见，必须贯彻“一个中国”的思想；如果没有“一个中国”的思想，不如不做这件事。

按照《中华民国宪法》的精神，按照当年“国统纲领”的精神，体现中华民国主权的统治区域应该包括大陆地区。李登辉“修宪”期间达成的中华民国统治区域不及于大陆的规定不符合《中华民国宪法》精神，“中华民国在台湾”的说法需要修正，说中华民国的有效统治区域在台湾是可以的，说“中华民国在台湾”则有“违宪”之疵。按照这个精神，当前台湾各单位制定的“非中华民国国民身份证持有者”对大陆合法来台居民作为外国人的规定需要修正。我记得，十多年前我在台湾一些单位领取演讲费，没有出现把大陆来台居民当作外国人的规定。这种规定的出现，我猜测，应该是在民进党执政时期。所以今后一个时期，台湾当局在众多公务中，是否应当把民进党执政时期在公共行政中，在管理层次上所采取的“去中国化”规定加以清理，予以修订，恐怕是需要提出来的问题。如果不修订，对于合法来台的大陆居民，尤其是以专家身份来台的大陆知识界人士心理上带来打击，也不利于讨论台湾的政治定位。

外国人来台，是凭护照证明身份。两岸之间人员交往，没有采用国与国之间的护照形式。大陆居民来台离境，用的是《大陆居民往来台湾通行证》，进入台湾用的是《中华民国台湾地区入出境许可证》，许可证照片页上有大陆地区人民字样。这些都是很好的。这个许可证应该是大陆居民进入台湾后的身份证明，理论上，应该享有与持有台湾地区居民国民身份证相似的权利。十年以前来台（尤其是1992年5月第一次来台，大陆所发通行证要扣留在机场），台湾地区给大陆居民所发的许可证是有权威性的。这些符合互不承认对方的精神。但是今天我看到的是，进入台湾后，台湾地区所发许可证的作用完全可有可无。我领取演讲费,工作人员向我索取护照（通行证）留下影印本，这似乎是必需的，许可证似乎并不必须。这样的务实管理，我相信，也是民进党执政时期的改变。以上虽然是事务管理上的技术性措施，但是它背后透露的是“一边一国”的思想。我认为需要清理。

进入90年代以来，李登辉在台湾内部机制上下了很大工夫，力图走出国共内战的阴影，在台湾内部民意上造成在台湾的“中华民国”是独立主权国家的意向，在国际上造成“中华民国在台湾”是主权国家的形象，在培养台湾民众的“独立”意识上取得相当成功。即使是统派，除了少数外，大多由于以往国民党在台湾实行彻底的反共教育，也都有着台湾是主权独立国家的意识。前几年，有台湾学者尖锐指出：今天台湾，只有泛蓝和泛绿，没有统派和独派。所谓泛蓝和泛绿，实质上只剩下深绿和浅绿的区别了。即使国民党上台执政，他们能够打出的旗号，还是“中华民国在台湾”。

1994年，在李登辉“宪政改革”主张的操纵下，二届“国大”开展第三次修宪，强行通过了“总统直选”的原则规定，1996年执行。这表面上涉及“内阁制”到“总统制”行政体制的变化，实际上，借此改变，确立了“中华民国在台湾”的原则。“总统直选”增修条文规定：“总统、副总统由中华民国自由地区全体人民直接选举之”。“总统”从“委任”到直选的改变，改变了台湾是中国的一个省的形象，“总统”由台湾地区人民自由选出，与全中国人民无关。

明确台湾的地位，愚见要恢复台湾省的地位。1997年“修宪冻省”之举，是李登辉与民进党制衡宋楚瑜的重大的政治举措，但是它的核心在于告别“一个中国”，明确“中华民国在台湾”，是走向“台独”的重要过渡步骤。也许台湾地区当局未必想到这件事。但是此举对于明确一个中国中的台湾地位，是必要之举。

2005年在陈水扁主持下，5月召开“任务型国大”，通过了废除“国民代表大会”等条文，从此“国大”作为文字停留在“宪法”上，“国大”的职权由其他机构代行了。这表面上是台湾地区民主的重大进步，实际上暗含了告别“一个中国”，进一步明确“中华民国在台湾”，同样是走向“台独”的重要过渡步骤。

“台独”是一步一步走的。并不是只有民进党党纲上载有“台独”，台湾实际政治生活和社会生活中，已经可以看出与两蒋时代不同的政治特征，把这些特征看成是“台独”步骤是可以的。

四、对未来两岸政治关系定位的猜想

讨论两岸未来的政治关系定位，首先要明白两岸现状的由来。两岸现状的形成，毫无疑义地是1949年前中国国内内战的产物。内战的双方分别治理着中国的大陆和台湾。从理论上说，内战并未结束。内战的双方经过了六十年的生息和发展，人事变迁，变化已经很大。今天，在两岸主政的是国共两党，国共两党正好是当年内战的两造。两岸都已不主张再打下去，两岸人民也不希望再打下去，国共两党也不希望再打下去。再打，对两岸人民不利，尤其是对台湾人民不利。因此，两岸之间择机签订和平协议，已经是势所必然。通过和平协议，宣布结束内战，规定内战双方在国家的地位。两岸通过签订和平协议，宣布内战结束，就宣告了通过和平方式解决国家统一问题的可能性。两岸执政党和社会精英应当把握时机，丧失时机，是要以历史教训为补偿的。

两岸和平协议何时签，怎么签，是需要做些讨论的。马英九现在立足尚不完全稳定，行政能力尚待表现，执政的战略策略尚待完善描述，两岸政策也有待明确。可以设想，如果在2009年底以前或者稍后不长时间两岸能签订ECFA，接着双方组织工作班子，详细讨论和平协议内容各事项，尽可能形成共识，争取在2011年辛亥革命百周年时签订和平协议。这是最理想的。辛亥革命百周年是一个对两岸都大吉大利的纪念日，建议最好由中国共产党和中国国民党联合举办盛大庆祝仪式，在这个仪式上正式宣布和平协议的签订。许多人认为这个时间太急促。也可以设想，在2012年前，两岸开始做实质准备。准备阶段就必须拿出双方原则上认可的、并且是互赢的方案。一旦马英九第二次当选，立即正式签订。和平协议旷日持久不签订，是不妥的。抓住两岸关系积极向好发展的时机，尽快签订和平协议，是时代发展的需要。即使再次发生政党轮替，无论哪一党在台上，都必须面对这个话题。这就是时代趋势。因为，两岸统一问题，说到底，无非是两种方式：和平方式和非和平方式。时代趋势不允许长期拖下去。

和平协议怎么签，签些什么内容？我主张基本上应包括三项内容。这三项是：第一，内战终结问题；第二，两岸军事互信问题；第三，两岸政治定位问题。关于内战终结，可简略回顾内战起因（包涵1945年10月重庆谈判和1946年政协决议的不能执行），以及1949年4月国共和平谈判的失败，意涵此次和平协议可与上次和平谈判相衔接，明确宣布立即停止内战，握手言和；关于两岸军事互信问题，应明白规定，言和后，两岸互不以对方为假想敌，互不瞄准对方，台湾可以采购以台湾安全为需要的军事设备，相互通报台湾海峡以及南海安全问题，在发生台湾及台湾海峡和南海遭外敌进攻时，两岸取共同防卫立场，等等；关于两岸政治定位问题，明确中国统一的意向，明确在统一前对“中华民国”称呼的态度，明确两岸应组成项目小组，研究有关统一的进程和各项安排。

在这里，我对于当前舆论界有关两岸统一谈判问题的外国干预问题，亦即所谓“三项准备”说和“二轨”说发表一点简单评论。

10月17日《联合报》载，在台美双方智库合办的“马（英九）欧（巴马）执政下的台美中三边关系讨论会”上，亚太和平基金会董事长赵春山发表结论称：据他了解的“政府高层目前的想法”，在启动两岸和平协议或军事互信机制谈判前，台湾必须完成“三项准备”，即一、“ECFA（两岸经济合作协议）、MOU（两岸金融监理合作备忘录）完成签署”；二、“国内达成共识”；三、“国际社会接受”。还有报载，美国副国务卿发言表示，在两岸和平谈判中，美国可通过台美中“二轨”管道，发表意见，进行干预。这些意见，已经引起两岸广泛注意。王晓波教授在“两岸和平协议启动时机与条件”研讨会上，对上述赵春山的“三项准备”发表了评论，随后他在《海峡评论》第227期上著文，针对赵春山的“三项准备”指出：“亡国的条件我们不能接受”，表示根本毋须所谓“二轨”。同时他也指出，所谓“国内达成共识”，无异缘木求鱼，只能取多数决。提出“共识”，是拒绝两岸政治协议的搪塞之词。我同意这些意见。主权国家决定国家内政，根本无需美国插入一脚。今天的中国，已非六十年前的中国。我们完全有能力处理好自己家里的内务。在两岸和平协议谈判过程中，我们可以向美方通报情况，听取他们的意见，但是拒绝他们的“二轨”身份，拒绝他们的调停者、仲裁者身份。我想热爱中国，关心中国前途的人士，不会拒绝这种态度。如果说有什么“二轨”的话，只能在两岸智库之间进行。

关于“中华民国”问题，还可以做如下的讨论。

台湾在两蒋统治的时代，顶住国际压力，否定“两个中国”、“一中一台”、“台湾独立”、“台湾地位未定论”，坚持“中华民国”是代表中国的唯一合法政府，否定中华人民共和国政府的存在。这个“坚持”有两方面的象征意义：一、本着中国历史上“汉贼不两立”的传统，表示“一个中国”的存在；二、表示中国内战没有结束，中国统一没有完成。

这两点象征意义，在中国统一没有完成的前提下，它具有一定的积极意义。这个积极意义在于，“中华民国政府”虽然不是代表中国的合法政府，但它却坚持世界上只有“一个中国”的原则。然而，它也有消极意义，这就是，它的“一个中国”是“中华民国”，至今仍吸引了一些国家的承认。今天的国际现实，在某种意义上，肯定了“两个中国”即中华人民共和国和“中华民国”的存在。这为我们处理海峡两岸关系问题带来了困扰。台湾方面，国民党在台上的时候同意1992年海基会与海协会达成“一个中国，各自表述”，就是以“中华民国”的“合法性”存在为根据。今天大陆承认“九二共识”，实际上也承认了这个事实。大陆承认的“九二共识”，重点在“一个中国”，这个中国就是中华人民共和国；

国民党当局承认的“九二共识”，重点在“一中各表”。这就是中华人民共和国和“中华民国”同时存在，“一个中国”有各自不同的含义。

如果台湾当局（不管是民进党还是国民党）明确认可“九二共识”，那就是认可一个中国，但是这个中国是“一中各表”。这就表明大陆在现实上是承认台湾存在“中华民国”的。拿“中华民国”和“台独”斗，是有一定意义的；拿“中华民国”和“中华人民共和国”斗，则是不能接受的。这是一个两难。

问题还是要回来：中华人民共和国和“中华民国”，从国家统一的大局出发，只能保留一个。中国大陆面积是台湾的二百七十倍，人口十三亿是台湾人口的五十六点五倍，按人口平均，大陆收入不如台湾，但是按照GDP总值和外汇存底，则比较台湾大得多。是保留中华人民共和国还是保留“中华民国”，不是一个很难判断的问题。也有另外一种意见，认为“中华民国”建立将近百年，中华人民共和国建立不过六十年，从时间概念来说，不应该取消“中华民国”。这不是一种讨论问题的好方式。近百年的中国历史已经彻底改写了。中华人民共和国作为代表中国的唯一的合法政府，早已在世界上确立了自己的地位，并且有效地统治着九百六十万平方公里土地及其人民，创造了中国历史上最好的发展时机。取消中华人民共和国，不仅完全无此民意基础，在中国国内，也看不到这种情况出现的任何前景。看现实，与看历史一样，都需要从事实出发。当然，在实际商讨统一时，是保留中华人民共和国，还是保留中华民国，还是另觅新名，都可以讨论的。

如果排除了非和平方式，台湾在拒绝“一国两制，和平统一”的道路上似乎还可以走很远。但是无限拖下去，必然造成“两个中国”同时存在的不应有局面。这个局面，反过来，就是形成非和平方式解决台湾问题的根由。台湾与祖国统一问题，是全国人民的民意所在。观察2005年3月第十届全国人民代表大会通过《反分裂国家法》的情景，历历如在目前。我在第十届全国人民代表大会期间参加的所有投票，只有《反分裂国家法》是零票反对通过。主席宣布通过后，全体代表长时间热烈掌声。这是非常说明问题的。因此，无限期拖下去，会极大地伤害民意。我担心那时候，大陆人民的忍耐心能坚持多久。

浅见以为，在“一国两制，和平统一”的总方针下，台湾接受特别自治区的地位似乎是一个好的选择。这个选择，虽然不再有“中华民国”的名号，但是却可以享有“对等政治实体”的实质利益，台湾现有的一切都不会改变，当然包括现行的政治、经济、军事体制。我觉得，在这个前提下，台湾还有一些可以与大陆讨价还价的条件。

现在总体来说，台湾与大陆讨价还价的条件已经失去了很多。不抓紧时间，这样的条件还在继续流失。弄得不好，台湾政治地位的路会越来越逼仄，我为此为台湾人民忧虑。

十八年前，我第一次到台湾来进行学术访问。那时候，台湾的外汇存底超过了一千亿美元，大陆只有几百亿。与台湾学者谈起来，我颇有窘迫之感。今天，大陆外汇存底超过了两万亿美元，稳坐世界第一。今年，在金融危机的形势下，中美、中日之间的贸易额都超过了两千亿美元，中国成为美国最大的债主。美国、日本不得不在实际上改变对华政策。美国不久前产生的奥巴马政权、日本新近产生的鸠山政权都表现了这种趋势。这种改变，我想自然包括对台政策。具体改变，我不能妄测，但绝不会使台湾感到比过去更好过。国际情势在变化，两岸情势也在变化，台湾的民心也在变化，顺应这种变化，台湾会有更好的前途；违逆这种变化，台湾政治前途不难预估也。

10月6日，我乘中国国际航空公司的飞机抵达桃园机场。偌大的飞机上载客不过百人。我走进机场，发现整个桃园机场就只有这百多人，显得过于冷清。这心里顿时感到凄惶。前五次过桃园机场，总是熙熙攘攘，川流不息，这次是怎么了？我曾问空姐，为何机上乘客如此之少？回答返程时是满员。乘客不往台湾流，都往大陆流，说明什么呢？台湾乘客往大陆流，台商赚得美元每年大约七百亿往台湾流，这说明什么呢？

台湾的政客们摩拳擦掌，名嘴们在电视上口沫横飞，你们是否注意到了台湾的现实呢，是否体察到了台湾底层人民的心音呢？

我衷心地为台湾的前途祝福。

2009年11月11日晚于台北市仙岩路16巷30弄3号4楼

11月21日晚再改于香港浸会大学吴多泰国际中心

2月22日定稿于北京东厂胡同一号

海峡两岸关系发展趋势蠡测①

序　言

2008年5月，以马英九为代表的中国国民党上台执政，以承认“九二共识”这样积极的两岸政策，改善了两岸关系，使人们看到两岸政治关系可能改善的前景。两岸关系的整个形势发生了很大的变化。诸如两岸经贸关系的扩大，台湾国际地位的提升，叫了许多年的两岸三通终于得以实现，文化教育交流或者扩大，或者启动实施。ECFA正在紧锣密鼓地讨论，双方都希望在6月底以前能够签订。海峡两岸之间已经基本上形成和平、发展、交流的发展趋势。较之“台独”势力扩张的时期，这是令人欣慰的发展。我们乐于看到这种积极的发展趋势继续下去。

两岸政治关系上一个重大变化是，国民党及其执政团队接受了“一个中国”的政治前提。虽然有“一中各表”，两岸对“一个中国”的解释各有不同，但是两岸同时接受“一个中国”还是有着强烈的象征意义。它至少是用“一个中国”的象征意义，取代了“台独”势力的“一边一国”，排除了“台湾独立建国”的选项。这就为两岸之间的政治对话打下了一个好的前提。2005年胡锦涛与连战会谈达成的“两岸和平发展共同愿景”，不仅在吴伯雄担任主席的中国国民党党纲中反映出来，也再次在2009年10月召开的中国国民党十八全大会上进入国民党党纲。在这次大会上，马英九再次担任中国国民党主席。这表明国共两党在“和平发展”四个字上有了共同语言，初步形成了互信。如果这种“共同语言”和“互信”在台湾岛内各政党、各阶层以至底层民众中能

① 本文是为香港崇正总会和珠海书院在香港举办的“2010海峡两岸和港台关系学术讨论会”准备的，作者在2010年6月1日的会议上作了主题发言。

够基本接受，在两岸执政党中间能够巩固、坚持和发展，那么，台海两岸关系当会有大的进步。

为什么讨论海峡两岸关系？

本次在香港讨论海峡两岸和台港关系为了什么？是为了探讨海峡两岸关系的走势，探讨近程目的如何和远程目的如何。从近程看，保持和平和稳定是首先要考虑的，就是不要打仗。六十年来的两岸关系，都是在可能打仗的阴影下变化的，直到今天，军事对峙这个问题还没有能解决，两岸之间的军事互信还建立不起来。可见，要不打仗并不是一个很简单的问题。去年11月，在台北举行两岸一甲子学术讨论会，一些记者围着出席会议的解放军退役中将、中国孙子兵法研究会名誉会长李际均问，大陆是否可以撤走瞄准台湾的飞弹，李际均回答很干脆：这个问题是谈判的结果，不是谈判的前提。他还说："导弹不是威胁，'台独'才是威胁，我们身上最大的'痈疽'就是两岸分裂，要防止外部势力拿这个'痈疽'以华治华、牵制中国。"[①] 前不久，"行政院"大陆委员会副主委赵建民在淡江大学演讲时表示："大陆对台湾永远是威胁"。[②] 这是台湾主管两岸关系的现职官员说的话。这样的说法，显然对缓和两岸局势没有帮助。

可见，解决不打仗问题不是一个简单的问题。着急也是不行的。为了不打仗，就要做很多工作，就要"先经后政"，加强两岸文化交流，加强人文往来，加强经济交流，不仅要签MOU（两岸金融监理合作备忘录），还要签ECFA（两岸经济合作架构协议），要互设银行办事处，互设旅游办事处，等等。"双英"电视辩论早已结束，舆论反应，马英九表现优于蔡英文。在岛内，签订ECFA，似乎已无悬念。这些都是好消息，有利于减少敌对，有利于推进两岸关系。这是值得充分肯定的。

以上这些，在讨论两岸关系时，都是必须探讨的问题。但是，讨论两岸关系，不应仅止于此。我的意见是，讨论两岸关系，如果不讨论国家统一问题，

① 中新社，台北2009年11月14日电。
② "中央社"，台北2010年3月31日电。

是没有意义的。探讨上述问题，如果不与国家统一问题结合起来，就不是以“一个中国”为前提，就会变成国与国之间的关系问题。站在“台独”立场，也是可以讨论上述那些关系问题的。当然，站在“台独”立场是不能就上述问题成功达成协议的，这是可以断言的。民进党执政八年的历史，已经证明这个论断的成立。

对两岸关系现实状况的观察

国家统一大业，是海峡两岸人民和政党必须面对的历史课题。大陆有一个声音，就是“和平统一，一国两制”。大陆人民期望用和平方式达成国家统一，期望用“一国两制”把两岸的人民团结起来，为中华民族的复兴积聚最大的能量，创造两岸人民、全体中国人更为美好的生活。

台湾有多个声音。马英九在竞选时提出过“终极统一”，受到民进党猛烈批评。马英九上台后，提出“三不”主张，即“不统、不独、不武”。民进党主张“台湾独立建国”。据估计，有三分之一的民众倾向主张“台独”，主张“急统”、“急独”的民众都不太多，大多数民众主张“维持现状”。实际上，主张维持现状，我们可以理解为起码不赞成“台独”。因此，在台湾，反对“台独”的是多数人。这就使“和平统一”的国策，在两岸之间具有了民意基础。换句话说，“和平统一”的国策是以反“台独”为前提的，是反对“台独”势力的结果。“台独”就是战争，“台独”就没有和平。2005 年 3 月全国人民代表大会通过的，作为国家大法的《反分裂国家法》，把“台独”的路堵死了。这与 1860 年代的美国情况相似。1860 年代美国在南北战争期间不惜以六十万人的牺牲打了一场统一战争，并制定了《反脱离联邦法》，立法原意在限制南方州奴隶主的分裂联邦国家的行为，维护美国国家的统一。华盛顿的林肯纪念馆为了纪念林肯，在林肯铜像背后的墙上刻上了林肯维护国家统一的功绩。《反分裂国家法》与《反脱离联邦法》具有同样的立法原意。

《反分裂国家法》以《中华人民共和国宪法》为法源依据，以国家专门法的形式，宣布一个中国的坚定原则，是对“台独”分裂势力的严正警告，是对台湾地区领导人的“台独”活动的严正警告，也是对台湾地区上台执政的任何领导人的执政原则的警告。以台湾专门法的形式，把一个中国的原则，把台湾是中国的一部分的原则规定下来，对活动在台湾政治舞台上的任何政党，特别是主张“台独”的政党划出了底线。遵守这个底线，在这个底线范围内活动，台海两岸关系就是和平的；越出这个底线，出现了以任何名义、任何方式造成台湾从中国分裂出去的事实，或者发生将会导致台湾从中国分裂出去的重大事变，或者和平统一的可能性完全丧失，就会在台海两岸关系上出现非和平的局面。是否出现非和平局面，其实主动权在“台独”势力，在台湾执政的政党。一些分析人士所说的“台独不独，中共不武”，大概就是这个意思。一旦出现非和平局面，“台独”势力、在台湾执政的政党的主动权就丧失了。那时候，《反分裂国家法》规定的国家意志就要执行，任何人为的因素都阻挡不了。

堵死了走向“台独”的路，才出现了2008年5月台湾政治局面的积极变化，才出现了今天两岸之间和平发展的景象，大大减少了军事对峙、一触即发的紧张局面。因此可以说，这个局面的形成，是摒弃“台独”选项的结果，是共同具有“一个中国”认知的结果。

这个“一个中国”认知，在大陆，是明确而又坚定的。在台湾，却是含糊、犹疑和动摇的。马英九最近接受《华盛顿邮报》记者访问，说大陆在口头上“搁置统一主张”，台湾则“克制‘台独’诉求”，共同致力维护和平。说大陆和台湾共同致力于维护和平，大体上是可以的，但说大陆在口头上搁置统一主张，是不正确的观察。大陆从来没有放弃国家统一的主张。难怪国台办新闻发言人旋即用正面阐述的方式委婉地驳正了马英九的说法。暂时没有形成统一的条件，先要做许多工作来促成统一条件的形成，目的是促成国家的统一，这是从来不含糊的。倒是马英九说台湾在“克制”“台独”诉求，可能诉说了他的心声，说明了他在摒弃“台独”上不坚决，他对台湾的“台独”立场仅止于“克制”，这是否说明马英九在“一个中国”主张上的犹疑与动摇呢。

前面提到马英九在“一个中国”认知上的犹疑和动摇。赵建民指出，台湾蓝绿阵营有共识，台湾与美国关系要优于两岸关系，因为美国是盟邦，台美关系是全面的，但台湾与大陆不会如此。赵建民表示，“政府”理解大陆对台湾永远是威胁，因此要让大陆永远想着经济。至于统一问题，两岸做生意与统一有什么关系？做生意不一定会结婚，反对党不赞成统一，不能就假设别人要统一。[1]看起来，台湾当局的主意，是要大陆永远想着做生意，不要想统一。这是一种很幼稚的单向度人的单向度思考。

台湾岛内，蓝绿两个阵营势同水火。我们看“立法院”经常上演的肢体仗，竟然连陆生来台就读都要演出全武行，令人诧异。这种情况，说势同水火，恐不为过。但是，蓝绿两大阵营也不是全无共识，如前面提到的赵建民所说台美关系优于两岸关系，就是一个共识。还有一个共识，那就是李登辉发明的“中华民国在台湾”，永远维持现状。台湾当局坚持的“中华民国”，实际上还是“中华民国在台湾”，无论马英九在台上，还是陈水扁在台上。陈水扁虽然高调“独立建国”，他还是做不到。李登辉讥笑他没有宣布“台湾建国”，陈水扁强调做不到就是做不到，而且反唇相讥，你在台上怎么不做呢？这说明，“中华民国在台湾”是国、民两党的共识。“两国论”和“一边一国”，是李登辉和陈水扁的政治遗产。马英九公开没有赞成过“两国论”和“一边一国”，在实际的公务中执行了“两国论”和“一边一国”的方针。本人去年秋冬之际，在台湾生活了一个半月，实际感受到了这一方针。[2]马英九“三不”主张，“不独”，民进党不高兴，“不统”和“不武”，民进党完全可以接受。这当然也是共识。

观察两岸关系，如果从完全现实的角度看当前的两岸政治关系，我感觉到实际上还是存在着“一边一国”的状况。国民党当局并没有改变李登辉当年在康奈尔大学发明的“中华民国在台湾”的思想。这一思想在后来李登辉主导的“修宪”中多次明确地表达出来。

以上可见，在两岸统一解决以前，两岸秉持的“一个中国”是理念上的，不是事实上的。事实上，或者说，从务实管理上，两岸仍是“一边一国”。

马英九的两岸政策的着眼点，主要是拉抬台湾的经济。两岸的关系，是经济关系，他不愿意把政治扯进去。赵建民的演讲，在一定程度上反映了马

① “中央社”，台北3月31日电。

② 各大学在致送演讲报酬时，助理都要求我在“非中华民国国民身份证”那一栏签字，那一栏恰恰是外国人填写的一栏。有时候，我只能在外国人那一栏填写中国国籍，令人啼笑皆非，分外难受。这种感受，本人在1992年、1997年是未曾见过的。可见民进党执政，不仅在意识形态上，在文化教育上，而且在行政管理措施上，实际推行了“一边一国”的政策。按照“一个中国”的精神，当前台湾各单位制定的“非中华民国国民身份证持有者”对大陆合法来台居民作为外国人的规定需要修正。

英九的思想。他上台后，没有公开说过自己是中国人，没有公开说过中国应该统一。尽管他上台时，有人劝过他。如他在台大的老师胡佛教授，曾建议马英九这个自己曾经教过的学生："不要对两岸统一问题有所回避，两岸问题中共和国民党完全可以携手解决。"在胡佛看来，建立在所谓"台湾认同"基础上的两岸交流是否能够让两岸尽快走向统一，是值得担心的。①曾在李登辉时代担任过"监察院长"的王作荣先生说："我觉得马英九应该公开主张统一，他主张的'不统不独不武'，并没真正为台湾的未来策划"，"我觉得他应该采取这样的策略：就是直接公开主张统一，声明不是为了意识形态，也不是为了大陆，而是为了台湾人民的利益，从长期看，统一对台湾是有利的。四年后你不选我当'总统'没关系，但我当了'总统'，我有这个权力，就执行我的理念，达到执政的目的。但他没有。"②王作荣、胡佛这些真正爱台湾的人，他们的真知灼见，未能说服马英九。

国民党应当恢复《国家统一纲领》

1991年国民党执政时代通过的《国家统一纲领》，基本上还是一个应该沿用的纲领。那时候，李登辉上台不久，政治路线还基本上承续蒋经国时代。制定这个纲领至少有三方面的含义：第一方面，为了应对中共"一国两制，和平统一"以及"三通"的呼吁，把国家统一的目标放到很长远，既可以等待时局变化，又可以应付中共攻势；第二方面，制定这个纲领表明了中国国民党对国家统一的期望，这个纲领实际上排除了"台独"倾向，或者政治上走"台独"路线的可能性；第三方面，这个纲领，在那时的历史背景下，放弃了"汉贼不两立"的立场，承认大陆地区是一个政治实体。这一点看起来，似乎是一种善意，也为李登辉的"台独"立场埋下了伏笔。李登辉执政后期，政治上倒向"台独"，通过多次"修宪"，提出种种倾向"台独"的政治主张，实际上把由他自己主持制定的"国统纲领"搁浅了。2000年陈水扁执政，以"台独"为纲，并以"国家"名义，在2006年把"国统纲领"以"冻结"的形式

---

① 凤凰网转载2008年09月10日《环球时报》报道。

② 凤凰网转载2008年08月02日南都网报道。

废止了。从此“国统纲领”不再提起。

中国大陆一向反对“一中一台”，反对“两个中国”。台湾在国民党（两蒋）执政期间实际上也反对“一中一台”、反对“两个中国”。我以为，这个立场原则上是对的。反对“两个中国”，是20世纪50年代两岸分离的状况下必须提出的课题。时间过了六十年，中华人民共和国和“中华民国”“两个中国”同时并存而未能相互取代的事实，客观上至今没有改变。从“汉贼不两立”的立场出发，海峡两边的“两个中国”都反对“两个中国”。争论只是谁是“汉”，谁是“贼”。因此，我们可以说，在“两个中国”中的一个“中国”被消灭以前，在“一个中国”成为事实的过程结束以前，双方都默认了“两个中国”的现状。如果不默认这一点，海基会、海协会两只白手套还要他做什么呢？我们似乎可以这样说：两岸在立国原则上是互不承认对方，在现实考虑上是“互不否认对方”。

按照《中华民国宪法》的精神，按照当年“国统纲领”的精神，体现中华民国主权的统治区域应该包括大陆地区。李登辉“修宪”期间达成的中华民国统治区域不及于大陆的规定不符合《中华民国宪法》精神，“中华民国在台湾”的说法需要修正，说中华民国的有效统治区域在台湾是可以的，说“中华民国在台湾”则有“违宪”之嫌。

进入90年代以来，李登辉在台湾内部机制上下了很大工夫，力图走出国共内战的阴影，在台湾内部民意上造成在台湾的“中华民国”是独立主权国家的意向，在国际上造成“中华民国在台湾”是主权国家的形象，在培养台湾民众的“独立”意识上取得相当成功。即使是统派，除了少数外，大多由于以往国民党在台湾实行彻底的反共教育，也都有着台湾是主权独立国家的意识。前几年，有台湾学者尖锐指出：今天台湾，只有泛蓝和泛绿，没有统派和独派。所谓泛蓝和泛绿，在“中华民国在台湾”是主权国家的认知上，实质上只剩下深绿和浅绿的区别了。

1994年，在李登辉“宪政改革”主张操纵下，二届“国大”开展第三次修宪，强行通过了“总统直选”的原则规定，1996年执行。这表面上涉及“内阁制”到“总统制”行政体制的变化，实际上，借此改变，确立了“中华民国在台湾”的原则。“总统直选”增修条文规定：“总统、副总统由中华民国自由地区全体人民直接选举之”。“总统”从“委任”到直选的改变，改变了台湾是中国的一个省的形象，“总统”由台湾地区人民自由选出，与全中国人民无关。

1997年“修宪冻省”之举，是李登辉与民进党制衡宋楚瑜的重大的政治举措，但是它的核心在于告别“一个中国”，明确“中华民国在台湾”，是走向“台独”的重要过渡步骤。因此，恢复台湾省的建制，对于明确一个中国中的台湾地位，是必要之举。

2005年在陈水扁主持下，5月召开“任务型国大”，通过了废除“国民代表大会”等条文，从此“国大”作为文字停留在“宪法”上，“国大”的职权由其他机构代行了。这表面上是台湾地区民主的重大进步，实际上暗含了告别“一个中国”，进一步明确“中华民国在台湾”，同样是走向“台独”的重要过渡步骤。

“台独”是一步一步走的。并不是只有民进党党纲上载有“台独”，台湾实际政治生活和社会生活中，已经可以看出与两蒋时代不同的政治特征，把这些特征看成是“台独”步骤是可以的。

因此，恢复《国家统一纲领》，对落实马英九“不独”主张，是有利的。马英九的“不独”如果不仅仅是作为竞选口号，还要作为严肃的政治主张的话，就应当这样做。当然，如果恢复《国家统一纲领》，马英九就需要修订“不统”立场。实际上，马英九是主张“终极统一”的，但作为策略手段，他用“不统”做了表达。

改变“先经后政”的固定模式，谈经济也谈政治

马英九的任期已过了两年。“先经后政”的模式也走了两年。这是必要的。它对于缓和两岸关系的作用是明显的。“行政院”大陆委员会副主任委员赵建民强调要让大陆永远想着经济，认为统一问题，与做生意没有什么关系。这种讲法，幸好只是赵建民个人的想法，如果这个讲法是台湾当局领导人的宏观思维定势，那对于正确处理两岸关系绝对是不利的，其前途必定要回到民进党执政的路线上去。为了避免这种前途，必须要打破“先经后政”的固定模式。两岸关系的处理上，既要谈经济，也要谈政治。所谓谈政治，就是要

讨论统一问题。

台生赴大陆，陆生来台，两岸互设银行办事处、互设旅游办事处，等等，就没有一点政治吗？恐怕也不尽然。也许眼前没有政治，将来也会衍生政治问题。谈政治是难以避免的。

签订 ECFA，固然不涉及政治，但是签订后，还是要把结束内战状态、签订和平协定提到日程上来。马英九当局应当挺起胸膛，为历史留下分明可辨的痕迹。

从理论上说，内战并未结束。内战的双方经过了六十年的生息和发展，人事变迁，变化已经很大。今天，在两岸主政的是国共两党，国共两党正好是当年内战的两造。两岸人民也不希望再打，国共两党也不希望再打。因此，两岸之间择机签订和平协议，已经是势所必然。通过和平协议，宣布结束内战，规定内战双方在国家的地位。两岸通过签订和平协议，宣布内战结束，就宣告了通过和平方式解决国家统一问题的可能性。两岸执政党和社会精英应当把握时机，丧失时机，是要以历史教训为补偿的。

去年 11 月，我在台北出席两岸一甲子学术讨论会，提出了两岸共同举办纪念中国近代历史上八个重要事件的建议。这一建议已列入大会的共同结论。在此，本人愿意重提这个建议。

我看到，未来有八项大事值得两岸共同纪念：

1．2011 年 10 月，是辛亥革命一百周年；

2．2015 年 8 月，是中国人民抗日战争暨世界反法西斯战争胜利七十周年；

3．2016 年 11 月，是孙中山诞辰一百五十周年；

4．2017 年 7 月，是卢沟桥事变八十周年；

5．2019 年 5 月，是五四运动爆发一百周年；

6．2020 年 8 月，是鸦片战争爆发一百八十周年；

7．2021 年 7 月，是中国共产党第一次全国代表大会召开一百周年；

8．2024 年 1 月，是中国国民党第一次全国代表大会召开一百周年。

以上共列出八个年份发生的大事。这八件大事，都是中国近代历史上发生的大事，从鸦片战争到孙中山诞生，从辛亥革命到五四运动，从中国共产党到中国国民党的第一次全国代表大会，从卢沟桥事变到中国人民抗日战争的最后胜利，改变了自鸦片战争以来近代中国的历史进程，是近代中国发展到现代中国的最重要的几个标志，是所有中国人，包括海外华人基本上有共识的历史事件。

为了加强和扩大两岸学术文化交流，建议首先在辛亥革命一百周年纪念上建立合作机制。还有一年多，就是辛亥革命一百周年纪念。我建议，辛亥革命百周年纪念活动,可由中国共产党和中国国民党（也可考虑两岸其他党派）联合举办，共襄盛举。

辛亥革命百周年学术活动，以往在大陆都是由中国史学会和湖北省社会科学联合会联合主办。如果两岸合作，可否在上述两单位外，增加台湾的中国近代史研究会、香港的中国近代史研究会（或者还可以加上澳门的历史研究团体）,共同举办。学术活动，当然以学术内容为主，也要体现一个中国原则，体现两岸和解、国共两党和解、中华民族团结向前看的精神，探讨辛亥革命在中国历史上，尤其是在近代中国历史上的作用和划时代意义。

如果这个合作模式成功，那么，2015 年抗战胜利七十周年的庆祝活动和学术讨论活动，可以照此精神办理。如果 2011 年和 2015 年两场重大纪念活动举办成功，对于推动两岸人民对辛亥革命和抗战胜利重大纪念的历史意义会形成共识，至少会消弭许多误会，会对拉近两岸人民的历史认识产生非常大的积极意义，会大大提升中华民族的向心力和凝聚力，对促进中华民族的伟大复兴和国家的统一形成积极的精神力量。

如果 2011 年和 2015 年两场重大纪念活动举办成功，就实际上形成了一个两岸合作举办重大历史纪念活动的合作机制，这种机制既是政治上的，也是学术上的，从历史认识入手，会极大地拉近两岸人民的距离。这两场纪念活动成功了，以下六场纪念活动也就容易成功了。其中，2016 年 11 月孙中山诞辰一百五十周年纪念、2017 年 7 月卢沟桥事变八十周年纪念、2019 年 5 月五四运动爆发一百周年纪念、2020 年 8 月鸦片战争爆发一百八十周年纪念，都是较为容易成功的。国共两党的第一次全国代表大会纪念，合作举办可能敏感性强一些，但是，在以上六次成功举办纪念活动后，这两次纪念活动成功的几率就加大了。

如果以上八次纪念活动基本成功，实际上两岸政治对话的基础就形成了。

文章写到这里，从网络上发现，台湾《联合报》5月15日报导，马英九在出席纪念中华民国建国一百周年筹备委员会上明确表示，纪念辛亥革命事，两岸各干各的。看来，国共两党联合主办纪念辛亥革命大会，难以达成。这预示着海峡两岸政治接触的机会又以要推后了。

总之，推动国家统一进程，是两岸之间最核心的议题。推动两岸之间的经济文化联系，也要推动两岸之间的政治联系，才能推动国家统一的进程。这是我此次发言的基本精神，请各位不吝指教。

2010年5月15日晚

中国近代史的几个关键

论黄兴对武昌首义的态度[①]

一

中国近代革命历史上，没有哪一次像武昌起义那样具有戏剧性的了。一个本应属于被推翻的人，一夜之间，成了起义后新成立的政权机构的长官。从此局面变得复杂起来，以至于影响到辛亥革命的整个过程。这就是清新军第二十一协协统黎元洪被强迫做了中华民国湖北军政府的都督。正是由于有了这个湖北军政府，不久便演化成了南京的中华民国临时政府。数十年来，人们对此议论纷纷。1954 年 12 月，一些武昌首义的亲历者聚首武昌，回顾这一事件时，仍唏嘘不置。[②] 又过了将近四十年，晚出的研究者仍对此指指点点，说明这个问题还有可以值得研究之处。我的看法是，造成这个戏剧性演出结果，与黄兴等革命党人对武昌起义的认识有关。

二

众所周知，黄兴是辛亥革命的元勋。黄兴的名字与孙中山并列，成为照耀辛亥革命那一段历史的双星。辛亥革命的成功与他们有关，辛亥革命的弱

---

① 本文作于 1992 年 2 月，于 1992 年 5 月上旬在台北举办的“黄兴与近代中国”学术讨论会宣读，收入胡春惠、张哲郎主编《黄兴与近代中国学术讨论会论文集》，台北，1993 年；又载《历史研究》，1993 年第 1 期；又收入华中师范大学中国近代史研究所编：《辛亥革命与 20 世纪中国：1990—1999 年辛亥革命论文选》，湖北人民出版社，2001 年 10 月。

② 江炳灵说：“革命中最大错误之一，就是以黎元洪作都督。与虎谋皮，没有不失败的。”李春萱(作栋）说：“当时附和革命的人很多，以为黎元洪可以维持秩序，事实上找他出来是错误的，顶多也只能举他作副都督。”见中国人民政治协商会议湖北省委员会编：《辛亥首义回忆录》，第一集，湖北人民出版社，1957 年版，第 1、16 页。

点当然也与他们有关。

著名的美籍华裔学者薛君度先生研究黄兴与辛亥革命的关系时说过:“孙黄合作，是最理想不过的。一个是兴中会会长，一个是华兴会会长。一个是珠江流域的革命领袖，一个是长江流域的革命领袖。一个在海外奔走，鼓吹筹款，一个在内地实行，艰辛冒险。一个受西方教育，一个是传统的知识分子。”薛君度还写道：中山先生的“十次革命”，最初两次，发动于同盟会成立之前，地点都在广东。其余八次，发动于华南与西南，计广西和云南各一次，广东六次，大都由黄公主持，几乎是无役不与。中山先生亲临阵地者，仅广西镇南关一役而已。在海外奔走，固然重要，组织财源，均实赖之，但如果无人肯在内地冒险，革命还是不会成功的。薛君度引黄中黄（章士钊）早年在《沈荩》一文中所说:“吾闻之：在海外谈革命者万人，不如在本国，不如在内地实行者得一人”，来证明他说的道理。他的结论是:“黄公是肯冒险和深入虎穴的人。”①

黄兴不仅是同盟会领导的几次武装起义的实际主持者，在同盟会成立以前的华兴会时代，他就试图在他的家乡湖南发动反清武装起义。黄兴是一个主张用武装起义推翻清朝的坚决的革命者。说他是实行家云云，主要是指此而言。对此，所有的研究者似乎都没有异议。

三

问题在于：同盟会领导的武装起义中，只有武昌起义的策划最久远，规模最宏大，战斗最激烈，影响最深远，业绩最瑰丽。独独这样一次起义，黄兴不了解其发动底蕴，未参与直接领导，起义时不在现场——未亲与其役。②对于这样一个值得注意的问题，人们往往为尊者、贤者、亲者所讳，未予置疑。

人们已经知道：在组织武昌起义的过程中，孙中山无论直接或间接都没有参加。因此，武昌起义使孙中山感到意外。就是黄兴，在获知武昌起义的

① 薛君度:《论黄兴与辛亥革命》，载薛君度、萧致治合编《黄兴新论》，武汉大学出版社，1988年版，第112页。

② 这里指狭义而言。如果把阳夏战争都包括在武昌起义这一时期内，则不能说黄兴未亲与其役。

确报前，对迅速发展的湖北革命活动情况，显然也缺乏了解。[①] 这不能不令人感到奇怪。

黄兴是出身于武昌两湖书院的湖南士子，从日本归国后还同两湖书院有过联系。湖南、湖北的革命者中，有许多人是他的同学、学生和朋友。华兴会的发起者中也有湖北人。华兴会在湖南发动起义，约定湖北共同响应。黄兴在湖南、湖北的革命者中有很高的威望和影响。担负同盟会的领导工作后，虽然多年离开两湖地区，他应该对两湖地区的革命活动和潜力有所了解。但他与孙中山决策的八次起义，没有安排一次在两湖地区。他筹备“三·二九”广州起义时，曾于1911年初派谭人凤携款北上湘、鄂，组织援应，如他在“三·二九”起义前致函加拿大域多利埠致公堂书中报告的：“此间诸事已着实进行，规划以两粤为主，而江、浙、湘、鄂亦均为布置。”[②] 失败后致加拿大同志书中所说：“当时以广东为主动，而云南、广西、湖北、湖南、江南、安徽、四川、福建、直隶数省为响应，各处皆有党人在新军中预备反正，拟广东一得手，则以次续起。”[③] 可见对于湘鄂并未给予特殊注意。

这种未给予特殊注意的情况，适暴露了黄兴等同盟会领导人在反清武装起义的战略决策方面的失误。事实上，两湖地区尤其是湖北，对武装起义一直在谋划进行之中。自华兴会、科学补习所起义失败后，武、汉军学各界亟谋进行，的无少懈，且屡有表现。革命组织时加改进，且愈益严密，革命派的舆论宣传也紧锣密鼓，予以配合。尤当黄花岗起义失败后，湖北革命党人益感紧迫，起义准备工作加快进行。5月，湖北的两大革命组织文学社和共进会初步达成联合斗争的协议。7月17日和26日，汉口《大江报》连续发表《亡中国者和平》、《大乱者救中国之妙药》的时评，鼓吹武装起义。9月14日文学社、共进会干部集会，正式决定放弃小团体名义，联合筹划起义事宜。与会人员同感缺乏众望所归的领袖人物，遂决定派遣居正、杨玉如赴沪向中部同盟会吁请黄兴、宋教仁、谭人凤莅汉主持大计。居杨二人于16日买舟东下。

① 薛君度：《黄兴与中国革命》，杨慎之译本，湖南人民出版社，1980年版，第108页。
② 冯自由：《革命遗史》初集，中华书局，1981年版，第237页。
③ 同上书，第238页。

杨玉如回忆他们于旧历七月梢（即阳历9月20日左右）抵沪。[①] 据居正回忆，二人抵沪后，“初访宋钝初于《民立报》，次访陈英士于马霍路，再访谭石屏于北四川路，报告湖北近事……连日在英士寓所，召集上海机关部会议，决定南京、上海同时发动；令余详述事实，函报香港，托吕天民携往，请黄克强速来，宋钝初、谭石屏均准备同时赴汉。”[②] 但是上海中部同盟会诸公对武汉情势迟疑不决，相互推脱，竟不克及时启程。武汉方面连电催促，杨玉如只得在9月25日先期离沪。至于吕天民一路，据《黄兴与中国革命》记述于9月29日抵香港，过了三天，才获黄兴接见，到10月3日才能给中部同盟会一个肯定的答复。[③]

从这个答复和黄兴几乎在同时写给冯自由等人的信中，可知黄兴对湖北情势已经有了较为真切的了解：“始悉鄂中情势更好，且势在必行”[④]，“即无外款接济，鄂部同志不论如何竭蹶，亦必担任筹措，是事成骑虎，欲罢不得”[⑤]，“察看长江一带情势，有如骑虎，不能罢手。即无吾人提携之，彼亦将自发，有不可收拾之日”[⑥]，“似此人心愤发，倚为主动，实确有把握，诚为不可多得之机会”[⑦]。比较“三·二九”广州起义的准备来看，除未获大量资助外，武昌的群众基础、干部力量及新军内应的把握，均比广州好得多；在武昌发动起义，不像在广州那样有较为浓厚的军事冒险意味。但黄兴在广州起义时意气风发，积极主动，怀抱必死决心，一往无前。而面对武昌即将爆发起义，虽认识到了必须前往指挥的重要意义，却显出犹豫不定、畏葸不前，一则说“弟之行

---

① 杨玉如:《辛亥革命先著记》，科学出版社，1958年版，第5页。据谭人凤1913年后写成的《石叟牌》词中的回忆，居杨二人于9月25日抵沪（见石方勤编:《谭人凤集》，湖南人民出版社，1985年版，第375页）。薛君度著《黄兴与中国革命》同此说。但据中部同盟会史料，谭人凤于1911年9月25日（旧历八月初四日）致函杨谱笙，告“鄂宾杨居二君，一今晚雇轮返，一须搬寓”（上海社会科学院历史研究所编《辛亥革命在上海史料选辑》，上海人民出版社，1981年第二版，第18页），可见9月25日是杨离沪之日，而非居杨抵沪之日。抵沪之日，杨书所记可信。居正在《武昌起义之经过》中回忆，彼9月12日到沪。李云汉撰《黄克强先生年谱》采此说。似不确。

② 居正:《辛亥札记》，载武汉大学历史系中国近代史教研室编《辛亥革命在湖北史料选辑》，湖北人民出版社，1981年版，第137页。

③ 黄兴:《复中部同盟总会书》，载湖南省社会科学院编《黄兴集》，中华书局，1981年版，第63—64页。

④ 《复中部同盟总会书》，《黄兴集》，第63页。

⑤ 《致冯自由书》，《黄兴集》，第67页。

⑥ 《致伍平一等书》，《黄兴集》，第71页。

⑦ 《致冯自由书》，《黄兴集》，第66页。

止尚不能预定”,再则说“不日将赴长江上游,期与会合”[①],就是没有燃眉至急、立即束装就道的表示。直至武昌起义之翌日,宋教仁来电催促,又延迟一个星期,才于10月17日[②]离港北上,24日抵上海,28日抵武昌。这时,湖北军政府成立已经十八天,黎元洪发现湖北军政府已粗具基础、清廷未必能轻而易举把它打下去,因而愉快地履行起都督的职务来了。读史至此,不禁扼腕者再。由于黄兴的晚到,终于失去了由同盟会领导人直接掌握起义领导权的良机,从而使武昌起义后的政治局势发生了意想不到的变化。

试想:如果黄兴怀有像在“三·二九”广州起义那样积极进取的精神状态,他的步调就会快得多。黄兴9月30日致冯自由信表明,他在此前已知道“今湘鄂均有代表来沪,欲商定急进办法”[③],可见中部同盟会已将居杨赴沪的情况及时通报了他。既如此,他就不应当对上海来使如此怠慢。吕天民并不是寻常流辈、普通信使。1905年8月同盟会在东京成立时,吕天民是最早入会的云南籍留学生,被举为云南主盟人,1911年4月参加了黄兴直接领导的广州起义,7月参与组建同盟会中部总会。此番来港,必有大事,怎么能让他滞港三天而不见呢。吕氏9月29日抵港,黄兴应在30日与他把晤,以便及时了解湖北情势,这样至迟可在10月2日束装就道,驰赴鄂中。香港至武昌,按当时行程,10日可到(黄兴实际上走了十二天,加上在上海的淹留)。如果那样,10月12日赶到武昌,被囚在湖北咨议局的黎元洪一定会十分乐意地把都督桂冠推卸给黄兴,起义将领们一定会举手支持,而不会像后来那样弄出许多周折。我甚至推想,只要黄兴能在10月17日以前(那天黎元洪正式宣誓就都督职,次日武昌军民开赴汉口刘家庙与清军作战)赶到武昌,取黎元洪而代之的可能性极大。而黄兴在17日以前赶到武昌是完全有把握的。“是时革命军盼公到鄂,几成绝望”[④],“大家对孙中山先生非常信任,把黄兴当作天兵天将”[⑤],只要黄兴在17日以前赶到,以他当时的崇高威望,一举统率鄂军政府,是在情

① 《黄兴集》,第63,67页。

② 毛注青:《黄兴年谱》,湖南人民出版社,1980年版,第130页。

③ 《黄兴集》,第65页。

④ 刘揆一:《黄兴传记》,中国史学会主编中国近代史资料丛刊《辛亥革命》第4册,上海人民出版社,1981年版,第302页。

⑤ 《辛亥首义回忆录》,第1辑,第16页。

理之中的。

黄兴动身迟缓的表面理由是等待外款。他在获悉吕天民消息后，确曾给孙中山、邓泽如、冯自由、伍平一及南洋、美洲各地同志致信筹款。但是邮路费时，筹饷不易。来款并非指日可到。据冯自由自述，他收到黄兴的筹款信，已在武昌起义后二十余日。[①] 事实上后来黄兴离港启程时，并未拿到多少外款。吕天民转交的居正信件说得很清楚，湖北即无外款接济，也是势在必行。黄本应不等来款消息立即就道，才是上策。此策不行，懊悔何及。

四

黄兴延缓赴汉的内在根据是什么？这是需要做一些分析的。

金冲及、胡绳武为纪念辛亥革命八十周年出版的著作中说：湖北革命党人"想迎同盟会的其他领袖黄兴、宋教仁或谭人凤到湖北来主持大计。而黄宋等由于对湖北起义的重要性和紧迫性认识不足，一直迟迟不来。"[②] 这里已说到了问题之所在，惜未加分析和论证。

黄兴在华兴会成立时，即发表武装起义的方策说：

> 若吾辈革命，既不能藉北京偷安无识之市民，得以扑灭虏廷；又非可与异族之禁卫军，同谋合作，则是吾人发难，只宜采取雄踞一省，与各省纷起之法。今就湘省而论，军学界革命思想，日见发达，市民亦潜移默化；且同一排满宗旨之洪会党人，久已蔓延固结。为相顾而莫敢先发，正如炸药既实，待吾辈引火线而复燃。使能联络一体，审时度势，或由会党发难，或由军学界发难，互为声援，不难取湘省为根据地。然使湘省首义，他省无起而应之者，则是以一隅敌天下，仍难直捣幽燕，驱除鞑虏。故望诸同志，对于本省外省各界与有机缘者，分头运动，俟有成效，再议发难与应援之策。[③]

① 冯自由：《武昌起义与黄克强》，《革命遗史》初集，第244页。

② 金冲及、胡绳武：《辛亥革命史稿》，第3卷，上海人民出版社，1991年版，第142页。

③ 刘揆一：《黄兴传记》，《辛亥革命》第4册，第277页。此处引证的话，是刘揆一事隔二十多年以后回忆的，我颇疑其准确性，恐羼杂了事后的经验，因证据难寻，未获申论。姑信其基本思想是符合事实的。

黄兴所提出的这样一个方案，揆诸辛亥史实，大体是不错的。“采取雄踞一省，与各省纷起之法”，确是起义发难、推翻清朝的正确方略。问题在于：首先雄踞哪一省？这是革命实践中的最大难题。黄兴等革命党人进行了艰苦的探索，付出了沉重的代价。黄兴首先选择的是湖南省。1904年华兴会在湖南发难的计划泄露，领导人四散逃亡。1906年的萍浏醴起义，1907年秋瑾、徐锡麟皖浙起义先后被镇压。种种失败，在在说明“长江各省，一时不足有为”，黄兴乃“注重两广首义，愈益坚定。”① 仅1907年，同盟会在广东组织了三次起义，在广西组织了一次起义；1908年又组织了一次广东起义，一次云南起义。左冲右突，不旋踵而败北。孙中山和黄兴总结了以往的教训，认识到会党不足恃，着重在新军中做工作，在1910年发动了广州新军起义；然后又在1911年4月集结巨资（约计十九万元），集中精英，孤注一掷地再次发动了广州起义。

两次广州起义都失败了。黄兴陷入了巨大的痛苦之中，几至不能自拔。他自责：“以前屡次革命，伤吾党人才，未若如是之众。今若聚闽蜀之精华而歼之，弟之躬虽万剑不足以蔽其罪矣。”② 他痛苦：“悲愤交集，无可发泄。”“感情所触，几欲自裁，”“呜呼！人生至斯，生不得自由，并死亦不得自由，诚可哀矣！”③ 黄兴的这种情绪，被写进了同盟会中部总会的成立宣言中：“一以气郁身死，一以事败心灰，一则宴处深居，不能谋一面，于是群鸟兽散，满腔热血悉付诸汪洋泡影中矣”④。在自责和痛苦中回顾以往的经历，黄兴几乎要放弃当初选择的武装起义的基本方策。他组织实行队，准备以暗杀行动，报死难烈士之仇。“不道珠江行役苦，只忧博浪锥难铸”⑤，“弟本以欲躬行荆、聂之事，不愿再为多死同志之举”⑥，“同盟会无事可为矣，以后再不问党事，惟当尽个人天职，报死者于地下耳”⑦。要放弃武装起义，这虽然是痛苦至极时的发泄，也的确反映了他当时的迷茫心情。

① 刘揆一：《黄兴传记》，《辛亥革命》第4册，第288页。

② 黄兴：《致海外同志书》，《黄兴集》，第43页。

③ 黄兴：《致冯自由书》，《黄兴集》，第65页。

④ 《中国同盟会中部总会成立宣言》，《辛亥革命在上海史料选辑》，第7页。按：身死者指赵声，心灰者指黄兴，深居者指胡汉民。也有心灰者指胡汉民、深居者指黄兴的说法。

⑤ 黄兴：《蝶恋花·增侠少年》中句，见《黄兴集》，第62页。

⑥ 黄兴：《致冯自由书》，《黄兴集》，第67页。

⑦ 《石叟牌词》，《谭人凤集》，第370页。

当失败的烦恼压在黄兴等同盟会领导人的心头时，湖北革命党人却在进行扎实而细致的起义准备工作："时湖北同志猛勇进行，大有一日千里之势"①。尽管文学社、共进会的主要负责人及若干重要骨干大都是同盟会员，尽管两个革命组织的成员接受孙中山的主义，崇信黄兴的为人，但他们在武、汉的起义准备工作，似乎未达"天听"：孙中山奔走海外，不了解武、汉的革命情势；黄兴对武汉的情形似乎也知之不多。是否能在湖北造就雄踞一省的形势，黄兴似乎未考虑过。1911年2月他致信居正，表示："吾党举事，需先取得海岸交通线，以供输入武器之便。先钦、廉虽失败，而广州大有可为，不久发动。望兄在武、汉主持，结合新军，速起谋响应。"②这是为"三·二九"起义作准备。举事地点选在沿海交通线上，是便于款项和武器从海上输入。组织工作的重点不是放在内部，放在基本群众的组织和发动，而是放在外援上。这条策略路线的缺点是很明显的：华侨虽对历次革命发动做出了很大贡献，但外援不总是那么得心应手；即便外援供应顺利，掌握外援的物质力量没有形成，其奈外援何？待至武昌临近起义，他对武昌起义是否能及时发动，还是怀疑的。9月他致函武、汉同志："此次经营武、汉，要格外慎重。各省没有打通以前，湖北一省千万不可轻举。必须迟至九月（按此指旧历）初旬，与原定计划中之十一省同时举义，方可操必胜之券。希望武、汉同志暂行忍耐。"③此信原载蔡寄鸥《鄂州血史》，参加过武昌起义的人后来写的回忆中，都记述了这一情节。黄兴的密友李书诚在回忆录中说："黄先生从香港复电说，须俟九月初（旧历）约十一省同时起义"④如果说这些回忆的准确性尚有可疑之处，我们从黄兴在10月3日复同盟会中部总会书中，也可看出某种端倪。他"初念云南方面较他处稍有把握，且能速发，于川蜀亦有掎角之势"⑤，曾致电谭人凤，电汇三百金，约谭同赴云南。⑥后虽悉湖北的可靠消息，却在信中一则表示"行止尚不能预

① 《石叟牌词》，《谭人凤集》，第375页。

② 居正：《辛亥札记》，《辛亥革命在湖北史料选辑》，第113页。

③ 《黄兴集》，第62页。

④ 李书城：《辛亥前后黄克强先生的革命活动》，载中国人民政治协商会议全国委员会文史资料研究委员会编《辛亥革命回忆录》，第1册，文史资料出版社，1981年重版，第185页。

⑤ 《黄兴集》，第63页。

⑥ 《谭人凤集》，第375页。

定”，一则表示“鄂事请觉生兄取急进的办法，如可分身，能先来港一商尤盼。”[①] 面对返鄂主持大计的迫切要求，不是立即部署起程事宜，反要居正来港一商，是否心中还存在这样一种块垒：湖北具备了雄踞一省、四方响应的条件了吗？我想，这是黄兴面对湖北紧迫需要延迟不进的真正原因。

对湖北起义的重要性和紧迫性缺乏认识是同盟会领导人的通病，不独黄兴如此。孙中山恐怕比黄兴的估计更差些。9月25日，孙中山在美国复函美国人咸马里，分析国内形势：“近日四川省起大风潮，为民众与政府之间发生铁路争端所引起。我党在华南的总部诸君大为激动，因为谣传四川军队已卷入纷争。如所传属实，则我党人拟策动云南军队首先响应，而广东军队亦将继起。但我不相信此一传闻，因我们从未打算让四川军队在国民运动中起首倡作用。”[②] 这里说到了四川、云南、广东，对湖北，只字未曾涉及。孙中山是在10月11日从典华（丹佛）的报纸上看到武昌起义的消息的。10月10日晚，孙中山甫抵典华，得悉黄兴谓武昌“新军必动”的电报，“随欲拟电复之，令勿动”。只是由于旅途劳顿，思虑纷乱，乃止，并“欲于明朝睡醒精神清爽时，再详思审度而后复之”[③]。到了“明朝”，已获武昌起义消息。

同盟会中部总会的领导人是否有明确的认识呢？人们说到此时多持肯定的态度。分析史料，却不尽然。组织中部同盟会的设想是1910年夏在东京由宋教仁、谭人凤、居正、赵声等人提出的，那是对武装起义在沿海屡遭失败的那样一种现实的反思，当时只提出在长江推进革命，并无进一步考虑。1911年7月同盟会中部总会在上海成立，总结同盟会以往武装起义经验教训，指出：“惟挟金钱主义，临时招募乌合之众，搀杂党中，冀侥幸以成事，岂可必之数哉？此吾党义师所以屡起屡蹶，而至演最后之惨剧也。”[④] 这个针对孙中山和黄兴的经验总结，在后人看来，应当说大体上是正确的。他们把总机关设于上海，“取交通便利，可以联络各省，统筹办法”，比同盟会总部设在东京而其领导人四散在各地，对于了解国内情况并指导各地斗争确乎是前进了

① 《黄兴集》，第63—64页。

② 孙中山：《复咸马里》，中国社会科学院近代史研究所中华民国史研究室等合编《孙中山全集》，第1卷，中华书局，1981年版，第540页。

③ 孙中山：《建国方略》，《孙中山全集》，第6卷，第244页。

④ 同上，第7—8页。

一步。他们把发难地域选在远离南方沿海地带的长江，至少是表现了对选择起义地点的重新探索。也应指出，中部同盟会诸公由于对长江流域各省的革命活动未作出全面调查研究和估价，因而并未提出长江革命的具体方案，对于湖北两派革命力量的团结和革命活动的开展虽起到了推动作用，但湖北是否应该成为首义省份，并未得出明确判断。①

以谭人凤和宋教仁为例。据李西屏在《武昌首义纪事》中记述，1910年11月，东京同志集“经世学社”，商讨回国起兵地点，群议多主至西南边省，惟湖北人杨时杰力持非武昌不可，列举地理、工业、新军、饷源等为理由，结论是武昌“苟举兵，当可震动全国，推翻清室；即不然，亦可背城借一，以张吾之声势”。言未毕，宋教仁指为理想，谭人凤斥为梦说。②黄花岗起义失败后，谭人凤与宋教仁在香港商议善后，看到黄兴、赵声、胡汉民的情绪，也颇怏怏。谭自述：“余乃心志俱灰，与钝初同返。钝初仍入《民立报》，予则决心归家，不愿再问党事也。”③谭人凤在湖南故乡受到友朋“三秦亡楚”的鼓励，决议鼓起风帆，经汉口来到上海。在汉口，开始对焦达峰等湖南朋友“将乘湖南铁路风潮相继暴动”的打算，表示“力持不可，且告以灰心之故”④。后从湖北党人处了解到武、汉两派组织及准备举事情况受到感染。回到上海组织同盟会中部总会，被推为评议部议长。“旋南京支部亦相继成立，定宣统五年为大举时期，盖恐各处过于急躁，故有此宣告也”⑤，可见他们对长江革命、湖北革命的规定是并不急迫的，意在防止急躁冒进。及至9月中下旬，武、汉方面迭电请往主持，谭人凤适病重，商情宋教仁先去。宋教仁“三番两次心动摇”⑥，先答应10月11日动身，后经会议责备，答应过了中秋（10月6日）即去，临期，又以难以离开《民立报》馆为由拒不启程。查宋教仁自

① 《民立报》记者徐血儿著《宋先生传略》一书，记述宋教仁发挥他提出的起义三策中的中策时，说过“以湖北居中策之中宜首倡义”之类的话，左舜生著《黄兴评传》据此论证宋教仁和中部同盟会作出了湖北首义的决策。本文的论证，宋教仁等是不支持湖北首义的，徐说姑存其疑。

② 参见李西屏：《武昌首义纪事》，《辛亥首义回忆录》，第4辑，第14页。

③ 《石叟牌词》，《谭人凤集》，第370页。

④ 同上书，第372页。

⑤ 同上书，第374页。又说“约待宣统五年颁宪政，三军齐起复神州”，同上书，第372页。

⑥ 谭人凤《石叟牌词》中语。应当指出：在居正、杨玉如赴上海报告武汉形势时，押在武昌狱中的党人胡瑛也派人去上海送信，“极言湖北之不能发难”（居正：《辛亥札记》），干扰了宋教仁等的判断。

9月14日至10月15日，在《民立报》发表时评和书评约三十篇，对于推进革命不过隔靴搔痒。革命领袖抓紧革命宣传工作是正确的，必要的，在一定的际遇下是不可须臾或缓的；但革命领袖一旦发现革命的形势业已成熟，本应立即驰赴前线，亲临指挥，以求掌握全局，弃此不为，而以些须小事诸如办报为由不能离开，解释只能是：宋教仁对武昌起义的重要性和紧迫性并无切实认识。黄兴以筹款为由迁延不进，其错误性质同此。[①]

在1911年9月以前，同盟会领导人设想首先起义的地点是广东，还考虑过云南、四川，甚至湖南，就是没有考虑过湖北。是年6月，谭人凤对湖北党人说过："武、汉深居内地，四面受敌，不宜首先发动。广州地处海滨，容易得到海外的接济，所以中部同盟会很赞成广州先动，长江下游各地同时响应。"[②] 黄兴在10月初也作过检讨："前吾人之纯然注重于两粤而不注重于此者（按指武昌），以长江一带，吾人不易飞入，往来输运亦不便，且无确有可靠之军队，故不欲令为主动耳。"[③] 这里把不考虑湖北为主动的理由说清楚了。无非是：一、地理条件不好，二、革命基础力量不好。但是这一理由，恰恰暴露出黄兴等领导人对湖北革命的准备情况太缺乏了解。当黄兴了解情况后，对武汉的看法立即大变。关于地理条件，黄兴说："以武汉之形势论，虽为四战之地，不足言守，然亦视其治兵之人何如。贼吏胡林翼于破败之秋，收合余烬，犹能卓然自立者，亦有道以处之。今汉阳之兵工厂既归我有，则弹药不忧缺乏，武力自足与北部之兵力敌，长江下游亦驰檄可定。沿京汉铁路以北伐，势极利便。以言地利，亦足优为。"关于人员条件，黄兴说：武汉"各同志尤愤外界之讥评，必欲一申素志，以洗其不名誉之耻。似此人心愤发，倚为主动，实确有把握，诚为不可得之机会。"[④] 既然地利、人和均以武昌为优，

---

① 美国学者周锡瑞研究两湖辛亥革命时，注意到了这种现象，他写道："对于湖北请求领导一事，中国中部同盟会的反应并不怎么热情"，"黄兴从香港来的反应甚至更为冷淡"。见周锡瑞：《改良与革命》（杨慎之译本），中华书局，1982年版，第210页。

② 与湖北党人的谈话，转引自《谭人凤集》，第7页。

③ 《致冯自由书》，《黄兴集》，第67页。

④ 《黄兴集》，第66—67页。关于地理条件，宋教仁也说："且武昌襟带吴楚，东下可以制长江之命脉，西上可以杜川湘之门户；又渡江而北，右可以扼山南之肩背，左可以捣中原之肘腋。昔者朱元璋克武昌，遂因已荡平荆湖，混一区宇；洪秀全屡得之而不能守，终使曾胡遂成竖子之名。武昌之为天下重，顾不甚欤？吾故曰：今日天下之形势，重在武昌也。"见陈旭麓主编：《宋教仁集》，上册，中华书局，1981年版，第345页。此文刊载于1911年10月15日《民立报》，可惜是在武昌起义之后。

黄兴对起义首发地点的选择立即改为："以武昌为中枢，湘粤为后劲，宁、皖、陕、蜀亦同时响应以牵制之，大事不难一举而定也。"[①]。此即所谓"能争汉上为先着，此复神州第一功"[②]。可惜这种转变来得太晚，而湖北革命的发展又太快，黄兴等同盟会领导人对武昌起义的紧迫性的认识还是没有跟上形势的发展。

首义选择在哪一省，的确是革命实践中的最大难题。为此进行艰苦探索，付出必要的代价是应该的。只是当作出首义选择的客观条件已经成熟，而革命的指导者们却未能及时认识它，并做出最必要的安排，从而影响了革命的进一步发展，则是历史的一个悲剧。

五

从历史发展进程的眼光来看，选择首义地点的必要条件至少应具有如下几点：

一、正确选定地理环境。同盟会成立以后，孙、黄等领导核心把起义地点选在华南沿海一带是无可厚非的，除了孙中山本人难以在国内立足，只得着力于华侨工作和海外宣传以便于争取经费援助及失败后容易从此退却外，其可借鉴之历史根据是太平天国洪杨起事于两广。太平天国是农民起义，他们一开始就创立一支独立的武装力量，以此为基地向北推进，借着清政府于内外交困中尚未取得镇压南方农民起义的经验的机会，一举获得了建都南京的辉煌胜利。与洪、杨相较，孙、黄起义一开始就具有城市暴动的性质，而无直接掌握一支强有力的武装力量的图谋；而清政府已获得了镇压南方边鄙地带反清起事的统治经验。现在看来，孙黄在运用历史经验上有失于检点之处。一般说来，在远离清政府政治、经济中心的边徼发动起事，不会引起清政府的重视和震动，且易于为地方当局镇压，由于它距政治、经济中心遥远，也易于使政府当局从容组织、调动力量以应付。洪杨起事于金田时，地方当局并不重视它。及至地方处置失当，洪杨势力张大，引起朝廷重视，发兵剿捕。如果各当事人勇于任事而不隐匿推诿，当不会使洪杨大军逸出古苏冲、蓑衣渡。

① 《黄兴集》，第67页。

② 《和谭人凤》，《黄兴集》，第72页。

孙黄在广东、广西、云南组织的八次起义，均未成功，就是有力证明。即使暂时成功，由于边鄙地方交通和通讯不便，也不易争取各省同时响应。孤立无援，孤掌难鸣，其结果是不言自明的。而武昌地理环境则大不相同。武昌虽如黄兴所说“四战之地，不足言守”，但它是华中政治、经济中心，兵工等工业企业林立，交通发达，信息灵通，其距清廷所在地不远，又有京汉铁路相通。一旦起义（哪怕是一次失败的起义），给予清廷的打击和全国的震动，决非广州和华南沿海偏远地方可比拟。只要党人举措不失误，及时控制武汉三镇及其周围羽翼地区，及时控制京汉铁路的咽喉地带①，利用长江天险（清政府海军力量不强大，利用舰队攻取武汉的可能性不大），争取起义地区军事上暂时的稳固时间，对于等待、刺激和号召各省起义援应，具有相当好的条件。而孙黄等同盟会领导人计不出此，在南方边鄙屡次败北而不思改善起义地点的地理环境，显然是一失误。

二、在起义基本力量的组织上着实用力。同盟会组织的起义，其着力点开始都在会党。萍浏醴起义及光复会发动的起义也是如此。会党啸聚无常，组织涣散，胜时骄，败时馁，破坏易，建设难，显然不是可靠的基本力量。后来转向南方新军中做工作，这一着力点转变的积极意义应当肯定。但是，或者所选非人（如郭人漳虽为同盟会员，但在广西新军中地位较高，并未决心反清革命），或者工作不扎实（如赵声、倪映典辈虽在同盟会中有较高声望，但在新军内部缺乏长期、细致的组织发动工作），新军起义亦未收效。

这一点，在武汉的情形则迥然不同。湖北是清末编练新军最有成效的地方之一。1902 年清政府向全国推广新军编练，曾令江苏、安徽、江西、湖南等省派干员到湖北考察学习。湖北新军练成一镇一混成协，在实力、素质、文化水平、给养诸方面，除北洋六镇外，无可匹者。在新军中做策反工作，如选择北洋六镇，由于禁脔所关，难于展开工作，观吴禄贞后事可知；如选择南方新军，由于力量不大，不足已成大事。只有在湖北新军中做工作，可望收到成效。黄兴果能像深入郭人漳营做工作一样，深入湖北新军中，与那些长期在士兵中进行组织发动的党人交朋友，一定会产生异乎寻常的效果。

① 介于鄂豫皖之间的武胜关是京汉铁路的咽喉地带，控制此地，可延缓北兵来犯的速度。武昌起义以后，已有人提议及此，决策者未能采纳，是起义者的一大失误。

同盟会领导人未能解决的深入发动新军的问题，被长期以来潜入湖北新军的一些普通同盟会员解决了。自华兴会成立以来，武、汉地区的革命党人（主要是湖北人和湖南人）坚持了扎实细致的革命宣传和组织工作，在各界群众特别是新军中聚集了雄厚的革命力量。自科学补习所于1905年11月被迫停止活动后，陆续有军队同盟会、群治学社、振武学社、湖北共进会等革命团体的建立。1911年1月，武昌革命党人在振武学社的基础上，建立了新的革命组织文学社。文学社主要在新军士兵和学堂青年学生中发展成员，起义前以达三千多人。文学社还以《大江报》作为机关报，报纸免费送新军各营队，扩大了宣传阵地。湖北共进会自1909年由一批留日学生建立后，很快地把工作重点转向新军，原属群治学社的一部分人参加到共进会里来，起义前，共进会成员发展到两千多人。正是由于这些革命党人采用借矛夺盾的办法运动新军，把清朝的干城转变为革命的劲旅，在湖北新军中造成了雄厚的革命基础。[①]（黄兴在获悉这些情况后，也觉得鄂事“似较粤为善”[②]。）湖北新军有良好的武器装备，武、汉有兵工厂，有新军弹药库，这些都已为新军中的革命士兵所掌握。他们不需要像组织沿海起义那样花许多钱（湖北党人只从同盟会领导人手中收到过八百元钱，另湖北同盟会员刘公捐出了五千元作为活动费），去购买武器弹药。黄花岗失败后，湖北两派组织在目标一致的前提下实现了联合。由于全国政治局势的迅猛发展，武昌起义已是箭在弦上，不得不发了。

三、起义的领导力量。起义的领导力量如何，关系重大，它决定着起义的成败结局。

据首义老人杨玉如回忆，1910年夏共进会员杨时杰（也是同盟会员）从东京回到武昌，对杨玉如说：

① 文学社、共进会在湖北新军各标营中都指派了代表，有关发达起义的各项指示、消息，可通过标营代表直接传达到每个士兵。有的标营还按照起义要求，把全体士兵按革命编制进行了组织，如工兵八营，按共进会要求，编成了一个大队，大队长为熊秉坤，其下编成两个正队，十一个支队。参见中国社会科学院近代史研究所等编：《武昌起义档案资料选编》，上卷，湖北人民出版社，1981年版，第19—22页。

② 《致冯自由书》，《黄兴集》，第66页。

革命潮流，一日千里，进步甚速，中国革命似有成功的希望。但这几年孙总理、黄克强等专在沿海几省，靠几处会党，携少数器械，东突西击，总是难达到目的。我们长江的党人都想从腹地着手。尤其是我们湖北人，就想在我们湖北干起来，孙、黄总不大相信，所以我先约刘仲文回来作准备工作。居觉生、彭汉遗、吴寿田、田梓琴等他们都要陆续回来的。我们这次自告奋勇，总要做点事业给孙、黄看看。①

以上情况，黄兴似乎是承认的。②可见，湖北党人对同盟会领导人不选择武昌为突破口，是很不赞成的。

请罗列筹划武昌起义的领导人名单。

一、文学社：

正社长：蒋翊武

副社长：王宪章

参　议：张廷辅　汤济五

参　谋：黄振中　杜武库　杨在雄　王华国　马保黄　徐继庶

交　通：彭楚藩　陈达五

外　交：胡经武　詹大悲

庶　务：刘复基　陈树三③

二、共进会：

总务部：部长孙　武　　副部长刘　公

内务部：部长刘　公　　副部长居　正

参议部：部长蔡济民　　副部长杨玉如

军务部：部长蒋翊武　　副部长高尚志

外交部：部长谭人凤　　副部长刘尧澄

① 杨玉如：《辛亥革命先著记》，第25页。

② 黄兴在致冯自由函中说过：鄂省“各同志尤愤外界之讥评，必欲一伸素志，以洗其久不名誉之耻，”见《黄兴集》第66页。“以洗其久不名誉之耻”一句，似颇费解。

③ 参见王华国：《文学社事实》，《武昌起义档案资料选编》，上卷，第7—8页。

财政部：部长张振武　　副部长李春萱

调查部：部长邓玉麟　　副部长彭楚藩

交通部：部长丁立中　　副部长王炳楚①

三、合并后的联合组织机构：

总理部：总理刘　公

军务部：正长孙　武　　副长蒋翊武　高尚志

参议部：正长蔡济民　　副长徐达民

内务部：正长杨时杰　　副长杨玉如

外交部：正长宋教仁　　副长居　正　刘复基（尧澄）

理财部：正长李春萱　　副长张振武

调查部：正长邓玉麟　　副长彭楚藩

交通部：正长丁立中　　副长王炳楚②

四、起义前议定的临时指挥机构：

革命军临时总司令：蒋翊武

参谋长：孙　武

参　谋：刘尧澄　蔡济民　吴醒汉　杜武库
　　　　蔡大辅　祝制六　王文锦　徐达民

内　政：杨时杰杨玉如

秘　书：丁立中潘公复查光佛牟鸿勋

交　通：杨宏胜

财　政：李作栋

传达命令：邓玉麟

常驻军事筹备员：王守愚陈磊

---

① 李白贞：《共进会从成立到武昌起义前夕的活动》，《辛亥革命回忆录》，第1册，第510页。

② 杨玉如：《辛亥革命先著记》，第51页。

常驻政治筹备员：孙武潘公复李作栋[①]

查以上名单，只有宋教仁、谭人凤、居正、胡经武是著名的同盟会员。列入宋教仁，只是考虑他在同盟会中的地位，宋实际上并未参与武昌起义的组织领导工作。谭人凤、居正是同盟会推出与湖北革命党人居间联络之人，他们实际上也未参与湖北革命的组织领导工作。[②]胡经武（名瑛）一直在武、汉从事军运工作，自1907年以来一直在武昌狱中，他虽然同党人保持着密切联系，所做实际工作毕竟很少，且他一向是反对武昌首先起义的。在湖北从事革命的组织领导工作的是蒋翊武、孙武、彭楚藩、詹大悲、刘复基、刘公（仲文）、蔡济民、杨玉如、张振武、李春萱、邓玉麟等人，拿这些人的名字（加上胡瑛），与冯自由、田桐、邹鲁所开列的中国同盟会干部名单[③]相对照，只有胡经武是中国同盟会本部评议部的成员，其他诸人均名不见经传，不是同盟会领导圈子以内的人，甚至也不是同盟会的分支机构——中部同盟会领导圈子以内的人。

这个名单对比以及前文的论证说明了：作为辛亥革命胜利标志之一的武昌首义是未经中国同盟会讨论决策、没有同盟会领导成员参与领导指挥，而是由一些中下层的同盟会成员和其他革命党成员，在孙中山的旗帜下经过坚苦卓绝的工作后独立发动、指挥的。这是一个最基本的事实。这个事实所包含的优点和缺点是同样明显的。优点在于：由于基本群众组织发动起来了，在脱离领导的情况下，起义终于能够掀起；缺点在于：起义士兵面临没有众望所归的领导人的苦恼，他们不仅找不到早已期望来汉的黄兴、宋教仁等高层领导人，也找不到起义前确定的临时总司令蒋翊武和参谋长孙武。在战火

① 参见张难先:《湖北革命知之录》。以上抄录的四类名单，都是亲历者的事后回忆，各种记载大同小异，基本可信。

② 谭人凤记述，他1911年6月过汉，经孙武约集蔡济民、高尚志、邓玉麟、蔡汉卿、徐万年、潘公复、李作栋、王炳楚、杨玉如、杨时杰、居正等会议，会中，居正除两杨相识外，尚须一一问姓名，见《谭人凤集》。第373页，可证居正虽为湖北人，但对湖北革命情况所知甚少。居正也不否认这种情形，他在《辛亥札记》中记他1911年2月到汉口，“值禁网严密，几寻不着一条路，找不着一个人，诸事无从下手”，后经杨时杰介绍孙武等，“事渐有绪可寻”。参见《辛亥革命在湖北史料选辑》，第113—114页。

③ 参见中国国民党中央党史史料编纂委员会编《革命文献》，第2辑，及邹鲁:《中国国民党史稿》第1编，第2章。

纷飞中，起义士兵找到一个久已脱离革命行列的下级军官作临时指挥，而在攻下督署后，拉出一个清军协统作了革命军的总首领。如果黄兴、宋教仁在起义现场，或者蒋翊武、孙武能冒险挺身出而指挥，武昌起义的前景要辉煌得多，其结局将是另一个模样。

六

问题似乎又回到了本文的开头。

在讨论这个问题的时候，有人着重指出：黄兴的姗姗来迟，削弱了运动的政治领导，使“黎元洪这样的旧党就在群龙无首的混乱状况中，不伦不类地登上了首义之区的都督宝座。在这里，首义也就隐伏着首败。”[①]指出这一点是今年黄兴研究中的进步。实际上，类似的观点，谭人凤在民国初年就提出了。谭人凤在评论武昌起义的成败时写道：“谈革命者，遂每薄视湖北人为不可靠焉。而岂知空前绝后之事功，卒赖武汉一举而成立。……惜乎，所举非才，民国由湖北人而成，卒由湖北人而败，则不得谓非一大恨事也。”[②]显然，这个评论是就表面现象作出的，纠其实质，尚待揭明。

应该指出，对于武昌首义可能出现某种悲观的前景，黄兴早有预测。他在致冯自由函中指出：武昌起义“若强为遏抑，或听其内部自发，吾人不为之指挥，恐有鱼烂之势，事诚可惜。”[③]他在致伍平一等人函中又一次强调：武昌“即无吾人提携之，彼亦将自发，有不可收拾之日，而成鱼烂之势矣。与其日后不可救药，何若谋胜于机先。”[④]所谓“鱼烂之势”，所谓“不可救药”，我以为黄兴的基本思想是指，武昌起义可能脱出同盟会的领导和控制，导致产生不符合同盟会主张的结局，事实上，黎元洪被推为军政府都督，是武昌起义脱出同盟会领导和控制的表现，是鱼烂之势已成。黄兴的预测表明，他对于自己未能及时前去武昌“指挥”和“提携”的后果是有预感的。

从湖北革命党人一面来看。文学社和共进会负责人在讨论联合的过程中，

① 皮明庥：《黄兴在武昌起义中的成败》，《黄兴新论》，第159页。

② 谭人凤：《石叟牌词》，《谭人凤集》，第378页。

③ 《黄兴集》，第66页。

④ 同上书，第71页。

首先就团体合并取得一致意见，但讨论从刘公、孙武、居正、蒋翊武诸人中推选一位主帅，或都督，或总司令时，“无奈彼等谦让未遑，不肯担任”，实际上是因为没有一位众望所归的领袖能技压群芳，难以达成共识。有人提议“我们可否向中部同盟会找黄克强、宋遯初、谭石屏等来帮同我们主持，名义候他们来了再定，如何？”大家一致赞成，乃决定派居正、杨玉如赴上海敦请黄兴等人。[①]从前面罗列的起义领导机构的人事安排中也可以看出：从湖北的党人中难以产生一位统帅八方的主帅。大家一致敦请黄兴前来主持的愿望是真诚的。

时局发展的关键是，由于黄兴等对武昌首义的紧迫性和重要性认识不够，作出武昌为起义突破口的战略转变太急促，亲临前线指挥的动作又太迟缓，未曾谋胜机先，形成了起义爆发时的领袖真空。刚刚手刃了两名革命党的黎元洪被拥戴为都督，旋而副总统，旋而大总统，照谭人凤的说法，“汉口由其犹豫而烧，赣、宁由其反对而败，国会由其违法怕死而解散”，显然影响了民国初年的全部政治生活。他评论道：“推原祸始，则皆宋遁初之迁延有以致之也。不然，当时内地同志，对于海外来者实有一种迷信心，安有黎元洪？无黎元洪，又安有此数年之惨剧？吾昔日因袁世凯目黄、宋为英雄，曾有言曰：克强雄而不英，钝初英而不雄，盖有慨而言之也。”[②]

批评宋教仁迁延不进是有道理的，同时也应批评黄兴迁延不进。如果我们能同意这种认识，则“民国由湖北人而成，卒由湖北人而败”的话就显得不大妥当了。说“民国由湖北人而成”，虽不甚妥帖，尚差强人意，说“民国由湖北人而败”就有张冠李戴之嫌。公正地说，武昌首义的发动者们的革命首创精神是值得表彰的。同盟会领导人对武昌首义的迟疑、彷徨和迁延不进，给后人留下了话题。它作为历史研究的对象，至今仍值得人们回味。

---

① 参见杨玉如：《辛亥革命先著记》，第48页。

② 谭人凤：《石叟牌词》，《谭人凤集》，第376页。

中国历史将要良性运转

——毛泽东与近代中国历史随想[①]

一

毛泽东一生，其言行在中国历史上留下了深深的印痕，在世界历史上，也足堪与同时代的伟人媲美。美国一位毛泽东的传记作者在其作品的中文版序中写道："毛不仅是中国的，而且是全世界的，他的影响早已经超出了他的国家。"[②]同样的意思，曾被许多外国访问者、学人和政治家用不同的语言描述过。一位知名的台湾历史学者曾给我讲过一个很动听的故事：他1968年到美国访问，一位黑人计程车司机眉飞色舞地对他说："你来自毛泽东的中国（注意：这位教授来自中国的台湾，而非大陆），车费就免收了吧"，很令我这位朋友动颜。

当然看法也并非一律。两年前在夏威夷一个讨论辛亥革命的学术会议上，我与两位知名的台湾教授在茶点时讨论孙中山、蒋介石和毛泽东。在谈到毛泽东的功绩时，那位很值得我尊敬的台湾教授明显表现了怀疑和鄙夷颜色。

毛泽东去世两年以后，中国共产党人、人民群众和学术界对毛泽东晚年的错误，尤其对他发动"文化大革命"的错误决策，对他的家长制作风展开了激烈的批评，呼吁毛泽东走下神坛。不过十年工夫，当中国的改革开放日益走向深入的80年代末以后，在中国，主要在民间出现了一个新的现象，老百姓又请毛泽东走上神坛。从广东、广西，迤北至东三省，挂毛泽东像，唱

① 本文应台北《海峡评论》邀请而作，发表于《海峡评论》，1993年第2期。

② R. 特里尔：《毛泽东传》，河北人民出版社，1990年版。

红太阳颂，随处可见。在青年学生和知识分子中，“毛泽东热”蔚为壮观。最近还有“心中想念毛泽东”的活动展开。这种有趣的社会现象颇值得从政治学、社会学和历史学角度加以关注和研究。毛泽东是耶非耶,在中国老百姓的心中，是有一杆秤的。

毛泽东逝世十七年后的中国，与毛泽东时代的中国，有了很大的不同。中共十四大在实行改革开放十几年的基础上，确立了以社会主义市场经济作为实现社会主义现代化的基本路线，这在毛泽东的时代几乎是不能想象的。有鉴于此，我们今天已经有可能冷静地从整个近代中国历史的角度来思考毛泽东现象，来探寻毛泽东与中国近代历史的关系了。

二

1842年《南京条约》签订以后，中国沦为半殖民地半封建社会，外受列强压迫，内受封建统治，既贫且弱，落后挨打，国将不国，民不聊生。一代一代中国人，为着祖国的独立、统一、民主和富强而努力奋斗。《北京条约》签订以后六年出生的孙中山,《中法越南条约》签订以后两年出生的蒋介石,《马关条约》签订以前两年出生的毛泽东,差不多活跃在近代中国历史的主要时期。孙中山以革命为职业，毕生奋斗，实现了推翻清廷帝制的伟大抱负，对中国历史的贡献彪炳史册，但帝国主义仍在神州横行，封建统治的根基并未触动。蒋介石继承孙中山遗志，胜利完成了北伐，在南京建立国民政府，名义上实现了中华民国的初步统一。但蒋介石对帮助改组国民党、推动北伐并为实现孙中山的三民主义而努力的共产党大张挞伐，导致国共长期内战，民益贫而国益弱，诱使早已蓄谋侵华的日本帝国主义大打出手，从“九一八”起到“八一五”止，十四年时间差不多侵占、蹂躏了大半个中国。中国何辜？民众何辜？晚清以来的中国政府惧洋成癖，挺不起腰杆做人，是主要原因。半个世纪过去了，中国的独立、统一、民主和富强仍然是大多数中国人苦苦追寻的一个梦。

毛泽东代表挺起脊梁骨的中国人，与他的共产党朋友和万千爱国志士一起，一步一个脚印，扎根在差不多一无所有的、赤贫的民众中间，走从农村包围城市、从农村走向城市的革命道路，“外抗强权，内惩国贼”，终于在1949年10月建立了中华人民共和国。新中国的建立是中国历史的一个十分重要的新标志。毛泽东说：“占人类总数四分之一的中国人，从此站立起来了！”“我们的民族将再也不是一个被人侮辱的民族了”，（《毛泽东选集》第五卷，人民出版社1977年版，第5页）这是代表受尽了几千年的封建奴役、一个世纪的帝国主义压迫的中国人向世界发出的一声庄严宣告。从此，不管你对中华人民共和国承认与否，不管你对毛泽东和中国共产党赞成与否，中国人，中华民族作为一个挺直腰杆的整体，站立在世界的东方，是一个铁的事实了。

毛泽东传记的另一位作者认为：毛泽东“维护中国尊严和民族利益的坚定决心”，“得到了他的同胞的一致反应。”（施拉姆：《毛泽东》，1967年美国修订版，1987年北京红旗出版社中译本）这是很自然的。毛泽东在1963年9月写道：“我国从19世纪40年代起，到20世纪40年代中期，共计一百零五年时间，全世界几乎一切大中小帝国主义国家都侵略过我们，都打过我们，除了最后一次，即抗日战争，由于国内外各种原因以日本帝国主义投降告终以外，没有一次战争不是以我国失败、签订丧权辱国条约而告终。”面对百多年来民族的屈辱，国家的屈辱，中国人为向世界争取国家平等地位不停地抗争着，从太平天国、义和团朴素的反帝（以排外的形式出现），到五四运动后“打倒列强”、“打倒帝国主义”的种种运动，一再爆发出来。在新中国建立前夕的1949年3月，毛泽东在河北西柏坡宣告：新中国在对外关系上将“采取有步骤地彻底地摧毁帝国主义在中国的控制权的方针”，“不承认国民党时代的任何外国外交机关和外交人员的合法地位，不承认国民党时代的一切卖国条约的继续存在，取消一切帝国主义在中国开办的宣传机关，立即统制对外贸易，改革海关制度”，“关于帝国主义对我国的承认问题，不但现在不应急于去解决，而且就是在全国胜利以后的一个相当时期内也不必急于去解决。我们是愿意按照平等原则同一切国家建立外交关系的，但是从来敌视中国人民的帝国主义，决不能很快地就以平等的态度对待我们，只要一天它们不改变敌视的态度，我们就一天不给帝国主义国家在中国以合法的地位。”毛泽东认为，“在做了这些以后，中国人民就在帝国主义面前站立起来了”。（《毛泽东选集》，合订一卷本，人民出版社1964年版，第1435—1436页）“我们就有可能在平等互利和互相尊重领土主权的基础之上和一切国家建立外交关系了。”（同上书，第1478页）这个宣告，就是新中国建立后所取独立自主外交方针的基本政策依据和理论依据。这个宣告，使新中国的对外政策原则与鸦片战争以来历届中国政府的对外政策原则划清了界限，一扫由于历届中国政府对外屈服、帝国主义欺我辱我不平等待我而导致中国人的崇洋、媚洋、惧洋的心理和软骨病，给予国人和世界的震动何其巨大。此后，中国人和自己的国家立即感到自己挺起了腰杆。当1950年韩战发生，中国掀起“抗美援朝”运动时，尽管在三年国民经济恢复初期中国还处在那样一种百孔千疮、百废待举、依旧贫穷落后的严重形势下，但全国人民为反对美帝国主义、保家卫国，而掀起一种意气风发以恢复经济、发展生产来谋求国家在世界的平等地位的情景，就是有力的证明。此后在三年困难时期（1959—1961），中国知识分子和人民群众勒紧裤带、忍饥挨饿为研制原子弹和核武器而含辛茹苦、同仇敌忾的精神，也是同样地证明了这一点。如果新中国不采取这种独立自主的对外政策而像1949年前一百年的历届政府那样一切俯仰随人、屈己服人，中国还能有今天这样的国际地位吗？由此估计毛泽东对近代中国历史的贡献，我们能够不说是迈越前古的吗？

三

求富求强，是近代中国一个永不衰竭的追求目标。从上一个世纪70年代的洋务新政起，到戊戌维新，到本世纪头十年清政府全面推行新政，30年代国民政府也在一定程度上组织过国家的经济建设。许多志士仁人为求富求强，追求过工业救国、教育救国。令人泄气的是，中国始终没有富强起来。到1949年新中国建立，中国还是一个贫穷落后的农业国家，以机器工业为代表的近代资本主义企业产值在国民经济总产值中只不过占到百分之十的份额。（这是抗战前的估计，实际上1949年还不足这个份额。）近代中国全部问题的严重性就在这里。

从社会发展的观点看，求富求强，是社会发展的基本要求，为此而采取一切必要而有效的措施，应是治国者的基本目标。从历史的观点来看，甚至可以说，近代中国一切改革的、革命的运动及政策措施，都是由这一点出发的。晚清政府在求富求强方面无甚前进，乃有康、梁维新和孙、黄革命的迭起，乃有专制朝廷的推翻和中华民国的诞生。袁氏窃国，军阀争战，国将不国，富强更何待求，于是在孙中山提倡下，国共建立统一战线，北伐成功，乃有国民政府建都南京之举。南京开府，蒋氏独裁，内战频仍，民生罔顾，一个时期，中国几乎成为世界上最大的外国军火采购者。及至抗战胜利，政府要员“五子登科”，腐败透顶，于是反内战、要和平、反饥饿、要民主的口号，遍及全国大中城市，战场失败是民心丧失的反映。由此奠基，中华人民共和国政府乃得成立。在这个意义上可以说，新中国是为着消灭中国民贫国弱的现况，为着扫除求富求强的障碍而建立的。经过艰苦努力，在1952年中国工农业生产就恢复到历史最高水平，到60年代初，工业产值在国民经济总产值中就超过农业产值。此后因为“文化大革命”的破坏，社会经济发展的高速度不幸而滑落。但经过1978年后十几年的努力，全面建设社会主义现代化的中心思想得以确立，在有中国特色的社会主义理论指导下，又顺利形成了社会主义市场经济的社会发展模式，中国在全方位开放形势下，成为当今世界上最富经济活力的一大块热土。比起发达资本主义国家来，以及按人口平均起来，中国今天还不能说已经富了，已经强了，但中国的这种社会经济发展趋势，不仅在整个中国历史上是空前的，在世界历史上也是令人骇异的。然则，在这个历史过程中，毛泽东发挥了什么作用呢?

吾人研究近代中国历史，评估毛泽东在中国近代史上的作用，应抛弃那些细枝末节，抓住两条大的脉络。第一，毛泽东总结了近百年中国不得富强、落后挨打的历史教训，体察了历届政府软弱、腐败、政治恶劣、社会制度不良的现实，在改造社会的手段上摒弃了社会改良主义的路线，改采社会革命的路线，其创造性贡献在于：不是一开始就实现社会主义革命，而是先实行民主主义革命（这个时期的纲领与孙中山先生的主张基本相同），再进行社会主义革命，“只有经过民主主义，才能到达社会主义”（毛泽东:《论联合政府》），这种民主主义，毛泽东称为新民主主义。“这种新式的民主革命，虽然在一方面是替资本主义扫清道路，但在另一方面又是替社会主义创造前提。”（毛泽东:《中国革命和中国共产党》）依据这种理论指导，中国革命的路走通了，新的中国才得以建立。

第二，毛泽东努力设计、探索中国社会发展即中国现代化的道路。从30年代，40年代，至50年代，毛泽东面对的虽然大量的、主要的是战争和军事战略问题，但他不是从纯军事的角度考虑战争，而是从政治结局、政治前景的角度考虑战争问题，在考虑战争的同时，还从发展生产力的角度考虑中国的社会发展。毛泽东在1945年写道："中国一切政党的政策及其实践在中国人民中所表现的作用的好坏、大小，归根到底，看它对于中国人民的生产力的发展是否有帮助及其帮助之大小，看它是束缚生产力的，还是解放生产力的。消灭日本侵略者，实行土地改革，解放农民，发展现代工业，建立独立、自由、民主、统一和富强的新中国，只有这一切，才能使中国社会生产力获得解放，才是中国人民所欢迎的。"（《论联合政府》）这一观点，为此后建国及建国后全面实施社会主义现代化建设奠定了理论基础。

新中国建立以后，毛泽东在探索中国社会发展即中国现代化道路方面，有成功的一面，也有失误的一面，无论成功或失误，都打上了毛泽东作为一代伟人所独具的个人风格的印记，并对中国历史发生着深刻的影响。建国前夕，毛泽东设计未来新中国的经济战略，指出："为了对付帝国主义的压迫，为了使落后的经济地位提高一步，中国必须利用一切于国计民生有利而不是有害的城乡资本主义因素，团结民族资产阶级，共同奋斗。我们现在的方针是节制资本主义，而不是消灭资本主义。"（《论人民民主专政》）据此，构成新民主主义新中国的几种主要经济形态是：社会主义性质的国营经济，半社会主义性质的合作社经济，私人资本主义经济，个体经济和国家资本主义经济。这种设计是完全符合中国生产力发展水平的，同时也显示了由新民主主义向社会主义发展的美好前景。按照这样的设计稳步地走下去，中国老百姓求富求强的理想是可以计日实现的。可惜建国以后不久，就过早地结束新民主主义的社会发展阶段，过早地把五种经济形态变为单一的社会主义经济形态。不仅使计划经济体制中的僵化部分发展到极致，在政治思想上也日益变得紧张起来（"以阶级斗争为纲"），在建设方式上盲目求快，追求用群众运动的方式发展大规模的社会经济事业。所谓"抓革命，促生产"，显然具有"马上打天下，马上治天下"的味道。结果欲速则不达，造成二十年（1958—1978）

发展迟缓。失误原因虽然复杂，但失误本身影响中国历史发展至巨则是事实。

换一个角度，毛泽东关于中国社会主义现代化建设模式的探索，却是始终不懈的。上述失误是这种探索内容之一。毛泽东希望加快社会发展速度，摆脱“一穷二白”面貌，使中国早日富强起来。由于经验不够，如果加上国际国内种种环境的刺激，他的思想神驰起来，可能出现偏差。当他冷静时，他为中国现代化的发展道路提出了很好的思路。他经常思考，要实现社会主义工业化，要实现农业的社会主义化、机械化，要建成一个伟大的社会主义国家，究竟需要多少时间？ 50至60年代，他经常结合苏联社会主义建设的经验教训，探讨中国的发展道路，分析现代化过程中各工业部类之间的比例关系，分析像沿海经济和内地经济这样属于区域经济范围的问题，考虑中国社会主义现代化的国内外环境问题。他虽然强调要向苏联等社会主义国家学习，也指出要向资本主义国家学习。他说过：“我们的方针是，一切民族、一切国家的长处都要学，政治、经济、科学、文学、艺术的一切真正好的东西都要学。”除了外国资本主义的一切腐败制度和思想作风，我们要坚决抵制和批判外，“并不妨碍我们去学习资本主义国家的先进的科学技术和企业管理方法中合乎科学的方面。工业发达国家的企业，用人少，效率高，会做生意，这些都应当有原则地好好学过来”（毛泽东：《论十大关系》），他强调，就是将来国家富强了，就是在几十个五年计划之后，还应当向人家学习。显然，这是一种谦虚谨慎的态度。

进入70年代，笔者正在河南信阳地区的“五七干校”劳动，突然看到报载中美关系的戏剧性的突破，听到毛泽东关于中美关系的讲话传达，头脑中的震惊是异常巨大的。这就是说，在当时那样一种沉闷的国内氛围底下，毛泽东却超脱出来，正在从寰球角度考虑中、美、苏关系问题。随着中美上海公报发表表，中美关系改善，中日建交，中国未来发展的国际环境获得了极大改善。

四

回顾1978年中共确立改革开放的社会主义现代化建设总方针的历史，回顾邓小平提出有中国特色的社会主义理论，如果我们问：假若没有毛泽东提出新民主主义经济形态的框架，没有毛泽东关于社会主义建设道路的思考，没有毛泽东关于向一切外国（包括资本主义国家）学习先进科学技术和企业管理经验的言论，没有毛泽东那样特立独行地营造相对安定的国际环境，中国现代化的步子将会怎么走？就是毛泽东过急过“左”的“一万年太久，只争朝夕”的现代化模式（从“大跃进”到“文化大革命”），也极大地教育了中国人：怎样才是中国社会主义现代化的正确道路，怎样才能实现中国人求富求强的理想。

尽管毛泽东晚年的错误给中国历史发展带来的负面影响是明显的、严重的，但中国人今天仍没有忘记毛泽东推动中国历史前进的丰功伟绩。尽管今天中国实行改革开放、建设社会主义市场经济的形势是毛泽东当年不能比拟的，但又不能把它与毛泽东当年截然对立起来，它的形成与发展，与毛泽东的思想与主张，又是有着内在联系的。当人们思考毛泽东与近代中国历史发展关系时，是不是应当得出这样的认识呢？答案是肯定的。

邓小平提出的“有中国特色的社会主义”，今天已获全民共识，近闻蒋纬国在美国发表讲话，对此“举双手赞成”。的确，孙中山当初阐述民生主义时曾思考过这个问题，但孙中山没有得着实践的机会。毛泽东在全国范围大规模长时间的社会实践中探索这个问题，取得了宝贵的经验与认识。邓小平总其成，鲜明地提出有中国特色的社会主义的理论，把近代中国历史前进的传承关系明确地昭示给世人，给中国人求富求强的强烈愿望一个肯定的答复。这就给人们提示了中国历史将要良性运转的一个可喜信息。可以肯定它将是近代中国历史发展的一个值得庆幸的结局，而毛泽东在其中起着举足轻重的不可替代的作用。

从史料解禁看“一国两制”的历史根据[①]

台北《联合报》于7月17日发表一篇《蒋经国与斯大林会谈解密》的报道，公布了一项五十年前高度机密而今解密的重要史料。报道说，俄罗斯科学院远东研究所自克里姆林宫取得一批新近解禁的史料，涉及中苏关系和中国内部的国共关系。从解禁史料得知，1945年12月，蒋经国作为蒋介石的私人代表赴莫斯科与斯大林会谈，涉及两大问题：一个是如何促进中苏关系，一个是中国统一问题。蒋经国“希望斯大林能向中共施压，促使中共与国民政府寻求妥协，使抗战后的中国得以统一。”关于中国统一，蒋经国表达的一个重要思想是：国民政府可以与中共和平共存，它的另一个说法叫“容共”。蒋经国告诉斯大林，蒋介石还提出了“容共”的具体计划：同意让中共代表参与政府工作；准许中共拥有十六至二十个师的军队，但是中共军队必须接受国民政府的指挥；中国若干地方政府可由中共负责，但先决条件是，中共掌握的地方政府，必须服从国民政府的命令。

据解禁史料，斯大林回答说，苏联政府承认蒋介石领导的政府是中国合法的政府，他赞赏蒋介石的“容共”立场，表示国民党如能邀请“民主主义”分子参加政府工作，对国民党本身也有好处。斯大林又说：“中共从未征询苏联政府的意见，如果他们不需要苏联的建议，我们又怎能告诉中共我们的想法呢？”从而委婉地拒绝了蒋介石希望苏联向中共施压的要求。

斯大林的态度如何，我们这里不必讨论。引起我们兴趣的是蒋介石关于中国统一方案的设计。这个方案，简约一点说，就是承认中共可以负责一定区域的地方政府，可以拥有一定数量的合法武装，中共代表可以进入中央政

---

① 本文原载《海峡评论》，1995年11月号；纽约《侨报》加正题《蒋介石也主张过“一国两制”》转载于《侨报》1995年12月7日。

府做官。这在四年前，或者十年前，一定是一个大受中共欢迎的方案。所谓“十年内战”时期，中共要争取的，实质上不也就是这些吗？那时候蒋介石不答应这些，发动了十年剿共内战。在九一八事变日寇局部入侵中国的形势下，还发明了“攘外必先安内”的理论来支持其剿共战争。七七事变，外祸日亟，日寇发动全面侵华。在民族危亡迫在眉睫的时刻，厮杀了十年的国共两党，终于秉持民族大义和“兄弟阋于墙外御其侮”的古训，握手言和，实现以国共合作为基础的民族统一战线。国共合作、民族统一战线干什么？民族敌人在前，需要共赴国难。这是国共双方可以接受的合作前提。光有前提并不能造成合作的局面，如果国民党继续剿共，即使前提存在，合作也难成功。国共合作成功的关键在于，将共产党领导的红军改编为国民革命军第八路军（后又改名为第十八集团军）和新四军，将陕甘宁根据地作为中华民国治下的陕甘宁边区，此后在1938年1月，又有晋察冀边区政府作为“中华民国的组成部分”[①]建立起来，这些是实现国共合作的基础。打好了这些基础，国共合作才能建立，才能做到大敌当前，共赴困难。所谓基础云云，不过就是国民党政府承认并允许共产党可以负责一定区域的地方政府，拥有一定数量的合法武装。有了这个良好基础，才在全国打开了合作抗击日寇的大好局面。

但是尽管合作抗日，国民党并未放弃反共主张。虽然国民党的政治和军事实力在抗战中都得到了发展壮大，却不忍见共产党的政治军事实力在抗战中发展壮大。1939年1月国民党五届五中全会决定了“溶共”、“防共”、“限共”的方针，开始使其政策重点从对外转向对内，在这样的方针下，国民党采取实际措施，在各地制造反共摩擦和惨案，开始尝试用军事方法清除要害地区共产党武装力量的冒险。有计划地消灭皖南新四军军部九千人的行动，就是这种军事冒险之集大成。皖南事变引起全国和全世界进步人士的震惊，形成国共两党尖锐对立，几成破裂的局面，成为抗战以来全国政治注目的焦点。皖南事变善后过程中，国共双方展开了政治、军事的攻防战，高潮迭起。所争者说到底无非还是是否允许共产党负责的地方政府和一定的武装力量的合法存在问题。国民党把共产党作为中国的心腹之患，必欲置之死地而后快。1941年2月10日，

① 延安时事问题研究会编：《抗战中的中国政治》，上海人民出版社，1961年翻印，第371页。

蒋介石接见罗斯福总统特使居里时说："幸告罗斯福总统，余第一目的为抵抗日本求得最后胜利，第二目的为阻止中国成一赤化之共产国家。"[①]蒋介石要抗战与反共同时并举，国共合作的基础还能长期维持下去吗？

国民党内对抗战期间如何处理共产党问题，是有不同意见的。王世杰、张治中等人都曾分别向蒋介石陈述过自己的意见。在讨论发布解散新四军命令的会议上，意见分歧，连蒋介石日记也记载说"文人多主缓和，而军人皆赞成。"[②]皖南事变引起的紧张局势，还是由于日寇的加紧进攻，才把国共关系缓和下来。这证明抗战与反共并举的政策是行不通的。1941年7月31日，王世杰与蒋介石的政治顾问、美国人拉铁摩尔（Lattimore）讨论国际局势和中国形势，提出了对待共产党的设想。他说："予谓如共产党有诚意，不到处扩充势力，政府或可划定一特殊区域，允其在该区域内试验其理想，并保留若干军力，同时并允其参政中央民意机关。此种办法并可作为战后解决方案。"[③]这个思考，实际上是按照共产党的要求和中国政治的走向来进行的。共产党当时所要求的并不是全国政权，只是要求承认自己开创的地方政权和一定数量的武装力量，至于参政中央民意机关，则国民参政会有共产党代表，是国民党主动邀请的。王世杰当时身负国民党中宣部长、军委会参事室主任、国民参政会秘书长等重任，他在考虑共产党问题时比蒋介石及鲁莽军人要现实得多。这个想法如果能在高层达成共识，顺利解决皖南事变之善后，则对此后中国政治走向的善化和联合政府主张的实施，可能会有积极作用。可惜此计不用，发展到后来就时不我待了。

王世杰这个思考被蒋介石接受并浮上台面，是晚在四年之后。前引解禁史料说的就是这回事。比较起来，王世杰允许共产党参政中央民意机关，蒋方案允许共产党参加中央政府工作，条件要更宽松些了。但时移事易，经过四年之后，顽敌日本已经投降，国共两党在中国时局中所处的地位与当初已大不相同了。国民党的政治军事实力在全国虽仍独大，共产党的政治军事实

① 秦孝仪主编：《中华民国重要史料初编》，第三编《战时外交》（一），台北中国国民党中央委员会党史委员会，1981年版，第550页。

② 蒋介石日记，见古屋奎二编《蒋总统秘录》，第12册，台北"中央日报社"，1977年版，第115页。

③ 王世杰日记，1941年7月31日，《王世杰日记手稿本》，"中研院"近代史研究所影印本，1990年版，第121页。

力的发展却要令人刮目相看了。它已经不满足于区区几个地方政权，而有问鼎中央的心愿了。据1945年9月的统计，共产党有党员121万，有军队127万，民兵268万，占有地区104.8万平方公里，人口扩大到1.255亿，建立了23个行署、90个专署、590个县（市）政权、占有县城285座。在这时候，蒋的方案对共产党来说，显然已失去诱惑力了。

其实，蒋的方案在向苏联提出以前，早在1944年就通过美国驻华大使赫尔利向共产党提出过；在1945年9月，又直接向毛泽东提出过。1945年8月29日开始的重庆谈判，到10月10日签订《双十协定》，个中已包含有那样的内容。但10月10日协定签字，10月13日蒋介石就发布“剿共密令”，自己又把那个方案扔掉了。国共双方军队旋起冲突。但是蒋介石并未做好武力统一的准备，又不得不继续讨论和平统一方案，而为了讨论和平，又不得不先讨论停战。于是1945年12月20日,美国特使马歇尔使华,负责调处国共冲突；同时，蒋经国受命赶赴莫斯科会见斯大林，要求苏联帮助压中共就范。

历史事实就是这样：停战终于没有停住，中共也没有轻易就范。不过四年功夫，中国大地上发生了翻天覆地大变化：共产党从在野的、不被承认的合法政党的地位变成了执政党，许多民主党派则变成了参政党，共产党从几个地方政权中脱颖而出，成了中央政权的执掌者；国民党则相反，它失去了整个中国大陆，蜗居台湾一隅，只保住了台澎金马的地方政权。真是落花流水春去也，换了人间。主客异势，何其不留情也。

但是，中国的统一问题并未解决。从前是中国国民党从中华民国的角度考虑中国的统一问题，今天则是中国共产党从中华人民共和国的角度考虑中国的统一问题。

以上讨论的历史过程，如果换一个角度，即从中国统一的角度来考虑，是否给人一些历史的启示呢？

三年前（1992年8月），北京召开过一次海峡两岸学者讨论中国统一的学术会议。台湾政治大学邵玉铭教授在会上提出报告称，中国实行“一国两制”无历史经验可寻。我在那次会议上发表论文，提出在1949年前中华民国的历史上，恰恰存在过类似“一国两制”的历史事实的。[①]读了前述解禁史料后，不知邵教授作何感想，他似乎应修正自己的看法，我则认为上述史料加强了我的论点。

“一国两制”作为一个名词及其完整的涵义，当然是历史上不曾出现过的。它是中共为解决港澳台与祖国实现统一而设计的方案。这个方案的形成并不是一蹴而就的。方案的提出当然首先是从国际国内大量的现实需要出发的，也应该说吸取了历史的经验。就今天中共提出“一国两制”而言，它对国民党及台湾当政者允诺的条件，比当初国民党在大陆形式上开给共产党的条件要宽松得多多。首先，明言“两制”，即台湾可继续实行资本主义制度，不要求它像大陆那样实行社会主义制度，这就保证了台湾老百姓的生活方式不变更，其经济制度可照样运转。当初国民党政府只准边区政府实行国民党的三民主义，不允许它在政治制度方面实行民主改革；要求在边区批准国民党的新县制，各县仍归相关的省政府辖治，等于事实上取消边区政府。其次，明言允许台湾保留军队，这与当初国民政府对共产党的军队进行攻剿打杀，多次提出不近情理的限制、整编，完全不同。再次，除了对外建交权外，允许台湾拥有广泛的国际生存空间，以改善其与国外的经济、文化交往。这个条件当初国民党完全没有给共产党，以至于共产党不能从苏联取得任何援助。蒋介石1941年初向美国驻华大使詹逊密告：“中国共产党迄今未得苏联政府任何财政、军火或人员之协助”[②]，可作证明。说穿了，今天中共只要求台湾当政者放下“中华民国”旗帜，其余均可大体照旧。当初共产党负责的地方政府，当然承认自己是中华民国的组成部分，承认蒋委员长的领导，并无不承认中华民国的表示。

我在三年前讨论“一国两制”的历史根据的文章中说过：“抗战军兴，国民党政府承认中共及其所领导的边区政府，边区政府也坦然以地方政府自居，不去与国民政府较一日之短长，不以中央政府自诩。这是国共双方在理和势上做出了冷静的正确判断的结果。”今天台湾当政者也应该从理和势的方向上来思考“一国两制”问题，再像蒋介石当年那样作为主人，从强势者角度考

① 拙文载台北《海峡评论》，1993年第2期；北京《统一论坛》，1993年第2期。

② 秦孝仪前引书，第537页。

虑中国统一问题，那样的历史条件早已不存在了，是势所不能了。

这里讨论的是中国统一问题，如果有人如李登辉者流以谋求“台独”或“独台”为职志，将要得到如何下场，那就不在本题讨论范围之内，而是另外的问题了。

论皖南事变之善后①

一、皖南事变之远因：国共抗战路线的不同

1937年7月7日，日本军国主义者通过制造卢沟桥事变，掀起了全面侵华战争。日本企图亡我中华的行径，引起了中国国内各阶级各政党利害关系的调整，国民党、共产党两大政党本着“兄弟阋于墙外御其侮”的古训，携起手来，共同推动全民族的抗日战争。

共产党抗日是坚决的。但它的力量尚弱小，抗战初起，它领导的军队还不能在抗日战场上起主导作用。共产党通过它所倡导的抗日民族统一战线，团结、吸引了越来越多的人民群众，并且通过挺进敌后，建立敌后抗日根据地，放手发动民众抗日，在抗日烈火的锤炼中使自己成长壮大起来。到1940年底，共产党领导的武装部队由五万人发展到五十万人，还有大量的地方武装部队和民兵不计在内；在华北、华中、华南创建了十六块抗日根据地，加上陕甘宁边区，共产党领导的抗日根据地已有一亿人口，在全民族抗战中发挥着日益重大的作用。

在民族敌人的进攻面前，国民党也是坚决抗战的。但它坚持国民党一党专政，把抗战力量只寄托在政府和军队上，不愿放手发动民众抗战，因而在战争指导上实行的是片面抗战路线。这与共产党的抗战主张是不相同的。随着民族危机的加深，中共抗日力量的发展，国际形势的变幻，日本反共宣传的加强，国民党在抗战中的反共意识也日益强化。1939年1月，国民党五届

① 本文为在纽约举办的“抗日战争胜利五十周年国际学术讨论”会而作，在该会宣读，此次会议是20世纪中华史学会、哥伦比亚大学东亚研究所等单位联合主办的。论文发表于《近代史研究》，1995年第5期；《新华文摘》1995年第12期转载；收入吴相湘、唐德刚等编辑《抗日战争胜利50周年国际研讨会论文集》，1997年3月台北“国史馆”印行。

五中全会决定了“溶共”、“防共”、“限共”的方针，预示着其政策重点开始从对外转向对内。为了消除“心腹之患”，国民党此后采取实际措施，尝试用军事方法清除要害地区共产党武装力量的冒险。1940年，国民党在一份题为《第八路军在华北陕北之自由行动应如何处置》的文件中表示担心：“国民党失地，日本与共产党分地”，“本党统治之土地，将一失而不易复得”[①]，“共党一年来由三万扩大到五十万，再一两年定不止一百万，那时还有国民党活路？”[②]正是基于坚持国民党一党专政的理念，一个削弱、限制共产党武装力量的计划就在酝酿制定之中了。

二、1941年1月：国共关系的尖锐对立

1940年10月19日，参谋总长何应钦及副总长白崇禧联名发出皓电，要求黄河以南的八路军和新四军全部按“中央提示案”规定，开赴黄河以北。11月9日，八路军总司令朱德等发出佳电，只同意将长江以南之新四军部队移至江北。[③]国共之间的关系开始紧张起来。

国民党部分军事领导人自持军力雄厚，扬言八路军、新四军不过“裹胁成军”，对前此在河北、晋西和苏北等处与中共军队冲突惨遭失败愤愤不平，必欲报复。他们将中共军队全部限制在河北地区的要求被拒，新四军江北陈毅部又复与国民党韩德勤部猛烈冲突的情况下，军事剿灭中共的愿望自然更加强烈。何应钦上书蒋介石，要求第三战区应准备“将江南新四军立予解决”[④]。军令部部长徐永昌拟就针对八路军的《华北作战计划》，提出立即在华北地区做好应战部署，必要时取攻势作战。胡宗南密电蒋介石，说明已拟定“对肤

---

① 转见中国人民解放军政治学院中共党史教研室编：《中共党史参考资料》第8册，第325页。

② 转见《周恩来致毛主席并中央书记处电》（1940年11月13日）。

③ 《何应钦、白崇禧致朱彭总副司令叶挺军长皓电》，《朱彭叶项复何应钦、白崇禧佳电》，中央档案馆编：《皖南事变（资料选辑）》（以下简称《皖南事变》），中共中央党校出版社，1982年版，第83—89页。所谓“中央提示案”，是国民党于1940年7月提出的，它对陕甘宁边区辖境、十八集团军和新四军作战区域和编制作了严格限制。详情参见《中华民国重要史料初编》第五编《对日抗战时期》（四），第227—230页。

④ 《何应钦关于解决江南新四军的亲笔函件》（1940年12月3日），中国科学院历史研究所第三所南京史料整理处辑：《中国现代政治史资料汇编》第3辑第15册，第5页。

施攻势作战计划”，要求“实施直捣肤施之攻势作战”[①]。第三战区司令长官顾祝同更先后于12月20日和26日密令所部分途向皖南新四军驻地集结包围，构筑碉堡，准备“彻底肃清”“匪巢”[②]。

正是在这种气氛下，蒋介石于12月7日批准了军令部一再呈报的《剿灭黄河以南匪军作战计划》，并于1941年1月6日以“朱叶各部尚未恪遵命令向黄河以北移动”为由，命令黄河以南各国民党部队以武力“强制执行”，“迫其就范”[③]。新四军军部九千人终因寡不敌众，弹尽粮绝，于1月14日在泾县以南茂林地区被歼灭，军长叶挺被俘，副军长项英死难。

皖南事变发生，使得在抗战大局下的国共合作关系面临破裂的危险。如何善其后，便成为国共两党，也是全国政治的焦点。

国民党方面。观察蒋介石1月6日命令，他对所谓“剿灭黄河以南匪军”并无十分把握，且担心各部队会像前此各次冲突一样，反为中共所乘，故再三叮咛负责将领，要“以游击战要领避难就易、避实就虚”地进行作战，万勿因指挥失误而影响大局，显得对剿共战争不乐观。因而，对皖南剿共顺利得手，出乎意外，当然对何应钦、白崇禧等军事领导人力主乘机取消新四军番号的建议，便一扫从前对“剿匪”作战计划的犹疑态度，变得明朗起来。而且一个月前美英两国刚刚宣布向中国提供大笔援助贷款[④]，因此，对各方反应也颇为自信，估计除苏联可能反应强烈外，“此事对内、对外与对敌国皆可以生有效而良好之反响也”[⑤]。显然是一番乐观气象。在这种气象下，蒋介石很轻易地接受了军委会讨论的结论：宣布新四军为“叛变”，撤销新四军番号，将叶挺革职并交付军法审判。1月17日晚，国民政府军事委员会通令和国民政府军事委员会负责人谈话发表，次日刊于报端。这个通令和谈话，把皖南事变引发的国共两党间的紧张关系，推向了又一个高峰，显示出蒋介石这时

① 《胡宗南致重庆蒋委员长电》（1940年12月22日），载前引书第3辑第12册，第123—124页。

② 《第三十二集团军剿匪军计划》（1940年12月29日），载前引书第15册，第186页。

③ 《蒋中正致李长官电》（1941年1月6日），引自前引书第3辑第11册，第125页。

④ 美国总统罗斯福于11月30日正式宣布向华贷款一亿美元，英国政府随后也于12月10日宣布对华贷款五千万英镑。见秦孝仪主编：《中华民国重要史料初编》第三编《战时外交》（一），台北，1981年版，第122—125、285页。

⑤ 古屋奎二编：《蒋总统秘录》第12册，台北“中央日报”社，1977年版，第115页。

确有不怕分裂和打内战的思想准备。

共产党方面。皖南事变的发生在中共中央的预料之内，其结果却出中共中央意外。[①]新四军军部在皖南全军覆没，使毛泽东和中共中央其他负责人极为愤怒。还在新四军被包围，处在危急时刻，毛泽东、朱德、王稼祥于1月13日决定接受前一日刘少奇、陈毅的建议，采取紧急应变措施，指示“苏北准备包围韩德勤，山东包围沈鸿烈，限电到十天内准备完毕，待命攻击”，“以答复蒋介石对我皖南一万人之聚歼计划”；“如皖南部队被蒋介石消灭，我应坚决彻底干净全部消灭韩德勤、沈鸿烈，彻底解决华中问题”[②]。同时指示周恩来、叶剑英在重庆抗议，皖南事变应公开宣传；为应付严重事变，华北应加紧准备机动部队，重庆、桂林、西安、洛阳各办事处应即刻准备好对付蒋介石袭击。这是事变中的紧急措置，实际上已提出了处理事变的重大原则。同日，毛朱王电示刘少奇、陈毅，告以“我们已向当局提出最严重的抗议”，“我全国政治上军事上立即准备大举反攻”[③]。1月14日，毛朱王代表中共中央向八路军、新四军各部及重庆办事处周、叶发出指示，明确提出：“中央决定在政治上军事上迅即准备作全面的反攻，救援新四军，粉碎反共高潮”[④]，并重申12日指示中之应准备各项。这是周恩来在重庆多次向蒋介石提出严正抗议无望以后，所作出的救新四军于死的决定。

1月15日，消息已证实新四军军部已全军覆灭，中共中央政治局会议检讨了新四军失败的原因，通过了《中央关于项袁错误的决定》[⑤]，毛泽东指出，对于皖南事变，我们要实行全国的政治反攻，要有非常强硬的态度。[⑥]同日，毛泽东针对周、叶所报蒋说“新四军北开中央决不留难”、“我已下令新四军

---

① 新四军在皖南失败，除了国民党调集重兵封堵外，还有主观原因。毛泽东在1月15日中共中央政治局会议上说：皖南新四军的失败，从我们自己方面来说，首先是由于新四军的领导项英、袁国平等没有反摩擦的思想准备，其次便是指挥上的错误。新四军本来可以北上，但项英动摇，如不是项英动摇，是可以不失败的。参见中共中央文献研究室编：《毛泽东年谱（1893—1949）》中卷，第256页。

② 中共中央文献研究室、中国人民解放军军事科学院编：《毛泽东军事文集》第2卷，军事科学出版社、中央文献出版社，1993年版，第610页。

③ 《毛泽东、朱德、王稼祥关于皖南事变中我方对策给刘少奇、陈毅的通报》，《皖南事变》，第139页。

④ 《在政治上军事上全面大反攻救援新四军》，《毛泽东军事文选》第2卷，第612页。

⑤ 同上书，第612页。

⑥ 见《毛泽东年谱》中卷，第256页。

过江就发弹十万并饷”[①]的话，致电周恩来、叶剑英并告八路军、新四军负责人，指出“蒋介石一切仁义道德都是鬼话，千万不要置信”，重申中央决定发动政治上的全面反攻，军事上准备一切必要力量粉碎其进攻”，强调：“只有猛烈坚决的全面反攻，方能打败蒋介石的挑衅与进攻，必须不怕决裂，猛烈反击之，我们《佳电》的温和态度须立即终结。”[②]从现所见中共方面的文件档册看，共产党对皖南事变的态度就是如此。如果没有1月17日国民党方面发表关于皖南事变的通令和谈话，国共关系尖锐到什么程度，还未可预测。

但是，国民政府军委会通令和谈话的发表确定了皖南事变的性质并把对新四军的处理通令全国，这就把皖南的军事冲突一下提升为抗战期间国共两党的关系问题，成为全国政治的关注焦点，成为苏、美、日舆论和政治关注的中心了。中共对此不能不作出更为强烈的反应。

针对重庆军委会1月17日发表的通令和谈话，1月18日中共中央政治局召开紧急会议，会后发表《中共中央发言人对皖南事变发表谈话》[③]，和《中央关于皖南事变的指示》[④]；1月20日中共中央政治局会议再次讨论对策，决定中共中央革命军事委员会发布重建新四军军部的命令，并用中共中央军委名义发表谈话，同日还发出《中央军委总政治部关于皖南事变后我八路军新四军的紧急工作的指示》[⑤]；1月29日中共中央政治局会议，总结检讨时局，作出《中央关于时局的决定》[⑥]。在此期间，毛泽东和中共中央还就处理皖南事变善后问题发出一系列指示、命令、通报等文电。上述文献清楚告诉我们，共产党是怎样判断形势、确立对蒋斗争方针和制定斗争策略的。

关于形势判断。中共认为，皖南事变“是抗战以来国共两党间，也是抗日民族统一战线内部空前的严重事变”，国民党在1月17日采取的政治步骤，

① 引自《毛泽东、朱德、王稼祥关于周恩来、叶剑英与蒋介石交涉情况给刘少奇、叶挺等的通报》(1941年1月14日)，《皖南事变》，第92页。

② 《毛泽东关于政治上军事上准备全面反攻致周恩来、叶剑英》，同上书，第147页；参见《毛泽东年谱》中卷，第256—257页。

③ 见《中共中央文件选集》第13册，第11—15页。

④ 同上书，第8—10页。《为皖南事变发表的命令和谈话》，《毛泽东选集》(合订本)，人民出版社，1964年版，第769—776页。

⑤ 见《中共中央文件选集》第13册，第16—19页。

⑥ 同上书，第26—30页。

“表示他自己已在准备着与我党破裂，这是七七抗战以来国民党第一次重大政治变化的表现”[①]，“是全国性突然事变和全面破裂的开始，是西安事变以来中国政治上的巨大变化，是大地主大资产阶级由合作到破裂的转折点”[②]。“由开始破裂到完全破裂，可能还有一个相当的过程，其时间的快慢，由国际国内多种复杂条件来决定”[③]。蒋介石所采取的步骤，“完全是背叛民族利益，适合日本帝国主义的要求的”，“把我党我军及全国人民推到和他完全对立的地位”，“破裂的责任完全在蒋介石方面”[④]。“皖南事变同时造成了我们在政治上给国民党亲日派、英美派向我们的进攻以有力回击的有利条件”[⑤]。

关于斗争方针。鉴于以上对形势的判断，对于蒋介石“我们过去一面斗争一面联合的两面政策，现在已经不适用了，对于他们，我们现在已不得不放弃联合政策，采取单一的斗争政策”，“只有这种尖锐对抗的政策，才是目前唯一正确的政策。”[⑥] 抓住 1 月 17 日命令，“坚决反攻，跟踪追击，绝不游移，绝不妥协”，“否则不但不能团结全国人民，不能团结我党我军，会正中蒋之诡计”[⑦]。“如蒋业已准备全面破裂，我便是以破裂对付破裂；如蒋并未准备全面破裂，我们便是以尖锐对立求得暂时缓和”[⑧]。只有这种尖锐的对抗政策，“才能经过一个严重的斗争过程之后，克服蒋介石的反动，达到争取新形势下的时局好转（新的时局好转）之目的”[⑨]。

所谓尖锐对抗、尖锐对立，就是在政治上不退让、不妥协，你采取一个步骤，我就采取其他必要步骤以对抗。重庆军委会发表通令和谈话，延安军委会也发表命令和谈话以对抗；重庆宣布新四军叛变、取消新四军番号、叶挺交付军法审判，延安军委会则宣布新四军抗战有功、驰名中外，命令重建新四军军部，任命代理军长。新四军将领公开发表就职通电，又发表声讨亲日派通

① 《中央关于皖南事变的指示》，《中共中央文件选集》第 13 册，第 8 页。
② 《中央关于目前时局的决定》，《中共中央文件选集》第 13 册，第 26 页。
③ 同上书，第 28 页。
④ 同上书，第 26—27 页。
⑤ 《中央关于皖南事变的指示》，《中共中央文件选集》第 13 册，第 9 页。
⑥ 《中央关于目前时局的决定》，《中共中央文件选集》第 13 册，第 27、28 页。
⑦ 引自《毛泽东年谱》中卷，第 260 页。
⑧ 同上书，第 260—261 页。
⑨ 《中央关于目前时局的决定》，《中共中央文件选集》第 13 册，第 27 页。

电[①]，都在政治上造成强硬气势。延安还针对重庆处置失误，提出善后解决办法十二条，重点在于：取消1月17日的反动命令、惩办皖南事变祸首、恢复叶挺自由并继续充当新四军军长、废止一党专政、逮捕亲日派首领。[②]这些要求，国民党当然是无法接受的，公开提出来，就是要在政治上形成有利于我的尖锐对抗。蒋介石在1月27日发表为皖南事变辩解的谈话，毛泽东两天后出席中共中央政治局会议，即批驳说，蒋介石说“皖南事变只是所谓军纪问题、局部问题，我们必须说明是政治问题、全局问题、外交问题，是日寇与亲日派推到投降反共的一方面”[③]，《中央关于目前时局的决定》中，对此进行了分析。

以上所说，就是在政治上对国民党形成攻势。前面指出过，1月15日前中共中央曾考虑过政治上军事上全面反攻问题。论者以为，中共党内刘少奇、周恩来曾对军事上反攻提出过不同意见，共产国际不同意中共中央采取同蒋介石尖锐对立的政策，提醒中共中央不可主动破裂国共关系，因此中共中央在皖南事变后确定政治上取攻势、军事上取守势的方针，是兼听了共产国际和党内同志的意见的结果。[④]这里似乎不无道理。仔细分析，尚有可辨证之处。共产国际、季米特洛夫电报只是提醒中共注意利用日蒋矛盾，并未明言军事上攻势或守势问题。[⑤]刘少奇电报发于1月15日亥时[⑥]，到达中共中央和毛泽东手中已是16日上午，正是江北和延安获悉皖南新四军被歼之时。前已指出，1月13日决定军事上反攻，主要是指苏北包围韩德勤、山东包围沈鸿烈，是在救江南新四军于死时，为答复蒋介石之江南聚歼计划而采取的紧急军事措置，未见得是一种长期的方针。毛泽东当然是重视并接受刘少奇的建议的，但皖南失败后，江南北的军事形势已发生变化，原所作包围韩、沈的计划已

① 两通电载《中共中央文件选集》第13册，第20、21—23页。

② 十二条，在1月18日的《中央关于皖南事变的指示》和《中共中央发言人对皖南事变的谈话》中已提出要点，而在1月20日中共中央军委会发言人对新华社记者的谈话中形成，见《毛泽东军事文集》第2卷，第61页。

③ 《毛泽东年谱》中卷，第262页。

④ 参见刘以顺《皖南事变后中共反击国民党顽固派方针的确定》，《抗日战争研究》1992年第1期。又参见杨奎松《皖南事变前后毛泽东的形势估计和统战策略的变动》，《抗日战争研究》1993年第3期；李良志《关于皖南事变后中共中央反击反共逆流策略的转变》，《中共党史研究》1995年第3期。

⑤ 见上引杨奎松文，载《抗日战争研究》1993年第3期。

⑥ 见《毛泽东年谱》中卷，第256页。

改变，[1]其他军事上的部署都是防御性的，有的仅只是预计形势更为恶化时的设想。就是说，把军事上的反攻，作为反击皖南事变的斗争方略，事实上是行不通的。所以1月18日作出改变包围韩、沈部署后，19日毛朱王致电彭德怀并告刘少奇时,已指出“在军事上先取防御战”[2]；20日毛致电周恩来、彭德怀、刘少奇，指出“目前我们在政治上取猛烈攻势，而在军事上暂时还只能取守势，惟须作攻势的积极准备”[3]；25日毛起草中共中央书记处复周恩来电，就明确为“政治上取全面攻势，军事上取守势”[4]。这是合乎逻辑的发展。季米特洛夫电报是25日到延安的，显然它对中共方针的确立未起决定的影响。

关于斗争策略。中共不因在政治上对蒋展开尖锐对立政策而不顾一切，蛮干。共产党是很讲斗争策略的。处理此次国共斗争的一个大背景是，国共双方都在坚持抗日战争。尽管“他们已经杀了第一刀，这个伤痕是很深重的”[5]。但在处理善后中，对国民党、对蒋介石却很注意掌握分寸。在党内教育中，也一再要求把握党的政策，“要反对‘痛快干一下’、‘这一下子可以恢复内战时代的一套办法了’等等错误认识”，“一切‘左’的陷自己孤立的错误举动应当避免与纠正”[6]。

大要说来，这些斗争策略包括如下数项：

第一，以抗战大局为重，以民族第一、抗战第一相号召，“在坚持抗日反对内战口号下动员群众”[7]，要求停止剿共战争，反对破坏抗战、破坏团结，肃清亲日分子，坚持抗日到底。[8]“反对内战，中国人不打中国人，前线国军同八路军新四军团结起来，枪口一致对日！”[9]对皖南事变及1月17日令之处置，“我们须一口咬定这是日寇与亲日派（不说蒋）的计划。关于所谓军纪军令迫

---

① 《毛泽东年谱》中卷，第257—258页。

② 同上书，第258页。

③ 见《皖南事变》，第184页。

④ 见《皖南事变》，第193页。《毛泽东年谱》中卷，第260页。

⑤ 中共中央军委发言人对新华社记者的谈话，《毛泽东军事文选》第2卷，第619页。

⑥ 《中央军委总政治部关于皖南事变后我八路军新四军的紧急工作的指示》，《中共中央文件选集》第13册，第18页。

⑦ 《毛泽东、朱德、王稼祥关于政治、军事、组织上应采取的步骤致彭德怀、刘少奇》，《皖南事变》，第180页。

⑧ 《中共中央发言人对我皖南事变发表谈话》，《中共中央文件选集》，第13册第14—15页。

⑨ 《中央关于皖南事变的指示》，《中共中央文件选集》第13册，第9页。

我北移及各地捉人杀人一切反革命行为，我们均咬定是亲日派承日寇命令所为。这样一来，我们政治上处于优势，使蒋介石及国民党不得不转入辩护地位。并不是蒋与日本业已讲和了，关于蒋日间矛盾即使很小，我们还是可以利用的。”[①]采用这样的斗争策略，有利于团结党内外群众，团结中间派，也使蒋介石、国民党无话可说。

第二，揭露国民党亲日派的政治阴谋，但不直接反对蒋介石，在政治上尖锐对立时，也保持防御姿态。[②]“在蒋没有宣布全部破裂时（宣布八路及中共叛变），我们暂时不公开提出反蒋口号，而以当局二字或其他暗指方法代替蒋介石名字”[③]，“对于何应钦等亲日派首领，则指名对之。”[④]

第三，既是针锋相对，又是有理有利有节，“蒋现尚未提及八路与中共，故我们亦不提及个国民党及中央军，八路及中共人员亦不公开出面，看蒋怎样来，我们怎样去，在这点上我们仍是防御的”[⑤]。以上二、三两项体现了斗争策略的灵活性，为此后局势的缓和埋下了伏线。

第四，不放弃抗日统一战线的基本原则，在斗争中要注意团结中间派。

三、1941 年 2 月以后：日军进攻造成了国共转圜的契机

皖南事变后出现的国共对立，不是十年内战时期的国共对立，而是在抗战大背景下的国共对立。与国共两党有关的国际势力，也都从中国抗战是否

① 《毛泽东关于对蒋介石的策略致彭德怀、刘少奇、周恩来》，《皖南事变》，第 191 页。

② 《毛泽东、朱德、王稼祥关于政治、军事、组织上应采取的步骤致彭德怀、刘少奇》，《皖南事变》，第 180 页。

③ 《毛泽东关于皖南事变后新四军行动方针的指示》，《中共中央文件选集》第 13 册，第 24 页。1 月 29 日中央政治局通过的《中央关于目前时局的决定》也强调指出了这一斗争策略。毛泽东于 1 月 23 日给彭德怀的指示中说过：“现在已经不是打退反动（按应为共）高潮问题，而是根本破裂问题，已不是增兵威胁问题，而是如何推翻蒋介石统治问题。”见前引李良志文，载《中共党史研究》1995 年第 3 期。又据《毛泽东年谱》中卷第 263 页载，1 月 29 日毛泽东出席中央政治局会议，讨论中央关于目前时局的决定，在发言中曾说：“应公开批评蒋介石。”显然这些均是一时愤激之词，中共通过的正式文件或对外正式发布的文件中无此意。

④ 《中央关于目前时局的决定》，《中共中央文件选集》第 13 册，第 29 页。

⑤ 《毛泽东关于蒋介石的策略致彭德怀、刘少奇、周恩来》，《皖南事变》，第 192 页。

能继续的角度观察国共冲突。日本帝国主义虽在反共一点上与国民党有相似的一面，但在灭亡中国一点上却与国民党尖锐对立。日本于1月底开始的豫南作战，5月进行的晋南作战，只能服从于日本帝国主义的整个战略目标，并不因国共冲突而推迟。这就决定了国共对立不能以尖锐的形式继续下去，决定了国共两党在处理皖南事变善后时，不能离开民族第一、抗战第一的大前提。因此，国共两党尖锐对立的形势，客观上存在着疏解的可能。

毛泽东曾批评蒋介石1月17日对新四军的公开处置是“一大失策”[①]。蒋虽然从未承认过毛的批评，但他却事实上感受到了这一批评的分量。如国民党内高层人士对皖南事变也感到震动，一部分高层干部甚至始终被蒙在鼓中。事变发生后，一直在蒋介石和周恩来之间担任联络工作的国民党中委张冲，对周恩来表示“没有脸见人”。宋庆龄等国民党左派联合上书蒋介石和国民党中央，痛切陈词，揭示“国人既惶惶深忧兄弟阋墙之重见今日”[②]。冯玉祥转告中共代表，暗约同情，并断言此定为何应钦之阴谋。孙科得到消息后，虽对人表示不能有所作为，但也深表忧虑和愤慨。在讨论对新四军处置时，内部也颇多分歧。据王世杰在日记中所说，他就反对公布与新四军冲突消息，“力主于此种冲突仍应避免表面化”，“以免美国援华之计划受其影响”[③]。1月16日，重庆军委会约集党政各有关机关，研讨关于新四军问题之处理，文职官员与军事领导人明显的发生意见分歧。[④]直至准备发布取消新四军命令的当天上午，王世杰还赶赴蒋介石寓所，恳切说明如此公开处置，不仅有造成大规模内战之危险，而且国际方面观感及沦陷区域人心亦多顾虑。“但军部负责长官均力主公布，蒋先生亦如是”[⑤]。王世杰与张治中（文白）交谈共产党问题，“均主日前必须力避大破裂。文白已以其意向蒋先生力陈”[⑥]。

党内如此，国内各小党派对新四军的处置更是表示反感。有的要求与中

---

① 参见《皖南事变》，第191页。

② 《宋庆龄等致蒋介石及国民党中央电》，《皖南事变》，第253页。

③ 《王世杰日记手稿本》第3册，“中研院”近代史研究所影印本，1990年版，第5—7页。

④ 蒋介石1月17日日记有“文人多主缓和，而军人皆赞成”之说。见《蒋总统秘录》第12册，第115页。

⑤ 王世杰日记，1941年1月17日，前引《王世杰日记手稿本》，第10—11页。

⑥ 同上书，第25页。又见张治中著《我与共产党》，文史资料出版社，1980年版，第18—21页。张曾在3月2日向蒋上万言书，痛陈对中共问题处理的失策。本书载有万言书要点，可参看。

共积极联合以抵抗国民党的压迫。黄炎培向人表示：不论事情之经过是非，当局如此措置绝对错误[①]。黄炎培日记所记为新四军事在各方奔走甚多，在蒋介石招餐时，黄炎培畅陈："今后应重订方针，必须加强团结，1. 充实力量，2. 争取民心，3. 避免冲突。"[②]

最让国民党人感到不安的，则是来自海外的强烈反响。美国记者斯诺和与罗斯福关系密切的前海军陆战队少校卡尔逊，先后在美国报纸发表言论，抨击皖南事变，宣传中国将会爆发严重内战。英国援华总会也致电蒋介石，要求给新四军以正当待遇。苏联驻华大使和武官一有机会就向蒋介石和王世杰询问新四军情况。苏联《真理报》公开发表消息，声称皖南事变并非偶然，其他中共军队亦将被国民党所解决。驻美大使胡适报告说："新四军事件，美国人士颇多疑虑……，其左倾者则公然批评我政府。"[③]据中宣部长王世杰所获消息："国际间对于新四军事件，群以中国将发生大规模之内战为惧，且颇多受共产党方面宣传而不直政府之处置者。"[④]事变后海外华人舆论几乎一致批评国民党。司徒美堂、陈嘉庚等海外华人名流来电言词激烈。仅一个半月左右，国民党中央就收到来自其海外党部和有关华人团体发来的批评电数十通，其间不乏悲痛激愤之词。

蒋介石本人则直接关注美国的态度。来自华盛顿的电讯称，美国对中国国共之"内争"，表示关怀之意，训令美国总统特使居里来华，调查国民党指摘共产军抗令叛变及其他阴谋之情事，与共产党反责国民党剥削农民之情事。美国政府关怀中国内部摩擦之结果，已使拟议中之五千万美元贷款缓期实行。蒋介石特于1月25日就此致电驻美代表宋子文，嘱请美政府否定以上消息[⑤]；又于29日接见美国驻华大使詹逊，打探以上消息的真伪[⑥]。居里访华，确曾关心中国抗战前途和共产党问题，他向蒋介石转达罗斯福口信，要蒋"为抗日战争之共同目标而加紧其团结"，居里个人解释罗斯福总统此意说："其衷诚所

① 《新四军事变后的各方动态》，《皖南事变》，第258页。
② 《黄炎培日记》第49册，1941年3月3日，未刊本，中国社科院近代史研究所藏。
③ 中国社科院近代史所编：《胡适驻美大使期间来往电稿》，第101页。
④ 《王世杰日记手稿本》第3册，第22页。
⑤ 《蒋委员长自重庆致驻美代表宋子文电》，载秦孝仪前引书，第535页。
⑥ 《蒋委员长在重庆接见美国驻华大使詹谈话记录》，秦孝仪前引书，第536—537页。

期望者，惟愿中国抗战之实力不受共党问题之影响，永远保持其完整，以完成抗战之大业。”[①] 此后蒋又数次与居里接谈，每次都喋喋不休地攻击共产党受第三国际之指使，解释对共产党之政策，保证他“确有统制全局之把握，无论中共如何变乱，中国绝无发生内战或内部分裂之危险”[②]，以期冲淡因处置新四军失策给美国人造成不良印象，确保美国援华贷款不致落空。另据报道，居里会见蒋介石时曾声明：美国在国共纠纷未解决前，无法大量援华，中美间的经济、财政等各问题不可能有何进展。[③]

皖南事变掀起的“余波”[④]之大，显然出乎蒋之预想。蒋不得不一面授权宣传部对国际间众多“不直政府之处置者”进行反宣传，一面设法息事宁人。在皖南取得如此大的胜利之后，又遇到党内党外，国内国外如此强烈的反响，他当然要考虑不使事态进一步扩大和激化。因此，他从一开始就明确要求部下就事论事，“以指斥新四军为限”，“应不涉及共产党或第十八集团军”[⑤]，避免使事态进一步扩大化。18日，即《中央日报》发表撤销新四军番号令的当天，周恩来不顾国民党的新闻封锁，通过《新华日报》刊出“千古奇冤，江南一叶，同室操戈，相煎何急”的抗议题词。这一针锋相对的大胆举动，对国民党中一些人刺激颇大，他们强烈要求立即查封该报，宪兵队并抓去新华日报营业部主任。可是，就在周跑去向张冲力争之后，蒋介石反而做起了和事佬，声称“对于共党，在军事方面须严，政治方面不妨从宽”[⑥]。结果，不仅人第二天即被放出，《新华日报》也照出不误。至27日，蒋介石更进一步发表谈话，强调此次对新四军“纯然是为了整饬军纪，除此之外，并无其他丝毫政治或任何党派的性质夹在其中”[⑦]。共产党对蒋的谈话虽进行了尖锐批判，但实在说，蒋强调是军纪问题，正是在政治上处于守势的表现。

---

① 《蒋委员长在重庆接见居里先生听其报告来华之原因谈话记录》，秦孝仪前引书，第543、544页。

② 《蒋委员长在重庆接见居里先生揭示中国当前之五大问题谈话记录》，秦孝仪前引书，第550页。

③ 见1941年3月9日《新中华报》，转引自金冲及主编：《周恩来传》，人民出版社、中央文献出版社，1989年版，第491页。

④ 蒋介石1941年1月25日日记，见前引《蒋总统秘录》第12册，第117页。

⑤ 见前引《王世杰日记手稿本》第3册，第11页。

⑥ 见王世杰日记1月24日条，《王世杰日记手稿本》第3册，第14页。

⑦ 《蒋委员长对整饬军纪加强抗战的训词》，《中华民国重要史料初编》第二编《作战经过》（一），第328页。

蒋介石的1月17日令，显然是导致国共走向对抗和破裂的关键所在。要共产党承认17日令所宣布之罪状，当然没有可能；要蒋介石国民党取消自己发布的命令，惩办何应钦等，同样也是没有可能的。因此，对于共产党来说，采取政治上全面对抗态度，是情非得已；对于国民党来说，政治上予以让步也是不得已被迫作出的选择。结果，共产党在军事上受挫，但在政治上提高了威信，得分不少；国民党军事上占了便宜，政治上丧失人心，失分甚多。美国学者约翰逊在研究这一段历史后得出结论说："在整个中日战争中，没有一件事比新四军军部在'忠实执行命令'时被消灭更能提高共产党对国民党的威望了。"[①]

1月下旬，日军突然对国民党正面守军发起大规模进攻，使得两党僵持的 对抗局面开始或多或少地发生变化。张冲找到周恩来，提出国共必须找出妥协办法，他提议以华中中共军队展期北移和将新四军归入八路军增编一军的办法，使双方矛盾得以缓解。尽管张冲声明此纯为私人意见，但中共方面显然将其视作蒋介石示弱的一种表现。与此同时，由于日军继续进攻国民党军，显示出前此中共把事变的发生与国民党投降可能相联系，并无根据，毛泽东也迅速作出，"反共高潮可能下降，中日矛盾仍属第一"[②]的判断，重又开始设想恢复国内团结的可能性。从中共中央2月2日给各地领导人的指示中可以看出，中共虽然仍旧明确要求坚持十二条，"目前绝不松口"，但它事实上已经提出准备"在适当条件下不拒绝妥协"的问题。[③]随着蒋用于包围陕甘宁边区的中央军部分东调增援，华中地区国民党军队处境困难，毛进一步判断，国民党军事进攻已经终结，因而其"剿共计划已经根本打破了"[④]，"内战已可避免"，国共两党"已开始有了妥协的基础"。[⑤]

至此，我们可以看出，共产党对国民党展开的政治攻势的第一个高潮，

---

① Johnson，Chalmers A. *Peasant Nationalism and Communist Power: the emergence of revolutionary China*，*1937–1945*. 转引自费正清、费维恺编《剑桥中华民国史（1912—1949）》下卷，中译本，中国社会科学出版社，1994年版，第763页。

② 《日军进攻态势及我们对国民党的方针》，《毛泽东军事文集》第2卷，第629页。

③ 同上，第629页。

④ 《对日军进攻形势和蒋介石政治动向的分析》，《毛泽东军事文集》第2卷，第633页。

⑤ 《毛泽东年谱》中卷，第267页。

以共产党的胜利而结束。其标志是：国民党通过皖南事变形成的军事攻势已经停止，通过对八路军、新四军的包围形成的剿共计划已经破产；共产党发动的政治攻势挫败了1·17命令给共产党带来的冲击，使共产党赢得了国内国外舆论的支持和同情。1·17命令是国民党继皖南事变的军事胜利之后对共产党发动的一次政治攻势，但这一政治攻势却失败了。其标志是：蒋介石经过政治上的打击后，主动表示对共产党“政治上从宽”，又在日寇进攻下主动向共产党寻求妥协。正如毛泽东估计的，“1月17日前，他是进攻的，我是防御的；1月17日以后反过来了，他已处于防御地位，我之最大胜利在此”[①]。

2月中旬，日军豫南作战结束，国民参政会二届一次会议即将召开。围绕着中共参政员是否出席参政会问题，共产党在对国民党的政治攻势上再次掀起高潮。

二届一次参政会如能如期召开，共产党参政员能出席，就会象征国内的团结。国民党方面巴不得能劝说中共代表出席。各小党派也积极活动，设法缓和两党关系。2月10日，黄炎培等与周恩来讨论中共出席条件，双方最终达成妥协，即可将中共所提皖南事变善后十二条办法提到参政会上要求讨论，并在参政会以外成立各党派委员会讨论国共关系和民主问题。对此，中共中央考虑后复电表示同意，强调必如此才能“恢复国 共团结、重整抗日阵容、坚持对敌抗战”[②]。但事实上，正如毛泽东对周所说：目前作法仍是僵局，因蒋是不会承认十二条的，哪怕是一部分也不可能。果然，以中共七参政员名义拟就的致国民参政会公函经张冲转交参政会秘书长王世杰后，王当即托张冲转告周恩来：“如此做法，只能促成破裂，决不能威吓中央，盼其将来电撤回。”[③]对此，在请示延安后，周再告张冲，致参政会公函不能撤回，如国民党同意商谈，但认为不宜在参政会讨论，自可在会外谈判。只是在没有取得满意结果之前，我们不能出席参政会。[④]双方为此反复交涉两周时间，未得结果。周恩来明确讲：国民党指责我们为“奸党”、“叛军”，如今不仅不道歉，还要我们来给你们捧场，

① 《关于在国共关系僵局中对国民党的策略的指示》，《中共中央文件选集》第13册，第49页。

② 《中共中央同意将十二条提到参政会讨论给周恩来的指示》，《皖南事变》，第212页。

③ 王世杰日记1941年2月19日，《王世杰日记手稿本》第3册，第27—28页。

④ 中共中央文献研究室编：《周恩来年谱》，北京，1989年版，第493页。

“岂不是侮辱？”①

坚持十二条，毛之目的只“在于以攻势打退攻势”②。所以如此，是因为中共这时认为国民党此次对日作战受损失不大，相反，国民党对共产党在政治上的压迫和军事上的进攻，局部地区还有增加趋势。当然，他仍反对军事进攻，对于少数军事领导人强调现在不怕破裂，应组织军事反攻的观点，他明确认为不妥。为此，他特别强调：“必须使部队高级人员懂得，一方面要准备对付可能的突然事变（全面破裂），一方面又要在自己的行动上避免引起过早的破裂，要知道破裂愈迟愈有利，愈早愈有害。”③ 而只要不在军事上进攻，不妨碍蒋介石抗日，他相信就不会有大问题，蒋“不投降不会宣布全面破裂”，因此通过政治攻势把国民党打到防御地位，是唯一的缝合国共关系裂口的办法，一旦使他不能再进攻了，“国共暂时缓和的可能性就有了。”④

但25、26、27接连三天，张冲再三找周商谈，“苦苦哀求”至不惜“为了国家”愿跪下恳求中共撤回公函，因“十二条中，取消命令，取消一党专政，今天实做不到”⑤。蒋介石这时也再三提到中共出席问题，表示同意选周恩来为主席团成员。各小党派更是积极介入，乃至提议组织特种委员会，以蒋为主席，周为副主席，在参政会内外共同讨论解决国共关系问题。蒋也满口应允，使多数小党派领导人备受鼓舞。但蒋此举并非在重视各小党派，只是在借助他们向中共施加压力。因此，当长时间得不到中共同意出席的答复之后，蒋即公开告诫说：如中共参政员“决定不出席，惟有根本决裂”⑥。结果各小党派倍感紧张。眼看3月1日参政会开幕在即，27、28两日各小党派代表接连与周恩来、董必武等商谈至半夜，力劝中共设法出席。28日，各方更星夜等候来自延安的答复。各小党派领导人齐集张君劢家等至半夜始散。梁漱溟离开张家后又在黄炎培家与黄整整等了一夜周恩来的电话⑦。救国会沈钧儒、陶行

① 《周恩来关于同张冲谈拒绝出席参政会问题给毛泽东的报告》，《皖南事变》，第219页。
② 《关于在国共关系僵局中对国民党的策略的指示》，《中共中央文件选集》第13册，第49页。
③ 《关于皖南事变后我军军事方针的指示》，同上书，第54页。
④ 《关于在国共关系僵局中对国民党的策略的指示》，同上书，第50页。
⑤ 《周恩来关于同张冲谈拒绝出席参政会问题给毛泽东的报告》，《皖南事变》，第219页。
⑥ 黄炎培日记，1941年2月28日，《黄炎培日记》第49册。
⑦ 黄炎培日记，1941年2月27、18日，同上书。

知、李公朴、史良、沙千里等也开会至半夜讨论中共出席之利弊。蒋介石的侍从室这天夜里也几次打电话问王世杰消息。第二天一大早，各党派电话不断，一些人更亲自跑至曾家岩办事处来，恳求中共代表出席大会。

鉴于撤回十二条绝无可能，而对中共友好之各方态度恳切至极，为表示“仁至义尽”，中共中央最终决定提出临时办法十二条，不提取消蒋令、取消一党专政以及惩办何应钦等国民党无法办到的要求，只要求承认中共两个集团军共六个军；承认边区及敌后抗日政权的合法地位；华北、华中、西北防地维持现状；释放叶挺及所有被俘干部等。中共中央指示周，可以周或董个人名义向张冲提出，“在以上各点见之明令及事实后，我党可以出席参政会”[①]。

周3月1日凌晨得到延安电报，一早就和董必武往见张冲，示以中共新条件，并说明必须使参政会延期两周才有商量解决这些问题的可能。张冲当时即打电话给蒋介石，蒋在电话中要求张转告周，无论如何先请董必武、邓颖超先出席当天的参政会，参加选举主席团。周再见黄炎培、江问渔、梁漱溟等，说明必须延期之理由，但黄等表示无法做到。随后张冲、黄炎培、沈钧儒、左舜生、梁漱溟四人又先后奉蒋之命前来曾家岩请董、邓出席，均被董、邓所拒。当天的参政会开幕式拖后一小时。据说，蒋到会讲话“无精打采”，国民党参政员也因事先打过招呼而一反常态地“鸦雀无声”，“任各小党派代表提议”。结果，各小党派代表动议延期一天选举主席团，以待再劝中共参政员出席。会后，张冲及各小党派负责人又纷纷来劝。对中共的临时办法十二条，张冲表示，多数都可设法，但扩编军队为两集团军六军难以做到；维持防地问题基本精神仍须遵守“中央提示案”，敌后政权须照新县制设置和组织，等。[②]

注意到这种情况，在重庆的中共代表感到：“此次参政会我们得了大面子，收了大影响”，“参政会的文章已做到顶点，应该转个弯了”。考虑到“现在全重庆都在等待我们消息，盼望我们出席”，他们显然倾向于就此下台阶。他们因此建议：“将停止军事进攻，政治压迫十项要求（共有二十多件）于开会前直接见蒋，并当面交他，请蒋立刻负责解决，其他基本问题，在参政会开会时讨论。”他们唯一感到犹豫的是：“一切谈判均无保证，而且还未具体化”，

① 《中共中央关于提出临时解决办法十二条问题给周恩来的指示》，《皖南事变》，第223页。
② 《周恩来关于与张冲谈判情况给中共中央的报告》，《皖南事变》，第224页。

如果出席，是不是“太便宜”蒋介石了。[①] 然而，中共中央并不认为已经到了该下台阶的时候了。毛泽东具体解释说：经过反复讨论，书记处一致认为，蒋正发动一切压力迫我屈服，我若出席，则过去有理有利的政治攻势完全崩溃，立场全失，对我一切条件他可完全置之不理，一切文章不能做了，因此决不能无条件出席，因为蒋是决不会给以明令保证的。“只要熬过目前一关，就有好转可能，在半年内能解决善后条件，我仍准备出席九月间的二次参政会。”[②]

中共参政员到底没有出席二届一次参政会，蒋介石也并没有实行“根本决裂”。但是，由于受到党内的压力，蒋在会议召开之初就秘密召集国民党参政员，向他们解释说：国共最终总要分裂的，对此用不着惧怕，单从军事上，三个月就可以消灭共产党，目前政治上还是防御。[③] 当然，在公开场合，蒋的讲法又是一样。他在 3 月 6 日的参政会上一边公开批评中共所提两个十二条都是“信口雌黄，颠倒黑白”，声称军事早已国家化，中共不应将八路军、新四军视为“一党所私有的军队”，一边重申剿灭新四军并非“剿共”，他不仅“决不忍再见所谓‘剿共’的军事，更不忍以后再有此种‘剿共’之不祥名词留于中国历史之中”。他声明并向参政会提出保证：“以后亦无‘剿共’的军事”[④]。重庆国民党的《中央日报》这时的社论也同样保证说：“只要中共不脱离抗战阵线，事件不致扩大，而剿共事实亦不至发生。”[⑤]

对于蒋之演说与参政会通过之涉及中共军队及政权问题的提案，周恩来肯定其仍为防御性的[⑥]，毛泽东则称其为“阿 Q 主义，骂我一顿，他有面子，却借此收兵，选举（董）必武为常驻参政员及近日西安放人，似是这种收兵的表现”。然而，蒋既然仍是一打一拉的两面政策，毛亦主张继续其一打一拉的两面政策，把这种拉锯式的斗争继续下去，“直到我们的临时办法各条实际

---

① 《周恩来关于与张冲谈判情况给中共中央的报告》，《皖南事变》，第 225—226 页。

② 《毛泽东关于坚决不出席参政会问题致周恩来》，《皖南事变》，第 228—229 页。

③ 转见孟广涵主编《国民参政会纪实》(下)，重庆出版社，1985 年版，第 834 页。又孟广涵主编《国民参政会纪实续编》，重庆出版社，1987 年版，第 281—284 页载有蒋介石在那次秘密会上的讲话全文，可参看。

④ 蒋介石：《政府对中共参政员不出席参政会问题的态度》，《国民参政会纪实》(下)，第 886—887 页。

⑤ 《七参政员事件》，1941 年 3 月 9 日重庆《中央日报》社论。

⑥ 《周恩来关于蒋介石的演说和国民参政会通过的六点提案问题给中共中央的报告》，《皖南事变》，第 231 页。

上被承认（主要是扩军、防地、《新华日报》及路上少捉人）”[①]。

蒋介石在参政会上的讲演和毛泽东随后的指示再清楚不过地表明国共两党这时都在设法缓和。而尤为引人注目的是，毛前此所说的以半年为期“解决善后条件”，中心盘子已由两个十二条，减少到同意扩编军队、维持现有防地、保证《新华日报》正常发行，和不得在进出边区的交通线上随意捕人这四点。由于避开了蒋介石极为敏感的皖南事变善后及17日令等问题，双方之间的交涉明显地变得容易了许多。在3月14日蒋介石与周恩来的谈话中，蒋也不再提起中共军队北移问题，明确讲：“只要听命令，一切都好说，军队多点，饷要多点，好说”。至于不得压迫《新华日报》，以及释放前此扣留的进入边区的中共有关人员和发放通行护照等事，蒋都满口答应下来。据此，周提出：可否先解决这些小问题？毛当即表示同意。[②]

在中共参政员是否出席参政会的问题上，共产党和国民党的攻防战饶有意味。这是一场纯粹的政治战，共产党处于攻势，国民党处于守势。也是皖南事变和1·17令后共产党发动的政治攻势第二次高潮。从攻守双方的直接诉求来看，应该说都没有达到目的。共产党提出新的善后十二条，国民党未接受；国民党要求共产党参政员出席会议，也没有成功。但是，从这场政治攻防战的结局看，共产党是胜利者。所以说胜利，主要表现在：共产党提出新的十二条，明知国民党不会接受，还要提出来，用毛泽东的话说，“在于以攻势打退攻势”，这个目的达到了：我不出席，是你拒绝十二条。从新十二条来说，较之老十二条，共产党又退让了一大步，国民党还是予以拒绝，国民党就在社会舆论和人民心理上背了理。参政会好比一桌宴席，国民党是主人，共产党是客人，客人在赴宴途中挨了主人打，还要前来敬陪末座，为主人捧场，客人心不甘，提出入席的条件，显然是有道理的。主人从强势者地位坚持邀请，客人抚摸伤痕不肯入席，以至于“全重庆全中国全世界在关心着、打听着中共代表究否出席，人人都知道延安掌握着团结的人是共

---

① 《毛泽东关于目前政治、军事形势的估计给周恩来的通报》，《皖南事变》，第232页。

② 《周恩来关于同蒋介石谈判问题给中共中央的报告》、《中共中央关于同蒋介石谈判问题给周恩来的指示》，同上书，第235—236、237页。

党中央”[1]。造成这种形势是很不容易的。蒋介石在演辞中仍然一本不可侵犯的强势者地位，却在大庭广众中向全体与会参政员保证以后决无剿共军事，确实是政治上的让步，表明国民党在政治上处于守势地位。这一轮政治攻防战，在参政会闭幕后，尤其在蒋介石与周恩来会谈后，大体上就告一段落了。

此后国共间还续有交涉，中共也曾提到新四军问题，但只限于要求同意整编其“余部”，及给八路军发饷方面，至于取消1·17令、惩凶及释放新四军所有人枪等问题，再未提出。[2] 5月，日寇在晋南发动较之豫南作战规模大得多的中条山战役，国民党中央军受损甚大。蒋介石要求八路军出动配合作战，中共中央立即指示八路军加以配合。日寇的进攻，马上把国共两党的关系拉近了。5月26日，毛泽东、朱德致电卫立煌，指出：“目前唯有国共团结并在蒋委员长领导之下实行亲苏外交，坚持抗日到底，方能挽救危亡”[3]，完全是共商团结对敌大计的姿态了。5月，中共中央政治局总结皖南事变以来同国民党斗争的教训，得出这样的认识：“在中国两大矛盾中间，中日民族间的矛盾依然是基本的，国内阶级间的矛盾依然处在从属的地位。一个民族敌人深入国土这一事实，起着决定一切的作用。”[4] 这里指明了抗战期间国共矛盾必然走向缓和的客观依据。

至11月参政会二届二次会议召开之际，在中共参政员是否参加这一次参政会问题上，中共方面便将条件降低到只要“放叶发饷”做到一件即可参

---

① 《周恩来关于出席参政会问题给中共中央的报告》，《皖南事变》，第225页。

② 4月间中共曾特别提到国共和解条件三点：即停止逮捕共党人员及反共军事和交通封锁；继续发给十八集团军各月份经费及弹药补充；新四军余部尚有八九万人应立即编整。至移防一节，如政治上有确实保障，自可商谈，否则，于情于理碍难遵命。见《陈宏漠密电》（1941年4月30日），前引《中国现代政治史资料汇编》第3辑第11册，第135页。这方面，按中共文件记载的说法如下：5月8日，中央书记处致电周恩来，提出“我们要求事项：（甲）速解决新四问题；（乙）速发饷弹；（丙）停止反共；（丁）派机送周回延开会。”5月10日毛致电周恩来：“见电总部拟具配合中央军作战计划，惟新四、饷弹、反共三大问题，请蒋速予解决。”5月26日，毛、朱致电卫立煌：“我们所希望于国民党的只是：（甲）坚持抗日；（乙）民主政治；（丙）改善国共关系这样三点而已。关于改善国共关系又分三点，即（甲）对新四军问题予以解决；（乙）对八路军饷弹予以发给；（丙）对反共言论与反共行动予以停止。除此以外并无其他要求。”

③ 见《毛泽东年谱》中卷，第301页。

④ 《关于打退第二次反共高潮的总结》，前引《毛泽东选集》，第781页。

加[1]。在王世杰、张群约见周恩来、董必武，表示会后由王、张负责向蒋请求释放叶挺，并告此意已获蒋首肯后[2]，中共中央考虑到国共关系的缓和已为共同对敌斗争的客观需要，最后同意派董必武、邓颖超参加了这一次会议。这意味着，皖南事变之“善后”工作已不复存在，国共两党因为事变所引起的破裂危险，业已消弭于无形之中了。

四、善后之后：不算多余的话

皖南事变善后之艰难，已如前述。皖南事变之影响，更是深远的。国民党虽然不顾一切地消灭了新四军军部并宣布撤销了新四军的番号，但新四军照样存在，并且所占地区及兵力越发扩展与壮大，在新四军范围内的部队反而一一被驱逐或消灭，国民党其实一无所得。更为重要的是，皖南事变根本破裂了两党之间的感情联系。从蒋介石在参政会密示国民党参政员国共一定要分裂，和国民党军委会办公厅3月18日发布的改“某党”为“奸党”令[3]等事实看，国民党在事变后显然已经正式决定把中共视同“汉奸”，必欲加以“剿灭”。同样，从前述毛泽东对蒋介石的判断，和中共中央所作出的有关决定看，中共方面对与国民党真诚合作，也不再抱有任何幻想。于是，皖南事变自然成了抗战期间国共关系逆转的一道分水岭。事变前，中共军队虽然已经在独立指挥、自行发展，但它仍旧隶属于国民政府之下，至少名义上仍随时呈报并请领军费补充，形式上仍旧使用着统一的货币和遵守着统一的政令法令。国共之间军事上的摩擦冲突也仍可通过正常途径反映或协商。因此蒋之命令或要求，一般总还具有一定的约束力。事变之后，国民政府断绝对中共军队的一切供给予补充，切断了自己与中共军队的一切关系，结果反使自己威信扫地。中共政权与军队从此断绝与国民政府之间的一切上下级关系，自设银行，自发货币，自定法规法令，自行其是，完全脱离国民政府而自行存在，蒋也失去一切命令之权。两党关系今后如何发展，也就可

---

① 见《毛泽东年谱》中卷，第339页。

② 王世杰日记1941年11月15、16日，《王世杰日记手稿本》，第187—188页。

③ 《谷正纲部长准发军事委员会办公厅关于改“某党”为“奸党”令》(1941年4月7日)，前引《中国现代政治史资料汇编》第3辑第11册，第131页。

想而知了。

3月2日共产党参政员董必武、邓颖超致国民参政会公函中提出临时解决办法十二条，即第二个善后十二条。其中要求承认陕甘宁边区之合法地位，承认敌后之抗日民主政权，于十八集团军之外，再成立一个集团军，共应辖有六个军。[①]这三条实际上是两条：承认共产党开创的地方政权，承认共产党有一定数量的合法武装。这实际上是七七事变后实现国共合作的基础。当初，红军被改编为国民革命军第八路军和新四军，陕甘宁根据地作为中华民国国民政府治下的陕甘宁边区，晋察冀边区政府在1938年1月作为“中华民国的组成部分”[②]建立起来，都是得到国民党政府同意的。现在国民党又拒绝承认它的合法性，显然损害了国共合作的基础。不过这个问题究竟如何处理，仍是国民党内部分高层人士思考的对象。皖南事变善后之后，1941年7月31日，国民党中宣部长王世杰与蒋介石的美国政治顾问拉铁摩尔（Owen Lattimore）讨论战后国际组织和中共问题。王世杰对中共的想法是：“予谓如共产党有诚意，不到处扩充势力，政府或可划定一特殊区域，允其在该区域内试验其理想，并保留若干军力，同时并允其参政中央民意机关。此种办法并可作为战后解决方案。”[③]这个思考，实际上是按照共产党的要求和当时的中国政治走向来进行的。共产党要求的无非是承认自己所开创的地方政权和一定数量的武装，至于参政中央民意机关，则国民参政会有共产党代表，是国民党允许的。王世杰这个想法如果在高层达成共识，对以后中国政治走向的善化和联合政府主张的实施，可能会有积极作用。可惜此计不用，发展到后来就时不我待了。

最近报载，俄罗斯科学院远东研究所自克里姆林宫取得一批最新解禁的史料，揭示出1945年12月，蒋介石派自己的私人代表蒋经国赴莫斯科会见斯大林，传达老蒋的意见说，国民政府可以与中共和平共存，具体计划包括：同意让中共代表参与政府工作；准许中共拥有十六至二十个师的军队，但是中共军队必须接受国民政府的指挥；中国若干地方政府可由中共负责，但先

① 参见《中共中央文件选集》第13册，第58页。

② 参见延安时事问题研究会编《抗战中的中国政治》，上海人民出版社，1961年翻印，第371页。

③ 见《王世杰日记手稿本》，第121页。

决条件是，中共掌控的地方政府，必须服从国民政府的命令。蒋经国希望斯大林向中共施压，以促使中共与国民党间找到一妥协的办法。报道说，斯大林回答："中共从未征询苏联政府的意见，如果他们不需要苏联的建议，我们又怎么能告诉中共我们的想法呢？"[①]

小蒋这里传达老蒋的意见，其思考方向与王世杰相同，且比王世杰的想法更宽松一些（可以参加政府工作），只是时间晚了四年以上。假设提前四年，即 1941 年 7 月，蒋的想法与王世杰合拍，那么皖南事变的善后处理就会漂亮得多。只是这四年是中国近代政治史上极为关键的四年，当蒋经国到达莫斯科的时候，中国共产党已发展成为有 120 多万党员的大党，抗日根据地面积约 100 万平方公里，人口近 1 亿，八路军、新四军发展到 120 多万人，另有民兵 220 万人。[②]这时候，国民党统治区内由民主党派和民主人士组成的民主力量有很大增强，并同共产党建立了密切联系。大后方人心大变，变得越来越同情和支持共产党了。中国共产党在中国社会生活中所占的地位和比重，同抗战初期大不相同，同 1941 年皖南事变及其善后时期，也是大不相同了。蒋介石开出的支票，如果在 1941 年，还有谈判基础，共产党或者还可以讨价还价一番，促其实现。但到 1945 年 12 月，已在重庆谈判、"双十协定"签订以后，国民党正在撕毁"双十协定"的时候，这个空头支票对共产党几乎没有什么吸引力了。事实正是这样，再过四年，国民党和共产党在中国，已是主客异势了。

皖南事变的影响所及，于此已不必再费笔墨了。

作者附识：本文写作多得本所同仁杨奎松先生帮助，谨此致谢。

1995 年 7 月 27 日凌晨作于东厂胡同一号

① 《蒋经国与斯大林会谈解密》，1995 年 7 月 17 日台北《联合报》。

② 参阅胡绳主编《中国共产党的七十年》，中共党史出版社，1991 年版，第 210 页。另据中共中央 1945 年 9 月的统计，至 9 月初军队已达到 127 万人，民兵达到 268 万人，占有地区已扩大到 104.8 万平方公里，人口大到 1.255 亿，并已建立行署 23 个，专署 90 个，县（市）政权 590 个，占据县城 285 座。引自杨奎松著《失去的机会？——战时国共谈判实录》，广西师范大学出版社，1992 年版，第 215 页。

关于中国近代历史发展规律的认识和对若干史实的解说①

海峡两岸的历史学家致力于中国近代史的研究，已经有差不多半个世纪了。发表论文和各种著述汗牛充栋。这种研究推动了两岸历史学的发展，增进了学人和一般读者对中国近代史的了解 。这是有目共睹的。海峡两岸历史学家对中国近代史的内涵不能说完全一致，但大体上是差不太多的，可以说，海峡两岸历史学者所面对的大体上是一个共同的研究对象。对于一个共同的历史进程，两岸学者对其中某些具体历史事实的研究，在资料大体上齐备的情况下，可能不乏共识，也可能存在着不同的描绘；在比较宏观的研究上，或者虽然不太宏观，但存在价值判断或是非评论的时候，则往往出现彼亦一是非，此亦一是非的认识，难以取得共识或互补。这种情况，也是很明显的，不容回避。

对中国近代史的内涵，虽然两岸认识大体上差不多，实际上也存在差异。当我们笼统地说中国近现代史的时候，模糊一点说，两岸学者的看法可能是差不多的。如果具体到中国近代史、中国现代史，排除两岸学者内部各自的分歧不说，两岸间的认识可能就不一致了。海峡西岸的学者认为，从 1840 年鸦片战争开始至 1949 年中华人民共和国成立是中国历史中的近代史阶段，1949 年后是现代史阶段；较早的看法稍有不同，认为五四运动起为中国的现代史阶段。海峡东岸的学者则认为 1912 年中华民国建立便是中国现代史阶段。历史年代的划分，是历史学者必须注意的，究应如何划分，就有各自的理由和标准。比如，敝研究所从 70 年代初开始着手编纂《中华民国史》，引起台湾学者的震动，于是继起效尤，所编之书名《中华民国建国史》。名称的不同，

① 本文应邀为纪念《历史月刊》创办十周年而作，载于台北《历史月刊》第 121 期，1998 年 2 月。

缘自各自的理念和标准不同。所谓理念和标准不同，是指各自政治理念的差异及由此产生的学术标准的相左。更深一层说，就涉及意识形态，涉及历史观了。

说到史观，大陆多数史家都主张在历史研究中要应用唯物史观。说起唯物史观，这是最为台湾学者所诟病的，他们认为唯物史观是教条。世界上任何一个史家，要想研究和说明历史上的某个重大问题，总会秉持某种史观，这是不待证明的。我们所以主张唯物史观，不是因为它是教条，是八股，而是因为它能告诉我们一种方法，一条路径，使我们能更有效地处理纷繁复杂的历史问题，使我们能更好地洞察历史发展的方向。当然，应该指出，学习和应用唯物史观也有一个态度问题。在某种政治气氛下，有的历史学者在历史研究中运用唯物史观存在着教条和八股现象，他们不是从方法论的高度去领会唯物史观的精神实质，而是拿着马列的某些个别词句，到处贴标签。这不是一种正确的态度。这种情况在学习唯物史观的过程中，本是应该力求避免的，不幸在“文革”中达到登峰造极的程度。这种情况，在“文革”结束以后，随着国家社会政治生活的转变，历史学界也在努力纠正它。

唯物史观是人们对历史认识的一种最一般的观念，它并不是那么神秘而不可理喻。通俗地说，唯物史观认为，有史以来的人类历史，是客观存在的，不是主观形态的；历史现象虽然千姿百态、纷繁复杂，却不是虚无缥缈的，人们虽然不能像自然科学那样在实验室里重复制造历史过程，但在掌握了尽可能多的历史资料以后，是可以对过往的历史过程加以描述、加以认识，并获得对往史的较为近真的影像的；历史现象虽乱如丝麻，确是可以理出头绪的，并且显示了一种由低级到高级的发展过程，人们从茹毛饮血到今天享受现代化的信息公路，很自然地说明了这个过程的一个重要方面，而马克思、恩格斯指出的五种社会发展形态，则是对这一过程的最一般的描绘；人类的经济生活是社会生存的基本方式，社会依生产力的发展、前进而发展、前进，生产力和生产关系的矛盾运动推动着社会的前进，决定着人们依赖其中的社会政治、经济、阶级关系和文化从属的基本面貌；物质生产和精神生产是社会运行的主要内容，物质生产的状况决定了精神生产的状况，劳动者是物质生产的主体，是决定历史前进方向的终极力量；人们（包括劳动群众和社会精英）创造了一定的历史环境，一定的历史环境反过来又决定了生活其中的人们的面貌。我想，这就是唯物史观告诉我们的基本东西。它所概括出来的人类社会发展的基本规律虽未穷尽真理，却指示了社会发展的一般方向及其未来。同时也应该说，它只是提出了社会发展的一般方向和未来走向，丝毫没有给出各地区各国家历史发展的具体方向。各地区各国家的社会历史发展还要靠那里的历史学家去研究去总结。

唯物史观是一种方法、一种工具。用这种方法、这种工具，或用别种方法、工具，去观察中国近代史，虽然面对着同一个研究对象，研究结论可能不完全一样。这是海峡两岸历史学者对中国近代史认识差异的重要原因。

联系到中国近代史，大陆学者一般认为，英国发动的侵略中国的鸦片战争是一个起点，此后，英、法、美、俄、德、日、意等世界强权先后参与或者发动对中国的侵略，中国在列强的武力压迫之下“门户开放”，主权沦丧，外国人在中国自由出入，可以任便在中国经商、办厂、办学和传教，路矿利权严重外溢，中国的内河和领海失去屏障，从北京到秦皇岛的出海口等十二处地方由外国驻兵，大片土地被割让，十多个城市设有外国的租界，还有旅大、威海、胶州湾、香港新界、广州湾以及澳门等外国的租借地，全国几乎都被外国划分为势力范围。如此主权国家，其何以堪？有识之士，能无抚膺！19世纪60、70年代以来，忧国忧民者常常为此发出呼吁。三元里抗英、广州反入城斗争、太平天国的反对外国侵略、各地绵延不断的反洋教以至北方爆发著名的义和团爱国运动、1905年抵制美货运动、由抗议巴黎和会处理山东问题不公引发的五四反帝爱国运动、上海五卅运动、省港大罢工、收回汉口九江英租界，以及大革命时期响彻全国的“打倒列强”的呼声，在在说明反帝斗争在近代中国历史上有着广泛的群众基础。卢沟桥事变发生、日本全面侵华以后，国民政府主持了全国的抗日战争，也赢得了全国各政党包括中国共产党和全国人民群众的支持。谴责帝国主义侵华，正面评价中国人民、政府的反帝斗争，是研究中国近代史的学者必须面对的严肃课题。研究这个课题，很可能是两岸学者较少有原则分歧的地方。

帝国主义侵华引起了中国社会性质的变化。关于近代中国社会性质，本世纪20、30年代之间中国学界曾爆发热烈的争鸣。经过思想理论界的反复讨论，学界相当多人士赞成近代中国是半殖民地半封建社会。中共中央于1929年2月在自己的一份文件中采纳了这个概念。30年代末中共中央、毛泽东在分析中国国情时，就是依据这个概念来立论。对近代中国社会性质的体认，是确立中国革命的任务、革命的对象、革命的前途的基本出发点。对这一点，台湾的学者指斥其非，是不遗余力的。本文限于篇幅，不可能展开讨论。仅指出，采纳这个概念，对认识近代中国历史是至为重要的。我们往往强调近代中国的反帝反封建斗争，就是以对近代中国社会性质的这个认识为依据的。

如果说对帝国主义侵华这一史实两岸学者尚无大的原则分歧，那么，对于近代中国的反帝，可能认识就不尽一致了。仅举一例。张玉法教授在一篇书评中说："不可否认的，近代以来帝国主义对中国的侵略非常严重。到八国联军之后始趋缓和，缓和的原因，一般的解释归于门户开放政策，该书则归于义和团的阻赫。义和团式的排外，实是无可鼓励的。"[①] 八国联军之役后，帝国主义对中国的侵略是否缓和了，尚待讨论。此处仅就义和团立言。1900年弥漫于华北、京津地区的义和团运动，彼岸学人往往因袭旧时学人的看法，指义和团为"拳匪"，为笼统排外，轻易加以否定。义和团起自乡间，本是农民自发组织的一种比较散漫的组织形态，因外国势力深入穷乡僻壤，更因民教纠纷，衙府庇护教民，损及农民利益，于是揭竿而起，号称"扶清灭洋"，后得官府支持，进入京津。他们以血肉之躯，敢于面对八国联军的武装剿灭，虽然失败是难以避免的，但他们身上所体现的中华民族反抗外敌侵略的民族精神是值得称颂的。他们的"排外"，是中国人民的反帝斗争的初级形态，其缺点当然是明显的，但他们在帝国主义面前发挥了中国人民的民气，使得八国联军统帅、德国人瓦德西也不能不慨叹欧洲人无此脑力和物力统治中国，"瓜分中国实为下策"。义和团失败以后，国内多有骂义和团为"团匪"、"拳匪"者，但有识之士已经看出了义和团的功绩。1901年在日本横滨出版的中国留学生刊物《开智录》发表文章，称颂"义和团此举，实为中国民气之代表"[②]。1924

① 张玉法评章开沅、林增平主编《辛亥革命史》，载国史馆编：《中国现代史书评选辑》(一)，台北，1991年版，第155页。

② 《义和团有功于中国说》，见张楠、王忍之编《辛亥革命前十年间时论选集》第1卷，上册，北京，三联书店，1978年，第62页。

年孙中山在广州演说“三民主义”，也称颂义和团：“其勇锐之气，殊不可当，真是令人惊奇佩服。所以经过那次血战之后，外国人才知道，中国还有民族思想，这种民族是不可消灭的。”①

与此相反，此岸学者认为历届政府颟顸、腐败，对于造成中国的落后是有责任的，尤其对于统治者对外敌的侵略不能组织有力地抵抗，面对强敌，俯首乞和，造成近代中国屈辱悲惨的历史，是应该受到谴责的。1840年的鸦片战争、1856年的英法联军之役、1864年俄国出兵占领新疆伊犁地区、1884年的中法战争、1894年的甲午战争、1900年的八国联军之役及俄军占领东北地区、1904年的日俄战争和英国侵藏战争、1914年日本出兵山东、1931年日本发动九一八事变，等等，此荦荦大者，都是政府不能组织有力抵抗造成割地赔款、主权沦丧的著名例子。中法战争不败而败、胜而求和；甲午战争实行“避战保船”，等于解除北洋舰队的武装，不仅拱手出让制海权，而且拱手出卖了北洋舰队，这两次战争的失败，李鸿章都不能辞其咎。至于九一八事变，明示不抵抗，更遭到国人批评。有人以外敌强大、中国落后为词，提出抵抗不是上策，求和才是出路的主张，是站不住的。须知，近代中国所面对的国际形势，就是资本主义列强先进，中国落后，列强与中国的关系是侵略与被侵略的关系。对列强侵略不抵抗，一味求和，出路只能是从半殖民地滑向殖民地，沦为附属国。中国恰恰是因为抵抗了，才免于成为殖民地国家的。正确的做法，是一面研究自己落后的原因及落后之所在，努力学习、借鉴西方的长处，以自强立国，同时发扬民气，对外敌侵略组织有力的抵抗。可惜，近代中国政府对此缺乏因应之道，使偌大中国总是落到一个落后挨打的地步，令后人读史至此，不胜扼腕。

为什么总是批评政府？不是说政府一点好事都没有做，而是说每当面临国家、民族巨大变局时，政府不是站在国家、民族以及绝大多数人民利益的立场上作出因应，而是从政府或政府负责人的利益与好恶出发。这里或许要说到上面提到的反帝反封建中的反封建了。所谓封建，不是指我国古代周天子分封建国的“封建”，而是五种社会形态说中封建社会的“封建”。此一封

① 中国社会科学院近代史研究所等合编：《孙中山全集》第9卷，北京，中华书局，1986年，第315—316页。

建，不过是在翻译时借用了古时的现有词汇"封建"罢了。所谓封建社会，我理解指的是建立在地主土地所有制以及小家庭式农耕文化基础上的君主专制制度。在外国侵入，中国社会演变为半殖民地半封建社会后，以地主土地所有制为基础的封建专制制度并无实质上的改变。这种制度处事每以皇帝一家一姓的利益为转移，而不顾及国家、民族和人民群众的利益。例如，太平天国起义，适逢英法联军之役，清政府宁愿割地赔款，不愿对农民起义让步，结果，"借师助剿"，湘淮军和常胜军合作，把太平天国镇压下去。甲午之役，适逢慈禧太后花甲之寿，竟公然不顾外敌侵入这等大事，不集中国力对付战争，反而把建设北洋舰队的经费挪用来修建颐和园，以供花甲庆典之欢。这样的政府，不改革怎么能受人民欢迎呢！

政府确曾考虑过改革。如咸同年间的洋务运动（当时称自强新政）、光绪皇帝主持的戊戌变法、慈禧在《辛丑条约》签订以后实施的新政，等等，都未能成功。洋务运动是在面对"船坚炮利"的外国侵略以后，由在中央和地方的若干大员发起的。他们不知道如何去革新政治，只想学习西洋如何造船造炮，以为这样就"可以剿发、捻，可以勤远略"。奕欣为发动自强运动给皇帝呈送的奏折，也说英、俄不过是"肘腋之患"，只有发、捻才是"心腹之患"。可见，发动洋务"自强"，不是出发于国家之"自强"，而是出发于政府之"自强"。强化军事机器，对内是根本目的。所谓"勤远略"①，不过是在奏折上说说罢了。因为在事实上，军事工业发展以后，未能在"勤远略"上发挥作用。1884年的中法战争，1894年的甲午战争，都以失败而告终。福建马尾造船厂被法舰摧毁，北洋舰队最后在它的威海卫基地对日投降。历史学家把甲午战争作为洋务运动失败的标志，是不无道理的。这样说，并不是要把洋务运动时期发展起来的若干近代工业一笔抹杀，只是说清政府未能尽到自己的责任。如果拿差不多同时的日本明治维新作比较，这个问题就看得更清楚了。明治政府举国一致、从上到下支持维新事业，政府出钱出力支持民间办西洋工业，不过三十年就打下了打胜一场对华战争的基础。清政府只是洋务派在操办，顽固派却一片反对之声，慈禧太后正好玩弄权术，居间驾驭，朝廷并没有表

① 曾国藩：《复陈购买外洋船炮折》，《曾文正公全集》奏稿，第14卷，第11页。

示支持洋务运动的明确意向。

洋务运动引起民间质疑，批评之声颇多。改良派思想家批评它徒袭西艺之皮毛，未得西艺之要领。于是，康、梁领衔，在光绪皇帝支持下，发动戊戌变法，百日之内，政治、经济、军事、法律、学校教育诸方面的诏谕，像雪片一样的飞来，看似轰轰烈烈，大有作为的样子。不过旬日之间，慈禧变脸，反掌之下，光绪被囚，康梁逃亡，六君子喋血菜市口。这样的封建专制统治，岂能领导国家的改革。戊戌维新如果提前到洋务运动时期，并且得以顺利进行，中国的面貌可能是另外一个样子。但是，当八国联军之役后，《辛丑条约》谈判过程中，列强要求清政府实行改革。慈禧太后还在西安，尚未还都，即发表新政谕旨。随后，练新军、废科举、宣布预备立宪、鼓励工商业、修改法律，不仅把戊戌维新时期废止的维新办法都恢复了，且大有过之。1905 年还派出五大臣赴东西洋考察政治。考察大臣回国送呈考察报告，建议实行君主立宪，改革官制，除要求撤废一些中央部外，还要求撤废军机处，实行责任内阁。慈禧太后视军机处为禁脔，不准擅议，政治改革搁浅。预备立宪也要等到宣统五年。但是，现在时代变了。甲午战后受民族危亡刺激起而从事救国活动、以孙中山为首的革命派，和包括康梁在内的改良派、立宪派，对清政府的改革措施都不满意。革命派要求以革命的手段推翻这个“洋人的朝廷”，立宪派也要求加快立宪步伐。最后，清朝的专制统治终于在革命派发动的强大攻势下被推翻。

这里就涉及对辛亥革命的评价。此岸学者认为辛亥革命是中国资产阶级性的革命，彼岸学者坚决不同意，认为是全民革命，或者国民革命。1982 年在美国芝加哥讨论辛亥革命，中国大陆的章开沅教授与中国台湾的张玉法教授，不仅在会议上相互辩驳，在会下也著文讨论，好不热闹。这种讨论至今还在进行，可见分歧之大之深。台湾学者认为，领导革命的孙中山等人不是资产阶级，怎么说辛亥革命是资产阶级性的革命？中国当时还没有资产阶级，即或有，也是大贫、小贫，难道说辛亥革命是没有资产阶级的资产阶级革命吗？而且，照共产党的观点，资本主义、资产阶级都是要被埋葬的，说辛亥革命是资产阶级革命，就是否定、贬低辛亥革命，怎么能接受这种说法？

对这种驳难，这里简单说一下我的看法。按照马克思主义的观点，历史上的一次革命，如果是针对封建统治的，是要推翻君主专制的，其社会发展目标是要从一家一户的小农经济发展到现代机器工业的大生产、发展到资本主义方向的，这样的革命就可以说是资产阶级性的革命。辛亥革命就是这样的革命，它是不同于中国历史上以往的改朝换代的，所建立的是不同于封建主义的社会，因而它是民主主义的革命。辛亥革命针对清朝统治，推翻了皇帝，建立了民主共和国，选举了大总统，南京临时政府从政治和经济的角度颁布了一系列鼓励资本主义发展的法令。这样的革命怎么不是资产阶级性质的革命呢。至于发动这场革命的领导人孙中山、黄兴等是否资本家出身，并不重要。事实上，17 世纪英国的资产阶级革命、18 世纪北美独立战争和法国的资产阶级革命、1917 年 2 月俄国的资产阶级革命，出面领导革命的人都未必是资本家出身。领导英国革命并把英国国王送上断头台的克伦威尔，出身于中等贵族家庭，本人是议员；北美独立战争的领导人华盛顿是种植园主；法国大革命的领导人罗伯斯比尔是律师出身；俄国二月革命的领导人克伦斯基也是律师。但是，这些不是资本家出身的革命领导人，他们的理想、他们的奋斗目标、纲领、他们所建国家的政治、经济取向都是服务于资本主义的发展方向的，都是为资本家阶级的根本利益服务的。同盟会纲领："驱除鞑虏，恢复中华，建立民国，平均地权"，以及随后所阐述的"三民主义"不都是说明了这种政治经济取向吗。说到中国没有资产阶级，只有大贫小贫，这不是对中国国情的正确认识。自从洋务运动从军事工业转向民用工业以后，一部分握有资金的人，以及一部分买办，正在向民族资产阶级的方向转变。甲午战争以后尤其是 1901 年实行新政以后，民族资产阶级的力量已经形成。上海、汉口、天津、广州，大体上已形成为当时中国的工业基地。中国当然不像欧洲那样有大资产阶级，但资产阶级已经形成了也是事实。这有当时现代机器工业的统计资料可以证明。罗列这些资料是枯燥的，我只想指出，1905 年上海总商会发动的抵制美货运动，就是显示力量的表示。清末三次立宪请愿运动多由上海、江苏一带发动，也是民族资产阶级力量的显示。应当指出，清末的民族资产阶级是在封建统治和帝国主义侵略之夹缝间生长的，它惧怕这二者，又不能不依靠这二者，它与这二者有着千丝万缕的联系。从它们的根本利益来说，它们应当欢迎辛亥革命，从它们的眼前利益来说，它们不一定欢迎革命派用武装斗争形式发动的、以推翻清朝君主专制统治为目的的革命。但是，不能因此得出结论，辛亥革命不代表它们的利益。

有一位台湾学者评论大陆学者《孙中山思想研究》一书，极力抨击所谓“中共统治下的八股式著作”，谓：“就共党教条而言，资产阶级是人民的敌人必须打倒、消灭，而作者把兴中会称为‘最早的中国资产阶级革命民主派的小团体’，因此，凡国父所领导的国民革命组织，都称为‘资产阶级革命民主派’。兴中会誓词中有‘创立合众政府’之语，因而说‘首次出现了资产阶级共和国方案’。《民权初步》是会议规范，应该是中性的了，但本书称之为‘资产阶级民主制度有关会议的细则’……既然‘资产阶级’是人民的‘敌人’，必须打倒消灭，则‘敌人’的‘团体’、‘方案’、‘细则’当然都是必须消灭的了。”还说，“资本主义既然必须埋葬的，当然是坏的了”。该评论者认为这是有意以“用语选择”来误导、贬低读者对国父思想之认识。[①]这样的见解，在台湾学者的评论中多见。这是误会，是对大陆学者、对马克思主义唯物史观一种想当然的、不求甚解的误解。其实他们完全不了解，唯物史观、共产主义者对资本主义、资产阶级在人类社会发展史上所作出的历史性贡献作出过高度的评价，过去是这样，现在也是这样。这只要稍微读一读1847年马克思、恩格斯著作的《共产党宣言》就可以知道了。那本书说：“现代资产阶级本身是一个长期发展过程的产物，是生产方式和交换方式的一系列变革的产物。……资产阶级在历史上曾经起过非常革命的作用。……资产阶级在它的不到一百年的阶级统治中所创造的生产力，比过去一切世代创造的全部生产力还要多，还要大。”[②]在这方面，我们不必掉书袋，作过多的征引。只要看看，1949年中华人民共和国成立以后，党和国家在多种政治性的纪念场合，大规模地、大张旗鼓地纪念辛亥革命、纪念孙中山就够了；在“文化大革命”中严厉批判所谓资产阶级的时候，也没有忘记召开大会来纪念孙中山。在天安门广场，在庆祝国庆节的时候，总有孙中山的巨幅画像树立正中，甚至在80年代中期以后不再树立马、恩、列、斯画像时，孙中山的画像仍安然不动。所有涉及辛亥革命、孙中山的出版物，都对辛亥革命和孙中山表示了必要的尊重。中小学的历史教科书都要正面讲

---

① 朱坚章评张磊著《孙中山思想研究》，见《中国现代史书评选辑》(二)，第25—26页。

② 参见《马克思恩格斯选集》第1卷，北京，人民出版社，1972年版，第228—286页。

述辛亥革命和孙中山的历史作用。在台湾科研机构和大专院校的三民主义研究所都已改换名称并且不大讲三民主义的时候，大陆的学者们却在为研究孙中山和孙中山的学说召开一系列讨论会，撰写了大量的论文和著作。辛亥革命和孙中山，是中国大陆妇孺皆知的历史事件和人物。这些都是假的吗？都是统战手段吗？世界上恐怕没有哪个国家和地区像这样认真的宣传辛亥革命和孙中山的了。这样做，不是摆样子的，不是言不由衷的，不仅仅是为了统战，而是出于一种信仰，即出于尊重唯物史观、尊重历史发展规律这样一种真实的信仰。在我们看来，孙中山及革命党人发动和领导的辛亥革命，推翻了封建专制统治，建立中华民国，并且探索了有中国特色的资本主义发展道路，是对中国历史的重大贡献。从此，民主共和深入人心，以致于袁世凯想做皇帝、张勋闹复辟，都不过如儿戏一样破产了。当我们说辛亥革命是伟大的革命，孙中山是伟大的革命先行者，孙中山及其同志们是资产阶级革命民主派，他们提出了资产阶级共和国方案，他们要推行资产阶级民主制度，他们要在中国发展资本主义，等等，都是对他们的正面肯定，是对他们的颂扬，丝毫不存在贬抑的评价，不存在误导读者的任何意向。

我在这里要说明，上面的说法，并不表明对资产阶级的评价永远没有变化。从历史发展规律来看，在全世界，资本主义是世界历史发展中一个十分重要的阶段，但它不可能永远处于黄金时代。像它曾经替代过封建制度一样，它也将会被一个更新的社会制度——社会主义社会所替代。这是对资本主义经济发展、资本主义内部矛盾作了周密分析和论证后得出的结论。我们认为这就是历史发展规律，它是不以人们的主观意志为转移的。当着资本主义内部矛盾已经充分暴露并且不可克服的时候，当着无产阶级已经登上政治舞台的时候，当着资产阶级和无产阶级争夺领导权而又不肯退出历史舞台的时候，对于无产阶级开辟的更新的事业来说，这时候的资产阶级就是反动的了。我们说资产阶级、资本主义是要埋葬的，是在这个意义上说的。这时候资产阶级和无产阶级的斗争，就是现实的政治斗争，而不是讨论历史问题的时候了。在中国，当抗战胜利以后，中国出现走什么道路的时候，中国国民党坚持一党专政，连联合政府的设计都不能接受，而要在中国实行资产阶级专政；中国共产党人提出了通过新民主主义逐步走向社会主义的方案，在政治上提出建立联合政府以走向新中国的方案而被国民党拒绝。这时候，争夺中国未来走向的斗争白热化，不得不用大规模的国内战争来解决问题。这时，中国共产党人对大资产阶级在政治上、经济上、思想文化上，都采取了严厉的批判态度，但是对于中小资产阶级即民族资产阶级及其政治代表则采取了团结态度，并不是对所有的资产阶级都一棍子打死。

两岸学者关于孙中山学说的研究，这里还可以举出一些分歧。有的台湾学者说："中山先生从来没有说过他的主义和思想受到中国共产党的影响。而且三民主义和共产主义及共产制度均不兼容，所以他在民国十三年民生主义演讲中严正地批评了马克思的历史唯物论、阶级斗争说和剩余价值说；他和苏俄代表越飞在民国十二年发表的联合宣言中郑重声明'共产组织，甚至苏维埃制度，事实上均不能引用于中国'。因而中山先生民国十三年的三民主义理论没有采用共产主义的理论"云云①。这里有一些似是而非的评论。孙文越飞宣言皇皇在册，确有如上所引言论，谁也否认不了。广州三民主义演说中确有批评历史唯物论、阶级斗争说和剩余价值说的言论，可见各种版本的孙中山全集和单行本，谁也忘不了。但是，三民主义演说中也确有许多称颂马克思和马克思学说的言论，称颂社会主义、共产主义学说的言论，这也是皇皇在册的。三民主义演说以外称颂马克思及其学说的话姑不计，仅就三民主义演说来看，即俯拾即是。比如说"现在研究社会问题的人，也没有哪一个不是崇拜马克思做社会主义中的圣人"②，"马克思所著的书和所发明的学说，可说是集几千年人类思想的大成"③,类似的言论比比皆是。至于三民主义和共产主义、共产制度均不相容的话，孙中山从来没有说过。而且在1924年就对这种说法提出了批评。他说："此刻讲社会主义，极时髦的人是赞成马克思的办法。所以一讲到社会问题，多数的青年便赞成共产党，要拿马克思主义在中国来实行。到底赞成马克思主义的那般青年志士，用心是什么呢？他们的用心是很好的。……所以他们便极力组织共产党，在中国来活动。我们国民党的旧同志，现在对共产党生出许多误会，以为国民党提倡三民主义是与共

① 见马起华评尚明轩著《孙中山传》，载《中国现代史书评选辑》（一），第21页。
② 《民生主义，第一讲》，见前揭《孙中山全集》，第360页。
③ 同上书，第362页。

产主义不兼容的。”[1] 并且明确指出：“共产主义是民生的理想，民生主义是共产的实行；所以两种主义没有什么分别，要分别的还是在方法。”[2] 又说：“民生主义就是共产主义，就是社会主义。所以我们对共产主义，不但不能说是和民生主义相冲突，并且是一个好朋友，主张民生主义的人应该要细心去研究的”[3]。“三民主义之中的民生主义，大目的就是要众人能够共产”[4]，“人民对于国家不只是共产，一切事权都要共的。这才是真正的民生主义”[5]。对于马克思主义，孙中山总的态度是，在中国当时的国情下，“师马克思之意则可，用马克思之法则不可”[6]。我想，这句话原则上适用于今天。我们今天建设有中国特色的社会主义，不也是师马克思之意，而不用马克思之法吗？

张玉法教授有一个观点。他认为“民生主义本是社会主义的一种，在精神和内涵上，绝对是反资本主义的。”[7] 这个意见在别的地方也讲过。在台湾，这种见解可能不多见。不过我不大同意。孙中山确是有大量反资本主义的言论，有的还很激烈。孙中山说过，“国人往往误解民生主义真谛”[8]，不了解民生主义为何物，“故盲然为无谓之反对耳”[9]。误解什么？孙中山以为，人们误解他提倡民生主义—社会主义，是要“反对资本家”，是要“均贫富”[10]，是要“劫富济贫，扰乱社会秩序”[11]。他说：“现在留心世道的人，多说中国目下没有资本家，用不着讲社会主义，或又说待有资本家产生，再讲社会主义”[12]。因之，对孙中山的民生主义—社会主义主张，颇有反对之意。所以孙中山一再解释，民生主义并不是要反对资本、反对资本家，只是要反对少数人对社会财富的垄断，防止资本家垄断所产生的社会流弊。这种社会流弊主要表现在富可敌国，

① 前揭《孙中山全集》第 9 卷，第 384 页。
② 同上书，第 381 页。
③ 同上书，第 386 页。
④ 同上书，第 389 页。
⑤ 同上书，第 394 页。
⑥ 同上书，第 392 页。
⑦ 见《中国现代史书评选辑》(一)，第 158 页。
⑧ 《在中国国民党本部特设驻粤办事处的演说》，《孙中山全集》第 5 卷，第 476 页。
⑨ 《在上海南京路同盟会机关的演说》，《孙中山全集》第 2 卷，第 338 页。
⑩ 同上书，第 340 页。
⑪ 《在国民党成立大会上的演说》，《孙中山全集》，第 408 页。
⑫ 《在中国国民党本部特设驻粤办事处的演说》，《孙中山全集》第 5 卷，第 476—477 页。

穷无立锥，造成资产阶级与无产阶级之间阶级战争的社会痛苦。由于民生主义学说中蕴含有若干与社会主义相近的设想，民生主义往往被评价为社会主义。有人说，孙中山“是在帝国主义时代，接受和提出了避免西方资本主义道路的社会主义”[①]，有人说，“民生主义是一种社会主义，也是均贫富的主义”[②]，“民生主义是介于社会主义与资本主义之间的主义”，“它可以显现社会主义的特性，也可以显现资本主义的特性。”[③] 还有人说，“最大限度地发展国家资本主义”[④] 才是孙中山社会主义经济思想的实质。有人主张民生主义是资本主义的。[⑤] 还有人认为，民生主义所主张的国有社会主义，是“将资本主义生产与社会主义分配相结合”。[⑥]

我认为，孙中山的这种民生主义—社会主义主张，不是马克思主义学说中经过社会主义革命的社会主义 ，可以姑且称之为民生社会主义。这种民生社会主义，实际上是孙中山设计的一种有中国特色的资本主义发展模式。这种模式的特点，一是以国家资本为社会的主要经济构成，不允许大资本垄断社会经济现象的存在；二是以中产阶级为支撑社会发展的阶级基础，社会发展目标由代表中产阶级的阶级利益的政治代表所掌握；三是融入了社会主义的分配办法，力求全社会和平协调发展，全民都得到富裕，防患社会革命于未然；四是在政治方向和社会发展目标上，公开声称与马克思主义的社会主义、共产主义理想不相冲突，而且是好朋友。[⑦]

孙中山强调中国只有大贫和小贫，意在模糊中国社会的阶级差异。他没有深刻认识中国农民对土地的渴望，没有体察到农民和地主阶级之间阶级斗争的存在。他虽以“洪秀全第二”自居，却没有认识到太平天国起义正是19世纪50年代农民和地主阶级斗争激化的表现。尤其是，19世纪70年代以来，

---

① 李泽厚：《论孙中山的“民生主义”思想》，引自金冲及主编《孙中山研究论文集1949—1984》下册，四川人民出版社，1986年，第799页。

② 张玉法：《孙中山与近代中国革命运动》，《历史讲演集》，台北东大图书公司，1991年，第189页。

③ 张玉法：《转型的时代：三十年来的台湾》，同上书，第442页。

④ 杨天石：《孙中山和中国革命的前途》，见孙中山研究会编《孙中山和他的时代》上册，中华书局，1989年，第121页。

⑤ 陈独秀的意见。见杨玉清：《解放前孙中山三民主义思想研究浅略述评》，载孙中山研究学会编：《回顾与展望——国内外孙中山研究述评》，北京，中华书局，1986年，第223页。

⑥ 山本幸夫的意见。见狭间直树：《民生主义研究在日本》，同上书，第200页。

⑦ 张海鹏：《孙中山「民生主义」の真义についての试论》，《孙文研究》第21期，1997年1月，神户。

中国社会里资本主义生产关系正在成长，民族资产阶级（孙中山所企望的中产阶级）的经济势力到19世纪末、20世纪初，已经在中国社会的经济、政治生活中有相当影响，官办企业也有了可观的发展，外国资本主义的独资企业已经控制了中国经济的走向。这些资本主义的生产、金融、交通企业对中国传统社会的冲击力是很大的。现代工业企业中的劳资关系已经存在。[①]对这些估计不足，而设计民生社会主义的美丽图景，颇有些单向度思考的意味。试想，在中国的现实情况下，土地公有、资本公有能否实现？实现以后能否防止垄断性的大资本家产生？如何保证社会全体成员公平分配、人人幸福？是否能避免劳资间阶级斗争的产生？怎么能做到工人和资本家不发生冲突、农民得益，地主不受损失？这都是些未可肯定答复的问题。孙中山以为阶级斗争是社会发展的病态，是可以人为地加以医治的。殊不知阶级斗争是社会经济发展过程中，由于阶级利益差异之驱使必然产生的客观存在，人们不可主观上想象去消灭它的。阶级斗争有时激化，有时缓和，在根本的阶级利益差异消失前是不可消灭的。有远见的政治家、政党可以引导社会阶级斗争的发展方向，却不可能像外科医生一样，把阶级斗争这个毒瘤从社会病体上割去。按照马克思主义的观点，在资本主义发展到一定阶段时，社会主义革命的到来不可避免。设想避免阶级斗争，避免社会革命，政治革命与社会革命毕其功于一役，作一劳永逸之计，是主观的、空想的、幼稚的。虽然，对于孙中山的毕生奋斗来说，这是一种很崇高的理想。但是，作为观察孙中山提出民生主义以来中国社会发展的历史研究者来说，对孙中山设计民生主义蓝图的不足之处，不能不指出来。

说到这里，有关三民主义的“新”与“旧”以及所谓“三大政策”问题，恐怕要加以讨论。台湾学者对把三民主义区分为“新”与“旧”很反感，认为三民主义的形成虽然有一个过程，但本质上是一致的，无所谓“新”与“旧”，也没有一个重新解释的问题，对所谓“三大政策”，更是不屑一顾。这个问题，

① 1924年5月1日，孙中山在广州市工人代表会的演说中，说本国的资本家还没有压迫工人的能力，这显然是曲解，但他又说，中国工人反想种种办法来压迫本国资本家，中国工人常常和本国资本家发生交涉，中国工人是驾于本国资本家之上。从这种曲解中，我们看到孙中山实际上承认劳资矛盾的现实状况。见前引《孙中山全集》第10卷，第1页。

需要从历史事实出发，需要尊重历史。其实，国民党“一大”宣言，在阐述了三民主义的具体内容后，明确指出：“国民党的三民主义，其真释具如此”。所谓真释，乃真正的释义之谓。孙中山在“一大”闭幕式上致辞，也说：“我们这次在广州开会，是重新来研究国家的现状，重新来解释三民主义，重新来改组国民党的全体。”① 重新来解释三民主义,这可是孙中山本人的原话。重新解释以后的三民主义就是新三民主义，此前的三民主义是旧三民主义。从唯物史观的角度看，旧三民主义是为辛亥革命的胜利而奋斗的三民主义，辛亥革命是资产阶级民主主义的革命。新三民主义由于与中国共产主义的最低纲领大体相吻合，它有可能通过新民主主义逐步走向社会主义，这是中国共产党人肯定它为新的地方。

至于“三大政策”即“联俄、联共、扶助农工”，是台湾学者常常口诛笔伐之处。其实这也不难解释。有一点台湾学者是对的,那就是,所谓“三大政策”即“联俄、联共、扶助农工”，在国民党“一大”宣言的文本中，在孙中山已经发表的可以查证的文字中，是看不到的。据有关学者的研究，尤其是据日本学者狭间直树教授的研究，所谓“三大政策”即“联俄、联共、扶助农工”的文字,最早出现在1926年10月3日出版的黄埔同学会的机关刊物《黄埔潮》第11期上。这一期上有三篇文章引人注意。吴善珍题为《我们对总理的联俄联共政策怀疑吗?》一文写道：“自总理决定‘联俄’‘联共’‘农工’三大政策以后，党内的新旧右派……完全以反对此三大政策为骨干……但是黄埔学生有始终拥护此三大政策的精神，并且以之作评判革命反革命的根据。”余洒度的文章提出：“确遵总理对革命的三大政策。A.联俄，B.联共，C.拥护农工利益。”游步瀛在署为1926年8月20日的文章认为必须接受“孙文主义和孙中山先生所手定的‘联俄’‘联共’‘农工’三政策”。此人在以后各期发表的文章中还分别提到“‘农工’‘联俄’‘联共’三个伟大政策”和“孙总理手订的‘联俄’‘联共’‘农工’三政策”。据研究认为，“总理的联俄联共政策”作为口号，在黄埔同学中间，最晚到1926年9月已被公开使用。②

---

① 《中国国民党全国代表大会闭幕词》，前揭《孙中山全集》第9卷，第179页。

② 见狭间直树:《“三大政策”与黄埔军校》,载《历史研究》,北京,1988年第2期。本文所引有关“三大政策”资料，均源自该文，下引不再注明。

我们知道，黄埔同学会是黄埔军校的学生社团组织，成立于1926年6月。此前，蒋介石已经在国民党内通过了“党务整理案”，正试图在黄埔军校内限制和排挤共产党员的活动。他以黄埔军校校长的身份命令解散军校内中国青年军人联合会（多有共产党员参加的左派组织）和孙文主义学会（国民党右派的组织）诸社团，正式成立全体学生参加的学生社团黄埔同学会。该会规定“一切会务均听命于会长”，“绝对服从校长领导”。该会设秘书处，秘书处下设总务、组织、宣传三科，另设监察委员会。这五个部门干部的任免权均来自会长。宣传科下设编辑股，黄埔同学会的机关刊《黄埔潮》由编辑股负责刊行。据说，宣传科、编辑股以及《黄埔潮》发表文章的上引三位，大多为共产党员。“三大政策”即“联俄、联共、扶助农工”的文字，不在乎是否由共产党员先提出，而在于这是由当时黄埔军校的实际政治生活决定的，是由当时国民党内的政治生活决定的，是由当时国共两党关系决定的。蒋介石为了顺利取得在国民党内的决定地位，不能马上脱离孙中山生前的决定和思想。蒋介石不仅容允了《黄埔潮》上发表的文章(如果他不能同意或者不能容允，由于他在黄埔军校的绝对统治地位，他可以立即进行干预），而且，他与政治委员会主席谭延闿也多次提到“先总理的两大政策”“联俄和容纳共党分子”。蒋介石在1926年5月国民党二中全会闭幕演讲中说过,党务整理案有许多“与先总理在日主张不同的地方”，但“先总理的两大政策——联俄和容纳共党分子”是绝不改变的。他还说过,“共产党主张阶级斗争,国民党也不必反对他”。[①]黄埔军校学生军事演习中出现“总理的联俄联共政策”的标语牌。黄埔同学会的对外宣言还提到,农工运动和黄埔军校是总理的“两大遗产”。8月25日，蒋介石在长沙发表演说也提出“应联络共产党与苏俄共同奋斗”。两大政策加上农工运动，不就是三大政策吗？问题是，所谓“三大政策”的文字虽然不见于孙中山的言论，但是，它并不违背，或者说它是更准确的概括了孙中山的思想，概括了国民党“一大”宣言的思想，也准确地概括了孙中山去世后国共两党合作共事的基本趋势,也符合蒋介石本人当时的思想。从这个角度看，“三大政策”有什么不妥的地方呢？

① 《蒋校长演讲集》，存萃学社编《蒋总统言论汇编》外录第2集，第84页。

关于抗日战争的研究，两岸学者也有颇多认识不一致的地方。限于篇幅，这里只讲一个问题：即抗日战争中间的领导权问题 。抗日战争的领导权问题，看上去是个简单的问题，实际上是一个很复杂的问题。台湾学者一般认为抗日战争的领导权是国民党的，大陆学者此前一般认为是共产党的，现在有了变化，有人认为是共产党的，有人认为是国民党共产党共同的，也有人主张是国民党的。1996 年刘大年出版了《抗日战争年代》一书，那是他近年有关抗日战争论文的结集。本书就这个问题以及其他涉及抗日战争的若干理论问题作了许多有见地的分析。1997 年刘大年主编的《中国复兴的枢纽——抗日战争的八年》出版，依据上述分析铺展了抗战八年的基本史实。说抗日战争的领导权是国民党的，自然有它的道理，因为国民党政府掌握着国家的政权，如果国民党政府不出面抗战，这个抗战八年是打不下去的；或者国民党政府半路放弃抗战了，这个抗战也是难以坚持下去的。但是在军事上，国民党政府只能领导正面战场，领导不了敌后战场。正面战场在前期战绩可观，鼓舞人心，但武汉会战后，正面战场人心涣散，打了许多败仗，损失了大半国土。敌后战场一开始进入战场，即英勇杀敌，愈来愈扩大战场，吸引、抗击的敌人逐渐超过了正面战场，以 1944 年为例，敌后战场抗击、牵制在华日军 56 万人的 64.5%，正面战场抗击 35.5%。把日、伪军加在一起，敌后战场抗击敌军总数 134 万中的 80%。蒋介石、国民党由此人心大失，大后方民主运动兴起，一直延续到战后。[①] 而且，蒋介石、国民党政府的抗战决心并不是始终一贯的，是有动摇的，这种动摇便体现着抗战领导权的动摇。说共产党也享有抗战的领导权，也是有道理和根据的。共产党领导着广阔的敌后战场，抗击着越来越多的敌人，支撑着抗战的大局。抗战结束，中国共产党已发展成为有 120 多万党员的大党，抗日根据地面积约 100 万平方公里，人口近 1 亿，八路军、新四军发展到 120 多万人，另有民兵 220 万人。[②] 这不是在抗战中坐

① 参见刘大年：《抗日战争时代》，北京，中央文献出版社，1996 年，第 41 页。

② 参阅胡绳主编《中国共产党的七十年》，中共党史出版社，1991 年版，第 210 页。另据中共中央 1945 年 9 月的统计，至 9 月初军队已达到 127 万人，民兵达到 268 万人，占有地区已扩大到 104.8 万平方公里，人口扩大到 1.225 亿，并已建立行署 23 个，专署 90 个，县（市）政权 590 个，占据县城 285 座。引自杨奎松著《失去的机会？——战时国共谈判实录》，广西师范大学出版社，1992 年版，第 215 页。

大的，是在抗战中抗出来的。试设想，如果没有共产党领导的敌后战场，正面战场如何能够支持到最后？正面战场、敌后战场共同担负着中国抗战的重任，两大战场在战略上互相配合、互相支持，把抗战从最艰苦的岁月坚持到最后胜利，少了哪一个战场都是不行的。从历史的角度看，这是中国抗战中最大的特点和优点，这是第二次世界大战中参战各国所特有的现象。在这方面，少了共产党的领导，这个结局是不可能出现的。

不仅如此。在民族敌人深入国土、国家面临危亡垒卵的时刻，共产党放弃了十年内战时期与国民党结下的血海深仇，起而倡导抗日民族统一战线，变“反蒋抗日”、“逼蒋抗日”为“拥蒋抗日”，不仅缓和了国内的阶级关系和国共关系，也赢得了国内各政治势力的支持，为抗战时期两个战场的形成，打下了良好的政治基础。由于共产党的存在、敌后战场的存在、抗日民族统一战线的存在，使得蒋介石和国民政府在抗战困境中产生的妥协、动摇、投降心理得到抑制，使得抗战得以进行到最后。这也是一种领导作用，一种不可忽视的领导作用。

抗日战争是一场民族战争，是从日本帝国主义手下解放中国的民族解放战争，是阶级矛盾从属于民族矛盾情形下的战争。这个特点规定了国共两党共同担负抗日领导权的历史使命，规定了国民党虽然在抗战中始终没有放弃反共，但也不能放弃抗日旗帜这一历史特点。这是我对抗战中中国政治基本特点的认识。

以上是我对近代中国历史发展规律的认识和若干史实的解说，平常虽也有一些考虑，但如果没有台北《历史月刊》的约稿，我大约不会想到写这一篇文章。不过，这仅是个人的一孔之见，不足为凭，谨请《历史月刊》的读者批评指正。

1998年1月3日完稿于北京东厂胡同一号

五十年来中国大陆对孙中山的纪念与评价①

一、引 子

1998年初，我曾应邀在台北《历史月刊》发表文章②，文中有如下一段话：

中华人民共和国成立以后，党和国家在多种政治性的纪念场合，大规模地、大张旗鼓地纪念辛亥革命、纪念孙中山；在“文化大革命”中严厉批判所谓资产阶级的时候，也没有忘记召开大会来纪念孙中山。在天安门广场，在庆祝国庆节的时候，总有孙中山的巨幅画像树立正中，甚至在80年代中期以后不再树立马、恩、列、斯画像时，孙中山的画像仍安然不动。所有涉及辛亥革命、孙中山的出版物，都对辛亥革命和孙中山表示了必要的尊重。中小学的历史教科书都要正面讲述辛亥革命和孙中山的历史作用。在台湾科研机构和大专院校的三民主义研究所都已改换名称并且不大讲三民主义的时候，大陆的学者们却在为研究孙中山和孙中山的学说召开一系列讨论会，撰写了大量的论文和著作。

检读上文，似言犹未尽，兹藉出席台北国父纪念馆举办之孙中山研讨会机会，翻检资料，援上文之意，谨就五十年来中国大陆对孙中山的纪念和评价，从政治高层的角度，补充若干史料并略加申述，以求教于诸位先进。

---

① 本文为应邀出席台北国父纪念馆举办的第四届孙中山与现代中国学术讨论会而作。摘要刊于台北《中央日报》，2001年3月3日22版；全文收入国父纪念馆编印：《第四届孙中山与现代中国学术讨论会论文集》，2001年5月，台北；又发表于北京《党的文献》，2001年第5期。

② 拙著：《关于中国近代历史发展规律的认识和对若干史实的解说》，载《历史月刊》，第121期，台北，1998年。

二、十年纪念的一般概况

大陆党政最高层五十年来对孙中山先生的纪念，以及对辛亥革命的纪念，都是以最高规格来进行，少无移易。一般而言，每年逢到孙中山的生辰与忌辰，全国政协以及各地，至少北京、上海、南京、广州、武汉的政协或者当地党政部门首长均要举办纪念活动，以示凭吊与怀念。每逢十年，必在北京举办最高规格的纪念活动，鲜有例外。每年举办的生辰与忌辰纪念，本文不论。各地举办的纪念活动，本文亦不论。学术界举办的各种学术讨论会，本文亦不论。谨就十年一届的高层纪念活动，作一文稿。请以忌辰、生辰和辛亥革命的纪念为序。

忌辰纪念：

1955 年 3 月 12 日，是孙中山先生逝世三十周年。中国共产党机关报《人民日报》于当天头版发表重要社论:《纪念伟大的民主主义革命家——孙中山》。前一天下午，中国人民政治协商会议全国委员会在北京中南海怀仁堂举行了有一千多人参加的孙中山先生逝世三十周年纪念大会，政协主席周恩来主持会议，政协副主席董必武、中国国民党革命委员会主席李济深以及孙中山的生前友好彭泽民在大会上讲话，政协副主席郭沫若、彭真、沉钧儒、黄炎培、何香凝、陈叔通、章伯钧等，全国人民代表大会常务委员会委员长刘少奇、副委员长林伯渠、达赖喇嘛等，以及中共和各民主党派的负责人出席了会议。

1965 年 3 月 12 日，是孙中山逝世四十周年。民革中央副主席蔡廷锴率民革中央常务委员一行晋谒了孙中山纪念堂。

1875 年 3 月 12 日，首都各界人士在北京中山堂举行仪式，纪念孙中山先生逝世五十周年。中共中央副主席、政协副主席叶剑英，中共中央政治局委员、全国人大常委会副委员长吴德，以及人大常委会副委员长乌兰夫、阿沛·阿旺晋美、周建人、许德珩、胡厥文等，国务院副总理王震等出席了纪念仪式。

1985 年 3 月 12 日，北京各界在中山堂纪念孙中山先生逝世六十周年，乌兰夫代表中共中央鲜花蓝，中共中央政治局委员习仲勋、王震、杨尚昆，人大常委会副委员长许德珩、彭冲、王任重、阿沛·阿旺晋美、班禅额尔德尼·却吉坚赞、周谷城、严济慈，国务院副总理田纪云，政协副主席杨静人、程子华、康克清、胡子昂、王昆仑、董其武等出席了仪式。

1995年3月12日，北京各界人士以及参加人民代表大会和政协的“两会”代表在中山堂举行了纪念孙中山逝世七十周年的仪式，民革中央名誉副主席贾亦斌主持了纪念仪式，全国人大副委员长李沛瑶、倪志福、费孝通、雷洁琼、王光英、程思远、卢嘉锡、吴阶平，全国政协副主席洪学智、邓兆祥、钱伟长、孙孚凌、万国权等出席了纪念仪式。

生辰纪念：

1956年11月12日，是孙中山先生诞辰九十周年。为此，北京组成了孙中山先生诞辰九十周年纪念大会筹备委员会，筹备委员会决定，诞辰日那天，全国各大城市和省会、自治区首府所在地要普遍举行纪念大会，国务院通知，诞辰日，全国各直辖市、省会、自治区首府以及拉萨等地均悬挂国旗，以示纪念。11日，北京举行极其隆重的纪念大会，大会宣布了毛泽东、卫立煌等七十八人组成的大会主席团名单。大会还邀请华侨和港澳同胞四十多人、三十多个国家的一百六十多来宾出席大会。政协主席、国务院总理周恩来主持会议，中共中央政治局委员林伯渠、中国国民党革命委员会主席李济深、副主席何香凝以及各国来宾先后讲话。12日，以朱德为团长、李济深为副团长的中央谒陵代表团晋谒了南京中山陵；同日，周恩来、何香凝等一行六百人参谒了香山碧云寺中山纪念堂。在这一天，毛泽东发表了专文《纪念孙中山先生》。

1966年11月，正是“文化大革命”热火朝天的时候。12日，北京各界和红卫兵一万多人在人民大会堂隆重纪念孙中山诞辰一百周年。华侨和港澳同胞以及在京外国友人和各国驻华使节出席了会议。国家副主席董必武主持了大会，国务院总理周恩来、国家副主席宋庆龄、民革主席何香凝、日中友好协会理事长宫崎世民先后在大会讲话。

1976年11月，北京刚刚粉碎“四人帮”，此前的7月28日发生唐山大地震，9月9日毛泽东逝世，北京万事待兴，高层工作极为紧张的时候，12日，北京各界在中山公园中山堂隆重纪念了孙中山诞辰一百一十周年。政协副主席沈雁并主持了纪念仪式，人大常务委员会副委员长徐向前、阿沛·阿旺晋美、周建人、许德珩、胡厥文，国务院副总理王震，政协副主席沈雁冰以及邓颖超、廖承志等出席了仪式。

1986 年 11 月 12 日，北京各界一万多人在人民大会堂隆重纪念孙中山诞辰一百二十周年。政协主席邓颖超主持大会，人大常委会委员长彭真、民革中央代主席屈武、无党派民主人士周谷城、民族宗教界代表班禅额尔德尼·却吉坚赞、台湾同胞代表林丽韫、宫崎滔天的孙女宫崎蕗苳、孙中山的孙女孙穗英先后在大会上讲话。中共总书记胡耀邦等各界领导人均出席了会议。

1996 年 11 月 12 日，全国政协在北京人民大会堂举行了孙中山诞辰一百三十周年纪念大会，政协主席李瑞环主持会议，中共中央总书记、国家主席江泽民发表了重要讲话，民革中央主席何鲁丽、台盟中央主席蔡子民也讲了话。绝大多数党和国家领导人出席了会议。人民日报在这一天的第一版发表了社论:《更高举起振兴中华的伟大旗帜——纪念孙中山先生诞辰一百三十周年》。

辛亥革命纪念:

第一次举行大规模辛亥革命纪念是在 1961 年。9 月 15 日，政协全国委员会常务委员会第 21 次会议决定隆重纪念具有伟大历史意义的辛亥革命五十周年，决定成立辛亥革命五十周年纪念筹备委员会，由国家副主席、中共中央政治局委员、辛亥革命元老董必武任主任委员，宋庆龄、吴玉章、何香凝、沉钧儒、李维汉、程潜、黄炎培、班禅额尔德尼·却吉坚赞、包尔汉、郭沫若、陈叔通、张奚若、马叙伦任副主任委员，邵力子任秘书长。10 月 9 日，北京各界一万多人在人民大会堂隆重举行纪念大会，首都各界人士、海外华侨、各地参加过辛亥革命的老人以及在北京访问的各国外宾和驻华使节参加会议。国家主席刘少奇和各方面领导人出席了会议。政协主席周恩来主持会议。大会执行主席二十一人，他们是：周恩来、宋庆龄、董必武、朱德、何香凝、沉钧儒、郭沫若、黄炎培、彭真、陈毅、李维汉、程潜、陈叔通、赛福鼎、班禅额尔德尼·却吉坚赞、林枫、包尔汉、帕巴拉·卓列朗杰、阿沛·阿旺晋美、吴玉章、张奚若。周恩来致了开会词，董必武、何香凝发表了长篇讲话。

第二次举行大规模辛亥革命纪念是 1981 年。1981 年 10 月 9 日，北京各界一万多人在人民大会堂集会纪念辛亥革命七十周年，党和国家领导人叶剑英、邓小平、赵紫阳、华国锋、彭真、邓颖超、王震等，全国政协的各位副主席，以及参加过辛亥革命和在孙中山先生身边工作过的人士、华侨和港澳同胞、外国友人等出席会议。叶剑英作为中共中央副主席、全国人大委员长、大会筹备委员会主任委员主持了会议，中共中央主席胡耀邦在会上作了主题报告，民革中央副主席屈武、中国民主建国会中央委员会主任委员胡厥文、从美国专程来京出席纪念大会的原国民党高级将领李默庵、政协常务委员缪云台先后讲话。人民日报在头版头条发表了社论:《统一祖国振兴中华——纪念辛亥革命七十周年》。

第三次举行大规模辛亥革命纪念是1991年。10月9日，北京各界五千人在奥林匹克中心体育馆隆重集会纪念辛亥革命八十周年。中共中央总书记江泽民，国家主席杨尚昆，人大常委会委员长万里，国务院总理李鹏，中共中央政治局常委乔石、宋平、李瑞环，以及中共中央政治局、中央顾问委员会、全国人大、全国政协、各民主党派中央、无党派民主人士代表辛亥革命老人、华侨和台港澳同胞、孙中山先生和黄兴先生的亲属等出席了会议。全国政协副主席王任重主持大会。国家主席杨尚昆发表了主题报告，民革中央名誉主席屈武讲话。人民日报在第一版发表社论:《继往开来振兴中华——纪念辛亥革命八十周年》。

以上十年一次的重大纪念活动，共有十五次机会，实际举行了十三次。只有1951年10月辛亥革命四十周年、1971年10月辛亥革命六十周年未曾纪念。我想理由很简单:1951年，新中国建立不久，百废待举，抗美援朝在紧张进行，注意力未曾及此;1971年，“文革”正在进行中，林彪“九·一三事件”刚刚发生，政情紧张，注意力未能及于此。在已经举行的十三次中，只有1965年的忌辰，由民革中央主持，没有中共中央主要负责人出席，级别稍低一点外，其余十二次，全是最高规格的，看了以上不厌其烦列出的名单，当能认可。

三、不同年代纪念和评价的主调概述

简报十年纪念的一般状况，只是一个表象。重要的是要对这些纪念活动的内容做出研究。以下对纪念活动和对孙中山的评价情况作出概述。

50年代有两次重要纪念活动：1955年纪念孙中山逝世三十周年，1956年纪念孙中山诞辰九十周年。1955年周恩来的开幕词，对孙中山的评价是“中国伟大的民主主义革命家”，周恩来说：“中国人民崇敬孙中山先生，因为他是中国民主革命的先行者，是一个伟大的爱国者，是为我们祖国的独立和自由而奋斗终生的战士。”“我们今天来纪念孙中山先生，抱着崇敬和怀念的心情。他对中国人民的伟大贡献，在中国历史上是不会磨灭的。”[①]1956年周恩来说：“孙中山先生是领导推翻封建帝制、为建立民主共和国而奋斗的英勇战士、是反对帝国主义侵略、为祖国的独立自由而斗争的爱国者。他在晚年，又进一步采取联合苏联、联合共产党、扶助工农运动的三大政策，把旧的三民主义发展为新的三民主义。他是伟大的革命家和政治家。”[②]50年代对孙中山的评价，最重要的来自于毛泽东。毛泽东在1956年孙中山诞辰时发表《纪念孙中山先生》一文，特别指出孙中山值得纪念之处在于三方面：他在中国民主革命的准备时期，以鲜明的中国革命民主派立场，同中国改良派作了尖锐的斗争，他在这一场斗争中是中国革命民主派的旗帜；他在辛亥革命时期，领导人民推翻帝制、建立共和国的丰功伟绩；他在第一次国共合作时期，把旧三民主义发展为新三民主义的丰功伟绩。[③]林伯渠在1956年纪念大会的讲话中指出：“孙中山先生是中国历史上第一个用民主主义纲领来号召革命的民族英雄，是中国人民在争取解放的艰苦斗争中的一个伟大的先行者。”[④]以上这些评价，大体上是对孙中山一生业绩的基本评价，基本上贯穿在五十年来历次纪念活动中，不同的时期提法可能略有变化，但很少实质上的改变。

纪念孙中山，不仅是为了纪念他对历史的贡献、他的人生业绩、他的为人品格，也是为了从他的历史经验中吸取有益的营养，使得现代或当代中国的发展有所借鉴。从这一点来说，由于时代条件不同，面临的历史任务有别，不同时期的纪念所强调的孙中山的精神可能不一样，每次纪念大会的旨趣可

---

① 引自《人民日报》报道：《中国人民政协全国委员会举行纪念大会，纪念孙中山先生逝世三十周年》，1955年3月12日，第一版。

② 周恩来：《在孙中山先生诞辰九十周年纪念大会上的开会词》，《光明日报》，1956年11月12日，第二版。

③ 毛泽东：《纪念孙中山先生》，《光明日报》，1956年11月12日，第一版。

④ 林伯渠：《在孙中山先生诞辰九十周年纪念大会上的讲话》，《光明日报》，1956年11月12日，第二版。

能不一样。50年代强调了孙中山的反对帝国主义，强调了他的“以俄为师”、孙中山是苏联的好朋友，强调了孙中山“对亚洲许多实行民族独立、民主革命的国家，也发生了不小的影响。亚洲地区、阿拉伯国家，以及拉丁美洲的许多同情孙中山先生的思想和事业的可尊敬的爱国者和有见识的政治家们，也正在致力于维护本国的民族独立，反对殖民主义的统治，驱逐帝国主义的侵略势力。”①与此同时，还强调了台湾问题。周恩来说：“中国的领土台湾还受着美国的侵略。一切爱国者，一切孙中山先生的忠实信徒，应当共同努力，实现台湾的和平解放。”②1955年人民日报社论强调了蒋介石对孙中山主张和革命事业的背叛，谴责蒋介石“为了反苏反共，他们在十年内战时期和抗日战争时期毫不知耻地大片大片地抛弃祖国的领土”等等。③

60年代，一次纪念辛亥革命五十周年，一次纪念孙中山诞辰一百周年。这两次纪念，除了肯定孙中山对辛亥革命所起的作用，对孙中山表示极大的尊敬外，指出了辛亥革命作为资产阶级领导的旧式的民主革命，是不彻底的，资产阶级共和国的方案在中国是行不通的；指出孙中山通过革命实践，吸收经验教训，接受中国共产党的帮助，采取了联俄、联共、扶助农工的三大政策，把旧三民主义发展为新三民主义，“这是一个伟大的不朽的功绩”，号召继续高举革命和团结的旗帜，高举三面红旗，奋勇前进；④1966年强调“中国人民在毛主席领导下所进行的伟大斗争，所取得的伟大胜利，都远远超过了孙中山先生的理想”，表明了中国“一定能够在不太长的历史时期内把我国建设成为一个社会主义的现代化强国，赶上和超过西方”，号召发扬无产阶级的彻底革命精神，把无产阶级文化大革命进行到底。⑤

70年代的纪念没有特色，不足述。80年代，国内外、海峡两岸形势都在

① 周恩来：《在孙中山先生诞辰九十周年纪念大会上的开会词》，《光明日报》，1956年11月12日，第二版。

② 周恩来：《在孙中山先生诞辰九十周年纪念大会上的开会词》，《光明日报》，1956年11月12日，第二版。请注意，这里指的是“和平解放”，绝不是一些人说的什么“血洗台湾”。

③ 社论：《纪念伟大的民主主义革命家——孙中山》，《人民日报》，1955年3月12日，第一版。

④ 周恩来：《在纪念辛亥革命50周年大会上的开会词》，《光明日报》，1961年10月10日，第一版。参见同日关于纪念大会的报道。

⑤ 《在孙中山先生诞辰一百周年纪念大会上周恩来总理的讲话》，《人民日报》，1966年11月13日，第二版。人民日报在头版报道纪念大会时，用的大字眉题是：“发扬孙中山的革命战斗精神　毫不妥协地把反帝反修斗争进行到底”。

发生变化，1981年纪念辛亥革命七十周年，1986年纪念孙中山诞辰一百二十周年，其纪念旨趣都有变化，都有了新的内容。1978年底，中国共产党决定把工作重点转移到社会主义现代化建设上来，明确提出了在经济建设中实行改革开放的总方针。1979年元旦，全国人大常务委员会发表了《告台湾同胞书》，1981年9月30日，叶剑英委员长发表谈话，就台湾回归祖国、实现和平统一提出了九条方针。1981年10月9日人民日报发表纪念辛亥革命七十周年的社论就以《统一祖国振兴中华》为题，在论述了孙中山的贡献和辛亥革命以来中国所发生的翻天覆地的变化后，指出："半个多世纪的历史证明：中国共产党是孙中山先生革命事业的真正继承者，中华人民共和国是辛亥革命发展的硕果。"[①] 胡耀邦在纪念辛亥革命七十周年的大会报告中除了指出"我们共产党人和全国各族人民，都把新民主主义和社会主义的胜利看作辛亥革命的继续和发展"，还特别指出，对于孙中山先生的崇敬和怀念，至今仍然是把中国大陆和台湾联系在一起的强大的精神纽带，指出目前大陆的内外任务是三件大事：实现四化建设、保卫世界和平、完成统一大业。胡耀邦以共产党负责人的身份，呼吁进行第三次国共合作，以便建设一个统一的祖国。他特别欢迎蒋经国等当时在位的各位名流和社会贤达到大陆走一走，到故乡看一看。他向台湾同胞说，孙中山陵墓一再修葺，奉化茔墓修复一新，庐山美庐保养如故，难道蒋经国先生就不想把蒋介石先生的灵柩迁移到奉化蒋氏墓地来？"中山先生生前号召'和平，奋斗，救中国'，我们今天为什么不大声疾呼'和平，奋斗，救中国'呢？"[②]1986年纪念孙中山诞辰一百二十周年，彭真在纪念大会讲话，除了表达对孙中山先生的崇敬之外，还强调了孙中山先生维护国家统一的主张。他着重指出："台湾的出路在于祖国统一，国民党的前途系于国共合作"，他呼吁国共两党进行对等谈判，并且真诚地希望同台湾一切主张祖国统一的党派、团体和社会人士交换意见。[③]

90年代的纪念，继续强调祖国统一和振兴中华。1991年人民日报社论引

① 社论：《统一祖国振兴中华——纪念辛亥革命七十周年》，《人民日报》，1981年10月9日，头版头条。

② 胡耀邦：《在首都各界纪念辛亥革命七十周年大会上的讲话》，《人民日报》，1981年10月10日。

③ 彭真：《在首都各界纪念孙中山先生诞辰一百二十周年大会上的讲话》，《人民日报》，1986年11月13日。

证孙中山所说“统一是全体国民的希望”，表达了对早日实现祖国和平统一大业的期待。社论指出：“辛亥革命是我们共同纪念的日子，孙中山是我们共同敬仰的伟人，统一祖国是我们共同盼望的目标，中华强盛是我们共同奋斗的理想，有什么理由不合作、不统一呢？”[①]社论还呼吁，共产党和国民党作为对20世纪中国命运影响最大的政党再度携手，为了把我们的祖国建设的更加强大，实现第三次国共合作。国家主席杨尚昆在纪念大会的讲话中，对祖国的统一事业未能完全实现深感不安，认为实现祖国统一，是中华民族根本利益所在，是全国人民包括台湾同胞、港澳同胞和海外侨胞的共同愿望，也是孙中山先生的遗愿。他警告岛内姑息纵容“台独”活动的行为，谴责“台独”势力分裂民族、分裂国家的行动践踏了海峡两岸同胞的遗愿。他表示：“希望台湾当局明大义、识大局，顺应潮流，做促进国家统一的历史功臣，不做分裂祖国的千古罪人。不然的话，何以面对列祖列宗，何以面对中山先生！”[②]1996年，中共总书记、国家主席江泽民在纪念孙中山诞辰一百三十周年大会上讲话，称赞孙中山代表一个时代，称赞孙中山先生给中华民族、中国人民留下了许多宝贵的精神遗产，特别是他的爱国思想、革命意志和进取精神，值得我们永远学习、继承和发扬。江泽民在讲话中，注意引用孙中山有关国家建设和国家统一方面的思想：“孙中山第一个喊出了‘振兴中华’的响亮口号。他明确提出：‘建设是革命的唯一目的’，并在《建国方略》等著作中擘画了建设现代工业、交通和农业的蓝图，显示了对未来中国发展的卓越见解和宏伟气魄。他认为，要赶超西方经济发达国家，应该实行‘开放主义’，‘要学外国的长处’，同时强调‘发展之权，操之在我则存，操之在人则亡’。他坚决主张维护国家主权和独立，反对一切分裂祖国的行为，指出‘统一是中国全体国民的希望，能够统一，全国人民便享福，不能统一，便要受害。’”他认为，这种伟大的爱国主义精神和思想，“对正在为建设社会主义现代化国家而奋斗的中国人民，对一切有志与实现祖国富强、完成祖国统一的海内外同胞，仍然有着巨大的

① 社论：《继往开来振兴中华》，《人民日报》，1991年10月10日，第一、三版。
② 杨尚昆：《在纪念辛亥革命八十周年大会上的讲话》，《人民日报》，1991年10月10日，第一、三版。

启迪、教育和鼓舞作用。”①

四、回顾孙中山纪念的意义和启示

以上对中国大陆五十年来纪念孙中山先生的情况做了一个简要的回顾。根据这个回顾，我们至少可以得出如下认识：

一、五十年来，中国大陆对孙中山的纪念（包括辛亥革命在内）极为重视，始终一贯，除了每年例行纪念外，每逢十年对孙中山的生辰和忌辰以及对辛亥革命都有大规模的纪念活动，五十年中共有十五次机会，纪念活动举行了十三次。十三次中，国家和政府主要负责人、中共中央主要负责人出席或者主持会议的有九次。余下四次中，除1965年一次外，另外三次均有中共中央、国务院负责人出席。这说明，对孙中山和辛亥革命的纪念，是五十年来中国大陆政治生活的重要组成部分。五十年来大陆变化很多，但纪念孙中山却始终如一，没有变化。

二、五十年来，中国大陆始终给予孙中山以崇高的评价。基本的评价是：孙中山是伟大的民族英雄，伟大的爱国主义者，中国民主革命的伟大先驱，是为我们祖国的独立和自由而奋斗终生的战士。中国共产党始终把自己看成是孙中山事业的支持者、合作者、继承者、发扬者，把五十年来中国大陆所取得的成就看成是孙中山和辛亥革命事业的所结出的硕果。中国共产党总书记江泽民在中共第十五次全国代表大会上所做的政治报告，回顾百年来中国前进道路上经历的三次历史性巨大变化，这三次巨大变化产生了三位站在时代前列的伟大人物，其中第一位就是孙中山。②把孙中山、毛泽东、邓小平看成是百年来站在时代前列的代表性人物，是影响百年来中国历史进程最大的人物，应当是符合历史事实的评价。

三、孙中山不仅对近代中国有过重大影响，而且对现代中国或者当代中国仍然发挥着影响力。很显然，不只是历史学家在谈到近代中国的历史时不

① 江泽民：《在孙中山先生诞辰一百三十周年纪念大会上的讲话》，《人民日报》，1996年11月13日，第一版。

② 参见江泽民：《高举邓小平理论伟大旗帜，把建设有中国特色社会主义事业全面推向二十一世纪——在中国共产党第十五次全国代表大会上的报告》，《人民日报》，1997年9月22日，第一版。

能不谈到孙中山在推动历史前进中的作用，而且当今的政治家在谈论现实政治时也不能不谈到孙中山。孙中山的思想、主张，他的革命精神、三民主义、现代化设计、统一中国的理念，都在影响着当代中国的发展，影响着海峡两岸的关系。正是存在着这种影响，当今社会在前进中，还要不时回顾这位历史人物。一位伟大的人物之所以成为伟大的人物，其奥妙正在这里！现实政治的需要与历史学家的书斋生活大不一样。对于历史学家来说，几乎一切有文字可考的历史、一切有文字可考的历史人物都可能成为在书斋里玩摩、研究的对象；而现实政治并不那么轻易去光顾每一位历史人物。

四、有的台湾朋友有一种不理解，他们说按照共产党和马克思主义的教条，“资产阶级是人民的敌人，必须打倒、消灭”，“资本主义既然是必须埋葬的，当然是坏的了”，既然要埋葬资产阶级，又要把孙中山的活动都安上资产阶级的名字，这不是有意用“用语选择”来误导读者、来贬低读者对孙中山思想的认识吗？[①] 这位评论的朋友不了解马克思主义和唯物史观，他本人的理解上存在着很大的误会。

1966 年 11 月，在北京纪念孙中山诞辰一百周年的大会开幕词中，国家副主席董必武说：“我们已经做的和正在做的，已经超过了我们的前人。但是，我们是历史唯物主义者，我们是在前人奋斗的基础上创立了我们的事业的，我们是孙中山先生革命事业的继承者。因此，我们永远不会忘记孙中山先生对中国革命事业所作出的伟大贡献。”这里已经把问题解释得很清楚了。简单地说，历史唯物主义对于人类的历史过程，认为有一定的规律可循，认为历史的发展是不间断的，不能随意分割，毛泽东说过，从孔夫子到孙中山，都应该总结。在世界和中国历史上，资产阶级都曾经有过很大的贡献。马克思主义高度评价资本主义、资产阶级在历史上起过的积极作用。在中国近代史上，孙中山及其战友们在推翻封建帝制、建立资产阶级共和国的过程中起过决定性的作用，大大推进了近代中国历史的发展。仅此一条，我们就有充分的理由尊敬他们，积极评价他们的历史功绩。当然历史并没有终结在资本主义时代，历史还要向前发展。从历史发展的眼光来说，马克思主义认为，资本主义是

① 朱坚章评张磊著《孙中山思想研究》，见国史馆编：《中国现代史书评选辑》(二)，台北，1991年版，第 25—26 页。

要被埋葬的。但是这将是人类历史发展中一个很长的过程。从理想和现实的角度，我们都没有轻视前人作用的理由。如果以前存在过那种轻视，那是愚蠢的。理由很简单，否认前人的创造，就等于否认今人的努力。这种对待历史的虚无主义态度，是我们不取的。

走向民族复兴的重要标志

——论抗日战争胜利的历史意义①

世界反法西斯战争暨抗日战争胜利六十周年纪念正在世界各地展开。俄罗斯、法国和英国都举行了隆重的纪念仪式。中国也正在热烈纪念并庆祝这个值得纪念和庆祝的日子。这说明对这个胜利的纪念，不仅具有重大的历史意义，而且具有现实意义。

世界各地的人们每过十年都要纪念这个重要的日子。今年的纪念与十年前不大相同。作为第二次世界大战反法西斯胜利的一个结果就是联合国的成立。今年联合国正在讨论机构改革问题，各国议论纷纷。恐怖主义所引起的国际关注在一定程度上正在影响着国际关系的走向。世界多极化的局势正在形成。中日关系因为小泉内阁的历史认识问题（当前突出反映在参拜靖国神社和历史教科书问题上）出现了中日关系中空前的“政冷经热”现象，东海资源问题和钓鱼岛领土归属问题加剧了中日关系的紧张。在这样的国际关系背景下，我们来纪念抗日战争胜利六十周年，回顾抗日战争的艰苦历程，讨论抗日战争的历史意义，抚今追昔，使我们对中华民族的复兴更加充满了信心。

抗日战争的胜利完成了近代中国从“沉沦”到“上升”的转变

观察抗日战争的历史意义，不能仅就抗日战争谈抗日战争，需要从鸦片战争以来的近代中国的历史演变来考察。先后发生的两次鸦片战争，老大的

① 本文原载《抗日战争研究》，2005 年第 3 期。

中华帝国迭次败北，中国被拘束在西方殖民主义强加的不平等条约体系之中。这时的中国有两个不利条件。一个是中国进入了封建社会的末期，在度过了郑和下西洋的辉煌时代以后，中国在世界生产力发展水平上开始落伍了。当乾隆皇帝把前来寻求贸易机会的英国使团贡献的方物当作“奇技淫巧”的时候，他看不到这种“奇技淫巧”背后的生产力发展水平。不过过了四十年，英国人再次前来叩关，蒸汽机驱动的轮船和鸦片飞剪船带来的已经不是一般的商品了。第二个不利条件是，在封建社会末期的中国统治者，正处在清朝统治的晚期。统治者不了解外部世界，以至签订了不平等条约，还不知道英国在何方向、道里远近，当然更不知道失败的原因何在了。处在封建社会末期的封建王朝，对于上升时期的资本主义列强，完全丧失了应对的本领。就是在不平等条约体系的约束中，中国“沉沦”到了半殖民地半封建社会的“深渊”。又经过甲午战争的惨败，割地赔款，把洋务新政中积累的财富消耗殆尽，以至于造成列强瓜分中国的趋势。八国联军之役，《辛丑条约》的签订，标志着中国半殖民地半封建社会形态的确立。这是鸦片战争以后六十年来，清政府腐败、落后挨打、备受列强欺凌的必然结局。这时候，外国军队驻扎于中国京畿的十二处战略要地，并将北京至海的炮台一律削平。这等于使中国解除了防务，由列强对中国实行了永久军事占领。中国首都产生一个中国人不得进入的武装使馆区，这是真正意义的“国中之国”，它在紫禁城旁，用枪口监督着中国中央政府的一举一动。中国人抵抗侵略的权利被完全剥夺，连民众加入反帝组织，也要被砍头，中国政府的官员则成了列强镇压人民的工具，否则就要被革职惩罚。一位美国历史学家评论道：中国此时“已经达到了一个国家地位非常低落的阶段，低到只是保护了独立主权国家的极少的属性的地步了。”[①]1901年以后，以慈禧为代表的清朝统治阶级，由传统意识维系的心理防线终于被彻底摧垮。谢罪，惩凶，立碑，停试，驻军，赔款，天朝上国的妄自尊大、盲目排外，一下子变成了乞命讨饶，奴颜婢膝。“量中华之物力，结与国之欢心”，成了社会“沉沦”到“谷底”时的真实写照。

国家地位如此，社会状况如此，这是帝国主义侵略的结果，这是统治集

① 马士：《中华帝国对外关系史》，中译本，第3卷，第383页。

团腐败无能的结果。具有五千年悠久历史文化的中国人民不会在这种状况面前停止思考。尽管《辛丑条约》规定中国人民不得结成反帝组织从事反帝活动，但是面对列强侵略的加深，反帝活动日盛一日。1901年以后，迅速开展了拒俄运动、反美运动、收回利权运动、拒英运动、拒法运动以及反对日本提出二十一条以及反对签订“中日密约”的运动。1919年5至6月间更爆发了全国规模的学生和工人运动，反对日本侵占山东，抗议巴黎和会对中国的不公平待遇，迫使中国出席巴黎和会的代表拒绝在巴黎和会上签字。这是鸦片战争以来在中国民意基础上，中国政府代表第一次对国际条约说了“不”字。从此以后，由于中国社会出现新的生产力、新的阶级、新的思想和主义，中国社会在经济、政治、思想、文化各方面出现了新的积极向上的因素，出现了社会从“沉沦”转而“上升”的趋势。

正是中国人民伟大的八年抗日战争，从全面意义上完成了近代中国从“沉沦”到“上升”的转变。五四运动以来大幅前进的中华民族的复兴，在抗日战争中得到了全面提升。中华民族的民族复兴推动了这个转变，这个转变过程也进一步推动民族复兴。从鸦片战争以来的历史事实看，1937年7月开始的日本帝国主义全面侵华，是历次帝国主义侵华过程中最为严重的一次，时间最长（如果加上1931年九一八事变开始的局部侵略，应是十五年之久），占领中国的领土最广大，造成中国国家和人民的损失最巨大，但是中国国家和人民却没有被打趴下，中国取得了抗日战争的最后胜利。这个胜利，是近代以来中国所取得的第一次对外战争的胜利。因为这个胜利，中国对第二次世界大战暨反法西斯战争做出了独特的、其他国家难以替代的贡献，中国作为东方战场的主战场，拖住了日本的主要兵力，使它不能实现在中东与德国军队的汇合，全力支持了美国、英国的太平洋战场，也全力支持了苏联、美国、英国在欧洲的战场，赢得了反法西斯各国的尊重，战时（1943年）废除了列强加在中国头上的锁链《辛丑条约》和治外法权，战后，台湾回归了祖国，中国成为了联合国的发起国和常任理事国。中国还是一个弱国，由于抗日战争的胜利，中国开始登上了大国活动的国际舞台。

历经八年的、艰苦卓绝的抗日战争，从民族复兴的思想高度上看，可以证明如下几点：第一，面对外国帝国主义的侵略，中国是应当抵抗，而且必须抵抗的；第二，入侵之敌虽然比我强大，我举全民族之力，经过长期的艰苦作战和牺牲，是可以最后战胜强敌的；第三，在外敌面前，中华民族面临生死存亡的时候，民族利益第一，阶级利益必须服从民族利益，必须组成民族统一战线，共同对敌；第四，在民族战争中，必须广泛争取有利于我的国际援助；第五，在中国这样一个广土众民、历史文化悠久的大国，确信入侵之敌是可以战胜的，中华民族的复兴是可期的。

争取抗日战争胜利的基本条件

中国抗日战争是中国人民抵抗日本帝国主义企图灭亡中国的战争，是保卫中国独立主权完整的战争，是中华民族为自己的生存而拼死奋斗的民族战争，因而是一场完全正义的战争。日本军国主义者以中国为目标，制定大陆政策，不管是北进还是南进，都是首先占领中国，进而东南亚，进而世界。所谓“大东亚共荣圈”，所谓“王道乐土”，是建立在“武运长久”基础上对东亚各国的统治圈。日本为此目的进行的是侵略战争，是不义的战争。中国抗战不仅是保卫中国主权的战争，也是反对世界法西斯、保卫世界和平的战争。中国抗战不仅是中国的，也是世界的。正义之战决定了中国进行战争的基本性质，也决定了战争前途的基本指向。

但是，中国历史和世界历史都证明，正义战争的一方不一定总能获得胜利。中国抗战要取得胜利，还需要国内和国际条件的支持与配合。

国内条件主要是对这场民族战争性质的认识。抗日战争时期，是日寇侵入大片国土，妄图灭亡中国的时期。日寇妄图灭亡中国，中华民族到了存亡绝续的关头，这个基本事实，决定了中华民族与日本侵略者的矛盾是基本的矛盾，是决定和影响中国国内其他矛盾首先是阶级矛盾的主要因素。因此，对待日本侵略者的态度，基本上可以决定一个人、一个团体、一个政党的态度，它是爱国的、不爱国的或者卖国的，用对待民族矛盾的态度一衡量，什么都清楚了。如果一个人、一个团体、一个政党在对待日本侵略者侵略中国的态度上正确了，我们就可以肯定他是一个爱国者、爱国团体、爱国政党，这就叫做大节不亏。这就是说，在民族危亡的时刻，中华民族的利益是第一位的，阶级的利益、政党的利益，都要服从民族利益。国民党也好，共产党也好，其他中间党派也好，如果都强调本党的利益，而不顾民族的利益，就要被人民淘汰，被历史淘汰。在日寇大举入侵的情况下，共产党呼吁联合起来抗日，把“反蒋抗日”转变为“逼蒋抗日”、“拥蒋抗日”，是认识到民族利益第一这种政治现实；国民党罔顾人民的呼声，坚持“攘外必先安内”，迫使张学良、杨虎城将军“剿共”，显然是以国民党一党的利益为重的表现。张、杨二将军面对民族压迫，不愿意“剿共”，他们冒着生命的风险，用“兵谏”的非常手段逼迫蒋介石答应联合共产党和红军一致抗日，表现了他们的民族大义！“兵谏”的结果，张将军虽然落得终身监禁，杨将军后来也身陷囹圄并终遭杀身之祸，但是推动了蒋介石、国民党走向抗日，推动了国民党、共产党抗日统一战线的建立，推动了全国全面抗战局面的到来，这样的历史功绩是不朽的！这个功绩，单靠国民党是不可能取得的，单靠共产党也是难以取得的。可见，民族大敌当前，“兄弟阋于墙外御其侮”，政党之间的恩恩怨怨是可以化解的。

在民族矛盾面前，谁抓住了民族矛盾这个牛鼻子，谁提出并且推动了抗日民族统一战线，谁就能赢得民心。九一八事变后，中共中央就提出停止内战，一致抗日，用民族革命战争把日本帝国主义驱逐出中国的主张。随着华北事变后民族危机的加深，中共中央发表著名的《八一宣言》，要求建立抗日民族统一战线，提出集中一切国力去为抗日而奋斗的主张。中共中央和红军到达陕北后，努力推动抗日民族统一战线的实现。西安事变的和平解决，是这种努力的具体表现。1936年12月13日，《西北文化日报》报道西安事变消息，用的标题是：“全国民众迫切要求，争取中华民族生存，张杨昨发动对蒋兵谏，通电全国发表救国主张八项，改组南京政府容纳各党各派，三十万民众欢腾鼓舞拥护民族解放运动”。① 可见争取中华民族生存，拥护民族解放运动已经成为时代的最强音。经过国共两党多次谈判，1937年9月22日，国民党中央通讯社发表了《中共中央为公布国共合作宣言》的文件，次日蒋介石发表谈话，指出了团结御侮的必要，事实上承认了中国共产党在全国的合法地位。这表明国共两党捐弃前嫌，实现了两党第二次的合作。这也表明，国民党实际上

① 见中共中央党史研究室著：《中国共产党历史》第一卷下册书影，中共党史出版社，2002年。

接受了抗日民族统一战线的主张。

中国抗日战争是在中国共产党倡导的抗日民族统一战线的旗帜下，以国共合作为基础，各阶级、各民族人民团结起来进行的中华民族解放战争。当时国家权力掌握在蒋介石、国民党政府手中。抗日战争只有发动蒋介石、国民党参加，才可能利用国家政权的力量推动全国抗战的开展，才可能有全民族的抗战。没有蒋介石、国民党的参加，单凭共产党的力量，尽管它的抗日主张无疑是正确的，是符合中华民族的民族利益的，在当时的历史条件下，也是难以独立支撑全国抗战大局的。抗战期间，蒋介石虽然没有放弃反共，也没有放弃抗战。八年抗战，尽管蒋介石、国民党政府采取消极、片面的抗战路线，对日妥协退让，有时候也搞点“和平”谈判，但毕竟没有对日投降，总算把抗日的旗帜扛下来了。这与汪精卫之流有本质的区别。汪精卫也反共，他把反共的希望寄托在日本侵略者身上，在民族敌人面前，他挺不起腰杆，作了日本侵略中国的鹰犬。从全民族战争的角度看，蒋介石、国民党在抗战中的重要地位和作用，应当得到客观的、全面的理解。同样，中国共产党领导的人民力量的存在和发展，是这场民族解放战争胜利的基本条件，如果没有这个基本条件，全民族抗战是否能实现，或者一时实现了，能否坚持下去而不中途夭折，以及中国是否能取得抗战的最后胜利，就要打一个大问号。从这个角度说，中国共产党及其领导的人民力量，是保证抗战胜利的中流砥柱。所以，人民力量的存在和发展这个基本条件的极大重要性，更加应该得到客观的、全面的理解。因此，抗日战争这场民族解放战争的胜利，是国民党、共产党和全国人民共同奋斗争取得来的。

需要指出，共产党推动蒋介石、国民党参加抗战，是提高了蒋介石、国民党的历史地位呢，还是贬低了蒋介石、国民党的历史地位呢？很明显，蒋介石成为抗战领袖，把蒋介石、国民党在中国历史上的地位提到了从未有过的高度。这也是由中华民族的整体利益决定的。但是抗战胜利后，在美国的扶持下，蒋介石、国民党一意孤行，肆意反共反人民，才从原有的历史地位上跌落了下来。这是怪不得共产党的。蒋介石一生几乎与近代中国同步，他给历史留下的东西，无非是在国民革命中追随孙中山，在抗战中坚持了抗战，退踞台湾后坚持了“一个中国”的立场，其他例如制造四一二反革命政变，以及事变后一贯坚持反共、“剿共”，九一八事变后坚持不抵抗，坚持攘外必先安内，在抗战中也不忘记反共，在抗战胜利后违背全国人民追求和平的意愿，彻底反共反人民，等等，都是不足道的，都是拉历史车轮倒退的。从历史唯物主义的观点看，从实事求是的观点看，从中华民族的民族利益看，蒋介石在抗战中尽管没有放弃反共，但还是把八年抗战坚持到底了。这一点是值得肯定的。

以上是从民族战争的性质看抗战。换一个角度，从军事看抗战，我们看到：中国抗日战争中，正面战场和敌后战场两个战场的存在是决定抗日战争面貌和结局的关键。抗日战争的特异之处是蒋介石政权控制的正面战场与共产党领导的敌后解放区战场并存。这种状况的两个战场并存，是第二次世界大战中中国战场所独有的。国民党政府掌握着国家军队，有国家提供的后勤支持，与敌人正面相抗衡。1938 年 10 月武汉失守以前，正面战场与日寇作战还是积极的。抗战进入相持阶段以后，正面战场作战就消极了。日寇大幅度进入中国，华北、华东、华中、华南均为敌人占领。中国共产党领导的八路军、新四军打进敌占区，建立抗日根据地，发动广大人民，依靠广大人民，开展大规模的游击战争。中共在上述敌占区先后建立了十九块敌后抗日根据地。在敌占区除了城镇和铁路沿线，都是人民发动游击战争的战场。国民党攻击共产党“游而不击”，这是出于制造反共舆论的需要。在敌人鼻子底下，“游而不击”，它怎么生存下去呢？实际上，敌后战场吸引了在华日军大部分兵力。1944 年 3 月日军发动豫湘桂战役以前，敌后战场抗击日军 56 万人的 64.5%，正面战场抗击 35.5%。日伪军加在一起，敌后战场抗击敌人总数 134 万中的 110 万，即 80%。客观来说，敌后战场、正面战场，共同构成了中国抗日战场的全局。它们在战略上是互相依托、互相配合的，这种战略配合关系并没有高下之分，在抗战战略的意义上是同等重要的。正是因为敌后战场吸引了大部分日伪兵力，自然就减轻了正面战场的压力。两个战场互存互补，互相支持，缺一不可。缺了一个，抗日战争的胜利都是难以想象的。敌后战场的战略地位，当时美国的军事评论家威尔纳就指出过。他说，日本后方充满了中国的游击队，在第二次世界大战中，“没有一个地方的游击战能够担当游击战在中国将要而且能够担负的战略任务。”[①]正是有正面战场的坚持，又有敌后战场的强大存在，才使日寇招架不住，穷于应付，才有战争胜利的结局。

两个战场存在的政治基础是国共合作，是抗日民族统一战线。没有国共合作，没有抗日民族统一战线，这种在战略上配合的独特的对敌作战形式不可能存在。两个战场在战略意义上是同等重要的，但是两个战场在战争中的表现并不完全一样。敌后战场在十分艰苦的条件下，始终坚持游击战争，在度过了1941至1942年最艰苦的阶段以后，敌后根据地获得了很大的发展。据统计，到1945年春，根据地总面积已达到95万平方公里，总人口9550万，八路军、新四军以及其他人民军队就是1万，民兵220万。[②]正面战场在相持阶段中则比较消极，在1941至1942年日军发动的一些战役中，正面战场虽然进行了抵抗，有些战役由于指挥不当、作战不力，却打得不好。尤其是1944年4月以后日军发动的“一号作战”（即豫湘桂战役），国民党军队一溃千里，八个月中，丢失河南、湖南、广东、广西、福建等省的广大地区约20万平方公里土地，146座城市，6000万同胞沦于侵略者的铁蹄下。在战争中的不同表现，直接影响着全国的政治局势。可以说，两个战场的地位和作用，客观地表现了国民党和共产党在抗战中的地位和作用，反映了它们各自的军事力量和政治影响。

我们再换一个角度，从民族战争的政治条件来看。我们看到，在抗日战争中，始终存在着国民党、共产党两个领导中心。对抗战中是否存在着两个领导中心，存在着明显的不同意见。其实，不承认其中任何一个领导中心，都是不符合历史事实的。国民党与共产党在抗日战争中的领导权，是由抗战前两个敌对政治实体的关系嬗变而来的。说国民党、蒋政权发挥了领导作用，是因为它掌握着民族战争所必需的、国际国内承认的统一政权，它指挥两百万军队，担负着正面战场的作战任务。它虽然积极反共，在抗日问题上严重动摇，但到底把抗日坚持下来了。说共产党发挥了领导作用，是因为它倡导、推动并始终坚持了抗日民族统一战线，使民族战争所必需的国内团结

---

① 威尔纳：《日本大陆战略危机》，《解放日报》，1945年7月18日。转引自中共中央党史研究室著：《中国共产党历史》第一卷下册，第735页。

② 引自中共中央党史研究室著：《中国共产党历史》第一卷下册，第802页。

能够维持下来，指挥八路军、新四军，担负着敌后战场的作战任务。它们所处的地位不同，能够起作用的方面不一样，也不表现为某种平衡，而又都是不可缺少的。不承认一个中心，或者取消一个中心，行不行呢？显然是不行的。取消国民党、蒋政权这个中心，失去国家政权的力量，全国抗战难以推动；取消共产党这个中心也不行，取消这个中心，抗日民族统一战线就形成不了，还是继续“攘外必先安内”，内战不止，如何形成全国抗战的局面？取消这个中心，敌后战场谁来领导，广大敌后地区的人民群众谁来组织和发动？取消这个中心，谁来制止国民党政权对日妥协退让的趋势？在抗日战争这个整体大局中，国民党、共产党都起着领导作用。这个作用，都是全局性的，不是局部的、暂时的。不承认其中任何一个中心所发挥的领导作用，都不是实事求是的态度，都不是历史主义的态度。双方这种都是全局性的领导作用，是各自通过自己的领导能力来实现的，是在又统一、又矛盾的斗争中来实现的。在抗日统一战线内部又统一、又斗争的过程中，国共力量的消长发生着变化，总的趋势，是人民的力量、共产党的力量逐渐增强，并且历史性地改变了国内政治力量的对比。这是对抗日战争中国民党、共产党的领导地位和作用的最终的说明。

抗日战争中两种力量的相互消长

已故著名历史学家刘大年在研究抗战历史的时候，有一个重要的结论：抗日战争既是民族战争，又是人民战争。[①]其实，这样的认识，当时身与其事的人已经感觉到了。亚洲问题专家、曾任蒋介石政治顾问的美国人拉铁摩尔在皖南事变后说过：“对中国人民来说，这四年的历史既是争取民族解放的历史，又是国内革命的历史”，抗日战争是“争取民族独立和国内民主革命相结合的战争。”[②]从这个观点出发，在八年抗战中，客观上存在着两种力量相互消长的过程。从民族战争这一面说，是日本侵略力量由盛转衰、中国抗战力量

① 参见刘大年：《民族的胜利，人民的胜利》，《刘大年集》，中国社会科学出版社，2000年，第149—161页。

② 欧文·拉铁摩尔：《四年之后》，载《太平洋事务》第14卷第2期，转引自《刘大年集》，第155页。

由弱转强的过程；从人民战争这一面说，是国民党政权的力量由盛转衰、中国共产党领导的人民力量由弱转强的过程。这两个过程是在八年抗战的历史进程中逐步展现出来的。

日本帝国主义错误地吸取了甲午战争、日俄战争、九一八事变和华北事变的经验，错误地执行了明治维新中决定的"开疆拓土"、"脱亚入欧"的决策，错误地把中国和朝鲜看成是"不幸的近邻"和"恶友"[①]，以为一个月、三个月就可以完成侵略中国的战争，就可以建设"大东亚共荣圈"的"王道乐土"。这是日本帝国主义者大错特错的认识。他们没有看到，时代条件完全不同了，近代中国正在从"沉沦"走向"上升"的过程中，中国共产党正成为中国政治生活中的重要因素，从19世纪末以来，特别是经历过辛亥革命和五四运动以来一系列群众运动的锻炼，中国人民对帝国主义侵略中国的历史已经逐渐从感性提高到理性的认识，人民群众的觉醒程度已经大大不同于往昔了。日本最大的错误是与全体中国人民为敌，与中华民族为敌，以为像甲午战争那样，像八国联军那样，轻易可以摧毁中国人民的意志。时势已经完全相反。中国建立了举国一致的抗日民族统一战线，以正面战场和敌后战场相结合的战略配置，采用毛泽东所规划的以时间换空间的持久战作战方针，中国共产党在敌后广泛发动了人民群众，使得日本侵略者深陷于人民战争的汪洋大海之中，不得自拔。无论是北进或是南进，无论是采用"和平"的谋略手段，或者开辟太平洋战场，都不能放松中国人民对于日本野心的警惕，它的大部分军力始终陷于中国战场的泥淖中。日本把它的国力拼在侵略中国的战场上，最终走向失败的可耻下场。

这是民族战争中中日双方力量消长的过程。在这个过程中，中华民族的民族意识空前觉醒了。还有一个过程同时展开，这就是人民战争中国民党、共产党力量消长的过程。国民党控制国家政权，可以调动全国军队，中共领导的武装力量与之不成比例。但是国民党主张片面抗战，不发动人民群众参加，武汉失守以后，正面战场作战由于指挥不力，打得很不好。在这种情况下，国民党、蒋介石还不放弃反共，一再制造反共高潮，意图在抗日民族战

① 见福泽谕吉《脱亚论》。

争中消灭共产党。1941年皖南事变，歼灭新四军军部连军长叶挺在内九千余人，一时在国内造成亲痛仇快、内战再起的局面。共产党本着政治从严、军事从宽的原则，进行了有理有利的斗争，保住了国共合作的大局。皖南事变在政治上给了国民党以打击。大后方的民主势力高涨，民主政团同盟的成立是一个标志，表示着中间势力对国民党政府的离心力增长了。1944年日军发动“一号作战”，造成正面战场豫湘桂大溃败，日军兵锋到达贵州独山，引起了整个大后方民心极大振荡。这时候，欧洲反法西斯战场已经取得决定性胜利，第二战线已经开辟；国内敌后战场不断扩大、声势蒸蒸日上，正面战场竟然一败涂地，全国人民，特别是大后方人民对国民党政府领导抗战到底的能力，发生了从来未有的怀疑。敌后抗日根据地政治民主，民心向上，国民党统治区独裁专制、贪污腐败横行，大后方的大学教授、工商界人士、民主党派的政治倾向发生了动摇。美国记者、大后方报纸记者，纷纷访问延安，乃至六参政员延安之行，都大大增加了人民对国民党政府的不信任，而把新中国的希望、把中华民族复兴的希望寄托在延安，寄托在中国共产党身上。原来比较超脱、不大过问政治的大学教授和工商界人士，也都开始联系政治现实，发表政见。正是在这样的民意背景下，1944年9月，国民参政会参政员林伯渠代表中共在国民参政会上，提出了废除国民党一党专制，建立联合政府的主张。这个主张，出人意料地得到了中间势力的支持，得到了社会舆论的强烈反应。中国民主同盟公开发表声明，主张结束一党专政，建立各党派联合政权，实行民主政治。这是一个重要的政治动向。成立联合政府，一时成为国内政治舆论的最强音。毛泽东后来说，联合政府口号一提出，“重庆的同志如获至宝，人民如此广泛拥护，我是没有料到的。”[①]国内政治的天平明显地转向共产党。美国人谢伟思当时就看出了这一点，他写道：“随着国民党失败越来越明显地暴露，中国国内的不满在迅速发展。党的威信空前低落，蒋越来越失去作为领袖曾一度享有的尊敬。”[②]国共两党力量在中国政治上的消长成为这时期转变中国命运的关键。著名历史学家金冲及说过：“抗日战争时期大后方的人心变动发生在1944年豫湘桂大溃退后。它造成的强大冲击波，不仅影

① 《毛泽东在七大的报告和讲话集》，中央文献出版社，1995年，第101页。

② 埃谢里克编著：《在中国失掉的机会》，国际文化出版公司，1989年，第164页。

响抗战最后阶段的国内政治局势，而且延伸到战后，在相当程度上埋下了国民党政府失败的重要种子。”[①] 这就是为什么抗战胜利不久，在决定中国命运的时刻，只用了不过三四年时间，不论在前方后方，共产党就得到老百姓的全面支持，迅速取得全国政权的原因。

抗战胜利是中华民族复兴的重要标志。中华民族复兴的希望在哪里？在中国共产党领导的抗日根据地里，在中国共产党领导的武装力量里，在中国共产党及其领袖毛泽东的新民主主义理论所规划的中国社会发展的前景里。所谓中华民族的复兴指的是什么？指的是彻底粉碎日本帝国主义灭亡中国的企图，把日本帝国主义全面赶出中国，把国际帝国主义强加在中国头上的枷锁《辛丑条约》彻底废弃，中国成为一个主权完全独立的人民共和国。由于抗战胜利，日本从中国领土完全退出，包括从台湾和澎湖列岛退出，中国成为联合国发起国和常任理事国。这个目的基本上达到了。这是中华民族复兴的第一个含义。第二个含义是，废除独裁专制政府，建立民主联合政府，选择中国社会独立的发展道路，避免资本主义的前途。这一点，由于马克思列宁主义与中国实际在抗战时期的完美结合，诞生了毛泽东思想而基本上获得了解决。毛泽东在《中国革命和中国共产党》、《新民主主义论》、《论联合政府》中提出了新民主主义革命的系统理论，为抗战胜利后中国社会发展道路描绘了蓝图。只要上述目的达到，中华民族复兴就有希望了，中国现代化的道路就通畅了。

以上所述，就是抗日战争胜利的基本历史意义。这也就是我们今天纪念抗日战争和反法西斯战争胜利的原因。

---

① 金冲及：《论1944年大后方的人心巨变和“联合政府”主张的提出》，见《转折年代——中国的1947年》，生活·读书·新知三联书店，2002年，第491页。

论坛致词

牢记马关遗恨　努力振兴中华[1]

今天是丧权辱国的《马关条约》签订一百周年的日子。这一天，使我们特别回忆起百年前国家所遭受的耻辱，特别深切地感受到面对强邻日本的侵略，清廷颟顸、政府腐败无能和落后就要挨打的痛楚。

1895年4月17日，在日本马关的春帆楼，中国议和大臣李鸿章、李经方父子被迫在日本提供的条约文本上签字，日方签字人为首相伊藤博文，外相陆奥宗光。这个条约文本就以《马关条约》闻名于世。签订这个条约的原因，是因为在1894年（甲午年）7月日本发动的侵华战争中，中国打了败仗。日本在发展资本主义的过程中，急于寻找海外资源和市场，确立了发展军事工业和轻工业为主的经济体制，完成了针对中国的扩军备战计划，早已蓄谋侵略中国。战争打响以后，日本采取先发制人的战略进攻态势，分兵从朝鲜、辽东半岛和山东半岛进攻中国。清政府先是寻求外国调停，碰了钉子后被迫应战又采取消极避战方针，终于在战场上处处失利。1895年2月，经营数十年且在远东占有重要地位的北洋海军，被日军消灭于威海卫。3月初，日军占领牛庄和田庄台，大有威胁京师之意。就是在这种形势下，李鸿章取得朝廷"商让土地"的大权后，作为全权议和大臣于3月19日到达日本马关。在李鸿章抵达马关的第二天，日军联合舰队从佐世保出发，并于随后几天占领了澎湖列岛，从此隔断了台湾与祖国大陆的联系。《马关条约》就是在日本的军事优势下签订的。

《马关条约》规定：清政府承认朝鲜独立，实际上是承认日本控制朝鲜；中国割让辽东半岛、台湾全岛及所有附属岛屿和澎湖列岛；赔偿日本军费两

① 本文是1995年4月17日在全国政协召开的纪念《马关条约》签订一百周年座谈会上的发言。刊载于《台湾研究》1995年第3期和《海峡评论》1995年第6月号。

亿两白银；日本人可以在各通商口岸自由设厂制造工业品，并免征一切杂税；中国开放沙市、重庆、苏州、杭州等商埠，日本船只可以驶入以上各口。条约签订后，由于俄国、德国、法国三国干涉，日本为了缓和西方列强的激烈情绪，同意退出辽东半岛，但要中国用三千万两白银赎回。

《马关条约》是鸦片战争以来中国政府对外签署的最为屈辱的不平等条约之一。条约带给中国的物质和精神损失极为巨大。原先以为只有西洋的英、法、俄、美可以迫使清政府就范，现在，连东洋的日本也可以轻易地迫使清政府就范了。从此，中国在半殖民地道路上又迈进一步，中国人民的痛苦更加深重了。

《马关条约》带给中国的影响，是极其巨大的。仅以赔偿一项来说，根据条约，中国向日本赔偿共两亿三千一百五十万两白银。为了在三年内还清赔款，清政府从1895至1898年先后向俄、法、英、德银行团借了三亿又九百万两白银，扣除回扣，清政府实得两亿六千万两，差不多全部交了赔款。为此中国政府支付本息超过六亿两白银，还要承担列强提出的严酷的政治和经济条件。战争虽是中日两国打的，结果，却是西方列强和日本一起来宰杀中国。当时中国一年的全部财政收入约八千万两白银，要拿出差不多八年的全部收入来偿付赔款和借款，中国在现代化的步伐上还能有任何作为吗？还敢奢言求富求强吗？相比之下，日本得到约折合当时日元三点五亿元的赔偿，相当于日本全国四年财政收入，使日本朝野顿时感到无比富裕。据有关记载，日本政府将这批巨款的绝大部分（约三亿日元）用于扩充海陆军及扩大军备生产，其中建立著名的八幡制铁所只花了不到六十万日元，就打下日本钢铁工业发展基础。日本的军国主义和资本主义得到中国人民血汗的供养，获得了顺利发展的机会，反过来又成为此后日本战胜俄国，并进一步大规模侵略中国和亚洲其他国家的重要条件。

马关签约后，日本从中国饱掠而归，大大刺激了西方列强的胃口。他们把中国称作“东亚病夫”，说它“正躺在死亡之榻上”，谁都想来瓜分一点这个病夫的遗产。这就是19世纪最后几年间列强掀起瓜分中国狂潮的原因，也就是此后八国联军侵华的原因到本世纪30年代以后，日本又发动长达十五年的侵华战争，给中国人民造成难以形容的创伤和痛苦。历史事实清楚地昭示人们，中国近代的贫穷落后，是西方列强和东方日本的侵略和掠夺造成的。

《马关条约》被批准换约后，日本实现了对台湾的军事占领，并确立了此后五十年间对台湾的殖民统治。这不仅是台湾人民的痛苦，更是祖国人民的痛苦。在日本割占台湾期间，台湾人民被当作“清国奴”，遭受蹂躏，部分台湾人难免产生“弃儿”的悲怨。但是所谓“弃”，却绝不是出自祖国母亲的心愿。国家被帝国主义侵略，处在半殖民地深渊，统治者软弱无能，不能将全民族的力量凝聚起来，不仅导致台湾被割让，还导致国家其他领土和主权的严重丧失。这不仅使台湾人民悲愤难抑，所有中国人无不感到悲愤难抑。凡有血性的中国人无不盼望祖国及早强大起来，能保护它的亿万儿女不受外力欺凌。回顾百年历史，我们深深感到，台湾与祖国的分离是帝国主义侵略的结果。我们大家都要牢记百年前的马关之耻，发愤振兴中华，排除外国干涉两岸事务，祖国和台湾就能很快统一起来，就会有光辉灿烂的未来。

两岸学者共同关注抗日战争时期的汪精卫与汪伪政权研究[①]

由《抗日战争研究》杂志社主办、《近代中国》杂志社协办的抗日战争时期的汪精卫与汪伪政权研究学术座谈会现在开幕。这是海峡两岸两个学术杂志联手合作召开的一次小型的学术讨论会。我代表合作办会的两个杂志社，向应邀来会的各位尊敬的学者、各位老朋友表示诚挚的欢迎！

各位经常出入于世界各地的高级宾馆，享受各种豪华招待，想必对我们这次会议地点感到新鲜。我们这次给大家提供的环境，是北京郊区怀柔县的一处山野地方。请大家到这里来，可以避开城市的繁华与喧嚣，在没有灯红酒绿的场所，安静地讨论学术问题。会下，各位可以欣赏华北山村入秋后的湖光山色，也许可以领略到与大城市完全不同的情趣。

不过此地与我们的会议主题并不是没有一点关系。九一八事变之后，日本帝国主义为了进一步扩大对华侵略，制造华北事变，1933 年 3 月，日军占领古北口，突破长城线，随后向长城沿线各地中国军阵地猛攻，5 月 19 日，日军占领密云，21 日进攻怀柔，把枪口直指北平。5 月底签订《塘沽协定》，确定了长城为日军占领线，并规定冀东至北平之间二十余县是所谓非武装区，从而为日军大规模侵略中国打开了通道。怀柔正处在这个所谓非武装区内。此后，“何梅协定”、“秦土协定”，七七事变，日本终于发动了全面地侵华战争。

1940 年在南京成立的汪精卫伪“国民政府”，就是在日本大举侵华形势下，一部分中国人民族投降主义膨胀起来的产物。诸位到这里来讨论抗日战争中

① 本文是 2003 年 12 月 1 日在《开罗宣言》发表六十周年纪念座谈会上的发言。人民网、华夏经纬网全文发表。又刊载于中国社会科学院《要报·领导参阅》，2003 年第 35 期（总第 296 期），12 月 15 日出版；《台湾研究》，2003 年第 4 期（总第 64 期）；台北《世界论坛报》，2003 年 12 月 31 日，2004 年 1 月 1 日。

的汪伪政权问题，定当是别有一番滋味在心头的。

在近代中国历史上，外国帝国主义侵入中国本土后，建立由中国人出面的傀儡政权，汪精卫伪政权不是第一个。1857 年 12 月英法联军攻下广州，两广总督叶名琛被俘，广东巡抚柏贵等投降。在英国人巴夏礼为首的三人委员会的严密监视下，柏贵继续做广东巡抚，替外国侵略者维持地方秩序。这是近代中国出现的第一个傀儡政权。八国联军占领北京、天津，北京、天津建立过由外国人直接统治的政权机构。由外国人出面直接统治中国，看来不是成功的经验，不足取法。所以，当我们的东方邻国日本侵略中国时，就采取了建立傀儡政权的办法。1932年的伪满洲国是如此，1937年的北平临时政府是如此，1938 年的南京维新政府是如此，1939 年的蒙疆联合自治政府是如此，1940 年的南京伪“国民政府”也是如此。这些傀儡政府的建立，当然有它的历史背景、历史条件和组合机遇，参加傀儡政权的个人情况及其动机也不完全相同。但是有一点是相同的：它们都是在日本帝国主义的刺刀底下建立的，是为日本帝国主义侵略中国的根本目的服务的，是违背中华民族抵抗外敌侵略的民族意愿的，是与近代中国人民谋求民族独立的历史进程与目标相抵触的。

各位先生！关于抗日战争时期的汪伪政权的历史，海峡两岸的历史学者都很关注，都在研究，出版了不少的文献史料和著作。这可能是两岸历史学者中较少有明显分歧的题目之一。尽管如此，各人在自己的研究中，由于研究背景和阅历不尽相同，仍然可能得出各自不同的看法和结论，需要在这里提出交流。即使有某种不同的见解，通过交流，通过沟通，也可以知己知彼，加深并完善各自的研究，为学术上进一步的交流打好基础。我想，历史学界专门以汪伪政权为题目的讨论会是不多的，这一次讨论会值得珍惜。由于筹备时间不长，不大可能要求各位写出长篇大论，所以我们的讨论会用了座谈会的名义。按照我的理解，座谈会可能不如正式讨论会那样正规，那样有板有眼，但是，它完全不妨碍各位在讨论中自由地表达自己的意见，深入地阐明自己的见解。

我还要特别指出，这次讨论会，是北京师范大学蔡德金教授建议的，他为此作了不少的联络工作。他认为由《抗日战争研究》杂志出面更合适一些。经过与台北《近代中国》杂志社磋商，得到了《近代中国》杂志社发行人陈鹏仁先生的支持，又与邵铭煌总编辑完全达成了一致意见。此次会议还得到美国黄兴基金会主席薛君度教授资助，方才得以顺利召开。我要向上面提到的三位先生特别表示谢意。因为他们三位都未能到会。蔡德金教授是研究汪伪政权历史非常著名的学者，因为生病，刚刚从医院回家修养，我祝他早日康复！陈鹏仁教授忙于公务，不暇前来与诸位会面，也是一个遗憾。我记得整整七年前，我们曾邀请他出席在沈阳召开的九一八事变六十周年学术讨论会，也因为同样的原因，不克出席。我希望今后有机会在大陆召开的学术讨论会上，聆听陈鹏仁教授的发言。我诚恳地请求邵铭煌先生回去后，当面转达我对他支持此次会议的谢意！薛君度教授是我们多年的老朋友，前此曾经支持敝所召开有关黄兴的讨论会，此次又承他慷慨解囊。他因为忙于在敝所查阅有关辛亥革命的资料，也不能前来，不能听到我当面对他支持此次会议的感谢。

此地虽僻处山野，却是北京市政府的招待所，招待所负责人提供我们这样的条件，在这里召开一个小型讨论会，我对他们表示感谢！

各位先生，现在正是北京秋高气爽的季节，希望各位利用在这里短暂的时光，在交流学术的同时，充分地享受美丽的秋色吧。

保卫中国人民抗战胜利成果，捍卫中国领土主权不可分割的原则①

1943年12月1日，美、英、中三国首脑在开罗会议中达成的共识以《开罗宣言》的形式发表。这是中国抗日战争中的重大事件，也是近代中国历史上的重大事件。

今天是《开罗宣言》发表六十周年，纪念《开罗宣言》的发表，我想谈四个问题。

第一个问题：为什么召开开罗会议？

1942年秋和1943年春，盟国在对德、意作战中取得了北非战役和斯大林格勒战役的重大胜利。盟国已经可以预计战争的胜利结果。美国总统罗斯福提议召开四大国的首脑会议，决定战争的最后进程以及战后的安排。由于苏联没有对日作战，不便于出席对日作战的会议，于是会议分成两个阶段，先是美、英、中三国首脑在开罗讨论远东问题，然后是美、英、苏三国首脑在德黑兰会商欧洲问题。开罗会议讨论了军事问题和政治问题。军事问题是最急迫的话题。政治问题主要是在美国总统与中国军事委员会委员长蒋介石之间展开。中国方面提出了处置日本投降和收回日本窃据的我国东北、台湾和澎湖列岛等多项问题。开罗会议的宣言由美国起草，草稿先交由中国方面看过，然后提交美、英、中三国首脑讨论。讨论中，英国曾提出可将东北、台湾、澎湖列岛“归还中国”改为“由日本放弃”，中国反对这个建议，美国支持中国意见，英国建议没有被采纳。11月26日开罗会议结束。罗斯福和丘吉尔会

① 本文是2003年12月1日在《开罗宣言》发表六十周年纪念座谈会上的发言。人民网、华夏经纬网全文发表。又刊载于中国社会科学院《要报·领导参阅》，2003年第35期（总第296期），12月15日出版；《台湾研究》，2003年第4期（总第64期）；台北《世界论坛报》，2003年12月31日，2004年1月1日。

后到德黑兰与斯大林会晤。斯大林看过《开罗宣言》后表示同意，于是在12月1日公布于世。

第二个问题：中国为什么出席开罗会议？

中国是第二次世界大战的东方主战场。1931年9月18日日本发动沈阳事变，随即占领我国东北。1937年7月日本发动卢沟桥事变，开始全面进攻中国。中国组成国共两党为主的抗日民族统一战线，动员全国力量开展了神圣的抗日战争。这时候，中国的抗战在国际上是孤立无援的，除了苏联曾经支持过中国外，美英等国都在袖手旁观。1939年9月德国进攻波兰，英、法卷入战争，标志着第二次世界大战在欧洲的起点。随后日本在1941年12月7日发动珍珠港袭击，第二天美国、英国对日宣战，太平洋战争爆发。随着美国对日宣战，中国政府在12月9日也正式对日宣战，并宣布以前与日本签订的一切条约包括《马关条约》作废。第二次世界大战在中国、欧洲和远东太平洋地区全面展开。中国在单独抗击日本侵略四年半后，终于与美、英、苏等国结成同盟国家，共同对德、意、日作战。中国成为对日本作战的主要国家。以1938年10月为例，日本陆军总兵力，94%分布在中国。再以1941年12月为例，日军陆军总兵力69%分驻于中国，太平洋战场只占19.6%。到1945年，日军51%的兵力在中国战场上，49%的兵力在太平洋战场上。中国人民以其巨大的牺牲和百折不挠的抗战精神，支持了苏联的对德战争，使它有一个稳定的后方；又支持了美国、英国的太平洋战场，大大减少了日军对他们的压力；又粉碎了日德法西斯打通欧亚的企图，使日德法西斯不能在更大范围内给人类带来苦难。中国抗战对世界和平作出了无人可以替代的伟大贡献。

中国正是以这样的资格出席开罗首脑会议的。

第三个问题：开罗会议与中国的关系。

开罗会议与中国的关系非比寻常。第一，中国以第二次世界大战东方主战场的资格，获得了出席开罗三国首脑会议的权利，说明了中国国际地位的提高。在第二次世界大战期间，蒋介石作为中国首脑第一次出席三大国首脑的国际会议。这是近代中国第一次由首脑出面参与重大国际问题的处理。第二，《开罗宣言》指出："我三大盟国此次进行战争之目的，在于制止及惩罚日本侵略"，"将坚持进行为获得日本无条件投降所必要之重大的长期作战。"这是对中国抗日战争的重大支持。中国人民正陷于日本侵略者的全面蹂躏之下，非常希望得到这样的国际支持。第三，《开罗宣言》明确指出："三国之宗旨在剥夺日本自1914年第一次世界大战开始以后在太平洋所夺得或占领之一切岛屿，在使日本所窃取于中国之领土，例如满洲、台湾、澎湖群岛等，归还中华民国。"中华民国当时在国际上代表中国。收回东北，是1931年以来全国人民的心愿；收回台湾、澎湖群岛，是1895年以来全国人民的心愿。三大国首脑关于满洲、台湾、澎湖群岛回归中国的决定，正式确定了中国领土主权完整不可分割的国际法原则。

第四个问题：《开罗宣言》的历史地位不可动摇。

《开罗宣言》所确定的原则有两点：第一是以强大的对日作战的军事压力，迫使日本无条件投降；第二是迫使日本退出其以武力或贪欲所攫取之所有土地，包括自1914年第一次世界大战以来在太平洋所夺得或占领之一切岛屿，所窃取于中国之领土如满洲、台湾、澎湖群岛等，使朝鲜独立自由。这是当时三大国首脑（实际上包括苏联首脑斯大林的同意是四大国首脑）关于第二次世界大战结局所作出的最重要的政治决定。这也是有关人类社会历史前途的决定。

今天少数"台独"分子和在台湾执政的民进党当局为了制造台湾独立的舆论，胡说什么《开罗宣言》没有法律效力，要在台湾制造"公民投票"的空气，要在台湾中学历史课本中去掉《开罗宣言》的内容，妄图撼动《开罗宣言》的历史地位，这是开历史的大玩笑，是对历史的无知。须知《开罗宣言》是当时的三大国首脑一致通过的，发表后，没有任何一个当事人表示异议。而且在两年后的1945年7月26日，美、英、中三国首脑在另一个重要文件即《波茨坦公告》中正式引用，随后苏联首脑斯大林也在这个文件上签字。这个文件的第八条明确载明："开罗宣言之条件，必将实施；而日本之主权，必将限于本州岛、北海道、九州岛、四国及吾人所决定其他小岛之内。"由《开罗宣言》所决定、《波茨坦公告》所肯定的这些条件，又在1945年9月2日的《日本投降条款》中再次得到确认。这个"投降条款"是由同盟国各国代表和日本国代表共同签署的。1972年9月29日签署的《中日政府联合声明》中，日本政府再次声明"坚持遵循波茨坦公告第八条的立场"。这一系列重大的历史文件都以《开罗宣言》关于处分日本的决定为根据，怎么可以说《开罗宣言》是无效的，是没有法律效力的呢！

须知，台湾从来不是一个国家。自12世纪以来，台湾一直在中国历届政府的行政管辖下。在12世纪以前，台湾的少数民族与大陆的汉族人民有着广泛的经济、文化往来。今天台湾的主体民族是汉族的一部分，台湾的行政建制来自中国政府。日本据台期间所建立的那一套建制，在台湾回到祖国怀抱后都已经废除。台湾从来没有独立的主权，从来是中国领土不可分割的一部分。《开罗宣言》以及以后一系列文件，不过是肯定这一历史事实，并没有增加什么新的东西。这种肯定当然是极其重要的。这种肯定首先来自台湾是中国的一部分这样的事实。如果没有这种事实，“台独”分子或者还可以抓住一根稻草。但是在这样坚强的历史事实面前，“台独”分子连一根稻草都抓不到。否认历史一定会被历史所否定。

纪念《开罗宣言》发表六十周年，就是保卫中国人民用三千五百万伤亡的巨大代价换来的抗日战争胜利的成果，就是捍卫中国的领土主权完整不容分割，就是要粉碎“台独”分子用所谓“公民投票”来决定“台湾独立”的梦想！

“海峡两岸台湾历史研究现状与未来趋势学术研讨会”开幕词①

“海峡两岸台湾历史研究现状与未来趋势学术研讨会”现在开幕！我代表这次学术讨论会组织委员会，向来自海峡两岸各地专研台湾史的学者、专家，向关注台湾历史和现状的各位先生，向前来参与会议报道的新闻界的朋友们表示衷心感谢！我也对光临指导会议的国台办各位领导表示衷心感谢！现在北国时令正临严冬，远道从台湾、福建、广东、上海等南方地区来的朋友们可能有些不便。好在今年厄尔尼诺现象重演，严冬变成暖冬，此地又有著名的小汤山温泉，可以略为弥补不足。不过台湾的立法委员选举刚过，政治局面有一点新的气象，借这个机会来讨论台湾的历史与现实问题，可以有一个新的观察，提供各位发表高见。

台海两岸关系，现在是举世瞩目。许多学者都在关心台海两岸的现状和未来发展。这是可以理解的，也是应该的。现实的需要，永远是引领学术前进的基本指标。我们只有把台湾的现实情况摸深摸透，才能提出解决台湾问题的合适的正确的机谋与决策。但是台海两岸的关系发展是经过长期的历史演变而成的，要深刻了解现状，离不开全面、深刻理解历史。中国社会科学院的一些历史学者有感于此，又鉴于中国大陆学术界对台湾历史研究开展不够，厦门大学台湾研究院组织台湾史研究，开展得最好，也只有二十多年的时间，出版的学术著作虽然不少，但有关台湾史研究的开展还是令人感到不够全面、深入，这种情况与台湾问题在现实生活中的重要性和所受到的广泛关注形成了较大的落差。经过努力，中国社会科学院组成台湾史研究中心，希望与海峡两岸各地台湾史学者协作，希望进一步推动国内的台湾史研究，

① 这是在2004年12月18日在北京小汤山举办的“海峡两岸台湾历史研究现状与未来趋势学术研讨会”的开幕词。这次会议是中国社会科学院台湾史研究中心召开的有关台湾史的第一次学术讨论会。

为发展中国历史学的这个分支学科服务，也为解决日益引起世人关注的台湾问题服务。

举办这次讨论会，有一点调研的意味。所以本次讨论，并不着重在具体的历史问题的研究。我们设计的这次讨论会的主题是了解台湾史研究的演变过程和现状，包括台湾史研究中所体现的一些指导性的观点，如：台湾主体意识问题，台湾人的悲情问题，台湾史与中国史的关系问题，台独史观问题，等等；台湾史资料的分布和使用情况；台湾史研究的今后走势和推进研究的工作建议等等。我们希望借助各位专家学者的聪明智慧，集思广益，搞清楚台湾史研究应该怎样进行，台湾史研究应该什么样的史观指导下进行，台湾史研究的学术意义和现实意义。

当前，台湾陈水扁当局在紧急推动台独，提出要“制宪”、“正名”等一系列“去中国化”措施,甚至把祖国当“敌国”;台湾的教育行政部门紧紧跟上，在刚刚公布的《高级中学历史课程纲要草案》中，明确把中国史和台湾史分割开来，把台湾史作为所谓“本国史”，肆意加以歪曲。这些行政措施，对台湾的台湾史研究的影响将是巨大的，对大陆的台湾史研究存在着挑战，严谨的历史学家们应该本着历史学家的良知，起而应对，做出我们对台湾历史应有的客观的解读。否则，任人糟蹋中国历史和台湾历史，一向具有悠久历史文化传统的中国历史学家，将如何面对我们的前人和后人？正是感到我们肩上担子的沉重，所以邀约各位方家前来指教，凝聚共识，共同迎接挑战。

这次讨论会，没有按照通常那样安排评论人，我们准备每位二十分钟发言时间，可以较为充分地发表高见，一次没有讲完，还可以再次发言。这是说各位的讨论发言，不必太受时间的拘束。

北京小汤山的温泉是有名的，各位在休息的时候，可以泡泡温泉，保重身体。

纪念台湾光复六十周年，认识台湾是中国一部分的事实和法理无法改变①

一百一十年前，因《马关条约》的签订，祖国宝岛台湾被割让；六十年前，因中国在抗日战争中的胜利，台湾光复，回归祖国。抗日战争胜利六十周年，又是台湾光复六十周年，这在近代中国历史上，是极具纪念意义的。当然，在台湾的历史上，也是极具历史意义的。今天，台盟中央、全国台联、全国台湾研究会、海峡两岸关系研究中心在这里隆重举办台湾光复六十周年学术研讨会，来回顾台湾光复的历史，探讨海峡两岸关系，同谋中华民族的美好未来，有着重要的现实意义。

1945年10月25日，中国政府委派的台湾省行政长官兼台湾省警备总司令陈仪，在台北公会堂代表中国政府接受了台湾总督兼日军第十方面军司令长官安藤利吉的投降。陈仪代表中国政府正式宣告："自今天起，台湾及澎湖已正式重入中国的版图，所有一切土地、人民、政事皆已置于中国主权之下。"这天下午3时，台北市举行民众庆祝大会，陈仪出席并发表演说，祝贺台湾从此回归祖国怀抱，全省台湾同胞热烈庆祝台湾光复。中国政府宣布自即日起，台胞恢复中国国籍，并定10月25日为台湾光复节。

何谓台湾光复？曾经因甲午战争的失败割让出去的台湾，重新回到祖国的怀抱，中国光复旧物，是失而复得的意思。台湾本来是中国的土地，被人窃取后重新回到中国，谓之光复。

我们应当指出《开罗宣言》具有正义性。这个国际政治和法律文件作出了正确的决定，迫使日本放弃了它从中国窃取的台湾和澎湖列岛。《开罗宣言》明确指出："三国之宗旨在剥夺日本自1914年第一次世界大战开始以后在太平

① 本文是在2005年10月24日在北京纪念台湾光复六十周年学术研讨会上的发言。人民网2005年10月27日全文刊登。

洋所夺得或占领之一切岛屿，在使日本所窃取于中国之领土，例如满洲、台湾、澎湖群岛等，归还中华民国。”中华民国当时在国际上代表中国。收回东北，是1931年以来全国人民的心愿；收回台湾、澎湖群岛，是1895年以来全国人民的心愿。三大国首脑关于满洲、台湾、澎湖群岛回归中国的决定，正式确定了中国领土主权完整不可分割的国际法原则。

《开罗宣言》的上述决定在1945年7月的《波茨坦公告》上得到了重申。正是在中国人民和国际反法西斯战线的联合打击下，日本才不得不宣布接受《波茨坦公告》的条款。应当指出，中国政府收回台湾，不是世界上任何人的赐予，不是中国人占了什么人的便宜，它是由台湾本来是中国领土这一历史事实决定的。《马关条约》是在清政府战争失败的情况下被迫缔结的，中国从中遭受了巨大的损失，包括台湾割让在内。但是1941年12月9日，珍珠港事变发生后，太平洋战争爆发，第二次世界大战发生重大转折，国际反法西斯战线组成，中国政府随即正式对日本宣战，加入国际反法西斯战线，并宣布对日宣战后，“所有一切条约、协定、合同，有涉及中日关系者，一律废止。”由此，《马关条约》包括台湾割让条文均在废止之列，《辛丑条约》有关日本的权益自然也在废止之列。中国在开罗会议要求收回台湾等失地和被占领土，就是根据中国对日宣战的基本立场提出的，作为战时同盟国，这一要求得到了美、英、苏等大国的支持，并在波茨坦会议上被接受，完全符合当时国际政治的利益要求，也符合同盟国彻底打败国际法西斯国家的战略决策，当然也符合国际法的要求。中国通过对日战争的胜利，废除了《马关条约》，得到了因《马关条约》的签订失去了的台湾、澎湖列岛，得到了自己应该得到的东西，并没有通过战争获得额外的东西，这完全符合20世纪国际条约和国际法的共识。“台独”势力鼓吹所谓《开罗宣言》法律位阶不够的政治谎言，是难以成立的。

国际冷战开始以后，有的不负责任的大国鼓吹“台湾地位未定论”，有的忘恩负义的国家也追随这种谬论。为此，它们背着中日战争的主要当事国中国，制造所谓《旧金山对日和平条约》，玩弄文字游戏，故意不写明日本把台湾、澎湖列岛等地归还中国，只提出“日本放弃对台湾及澎湖列岛的一切权利、权利根据与要求”。似乎这样就可以达到“台湾地位未定论”的目的。这不过是蒙哄世人眼光的欺世手法，不过是掩耳盗铃而已。首先，中华人民共和国政府早在1951年9月18日，即所谓《旧金山对日和平条约》签字以后的第十天，已严正声明，这个条约由于没有中华人民共和国参加准备、拟制和签订，它是“非法的、无效的，因而是绝对不能承认的”。其次，除开上述理由，试问：日本获得台湾、澎湖列岛的“权利根据”何在？还不是由于《马关条约》的签订，说明这种“权利根据”在于中国吗？放弃从中国获得的割让权利和“权利根据”，不就是还给中国嘛！如果联系到《开罗宣言》和《波茨坦公告》，怎么可以得出“台湾地位未定”的结论呢？！况且，《旧金山对日和约》还提到“日本放弃对千岛群岛及由于1905年9月5日朴茨茅斯条约所获得主权之库页岛一部分及其附近岛屿之一切权利、权利根据与要求”，并未直接言及归还苏联，从来没有人提出上述岛屿有什么“地位未定”问题。这说明：这里所谓放弃某地“一切权利、权利根据与要求”，与归还某地给原主，并无实质区别。实际上，由于1972年以后中美之间三个联合公报的签订，由于1972年中日复交的联合声明中日方表示坚持遵循波茨坦公告第八条的立场，所谓“台湾地位未定论”的谣传，早已灰飞烟灭了。某些“台独”势力抓住《旧金山对日和平条约》鼓吹“台湾地位未定”，仅只是空中画饼而已，是不能当作救命稻草的。

台湾自古以来是中国的一部分，这是我们从台湾历史演变中得出的一条基本结论。世界上没有任何人比中国人更早地发现、开发、认识台湾。台湾考古发掘早已证明，台湾有旧石器和新石器时期的文化遗存，生活在台湾的早期人大多是从中国大陆过去的，台湾史前文明与大陆文明具有同源性。见诸文字记载，公元230年东汉末年三国时期的吴政权就已派出武装力量进入台湾。此后屡有台湾的消息见诸文字记载。由于闽粤地方人民逐渐移植澎湖、台湾开发，宋元以来，中国历代中央政府就在澎湖、台湾设治，实施了管理台湾的行政责任。17世纪初期，虽然台湾一度为荷兰人占领，但荷兰人明确认识到，只有中国皇帝才有资格在台湾收税。就是说，17世纪初的西方占领者知道，中国皇帝是台湾的管理者，只有中国人有资格对台湾提出权利要求。其他人，不管是西方的荷兰人、西班牙人，还是后来的美国人、法国人，还是东方的日本人，都是窃据者，都是侵略者。清朝在康熙时期，彻底消灭南明小王朝，从明郑手里征服台湾，完成了国家的统一，建立了对台湾的有效统治。以后，海疆多事，边疆危机，外来的觊觎者每每打着占领台湾的主意，清朝统治者认识到加强台湾的管理和防务的紧迫性，于是将福建省的台湾府升格为省的建制，1885年宣布台湾建省，1888年完成与福建省的分治。虽然封建统治者一度认为台湾是化外之地，那只是表明台湾尚不及内地省份那样得到了较好的开发，文化政教尚有待加强推广的意思，并不表明台湾不是中国的领土。以上历史事实，有力地证明了台湾自古以来是中国的一部分。所谓台湾四百年历史是站不住脚的，说台湾建省与大陆只有十年的关系，是无知的说法。

正是因为海峡两岸的中国人血脉同源，文化同根，有共同的历史命运，虽然因为1895年甲午战败，腐败的清朝政府被迫将台湾和澎湖列岛割让给日本，但是台湾的中国人（包括台湾所有少数民族同胞）始终没有停止对日本军事占领的反抗；祖国大陆的人民始终没有忘记支援台湾同胞的抗日，没有忘记有朝一日要收复台湾。

自1874年日本犯台以来，日本按照其既定国策，掀起阵阵侵华浪潮，中国人民始终在与日本的侵略相抗争。自五四运动开始，反对日本帝国主义侵略的声浪一浪高过一浪。日本帝国主义发动全面侵华，不仅要巩固它在台湾的地位，而且要吞并整个中国，这就进一步激起了全中国人民的抗日热潮。中华民族为了挽救民族于危亡，组成抗日民族统一战线，中国国民党、中国共产党再次握手，共赴国难。在日本殖民当局高压下，仍有许多台湾人到大陆来参与祖国人民的神圣抗战事业。八年抗战，中国人民不屈不挠，不怕流血牺牲，主要依靠自己的力量，取得了近代中国历史上第一次反侵略战争的全面胜利。正是这个胜利的来之不易，换取了收回失地台湾的重大结果。台湾的光复，是全中国人民包括台湾人民在内流血奋斗的结果，是海峡两岸人民相互支持的证明。

中国人民的抗日战争，开创了第二次世界大战以一个国家反击法西斯日本侵略的例子。太平洋战争爆发以后，国际反法西斯战线组成，中国的抗日战争也得到了反法西斯战线各大国的支持。这是中国抗日战争取得全面胜利的国际原因。中国作为第二次世界大战的东方主战场，支持了苏联的对德战争，使它有一个稳定的后方；又支持了美国、英国的太平洋战场，大大减少了日军对它们的压力；又粉碎了日德法西斯打通欧亚的企图，使日德法西斯不能在更大范围内给人类带来苦难。中国抗战对世界和平作出了无人可以替代的伟大贡献。中国在抗战中表现出来的勇气、力量和贡献，赢得了国际社会的同情和支持，在1943年12月决定战争的最后进程以及战后的安排的开罗会议上，中、美、英三国首脑统一了认识，公布了《开罗宣言》，决定："我三大盟国此次进行战争之目的，在于制止及惩罚日本侵略"，"将坚持进行为获得日本无条件投降所必要之重大的长期作战。"

回顾这一段历史，是为了说明如下几点：第一，台湾与祖国的历史渊源。这一渊源，有十分久远的历史，虽因殖民主义、帝国主义历次的掠夺，而不能破坏。第二，台湾的苦难，也就是祖国的苦难，台湾光复的光荣，是台湾人民和祖国人民共同奋斗得来的。第三，中国人民以自己在第二次世界大战中的牺牲和奋斗，换来了自己应得的国际地位，但是国际上的不正义的力量，却以"台湾地位未定"的谬论回报中国，这是国际政治中最大的不公平，并且在国际间由此引起了至今仍然引人注目的台湾问题。这是我们研究中国近代历史和台湾近代历史的学者们，必须努力去追究的。第四，在纪念中国人民抗日战争胜利六十周年、台湾光复六十周年的时候，我们进一步认识到，所谓"两国论"、所谓"一边一国论"，都是"台独"谬论，是与历史相违背的，是与中国人民的感情相违背的，是与中国的国家利益相违背的。台湾这个祖国的宝岛，无论是在历史上，或者是法理上，都是无可争辩的中国领土的一部分；台湾的中国人，是中华民族大家庭血脉相连的成员。任何把海峡两岸的中国人分离开来的想法，是永远达不到目的的！

深入研究"二二八事件"，正确判断"二二八事件"的性质①

1947年2月28日，台湾人民爆发的起义事件，已经过去了六十周年。我作为研究近代中国历史和台湾史的学者，今天在这里出席座谈会，回顾六十年前台湾人民的二二八起义，感慨万千！

1947年2月27日，因专卖局警员在台北市取缔走私香烟，引起流血的突发事件。次日，民众请愿示威，发展成大规模的官民冲突。台籍精英成立二二八事件处理委员会，提出处理大纲三十二条，要求长官公署接受他们改革政治的要求。

国民党政府当局把二二八事件定性为"背叛国家"的叛乱行为，用暴力把这次官逼民反的事件镇压下去。国民党政府对二二八惨案负有不可推卸的责任。依据各种资料估计：在二二八事件中，台胞死伤大约两千人，大陆军公教人员死伤约一千二百人。二二八平反后，迄今为止，领取补偿金的死者遗属近八百人。

二二八起义作为一个历史事件过去了六十年，中国社会已经发生了翻天覆地的变化，台湾内部和海峡两岸关系也发生了和正在发生着深刻的变化。为了弭平历史的创伤，我们今天可以依据历史资料冷静地看待六十年前发生的这次事件了。

1941年珍珠港事变后，中国政府对日宣战，宣布废除1895年中日之间签订的《马关条约》。1945年8月，中国人民的抗日战争和世界反法西斯战争取得最后胜利。根据1943年美英中三国发表的《开罗宣言》和1945年美英苏发表的《波茨坦公告》，中国政府于1945年10月正式从日本占领者手中收回

① 本文是在2007年2月27日由台盟中央等单位在人民大会堂召开的"纪念台湾人民'二二八'起义六十周年座谈会"上的发言。原载台湾民主自治同盟网站2007年3月2日。

台湾，并宣布台湾从此回到祖国怀抱。台湾光复后不过一年半，就爆发了台湾人民反暴政、争民主、求自治的二二八起义，成为影响台湾历史发展的重要事件。这次事件的突然爆发，是日据台湾以来台湾社会各种矛盾的总爆发；从整个中国来说，二二八事件则只是当时全国阶级斗争大浪涛中的一朵浪花。

二二八事件有深刻的历史原因。这个历史原因,可以从中国历史的角度看，也可以从亚洲历史的角度看。最重要的原因有两个：一个是日据五十年殖民统治留下了深刻的社会矛盾，一个是中国历史发展到了剧烈的震荡时期。

日据五十年殖民统治和日本战败在台湾积累下来的社会矛盾通过 1947 年 2 月 27 日的“缉私血案”突然爆发。国民政府派出的台湾统治者，面对这样的历史包袱，措手不及，应对失策。这些社会矛盾，包括政治的、经济的、社会的、文化的诸方面。

政治方面的矛盾，主要指殖民统治与台湾人民参与社会管理的要求与自治主张。长达五十年的日据时期，日本在台湾建立了以台湾总督府为代表的殖民统治体制，这种殖民统治以警察政治为特点。在那种殖民统治下，台湾人民是所谓二等公民，完全丧失民主权利。像中国人民历来不屈服于外来侵略和殖民统治一样，台湾人民不仅具有武装反抗日本占领的传统，而且具有开展反对专制统治、争取地方自治斗争的传统。殖民统治的历史和台湾人民的斗争传统，形成了台湾人民“出头天”的思想。回到祖国怀抱后建立的台湾行政长官公署，基本上沿袭了日据时期台湾总督府的行政制度。在这种制度下，虽然中下层官员已经大多为台湾本地人担任，这与日据时期已经有了很大不同，但是长官公署高层官员仍然由陈仪从大陆带来的人员担任，这与台湾人的“出头天”思想发生了冲突。二二八事件处理委员会提出的《事件真相与处理大纲》，要求台湾行政长官公署各处长三分之二以上须由本省居住十年以上者担任，明确传达了这种“出头天”思想；这样的要求也暗含了反对国民党政府从大陆派人来台垄断高级官员的意思。经历了日据五十年殖民统治的台湾人民产生这种思想是可以理解的，但是台湾社会精英的这种要求，不顾历史条件，要求在回归不久的台湾政治体制下立即实现这种思想，是不现实的。在政治条件和人才条件尚不具备的情况下，急于实现这一要求，对台湾社会未必会有好处。

经济方面主要表现为由于战争的原因（包括第二次世界大战末期美军对台湾的轰炸），使得台湾的生产能力萎缩，化肥减产，稻作减收，百物腾贵，造成了台湾人民生活的压力。光复初期台湾经济的困境完全是日本帝国主义发动侵略战争造成的，台湾人民把对生活的压力的痛恨转移到统治者身上，作为台湾行政长官公署的最高领导人陈仪背上了这个沉重的包袱。1945 年台湾米粮总产较 1944 年减产 40%，虽然早在 1940 年台湾就实行米粮配给制度，但到 1946 年就出现米粮供应严重恶化，加重了人民对陈仪主政的不满。

经济生活的困难，失业人口的增加，前台籍日本兵大量（大约二十万之众）返回台湾，加重了就业困难，造成了台湾严重的社会问题，扩大了社会不安定的因素。

文化的因素，体现在日据后期的皇民化教育和日本文化的灌输。这种皇民化教育和日本文化的灌输，使得一部分台湾人产生了与祖国文化的生疏感和隔离感。

简单来说，日本殖民统治，扭曲了台湾社会面貌，极大地增加了陈仪当局处理事变的困难，影响了当局处理事变的能力。

换一个角度，如果从中国历史发展的巨大变化来看，我们会看到一些不同的历史迹象。

20 世纪 40 年代，正是中国历史发生剧烈变动的时期。中国取得了抗日战争的最后胜利，但是国内政局并未因此好转，反而出现了空前的动荡。这个动荡围绕着中国向何处去的问题展开，最终形成了国共两党空前的战场搏斗。就在 1947 年 2 月 28 日这一天，国民党政府下令中共驻京、沪、渝三地人员全部撤离，3 月 7 日，中共驻南京代表团董必武一行最后告别南京。这一天象征着延续十年的国共两党关系完全破裂；国民党正在计划进攻中共中央所在地延安。中国的内战愈演愈烈，且国民党军队在战场上屡遭败绩，仅仅 2 月下旬的鲁南莱芜战役中，国民党军一次就损失了七个师五万多人。这个时候，蒋介石，国民党中央的注意力全部都在内战的部署上，无暇顾及台湾的事情。

在此前，因抗战胜利，国民党大小官员从重庆下山，来到江浙、上海各地接收敌产，却演出了接收就是“劫收”的丑剧，所谓“五子登科”，造成人民群众更大的苦难，民间有所谓“想中央，盼中央，中央来了更遭殃”的口头禅。国民党统治区到处掀起反独裁、反内战、反饥饿的民主运动。这一运动大大动摇了国民党政府的统治基础。陈仪本人尽管比较清廉，也有一定理想，愿意把台湾治理好，但是他率领到台湾组织政府的团队，免不了把大陆官员贪腐的作风带进了台湾。在台湾接收敌产的过程中，同样演出了“劫收”的丑剧。这是引起台湾人民反感的重要原因。

由于战争的创伤及社会的急剧转型，台湾战后重建面临着巨大困难。政治腐败，贪污成风，通货膨胀剧烈，失业问题严重。又遇大规模自然灾害，以产米著称的台湾竟发生米荒，民不聊生。上海《观察周刊》当时发表文章惊呼：“今日台湾危机四伏，岌岌可危，是随时可能发生骚乱或暴动的”。

在上述背景下，通过“缉私血案”引发的“二二八事件”，其主流是台湾人民反暴政、争民主、求自治的群众运动，这个运动正好融入了蒋管区反独裁、反内战、反饥饿的民主运动漩涡。从这个角度说，二二八事件所反映的台湾人民的意愿与整个中国人民的意愿是吻合的。

对于二二八事件的性质，早有不同的认识。当时南京政府认为是“颠覆政府”、“背叛国家”，是“暴民暴乱”事件，受“奸党利用”，要求“取消非法组织”。今天的台独势力更认为二二八事件是“野蛮的中国人屠杀文明的台湾人”，是族群冲突和文化冲突。这些说法都是站不住的。二二八事件虽然有复杂的社会背景和历史原因，但它却是因为“缉私血案”处置不当而突然发作的群众街头行动，演变而为群众争民主、求自治、反暴政的民主运动，不是背叛国家的暴乱事件，这次事件虽然可能受到中国共产党在第三次国内革命战争期间反蒋形势的影响，但不是共产党策划与领导的。个别曾是日共党员的台湾人作为个人也在这次事件发挥了作用。这次台湾群众自发的争民主、求自治、反暴政的义举，与祖国大陆人民在各地开展的反饥饿、反迫害、反内战的民主运动相呼应，所以中国共产党 1947 年 3 月在延安发表声明，支持了台湾人民的争民主、求自治、反暴政的斗争。

台独势力把二二八事件当作台湾人民要求台湾独立的事件，是没有历史根据的。当时活跃在政治舞台上的各个群众组织都没有提出台湾独立的诉求。处于全省领导核心的二二八事件处理委员会，在它的组织大纲中明确规定：本会“以团结全省人民、改革政治及处理二二八事件为宗旨”；在 3 月 6 日发表的《告全省同胞书》中也明确声明:“我们的目标是在肃清贪官污吏、争取本省的政治改革,不是要排斥外省同胞。”《告全省同胞书》还指出:“我们同是黄帝的子孙,民族国家政治的好坏,每个国民都有责任。”台湾自治青年同盟的宗旨则是“培养自治精神,遵守国父遗嘱,拥护蒋主席,实行三民主义,协助政府建设新台湾。”台中区时局处理委员会发表的宣言,也提出“建设新中华民国,确立民族主义,拥护中央政府,铲除贪官污吏,即刻实行县市长民选,反对内战,反对专制。”这些表明二二八事件不是谋求台湾独立,也不是反映族群和文化冲突。这些活跃在台湾各地的主要政治组织提出的宗旨,反映了二二八事件中最为普遍的要求,也体现了整个事件的基本政治倾向。台北、花莲、台南地方个别人提出过“台湾独立”、“国际共管”的口号,是极个别的现象,完全不能代表二二八事件的主流方向。

二二八事件初期,由于局面混乱,一时曾出现打外省人的现象。因为“缉私血案”的当事人以及行政长官公署的官员都是从大陆派来的,他们的行为引起台湾群众的愤怒,情急之下喊出打外省人的口号,这是不难理解的。但在运动的进展之中,许多正直的人士,都提出了停止殴打外省人的要求。例如台湾省参议会参议员林日高等组织“服务队”,劝阻不要殴打外省人;台湾民主联盟在告同胞书中指出,外省中下级政府人员和商民“和我们一样同一国民同一汉族同胞”,要求切不要乱打外省人;许多台北市民偷偷地或公开地救护外省同胞,不是出于私谊,而是出于正义。这些都说明一时出现的盲目殴打外省人的现象,是自发的、暂时的现象,绝不是事件的主流。说二二八事件是抵抗外省人的事件,是“反抗中国人压迫的开端”,是缺乏历史根据的。

回顾二二八起义的历史,不是要增加历史的创伤,而是要抚平这一创伤。海峡两岸的中国人要为反对台独,促进祖国统一开创新的局面而努力。

纪念台湾光复六十周年，推动台湾史研究朝着正确的方向努力①

一百一十年前，因《马关条约》的签订，祖国宝岛台湾被割让；六十年前，因中国在抗日战争中的胜利，台湾光复，回归祖国。抗日战争胜利六十周年，加上台湾光复六十周年，这在近代中国历史上，是极具纪念意义的。当然，在台湾的历史上，也是极具历史意义的。

1945 年 10 月 25 日，中国政府委派的台湾省行政长官兼台湾省警备总司令陈仪，在台北公会堂代表中国政府接受了台湾总督兼日军第十方面军司令长官安藤利吉的投降。陈仪代表中国政府正式宣告："自今天起，台湾及澎湖已正式重入中国的版图，所有一切土地、人民、政事皆已置于中国主权之下。"中国政府宣布自即日起，台胞恢复中华民国国籍，并定 10 月 25 日为台湾光复节。

1895 年甲午战争失败，清朝政府被迫将台湾和澎湖列岛割让给日本。这不仅是台湾人民的悲情，更是全中国人民的悲情。《马关条约》规定的辽东半岛虽未割让，却是在俄、德、法三国干涉下，而且清朝政府多付出三千万两白银，才维持了下来，且随即成为日本的势力范围。由于清朝政府的落后与腐败，中国的版图不断受到宰割，中国人民长期生活在悲情中。但是，晚清末期开始，面对日本帝国主义对中国日益加强的侵略和压迫，包括台湾人民在内的全中国人民没有逆来顺受，而是奋起反抗。1895 年 6 月以后，台湾人民的武装抗日斗争延续了数年之久。在武装抗日斗争被台湾的日本殖民当局镇压以后，在日本殖民统治下，台湾人民发起非武装的抗日运动，此起彼伏，撤废

① 本文是2005年8月23日在长沙举办的"纪念台湾光复六十周年暨海峡两岸关系学术研讨会"开幕式上的致词。这次会议是由中国社会科学院台湾史研究中心等单位在湖南长沙举办的。原载《割让与回归——台湾光复六十周年暨海峡两岸关系学术研讨会论文集》，台海出版社，2008 年 8 月版。

“六三法”运动、台湾议会设置请愿运动，以及台湾文化协会、台湾地方自治联盟的活动，都有声有色。在祖国大陆，自五四运动开始，反对日本帝国主义侵略的声浪一浪高过一浪。日本帝国主义发动全面侵华，不仅要巩固它在台湾的地位，而且要吞并整个中国，这就进一步激起了全中国人民的抗日热潮。中华民族为了挽救民族于危亡，组成抗日民族统一战线，中国国民党、中国共产党再次握手，共赴国难。在日本殖民当局高压下，仍有许多台湾人到大陆来参与祖国人民的神圣抗战事业。正是抗战胜利的来之不易，换取了收回失地台湾的重大结果。

中国人民的抗日战争，开创了第二次世界大战以一个国家反击法西斯日本侵略的例子。太平洋战争爆发以后，国际反法西斯战线组成，中国的抗日战争也得到了反法西斯战线各大国的支持。这是中国抗日战争取得全面胜利的国际原因。中国作为第二次世界大战的东方主战场，支持了苏联的对德战争，使它有一个稳定的后方；又支持了美国、英国的太平洋战场，大大减少了日军对他们的压力；又粉碎了日德法西斯打通欧亚的企图，使日德法西斯不能在更大范围内给人类带来苦难。中国抗战对世界和平作出了无人可以替代的伟大贡献。中国在抗战中表现出来的勇气、力量和贡献，赢得了国际力量的同情和支持，在 1943 年 12 月决定战争的最后进程以及战后的安排的开罗会议上，中、美、英三国首脑统一了认识，公布了《开罗宣言》，决定：“我三大盟国此次进行战争之目的，在于制止及惩罚日本侵略”，“将坚持进行为获得日本无条件投降所必要之重大的长期作战。”“三国之宗旨在剥夺日本自 1914 年第一次世界大战开始以后在太平洋所夺得或占领之一切岛屿，在使日本所窃取于中国之领土，例如满洲、台湾、澎湖群岛等，归还中华民国。”中华民国当时在国际上代表中国。收回东北，是 1931 年以来全国人民的心愿；收回台湾、澎湖群岛，是 1895 年以来全国人民的心愿。三大国首脑关于满洲、台湾、澎湖群岛回归中国的决定，正式确定了中国领土主权完整不可分割的国际法原则。

《开罗宣言》的上述决定在 1945 年 7 月的《波茨坦公告》上得到了重申。正是在中国人民和国际反法西斯战线的联合打击下，日本才不得不宣布接受《波茨坦公告》的条款。应当指出，中国政府收回台湾，不是世界上任何人的赐予。它是由台湾是中国领土的一部分这一历史原因决定的。《马关条约》虽然割让台湾，但是1941年12月9日，珍珠港事变发生后，中国政府随即对日本宣战，宣布“所有一切条约、协定、合同，有涉及中日关系者，一律废止。”由此，《马关条约》的台湾割让条文自然也在废止之列。中国在开罗会议和波茨坦会议上要求收回台湾等失地和被占领土，并得到美英等大国的支持，完全符合国际法的要求。我们得到了自己应该得到的东西，并没有通过战争获得额外的东西。国际冷战开始以后，有的不负责任的大国鼓吹“台湾地位未定论”，有的忘恩负义的国家也追随这种谬论。以致于直到今天，还有“台独”势力鼓吹这种谬论，制造所谓《开罗宣言》位阶不够的政治谎言。

回顾这一段历史，是为了说明如下几点：第一，台湾与祖国的历史渊源。这一渊源，有十分久远的历史，虽因殖民主义、帝国主义历次的掠夺，而不能破坏。第二，台湾的苦难，也就是祖国的苦难，台湾光复的光荣，是台湾人民和祖国人民共同奋斗来的。第三，中国人民以自己在第二次世界大战中的牺牲和奋斗，换来了自己应得的国际地位，但是国际上的不正义的力量，却以“台湾地位未定”的谬论回报中国，这是国际政治中最大的不公平。并且在国际间由此引起了至今仍然引人注目的台湾问题。这是我们研究中国近代历史和台湾近代历史的学者们，必须努力去追究的。第四，在纪念中国人民抗日战争胜利六十周年、台湾光复六十周年的时候，我们进一步认识到，所谓“两国论”、所谓“一边一国论”，都是“台独”谬论，是与历史相违背的，是与中国人民的感情相违背的，是与中国的国家利益相违背的。

各位教授，各位嘉宾！我们的会议选在长沙来开，是有意义的。抗战中，长沙会战打得很英勇顽强，衡山举办过游击战训练班，芷江是日本接受无条件投降后，日本驻军向中国方面洽降的地点。在这里讨论台湾历史和海峡两岸关系，回顾往迹，一定会给各位带来新的感受。台湾历史，是中国历史中非常特殊，又非常重要的一部分，中国社会科学院台湾史研究中心愿意与各位一道，在认识台湾历史、研究台湾历史方面，尽自己的努力！

纪念林献堂、蒋渭水，推动台湾历史研究[①]

中国社会科学院台湾史研究中心发起这次学术讨论会，讨论林献堂、蒋渭水——台湾历史人物及其时代，是希望通过历史人物的研究，来认识台湾，探讨台湾历史的发展。这次学术研讨会得到台湾史学术界朋友们热烈响应，出席会议的有二十多位来自台湾的学者，人数之多，是以往在大陆举办的这类学术讨论会很少见的。其中，台湾大学王晓波教授、中央大学赖泽涵教授、“中央研究院”台湾史研究所黄富三教授、“中央研究院”近代史研究所陈慈玉和朱浤源研究员、中国国民党党史馆邵铭煌馆长等资深学者出席，令人感动。应邀出席的还有来自日本的学者，以及来自中国大陆各地的学者。政治大学的傅琪贻教授，因为她的先生、著名的台湾大学许介麟教授生病住院需要照拂，不能与会；“中央研究院”史语所研究员宋光宇先生刚刚开刀出院，也不能来会；外科医生曾健民先生也因为住院，不能来会。我在这里向他们表示慰问，祝他们早日健康痊愈，保重身体，勿以开封会议为念。“国史馆”馆长林满红教授和“国史馆”总纂卓遵宏先生，也因为众所周知的原因，未能与会。我希望，以后时机合适时，再请他们来大陆发表高见。

我们这次会议，与会学者约八十人，提供讨论的文章五十八篇。有这么多学者积极参会，有这么多文章提供与会各位讨论切磋，这是在中国大陆举办的台湾史学术讨论会不多见的。这是海峡两岸关系发生积极变化以来的新气象。可见，海峡两岸关系的改善也有利于学术的交流。我代表这次学术讨论会的组织委员会，向全体与会的朋友们表示衷心的感谢！向海峡两岸关系

① 本文是2008年9月1日在“林献堂、蒋渭水——台湾历史人物及其时代学术讨论会”开幕式上的致辞。这次会议是由中国社会科学院台湾史研究中心、河南大学历史文化学院等单位在河南开封举办的。原载《林献堂、蒋渭水——台湾历史人物及其时代学术讨论会论文集》，台海出版社，2009年版。

的和平发展表示贺忱!

表面上看来杂乱无章的人类社会，在自己的发展过程中，有它自身的运动规律。我们可以在人类社会发展历程中看到，生产力发展状况是社会前进的终极物质力量。在这个前提下，由于人们占有生产资料情况的不同，不同的人们在社会中占有的经济、政治、文化利益也随之不同。随着这种利益差别的扩大，人类社会中就会产生不同的利益集团，不同的党派，代表不同的阶级利益，产生种种社会运动，或者称之为阶级斗争。民族之间的斗争，国家之间的斗争，说到底，也不过如此。一个社会的发展，往往靠利益集团之间的斗争而推动。大多数人的利益决定社会发展的方向。社会的斗争，往往不是人与人之间的斗争，而是阶级、集团之间的斗争。代表某个阶级或者集团利益发言的往往是社会的精英，或者社会贤达。社会的发展，留下了人的活动的轨迹。这个人，既可以是人民群众，也可以是社会精英。因此，人类社会的历史，就是人的活动的历史，在一定意义上说，是社会精英活动的历史。掌握话语权的社会精英，他们的言论在不同的层次上反映了那个时代人民群众的意愿。从社会精英的角度切入历史，探讨历史发展的由来，不失为一次学术讨论会的合适的选择。我们这次讨论主题，就是依据这种认识提出的。

开一个历史题材的讨论会，可以从不同的主题切入。历史事件往往是首选的主题。在有纪念意义的日子召开学术讨论会，也很常见。最近也有以探讨某个十年的社会历史为开会主题的。当然，以某个重要历史人物的生日或忌日为主题来探讨那个历史人物的思想和业绩，也是常见的。我们这次讨论台湾历史的学术会议，不是拿一个历史人物，而是多个历史人物，是拿林献堂和蒋渭水为代表的历史人物，结合历史时代的发展，来探讨台湾的历史。我想这样的主题设计，还是有些新意的。这样的主题，得到了许多学者的支持和响应，就是证明。我们原来设计的出席会议人数为五十人，后来报名人数不断增加，直到限于财力，截止于八十人。也有个别学者认为这样的主题设计不好写文章。其实，这样的顾虑是不必要的，涉及历史人物活动的历史事件也是可以着墨的。

以台湾历史人物作为会议的主题，也是受到台湾现实政治、现实社会生活的启发。在座的中国国民党文传会党史馆馆长邵铭煌先生可以证实，前几年，中国国民党中央党部大楼前，曾高挂早已去世的台湾历史人物蒋渭水、莫那鲁道的大幅画像。这样的画像当然不是简单的装饰，而是在借历史人物的张扬，宣示着一种政治观点、一种历史观点。去年7月，马英九、谢长廷确定为台湾大选参选人以后举办的第一场政治与历史的对话，就是以台湾民众党、以蒋渭水为话题。这就说明，有关的历史人物，对他们的看法，还可能影响到现实的政治及其走向。前不久（8月5日），台湾蓝绿双方都在纪念蒋渭水逝世七十七周年，都在借蒋渭水阐述各自的政治主张。这些说明，林献堂、蒋渭水这样的历史人物，都还活在台湾的现实社会上。这就提示着我们，学术界特别是历史学界，对这些历史人物是否都很清楚了，怎么在学术上阐明这些历史人物的思想和业绩，怎样认识这些历史人物的社会影响和历史影响，都还是值得深入探索的题目。这些就是我们提出探讨这些历史人物的现实的和历史的理由。

各位学者：我们这次学术会议在河南开封举行，会后还要到洛阳、登封一带考察。开封、洛阳都是中国著名的历史古都，是河洛文化的所在地。我们希望各位到这里能够略微领略河洛文化的根深叶茂，看到河南在中国现代化过程中已经发生了翻天覆地的变化。据我所知，河南的高速公路已经超过了四千五百公里，预计要完成六千二百公里，这些高速公路，正承载着河南在中国中部崛起中的高速前进，传递着河南在社会主义现代化建设中的好消息。我相信，各位可以从对河南的观察中，体认到整个中国现代化建设的步伐。

来自台湾的国际奥委会委员、国际拳击总会主席吴经国先生不久前在北京接受记者采访时说："奥运会提供了中华民族一个团结的机会，也给了两岸携手走向和平未来的机会。"我也同样希望，这次在开封举办的台湾史学术讨论会，成为中华民族一个团结的机会，成为两岸学者携手走向和平未来的机会。

朋友们，由于经费所限，报名人数超过了预期，部分较为年轻的学者住不上单间，委屈大家了。好在立秋已过，中原大地正是秋高气爽之际，赏心悦目之时。我希望各位学者，各位朋友在河南寻河洛文化之根，体味历史人物的心中之旅！祝愿各位生活上愉快，在学问探讨上有新的体会！

台湾殖民地史学术讨论会开幕辞①

各位风尘仆仆地来到风景优美的大连市，出席有关台湾历史的学术讨论会，我代表此次学术会议的组织委员会，代表中国社会科学院台湾史研究中心，向各位致以热烈的欢迎之意！我在这里特别要对来自台湾和台湾南部的朋友们说一句话：第8号台风莫拉克8月7日深夜从花莲登陆后，给台湾南部高雄、阿里山一带带来重创，造成人员大量伤亡和农业严重损失，各位受惊了！我们对台湾南部的灾情表示深切的关注，对台湾南部人民表示深切的慰问！

台湾是祖国的宝岛。台湾又处在海峡之东，孤悬海外。进入19世纪以来，台湾经历了特殊的历史进程。台湾的历史，大的背景与祖国大陆相类似，具体的历史进程与祖国大陆有许多不同的地方。近代中国在西方和东方帝国主义侵略下经历了一百一十年的半殖民地半封建社会，经过长达半个多世纪的民主革命，终于在1949年10月走上了社会主义道路。台湾在中日甲午战争失败后被迫割让给日本，经历了长达五十年殖民地时期。1945年10月回归祖国怀抱后，又因国内内战的原因，长期分离。研究历史的学者，尤其是研究近代历史的学者，不论是研究中国历史，还是研究日本历史，甚至研究亚洲史、世界史，都要关注台湾的历史。对中国大陆学者来说，台湾的历史走向，无论是“和平统一，一国两制”，还是坚持“台独”主张，都是我们时刻关注的。

中国社会科学院台湾史研究中心成立以来，深感我们自己对台湾历史研究的水平不够，除了努力提高学术研究水准以外，就是召开学术讨论会，向国内外学术界学习，共同推进对台湾历史的研究，力求提高我们的台湾史学术水平。2004年12月，我们在北京召开了“海峡两岸台湾历史研究现状与未

① 这是2009年8月21日在大连举办的“台湾殖民地史学术讨论会”开幕词。这次会议是中国社会科学院台湾史研究中心主办、大连外国语学院协办的。

来趋势学术研讨会”；2005 年 8 月在湖南长沙召开了“纪念台湾光复六十周年暨两岸关系学术研讨会”；2006 年 8 月在厦门与中华全国台湾同胞联合会、厦门大学台湾研究院、夏潮联合会联合召开了“海峡两岸二二八事件学术讨论会”；2008 年 8 月在开封联合河南大学历史文化学院、北京联合大学台湾研究院、台海出版社、全国台湾同胞联合会联络部召开了“林献堂、蒋渭水——台湾历史人物及其时代学术研讨会”。此次在大连召开的“台湾殖民地史学术讨论会”是我们与大连外国语学院、中华全国台湾同胞联谊会研究室联合主办的。此次会议的主题是：日据时期台湾殖民地社会变迁、经济发展以及日据时期岛内民众反抗日本殖民统治的过程及其历史意义、日据时期台湾总督府殖民地统治政策等。我们希望通过这次学术讨论会，进一步探讨日据时期台湾的社会变化，探讨台湾与日本、台湾与中国大陆的关系，探讨台湾各阶层人民在殖民地时期的生活状况及其思想文化底蕴，深切把握台湾历史发展走向及其发展规律。我深信，这样的学术探讨，对我们深入认识台湾的历史是有好处的。

各位学者：大连与台湾曾经有类似的历史命运。大连在 19 世纪末成为俄国的租借地，1905 年日俄战争后，由于朴茨茅斯条约的签订，转变为日本的租借地，时间长达四十年。日本在大连实际上是按照台湾殖民地的形式经营大连租借地，因此台湾殖民地史是可以与大连在日据时期的历史相比较来研究与探讨的。

感谢各位学者，特别是日本学者、台湾学者光临大连，参与对台湾殖民地历史的研究。我希望各位通过这次讨论会，对台湾殖民地历史会有新的认识。大连在 1945 年 8 月以后完全回到祖国怀抱，1949 年以后与大陆各地一样走上了社会主义道路。六十年来，大连发生了翻天覆地的变化。1975 年我因工作关系，数次来到大连，那时候在大连还可以看到俄国时期、日本时期的某些历史遗迹。我想，各位看到了今天的大连，在有中国特色的社会主义建设路线下，已经完全变成了一个现代化的新城市。会后，与会学者还要对大连和旅顺进行学术考察，我相信各位还将对大连、旅顺地区有新的体认。

观察与思考

访台归来谈李登辉主持的“修宪”①

一

我作为近代史研究所所长，参加以汝信副院长为团长的中国社会科学院代表团，应台湾中流文教基金会会长胡佛教授的邀请，于1997年6月14—22日访问了台湾。代表团成员有院学术交流委员会秘书长姜汉章、世界经济与政治研究所所长谷源洋等。代表团在台期间，访问了“中央研究院”，会见了李远哲院长，并与杨国枢副院长及若干所长举行了座谈；参观了“故宫博物院”，会见了秦孝仪院长；访问了台湾大学、新竹清华大学及工业技术研究院、埔里暨南大学、台北中国文化大学，会见了台大校长陈维昭、清华校长沈君山、工业技术研究院董事长孙震、暨大校长袁颂西、中国文化大学董事长张镜寰及文化大学法学院院长杨建华，了解了各相关院校及研究机构的一般情况，汝信团长表达了加强两岸学术交流尤其是中国社会科学院与各相关院校、研究机构交流学术的愿望。

6月17日，中流文教基金会在台大校友会馆举办午餐演讲会，汝信副院长就中国社会科学院的研究工作作了报告，并回答了提问。各方面著名学者约六十人出席，其中有高育仁、赵耀东、孙震、李云汉、董翔飞、蒋永敬等名流。

代表团还会见了台湾海峡交流基金会秘书长焦仁和。

此次访台，避免了新闻媒体的纠缠，所有参观、交流都是务实的，低调的。

---

① 本文是在1997年7月访台归来撰写的报告基础上改写的，未刊。

二

我们所访问的各研究机构和高等院校，都对加强两岸学术文化交流抱有相当的热情 。“中央研究院”人文社会科学各研究所对两岸交流和召开学术讨论会感兴趣。新竹清华大学沈君山校长、埔里暨南大学袁颂西校长都表示要率团访问中国社会科学院，袁并提议在适当时机合作召开有关传统文化的学术讨论会。中国文化大学法学院及其他有关人文学科系所，因为学科设置与我院相近，对与我院交流更抱有浓厚兴趣。

参观新竹工业技术研究院给我们留下深刻印象。该院董事长孙震（曾任台大校长、“国防部长”）给我们简要介绍了该院成立缘起和发展状况。这个研究院是 1973 年设立的，全称财团法人工业技术研究院，是台湾当局通过立法设立的科技应用服务研究机构，名义上是民间机构。其经费主要来自于“经济部”拨款，以执行“政府”科技研究发展专案计划;部分经费来自于工业界，用以执行合作开发、提供技术服务或契约委托。该院技术研究领域涵括了化工、电子、机械、材料、能源与资源、量测、光电、电脑与通讯、工业安全卫生及宇航工业，共设七个研究所、三个发展中心和一个技术转移公司。该院不负责生产，只从事工业技术的研究开发、引进和推广，知识产权的维护以及资讯服务。全院有约六千人，其中博士、硕士二千九百人，每年有约三分之一的研究人员跳槽到新竹工业园区的生产单位。据介绍，这个研究单位对台湾电子等工业的发展起到了重要的推动作用。这是台湾从事科研成果转化为应用技术的重要研究单位。像这样由政府支持、集中大量人力物力从事科技转化的单位，我们国内似乎尚未建立，台湾在这方面取得的经验，值得我们重视。接待我们的朋友也希望与大陆科技界合作从事技术开放，他们认为这是极有前途的事业。

三

此次赴台，正值台湾出现修宪与反修宪浪潮。14 日晚，“考试院”副院长关中以民主文教基金会董事长名义接风，出席作陪的除胡佛等著名政治学者外，还有邱创焕（“总统府资政”、国民党副主席）、梁肃戎（前“立法院院长”、“总统府资政”、国民党中常委，现任新同盟会会长、和平国际法律事务所律师）、赵耀东（前“经济部长”）、孙震（前台大校长、“国防部长”）等人。席间，主人方面对当前台湾的修宪提出了批评，据悉，已有一百零三名将军、一千名教授分别连署反对修宪。21日晚，立法委员高育仁（前国民党中常委）以中华儿童福利基金会和21世纪基金会董事长名义宴请代表团，出席作陪的有立法委员、新党主席陈癸淼，立法委员施明德（民进党前主席），立法委员、国际政治学博士林郁方以及胡佛等教授。因施明德晚到，主人方面对修宪进行了抨击，施入席后，也表明了他的看法。

访台期间，我们还向台湾宪法学专家胡佛、台大教授周阳山（立法委员）了解台湾的修宪问题。梁肃戎先生专门到我们驻地同我们共进早餐，就修宪问题和台湾政局发表了他的看法。

梁肃戎认为，当前的修宪问题是台湾的一场严重政治斗争。国民党和民进党在修宪问题上基本达成共识，是“独台”与“台独”的一次危险的结合。一百零三名将军和一千名教授的连署，是重要的反对意见，李登辉主持的修宪有可能受挫。梁肃戎认为，李登辉毒辣阴狠，擅长于利用威胁、利诱手段。郝伯村、林洋港、许历农、梁肃戎四人被开除了党籍，免去了“总统府资政”，不仅每月丢掉了二十七万新台币津贴，而且撤销了警卫，人身安全得不到保障。这种做法，对其他的“总统府资政”威胁很大，像李涣、邱创焕等人虽与李登辉意见不同，却不敢有所作为。任命“总统府资政”，从前的规矩，要作过副“总统”、五院院长（行政院、立法院、司法院、考试院、监察院），李登辉打破了这个规矩，为了培植势力，任命了好多个“资政”。李登辉还对“国代”加以利诱，如“国代”通过修宪，每名“国代”每月增发一点五万新台币津贴、配五名秘书。李登辉原计划在6月底通过修宪，在7月2—3日召开世界华人大会宣布修宪结果，完全是为了抵销7月1日大陆收回香港所产生的影响。

关于台湾政局，梁肃戎说，去年林洋港、郝柏村竞选“总统”失败，被李登辉开除党籍。梁当时力主组织国民党非常委员会，宣布开除李登辉党籍，争取新的局面。但林、郝不敢采纳此意，未有任何行动。关于连战，梁认为，他与李登辉不同，实际上是反“台独”的，斗垮李登辉后，连接任，局面可能有所不同。将来连战可与关中相配合。现在新党、新同盟会攻连战，是策略手段，是为了打乱李连配的格局，好让李登辉手足无措，威信扫地。梁认为他对连战还有影响力，有管道直通连战，必要时可以利用。梁还认为，外人不知道，观察台湾政治，重要的不在立法院，而在台湾省议会。台湾省的许多事情，要看台湾省长和省议会怎么决定。现在国民党、民进党要“废省”、“冻省”，必然要引起政治上的反弹。不过，他认为，宋楚瑜品质不够好，比较软弱。梁肃戎今年七十七岁，身体很好，在台湾政局中尚有一定影响，有相当活动能力，被台湾中生代称为“大老”。在反修宪活动中，常与郝伯村、许历农等沟通。关中与他是同乡，对他很尊重，执父执礼。

陈癸淼表示，新党反对修宪立场明确，但在政治上采低调。在“国代”中，新党有四十六票。对这四十六票，新党有明确的党内纪律：对修宪投票只能有一个声音，不准跑票。如果以这四十六票为基础，再从国民党和民进党中拉出一些票，修宪表决时，很难通过三分之二多数。但是，能够拉出多少票，尚无把握，要看反修宪斗争的发展如何。

高育仁在席中请施明德谈谈看法。施明德认为现行宪法有修改的必要，但要以制度为思考方向，不能有私心。他认为，李登辉主持修宪是以法律手段解决政治问题，关键是国民党要释放权力与其他政党共享。因为国民党在立法院只有50.6%的实力，加上个别跑票，可能只有49.4%。以这样的实力单独执政是困难的，必须和其他政党共组政府。而国民党却要取消立法院的阁揆同意权，由“总统”直接任命“行政院长”，这是垄断“行政院长”任命权，表明国民党不肯释放权力。

施明德还认为，我们只有修宪的政治领袖，没有行宪的政治领袖；法律对他有利的时候就遵守，对他不利的时候就修宪。这一观点，台湾宪法学家中反修宪的龙头胡佛教授很赞成。他认为，现行宪法是1947年颁布的，实际上国民党一天也没有行过宪。宪法颁布不久，蒋介石就发布动员戡乱时期临时条款，扩大总统权力，把宪法放在一边；1987年废除临时条款后，又一次接一次修宪，这一次是第四次。胡佛认为，“总统”应该护宪，而不应该修宪。

从施明德的态度看，他的看法与现任民进党主席许信良似乎不完全相同。

四

我们这个代表团中没有专门从事宪法学和政治学研究的学者，对台湾社会中因修宪引起的政治斗争缺乏必要的知识准备。我们听了各种意见，每天注意读报，仍感到对当前台湾的修宪问题，难有准确的把握。对于修宪是否成功及其后果，大致可以看出，学者们的估计比较乐观一点，有的甚至说这次我们可以打倒李登辉了，政客们的估计要谨慎一些。但是都认为台湾社会面临修宪的严重问题，第四次修宪比较前三次更严重，前三次所涉及的是枝节问题，这一次是根本问题，不论成败，都会影响到台湾社会发展的前途。由于民间的反弹力量大，特别由于停止乡镇长选举引起基层反应激烈，可能会影响到有关政党的态度。舆论界一般认为，李登辉按照原设计实现修宪的可能性不大。如果不能按原设计实现修宪，就会打击李登辉的气焰。目前民意调查已经显示，民众对李登辉的信任度已经大大下降。据说，5月的几次反李大游行，动员民众甚多，有人甚至用镭射光在“总统府”墙上打上“认错”二子，还踏上一只脚印。

这一次修宪起因于去年的“总统”选举。李登辉觉得自己在选举中得到了54%的选票，是“中华民国”第一届民选“总统”，有些趾高气扬起来，于是迷恋“扩大”总统权力。连战以副“总统”被李登辉提名为“行政院长”，按照宪法规定，“行政院长”的提名得有立法院副署，即要获得立法院同意。但国民党在立法院的票数不够，立法院和民意都要求连战辞去“行政院长”，这使得李登辉下不来台。于是他在去年发起召开“国家发展会议”，按他的意志，邀请各党派代表和相关学者讨论修宪。国民党和民进党实行暗箱作业，就修宪问题基本达成共识，新党很被动。今年李登辉提出修宪，就是以去年的国发会议的共识为根据。

李登辉提出修宪的借口，是要提升国家竞争力和提高行政效率。修宪的基本诉求：取消立法院的“行政院长”同意权，阁揆由“总统”任命；“总统”有解散国会权；实行双首长制，“总统”主持“国安会议”（所谓“国安会议”是动员戡乱时期临时条款所规定的无限扩大总统权力的临时机构，废止临时条款后，“国安会议”理应取消），主管外交、国家安全、两岸关系，各部会首长都要出席国安会，“行政院长”等于变成了“总统”的幕僚长；改变地方自治，停止两年前修宪时确立的省长、省议会选举制，省长、省议会、县长及乡镇长由选举改为委任。

这次修宪，是李登辉以“总统”身份主持的，“中央日报”称李登辉是主持修宪的总指挥官。修宪要点没有经过国民党中常会内讨论。国民党中常委李焕公开表示，对修宪内容“因事先未过目，所以很难发言”。国民党修宪策划小组某成员公开说：“不能再发言了，才说几句不同意见的话，就被李总统叫去骂”。国民党副主席邱创焕在席间私下表示，修宪是李“总统”决定的，不便于发言。宪法学者认为宪法是根本大法，不容许轻易修改，即使要修改，也不能仅限于政党间作业，要广泛听取专家学者和各阶层民众的意见。现在的修宪只是在国民党、民进党间交换意见，只能被看成是政党间利益交换、私相授受。而根据“总统”意愿组成的“国发会议”及其修宪结论都是于法无据的。

修宪内容，舆论界批评为“休宪”、“毁宪”，破坏了“五权宪法”权责相符、权力制衡的原则，无限扩大“总统”权力是回到从前威权时代（指蒋介石、蒋经国时代），是民主的倒退，是要废除“中华民国”这个“外来政权”。新党对修宪的主张是：保持原宪法中的内阁制精神、维护五权分立的原则、坚持权责相符的宪政原理、维护地方自治、扩大人民权利。

台湾舆论认为修宪是要废除“中华民国”这个“外来政权”，这样的批评，在台湾已经是说到底了。按照我们初步分析，李登辉1995年访美以来，高唱“中华民国在台湾”，与民进党所说“台湾独立”已经没有多少差别了。施明德从前说过，我们已经不需要宣布“台湾独立”了，按李登辉所说“中华民国在台湾”就可以了。这次修宪提出“总统”扩权、变行“政院长”为“总统”幕僚长、“冻省”、改地方行政长官选举为任命，等等，都是从根本大法的角度落实“中华民国在台湾”的理念，是走向“台湾独立”的关键步骤。如果此次修宪成功，未来“中华民国在台湾”的宪法，将是没有台独名义的“独台宪法”。

我们离开台湾前，“国民大会”修宪正进入二读。宋楚瑜在省议会几次答复质询，颇不直“冻省”、“废省”之说，似对李登辉有挑战之意。省议会议员结伴到阳明山陈情，且得到国民党“国代”内祥和会一派的支持。新党主张延期讨论。国民党、民进党还在协调意见。政坛诡异，变数正多。我们面对台湾政局有扑朔迷离之感，同我们谈话的台湾朋友也是各执一词。我们认为，台湾社会因修宪引起的政治斗争，对李登辉这个所谓“民选总统”的政治意图和政治作为，将是一次严重的考验，对台湾社会维护统一、反对“台独”的党派和政治力量是一次重要的锻炼。我们以往认为台湾大学的“台独”力量较大，而这次反修宪斗争，台湾大学，尤其是其政治系教授（以胡佛为首）起到了举足轻重的作用。近期内，台湾修宪动向及其结果，建议有关方面加以严重关注。

关于台湾政治地位的思考与建议①

一、背景

台湾自古以来就是中国的领土。1895年清政府被迫签订《马关条约》，台湾割让给日本长达半个世纪。1941年12月，太平洋战争爆发后，美、英政府对日宣战，中国政府也随即对日宣战，同时宣布中国政府废除此前与日本签订的一切条约，包括有割让台湾条文的《马关条约》在内。正是因为中国政府有这个宣布，有这个明确立场，1943年的《开罗宣言》和1945年的《波茨坦公告》都明确规定了日本占领的包括台湾在内的中国领土，战后必须归还中国。正是根据这两个国际条约，也是根据中国八年抗战以及中国政府对日宣战、宣布废除一切对日条约的精神，1945年10月25日中国军队进入台湾，中国政府代表在台北从日本人手里正式接收了台湾，从此台湾正式回归祖国版图。作为中国的领土，在与祖国大陆暂时分离的情况下，台湾的政治地位问题，海峡两岸各有主张。面对主张台湾独立的台湾民进党人陈水扁当选所谓台湾"总统"的形势，"和平统一、一国两制"紧急提上日程，我们必须给台湾政治地位一个准确定位。这个政治地位包括两方面含义：统一以前台湾的政治地位，统一以后台湾的政治地位。

必须清醒地、明确地认识到，海峡两岸关系与东西德、南北朝鲜的关系截然不同。两德、南北朝鲜是二次大战后国际干涉的产物，是冷战局面形成后最初结果之一。中国的情况虽然也与国际形势有关，但基本上是国内战争的结果；解放战争末期，三大战役行将结束，新华社于1949年3月15日发表题为《中国人民一定要解放台湾》的社论，首次提出"解放台湾"方针，

① 本文是2000年7月撰写的关于台湾政治地位的内部建议，未刊。

指出："中国人民包括台湾人民绝对不能容忍国民党反动派把台湾作为最后挣扎的根据地。中国人民解放军的任务就是解放全中国，直到解放台湾、海南岛和属于中国的最后一寸土地为止。"新中国成立后，曾经为解放台湾进行了大量的准备工作，但不久美帝国主义发动朝鲜战争，派出第七舰队进入台湾海峡，阻碍了人民解放军解放台湾的步伐，解放台湾的计划被迫搁置。美国并于1954年12月2日与蒋介石集团签订了《共同防御条约》，把台湾、澎湖列岛置于美国的"保护伞"下，阻挠中国统一。台湾问题由此更加复杂化，形成了海峡两岸长期对峙的局面。如果没有美国阻碍，人民解放军挥师南下，直捣蒋帮残余势力，克日班师，是自然之理。因此海峡两岸关系的最大特点，迄今为止，原则上、理论上，表现为国内战争尚未结束。这是我们坚持说不放弃使用武力实现祖国统一的基本理由。

1949年4月23日，在与国民党政府的和平谈判失败以后，人民解放军胜利渡过长江，并占领南京，中华民国南京政府作鸟兽散。10月1日，中华人民共和国中央人民政府在北京宣告成立，这是国内战争的最大结果。这个宣告表示，中华人民共和国政府是代表中国的唯一合法政府，中华民国政府已不复存在。这是国内发生革命或战争后掌握主动权的一方通常的做法，符合国际惯例。中华人民共和国政府继承了中华民国政府管理的中国全部领土、人民和财产，包括台、澎、金、马在内，这在法理上，与1912年中华民国继承清朝政府管理的中国全部领土、人民和财产，性质是一样的。这就是说，代表中国行使主权的是中华人民共和国政府。但是由于内战尚未结束，蒋帮残余势力退踞台湾，纠集力量，组织"小朝廷"，继续打出"中华民国"旗号，偏安一隅。中华人民共和国政府虽然合法地代表全中国的主权，但对中国的治理，暂时不及于台湾。但是，自1885年以来，台湾作为中国的一个省的事实没有任何改变。台湾没有独立的主权。对于代表全中国的中华人民共和国政府来说,窃据台湾的"中华民国政府"是伪政府。这是符合中国历史传统的，也是符合国际法的，从国际法的角度说，一个主权国家不能同时存在两个中央政府。中央人民政府宣告成立的同一天，政务院总理兼外交部长周恩来即致函各国，表示愿意与各国建立正规的外交关系，随后得到了当时的社会主义国家以及少数资本主义国家（英国、法国）的承认，但是直到1972年联合国通过2758号决议，台湾当局窃据的“中华民国政府”一直在联合国里占据了应该由新中国政府代表的合法席位。2758号决议通过以后，形势才发生根本变化。尽管如此，直到今天，仍有将近三十个国家承认台湾的“中华民国”，尽管这些国家是非常小的国家，在国际上不具有重要地位，而且由于台湾的金钱外交才得以维持。对于这种形势，我们要承认这是国内战争没有结束，台湾的伪中华民国政府还控制着中国一部分——台湾的治权的反映。从国内战争的角度说，只有大军南下，犁庭扫穴，才能彻底解决这个问题。

二、台湾的变化与诉求

台湾在两蒋统治的时代，顶住国际压力，否定“两个中国”、“一中一台”、“台湾独立”、“台湾地位未定论”，坚持“中华民国”是代表中国的唯一合法政府，否定中华人民共和国政府的存在，表示要以台湾为复兴基地，“反攻大陆”，最终实现“中华民国政府”对全中国的统治。所谓“复兴”云云，不过是梦臆。但是这个“坚持”有两方面的象征意义：一，本着中国历史上“汉贼不两立”的传统，表示“一个中国”的存在；否定中华人民共和国政府，在一切国际组织（包括联合国）内实行“汉贼不两立”政策，有你无我，有我无你。二，表示中国内战没有结束，中国统一没有完成。

这两点象征意义，我们在中国统一没有完成的前提下，肯定它具有一定的积极意义。这个积极意义在于，“中华民国”虽然是伪政府，但它却坚持世界上只有“一个中国”的原则。然而，它也有消极意义，这个消极意义在讨论台湾政治地位的时候，应该提起我们相当注意。这就是，它的“一个中国”是“中华民国”，至今仍吸引了一些国家的承认。虽然全世界的主要国家，联合国的主要成员国，都承认中华人民共和国，但仍有一些国家承认“中华民国”。这种国际现实，客观上肯定了“两个中国”即中华人民共和国和“中华民国”的存在。这为我们处理海峡两岸关系问题带来了困扰。同时，这个“中华民国”，为两蒋以后的台湾统治者所利用，台湾方面坚持1992年海基会与海协会达成“一个中国，各自表述”，就是以“中华民国”的“合法性”存在为根据。这也为两蒋以后的台湾统治者利用“中华民国”旗号在台湾搞实质独立提供了方便。

这个论点，至今未见我们在对台政策上有何宣示。但它是切实存在的，而且为李登辉上台以后直至陈水扁的执政所证明。这个局面拖得越长，对于解决台湾问题越不利。我们可以简单描述一下这个过程。李登辉上台并且稳定了他的统治后，特别从进入90年代以来，逐渐从三个方面实施其“独台”（实质“台独”）路线，以缓慢的步伐，模糊的言辞，用台湾民众所能接受的所谓“民主”形式，偷梁换柱，改变原来国民党政府在大陆时期制定的宪法，以“中华民国在台湾”的形式，达成“两个中国”即“两国论”的目的。

这三个方面是：1. 承认“台独”运动合法。1991年10月13日民进党通过“由台湾全体住民以公民投票方式选择决定建立独立自主的台湾共和国及制订新宪法”的“台独党纲”。1992年5月16日，台“总统府”以“特速件”紧急公布了“立法院”关于依据“刑法”第100条以“内乱罪”惩治“台独”活动的法律条文的修改。这就为“台独”活动解除了禁令，使“台独”活动完全合法化了。2. 从内部机制上（主要以“修宪”的所谓“民主”形式）造成“中华民国在台湾”的局面（通过所谓承认中华人民共和国统治大陆地区，中华民国的治权不及于大陆以及“精省”等手段）。3. 为加入联合国造势，在国际上造成“两个中国”的局面。

这里从第二方面作点说明。进入90年代以来，李登辉在台湾内部机制上下了很大工夫，力图走出国共内战的阴影，在台湾内部民意上造成在台湾的“中华民国”是独立主权国家的意向，在国际上造成“中华民国在台湾”是主权国家的形象。在国际诉求上进展不大（但在国际斗争空间上造成了某种气氛，对我形成了心理压力），在培养台湾民众的独立意识上取得相当成功。即使是统派，除了少数外，大多由于以往国民党在台湾实行彻底的反共教育，也都有着台湾是主权独立国家的意识。

1990年3月李登辉正式当选“总统”，6月召开“国是会议”，“国是会议”期间，就有“台湾主权属于台湾人民”[①]的议论；10月成立“国家统一委员会”，次年2月发表《国家统一纲领》。纲领提出的统一原则之四说：“中国的统一，

① 邵宗海：《两岸谈判中“一个中国”原则之探讨》，香港海峡两岸关系研究中心，1999年，第4页。

其时机与方式，首应尊重台湾地区人民的权益并维护其安全与福祉，在理性、和平、对等、互惠的原则下，分阶段逐步达成”，其进程交流目标提出“在交流中不危及对方的安全与安定，在互惠中不否定对方为政治实体”，“两岸应摒除敌对状态，并在一个中国的原则下，以和平方式解决一切争端，在国际间互相尊重，互不排斥”[①]，这个纲领对外阳示国家统一目标，实则为往后的两岸政策走向“两国论”埋下了钉子。1991年4月，经李登辉提出，伪“第一届国民代表大会第二次临时会”决议废止动员戡乱时期临时条款，5月1日李登辉宣布了命令，并发表谈话：“随着动员戡乱时期的宣告终止，我们已再度明确宣示，不以武力作为谋求国家统一的手段。我们深盼大陆当局也能以国家利益与人民幸福为重，拿出诚意，做出正式而具体的行动回应。我们也企盼今后两岸都能本着和平、理性、对等、互惠的原则，营造良性互动的环境。共同为重建一个民主、自由、均富、统一的中国而努力，共同为中华民族开创一个新的时代而做出贡献。”[②]同日，李登辉在答记者问中还说：“大陆地区现在为中共所控制，这是我们应该面对的事实。在《国家统一纲领》中，我们曾明白指出，在一个中国的原则下，海峡两岸应在交流互惠中，不否定对方为政治实体，故我们今后将视中共为控制大陆地区的政治实体，我们称他为大陆当局或中共当局。……如果中共政权不放弃在台海使用武力，不放弃在国际间继续孤立我们，则我们只能认定它为具有敌意的政治实体。”[③]1994年7月，台湾“行政院大陆委员会”发表《台海两岸关系说明书》，提出“一个中国，两个政治实体”的架构，提出双方“在国际间为并存之两个国际法人”的概念，表示“‘中华民国政府’不再在国际上与中共竞争‘中国代表权,’”。随后，便是“重返联合国”的大肆鼓噪与实际运作。

1991年台湾的“修宪”并宣布废止“动员戡乱临时条款”，是台湾当局和李登辉非常重要的一着，可惜当时没有引起我们的足够注意。关于废止“动员戡乱临时条款”，新华社自香港有一个很低调的客观报道。在中国现状下，一个丧失了执政法统的非法的“中华民国政府”宣布废止它在中国执政期间

---

① 引自石之瑜著《两岸关系概论》附录，台北，扬智文化事业发展有限公司，1998年，第294—295页。
② 《李“总统”宣告动员戡乱时期终止》，《中央日报》，1991年5月1日，第一版。
③ 李登辉答中外记者问，《中央日报》，1991年5月1日，第二版。

成立的所谓动员戡乱条款，已没有法律效力，但是它能够混淆视听，在宣传上占了优势。当时的台湾“大陆委员会”主任委员黄昆辉在1993年7月发布《大陆政策与两岸关系》，说：“过去，我们强调‘汉贼不两立’，现在让了一大步，不否定对方为控制大陆的政治实体”①，就是这种混淆视听宣传的发挥。这种所谓让步，是一个橄榄枝，一种诱惑，表面上看是善意，实际上蕴藏着巨大的阴谋——两岸关系的疏离。

这种借“修宪”为幌子，打着民主化的旗号，改变台湾内部政治生态的把戏，1999年7月李登辉在对德国记者鼓吹“两国论”时说得很清楚。他说：“我国并在1991年的修宪、增修条文第十条（现在为第十一条）将宪法的地域效力限缩在台湾，并承认中华人民共和国在大陆统治权的合法性；增修条文第一、四条明定立法院与国民大会民意机关成员仅从台湾人民中选出，1992年的宪改更进一步于增修条文第二条规定“总统”、副“总统”有台湾人民直接选举，使所建构出来的国家机关只代表台湾人民，国家权力统治的正当性也只来自台湾人民的授权，与中国大陆人民完全无关。1991年修宪以来，已将两岸关系定位在国家与国家，至少是特殊的国与国关系，而非一合法政府、一叛乱团体，或一中央政府、一地方政府的‘一个中国’的内部关系。”②其目的是要摆脱内战阴影，造成台湾实质独立的内部和外部形象，以最大限度保有将来与我方谈判的政治砝码。通过玩弄“修宪”把戏，制造所谓主流派、非主流派矛盾，形成统独争议、省籍冲突，“冻省”到“本土化”，在台湾政治地位问题上，台湾当局经历了从“国统纲领”的“一个中国”，逐步演变为“一国两区”、“一国两府”、“阶段性两个中国”、“两个对等的政治实体”、“两个国际法人”、“一个分裂的中国”、“中华民国在台湾”③——两个中国的变化。这个变化是逐步的，但是轨迹鲜明。台湾当局追求的理想状态是“中华民国在台湾”，在谈判中争取“一国两府”，其底线是“对等的政治实体”。关于这一

① 黄昆辉：《大陆政策与两岸关系》，“行政院大陆委员会”，“中华民国八十二年十月”，第5页。

② “中央社”，台北1999年7月9日电。

③ 1995年李登辉在美国康奈尔大学演讲，正式形成“中华民国在台湾”概念。后来李登会明确说：“中华民国与中华人民共和国在1949年以后，是同时存在的。”这便是“两国论”。见李登辉对访台美国议员的谈话，2000年1月18日《中国时报》报道。

点，李登辉指出过：两岸对等是基本原则。[①] 连战多次强调，“特殊国与国关系”基本精神是对等原则，[②]“对等”是整个两岸关系的核心。[③]

已有台湾政治学者指出了李登辉的“宪政改革”就是分离主义。台湾大学政治系教授石之瑜认为，1991年以来李登辉主持的四次修宪，说明当前“宪法”在本质上已与过去的“宪法”迥异。这四个方面是：“首先，总统由调和五院的角色，转而成为行政、司法、考试、监察四院的人事主导角色，并主持国家安全的大政方针；其次，国民大会权限削弱，总统的产生由台湾地区人民直接选举，排除中华民国元首代表大陆人民的法理机制；再其次，五权相维的设计在监察院大幅削弱之后，自难再以五权宪法相称；此外，动员戡乱体制的终止，说明了两岸之间不再是相互取代的法律定位，无异正式片面宣告内战的结束；最后，台湾省政府虚级化使得中央政府之下犹如无省，在行政体制上将大陆各省由中华民国有效版图中默示排除。”[④] 这些做法，李登辉是处心积虑的，是有目的的，那就是“让台湾摆脱中国内战的包袱，以能在共产党建立的中华人民共和国范围之外，为中华民国找寻新的国家定位。”[⑤]

台湾地区领导人在台湾内部机制上的这些运作，多年来淡化了台湾地区人民对“一个中国”的认识，逐步形成了以为台湾现存秩序就是“中华民国在台湾”的错误认识。这些我们可以从今年台湾地区的选举中看得很清楚。陈水扁的基本口号：“台湾是一个主权独立的国家，依目前宪法称为中华民国；台湾不是中华人民共和国的一部分；台湾与中华人民共和国，是两个互不隶属、互不统治、互不管辖的国家；在不影响主权独立与国家利益的前提下，给予相近的文化与血统根源，台湾与中华人民共和国之间的关系，应比一般国家之间的关系更为特殊、更为密切；两国特殊关系的走向，以及任何改变现状的决定应经台湾人民同意。”[⑥] 国民党“总统”参选人连战提出的大陆政策是：

---

① 见李登辉对访台美国议员的谈话，2000年1月18日《中国时报》报道。

② 连战接受日本NHK电视台采访谈话，“中央社”，台北2000年2月11日电。

③ 连战接受《华盛顿邮报》记者专访，“中央社”，台北2000年2月12日电。

④ 石之瑜：《两岸关系概论》，第224页。

⑤ 李登辉：《经营大台湾》，转引自石之瑜：《两岸关系概论》，第224页。

⑥ 民主进步党“总统”参选人陈水扁发表《跨世纪中国政策白皮书》，“中央社”，台北1999年11月15日电。

“李主席7月9日有关‘特殊的国与国关系’谈话，是务实的自我定位，既符合两岸的政治现状，也符合双方分治、互不隶属的法律现实。”[①] 独立“总统”参选人宋楚瑜说：“我们认为两岸定位应建立在下列三点认知上：1、中华民国自1912年创建以来，始终就是一个主权独立国家，至1949年中共建政之后，双方即为一种特殊关系，互不隶属。这种关系即是‘相对主权’。2、两岸关系事实上绝对不是国内关系，同时从国际社会的观点来看，这也不是100%国与国的国际关系，而应属于一种‘准国际关系’。3、两岸正确的政治定位应是‘相对主权的准国际关系’。”[②] 从三党的政治目标看，三党关于台湾的政治定位有相互接近的趋势。香港研究两岸关系的学者指出这是国民党的“民进党化”，在一定意义上也是民进党的“国民党化”。[③] 这三派参选人虽然相互攻讦，但我们实在看不出来这三派参选人关于台湾政治定位的区别何在。3月18日投票结果，陈水扁得票497.7万，占选民39.3%；宋楚瑜得票466.4万，占选民36.83%；连战得票292.5万，占选民23.1%；这就是说占选民总数的99.23%投了他们的票。[④] 主张“一个中国”的独立参选人许信良和新党参选人李敖共得票9.6万张，只占选民总数的0.75%。这个事实说明，在三派主要参选人中，不管哪派当选，有99%的选民拥护“中华民国在台湾”。虽然1546万选民不是台湾居民的全部，但投票率高达82.69%[⑤]，还是很说明问题的。

鉴于台湾在半个世纪以来在“中华民国”旗号下进行的彻底的反共教育；鉴于最近十年来台湾在国民党以及李登辉的主宰下，通过“修宪”等一系列动作，养成了台湾一般人民以偏安台湾为正常、以保存台湾现存秩序即“中华民国在台湾”为满足的心理；鉴于美国政府虽然不支持台湾独立，但也不支持我方武力解决台湾问题的既定国策；鉴于我方确定在“和平统一、一国两制”的原则下不承诺放弃武力的决心，我们判断，台湾不管哪一党在台上，“中华民国在台湾”的局面将要长期维持下去，以“台湾共和国”名义的“台湾独立”，一般不会出现。但是一种情况需要除外，即在种种国际国内条件作用下，

① 连战正式提出的“大陆政策主张”，“中央社”，台北2000年2月17日电。

② 宋楚瑜的大陆政策纲领摘要，《台湾日报》2000年1月6日报道。

③ 王家英、孙同文著：《从台湾政治到两岸关系》，香港海峡两岸关系研究中心，1999年7月，第232页。

④ 见2000年3月19日联合新闻网关于大选开票速报。

⑤ 见2000年3月19日联合新闻网报道：《变天陈水扁当选国民党下野》。

中国大陆政局动荡、经济发生波折，引起自顾不暇时，在外力支持下有出现“台湾独立”的可能性。在这种情况下，“台湾独立”在短期内得到美、日等主要大国迅速承认，而我方在一个月内不能采取断然行动，后果将是我们不愿看到的。在大多数情况下，这大概不会出现。因此一般来说，台湾自我的政治定位，将会是定格在“中华民国在台湾”上。它在谈判中守住的底线是对等政治实体，而能够保证对等政治实体的就是“中华民国”名号。陈水扁当选后，有关于“邦联”、“联邦”[①]的种种议论，其立论依据都是“对等政治实体”和“中华民国在台湾”。

三、解决台湾问题的几种可能性

一、我们认为，除了外国干涉我们一定要动武以外，我方还需要明确宣布，只要陈水扁或其他台湾领导人不宣布“台湾独立”、不搞“两国论”入宪、不搞台湾地位问题的所谓公民投票，我们就不动武。我们要强调，海峡两岸关系的基本特点仍然处在内战尚未结束的状态，台湾方面的“修宪”只是台湾地方的法律行为，不能代表全国人民的意志，是我们不能承认的；单方面废止动员戡乱条款对我方没有任何约束力。祖国统一问题不能无限期拖下去。

二、我们要在继续增强国防实力和高度武力威慑的条件下，积极寻求与台湾方面政治对话的机会。只有兵临城下，逼和，和平才能实现。我们要建立一种机制，在任何条件下，我方可以出动武力解决台湾问题，以避免上述特殊情况的出现。

结束国内战争局面，无非是两种手段:战争解决问题，或者和平解决问题。解放战争后期，天津是战争方式，北平、湖南、新疆等地是和平方式。国内战争中，所谓和平方式，也是屯兵城下的结果。未有武力不到而有和平的。解决台湾问题，基本上也是战争和和平两种手段。1979年人大通过《告台湾人民书》以前，主要考虑是战争手段，间或也曾考虑过和平手段;1979年以后，从国内、国际多种情势考虑，主要是从集中精力发展经济、增强综合国力考虑，

① 据台湾《中华日报》2000年4月22日报道，连战、孙运璇、陈水扁都谈到“邦联”;《联合报》5月15日报道下台的李登辉也谈到“邦联”。

中央决策以“和平统一、一国两制”,不承诺放弃使用武力的方式解决台湾问题。这个方针已经在香港、澳门实现，证明是行之有效的。即使用和平方式，也要以必要的、足以发生实际效力的武力威慑为前提，这是与解决国家与国家间的关系不完全相同的。这一点,考察历史与现实,举世皆同。从这一点考虑,国家应该加大军费投入，切实加强对台军事威慑力量，否则和平统一是难有保障的。武力统一和和平统一是解决台湾问题的两个基本选择，舍此没有第三种办法。1979年提出“和平统一”基本上是一种策略主张，这是由当时国内国际形势决定的。如果把“和平统一”理解为一种国策，那就排除了武力统一的可能性。在我们综合国力有较大增长的条件下，在国内基本稳定的情况下，在国际局势缓和（主要是中美关系稳定发展或者国际情势发生不利于美国的变化、或者美国国内遇到麻烦的时候）之时，我们要考虑用和平方式解决台湾问题。为此，要做好两种手段适时转换的足够思想准备和物质准备。当然国内可能有不同意见，局部地区可能要受到损失，经济建设的步伐可能要减慢，这些情况要有充分估计和对策。邓小平过去也说过，如果遇到这种情况，我们要横下一条心，打了仗再建设。

如果形势的发展，最终不得不以战争解决台湾问题，其中如何设计，不在这个建议范围之内,本文不加讨论。这里只是指出一点:为了收复台湾人心,恢复并促进台湾经济发展，塑造国际形象，建议战争结束以后，治理台湾仍然以“一国两制”方式，那时候，台湾仍可以特别行政区名义，保留原有的社会经济制度，但是否仍要保留台湾军队，似可另加考虑。

三、要充分估计到逼和成功的可能性。在国际国内多种因素作用下，台湾地区领导人愿意坐到谈判桌旁来,政治谈判将是十分艰苦的。在这种情况下,统一前,要求台湾暂不放弃“中华民国”名号;统一后,一定要打掉“中华民国”名号。

统一前，“中华民国”名号，对我们有弊有利。弊在于为“两个中国”提供了根据，利在于为我们武力解决提供了根据。“中华民国”在两蒋时代，对我实行“汉贼不两立”,是坚持“一个中国”原则;在李登辉以及后李登辉时代,则是“两国论”提出的根据和台湾实质独立的标志。但是只要有“中华民国”名号，我们就可以本着内战遗留问题加以解决。如果改变“中华民国”名号,采用“台湾共和国”名号，我们因应不及时，或者我们无力因应，就可能造成金瓯不全的遗憾。

要维护祖国统一，台湾要放弃“中华民国”名号，应是我们谈判的底线。台湾肯定要坚持“中华民国”，我们要明确指出，坚持“中华民国”就是坚持“两个中国”，这里没有讨价还价的余地。以“一个中国”的原则来说，台湾和大陆都是中国的组成部分，中国的主体在大陆，大陆人口是台湾的五十四倍，面积是台湾的两百七十四倍，目前大陆外汇存底一千五百亿，远远超过台湾，综合国力是台湾不能比拟的。是撤销中华人民共和国现实、合理呢？还是撤销“中华民国”现实、合理？

为了促进和平统一，我方可以让一大步：同意同时撤销中华人民共和国国号和“中华民国”名号，经双方协商另立新的国号。但是形式的改变不能代替实质，大陆是中国的主体，社会主义制度是中国的主体，中央政府只能设在大陆，这是不能变更的。

我们也可以考虑实行“一国两区”。一国是中华人民共和国，或是经双方协商同意的另一新国名，“中华民国”排除在外，两个地区，指的是大陆地区、台湾地区。这个方案可以基本满足我方“一国两制”的规定，也可以基本满足台湾对对等政治实体的要求。大陆地区、台湾地区，在形式上是对等的。

为了祖国统一，我们让步的最大限度，可以考虑“联邦制”，而不考虑“邦联制”。在“联邦制”内，台湾要放弃“中华民国”名号，而采用台湾特别行政区或台湾特别自治区名义。考虑到台湾不满意与香港、澳门的特别行政区地位相比拟，故采用台湾特别自治区名义较有新意。目前国内实行省、自治区、特别行政区三种治理形式，再加一个特别自治区，对于台湾可能有意义，可以满足其高度自治和对等地位的要求。我们实行联邦制，当然是中央政府主导下的联邦制，与美国类似。俄国是若干共和国的联合，这与我国历史传统有太大的区别。美国是五十个州的联合，与我国历史传统有相近之处。固然，我国历史上没有联邦的传统，但是在新的历史条件下，两岸谈判总要有一些让步。当然所谓联邦，绝对不是中华人民共和国与“中华民国”的联合。如果组成联邦，或者是中华人民共和国为国名，或者是经两岸协商另立新国名。邓小平过去也说过，“一国两制”带有联邦制意义，但我们不用联邦名义。

不用联邦制名义能够解决统一问题固然很好，但是从和平统一的角度说，能够说服对方同意的统一办法，联邦制可能更现实一些。如果这一步我们不让，祖国统一的愿望就更要遥远，而且变数更多。利弊权衡，需要我们仔细斟酌。

2000 年 7 月 12 日

赴台出席“第四届孙中山与现代中国学术研讨会”情况[①]

我们应台湾国父纪念馆邀请，于2001年1月8日赴台出席第四届孙中山与现代中国学术研讨会，1月15日离台，前后一个星期。近年来，为了抵制“台独”，弘扬孙中山思想和业绩，台湾国父纪念馆每年1月召开孙中山与现代中国研讨会。每次会议都邀请大陆学者与会，每次会议，本所都有学者参加。由于“台独”泛滥，孙中山研究在台湾已不受重视，许多大学的三民主义研究所都改了名。为了支持台湾的孙中山思想研究，本所此次派出张海鹏与李嘉谷同志与会。

这次会议由国父纪念馆主办，“教育部”指导。会议在国父纪念馆中山堂举行，出席学者六十多人，大陆与会学者十三人，十一人提供了论文，还有四位日本学者和一位德国学者与会。会议还邀请了大陆各地、香港和新加坡有关孙中山纪念馆的负责人出席。开幕典礼由“教育部”次长吕木琳致词，“考试院”院长许水德作为嘉宾致词。会议安排张海鹏作为嘉宾致词，张海鹏代表大陆学者对会议的召开表示了祝贺，对在台湾研讨孙中山思想表示支持。会议依据论文内容分为思想组、历史组、时代组，三天内共进行了十场讨论。张海鹏被安排为第六场主持人，其他各场主持人均为台湾学者。张海鹏在会上宣读了论文《五十年来中国大陆对孙中山的纪念与评价》，李嘉谷宣读了《苏俄早期对华政策与孙中山的联俄之路》，受到欢迎。会议邀请台北大学校长李建兴博士发表了《孙中山思想与我国近百年来之社会变迁》的主题演说。李建兴说，台湾与大陆“对孙中山思想的尊崇，则无二致。大陆称孙中山位伟大的爱国者和民主革命的先行者，毛泽东曾言：中国共产党人是孙中山革命

① 本文是2001年2月以张海鹏和李嘉谷名义写的访台报告。

三民主义最忠实、最彻底的实践者。江泽民亦云：中国共产党一向都是孙中山革命事业的坚定支持者、合作者和继承者。同时台湾人民对国父孙中山先生与其思想的信念与实践，则始终如一。”他还说，大陆“要以和平统一、一国两制的构想，完成祖国统一。台湾内部则统、独争论不休。孙中山的民族主义主张五族共和、济弱扶倾、世界大同，对两岸和平是否有些启示？”大体上，台湾学者的论文，虽然不无反共内容，但是是主张国家统一的，是反对台独的。有些台湾学者在会上明确地宣布反对台独立场，批评台湾一些大学将三民主义研究所改名的现象，批评与会台湾学者不积极，批评教授们不把研究孙中山的博士生、硕士生叫来会上听讲。

会上还听到一些有关两岸关系的说法。一位来自台湾的论文评论人说，他父亲是浙江人，看见电视中出现陈水扁台独言论即关机，但他母亲是台湾人，却为台独捐款，他夹在中间，只好采取模糊态度。这可能是一种实际情况。还听人说，大陆关于淮海战役的电影在台北放映，一些年轻人看后说，这是中国人打中国人，我是台湾人，与我无关。这也可能是一种现象。台北大学校长李建兴说，“现时台湾人绝大多数不愿与大陆统一，原因很多，其中台湾人民担心统一之后，富裕的生活水平会大幅倒退；其次台湾人民更担心已享有充分自由与民主的生活方式，两岸仍有严重的差距，将无法获得保障。”这是台湾不同层次的人对两岸关系的态度。值得我们今后在对台工作中注意。

1月9日至11日开了三天会。12日至13日，国父纪念馆组织大陆学者去花莲参观。张海鹏利用12日是星期五的机会，去台北“国史馆”查阅前行政院赔偿委员会有关抗战损失的调查档案，稍有收获。13至14日两天，我们与“中央研究院”近代史研究所和政治大学历史研究所的朋友们见面。张海鹏还与新党立法委员周阳山、新党发言人李炳南和新党活跃分子瞿兆祥等见面。

2001年2月5日

认识加强台湾史研究的必要性和紧迫性[①]

中国社会科学院台湾史研究中心代表团一行七人在团长张海鹏的率领下，于2003年2月10日至16日访问了台湾。这次访问是在十六大召开后不久，海峡两岸都对十六大提出的发展两岸关系的精神十分关注的背景下进行的。因此，代表团在访问之前，认真学习了十六大报告中江泽民同志关于“坚持一个中国原则，全面发展两岸关系，推进祖国和平统一”的对台工作论述，做了充分的准备。鉴于代表团的多数成员是首次访台，副院长、中国社会科学院台湾史研究中心理事长朱佳木同志和早在去年12月就组织团员们参加了国台办副主任王在希介绍十六大对台工作精神的报告会，帮助大家全面、正确地认识两岸关系的基本格局和发展趋势，了解今后一个时期对台工作的指导思想和工作重点。台湾史研究中心主任张海鹏同志还先后两次开会介绍台湾的情况。代表团成员行前作了切实准备。

代表团在台湾的工作日实际为整五天，台湾的接待单位欧亚基金会将日程安排得非常紧凑。在台北期间，代表团首先访问了“中央研究院”台湾史研究所筹备处，在筹备处主任刘翠溶“院士”的陪同下参观了图书馆。在座谈会上，双方学者相互介绍了台湾史研究的现状、史料的整理和利用以及研究人才的聚集情况。通过座谈发现，双方在人才聚集上面临同样的困难，在研究的侧重点上不完全相同。台史所的学者注重做专题研究和“精细研究”。所谓学院派的研究做得既精又小，但缺乏宏观的角度，对重大问题关注不够。我们强调要做专题研究，同时也应重视综合研究和对历史发展的宏观把握。

① 本文是2003年4月与汪婉合写的中国社会科学院台湾史研究中心代表团访台报告。这个报告提出了加强台湾史研究的必要性和紧迫性。报告中的部分内容，经过提炼写成《应大力加强台湾史研究》刊载于2003年5月18日《中国社会科学院要报》第37期（总2581期）。

目前在中国大陆还缺少一部高水平的台湾通史，这是我们今后的一项主要研究工作。台史所的学者似乎志不在此。在“中央研究院”还访问了近代史研究所，所长陈永发和该所图书馆、档案馆负责人介绍了该所研究现状及相关史料的馆藏情况，并陪同参观了图书馆、档案馆。

代表团还参观了国民党党部大楼、国民党中常会会议厅以及国民党党史馆并与有关学者举行了座谈。座谈会由国民党中央政策委员会副执行长兼大陆事务部主任张荣恭主持，台湾师范大学文学院院长吴文星、中央大学文学院院长赖泽涵、政治大学历史系主任薛化元和政治大学历史系副教授刘维开以及党史馆主任邵铭煌等学者出席会议。吴文星全面介绍了台湾的台湾史研究状况，指出近十年来台湾史研究越来越受到重视，1994年台湾“教育部”公布新大学法，调整了课程，在中国史、世界史以外增加了台湾史，加强了师资力量。据统计，最近十年各大学有关史学的硕士、博士论文中，有70%的论文研究台湾史。台湾史研究的人才迅速增加。台湾的十四所历史研究所中都有台湾史研究。可以说，台湾史研究目前在台湾已形成趋势。其研究内容以社会史、经济史为主，特色表现为课题的多样化；以台湾为主体的研究；坚持实证研究的态度等等。吴院长还提出不仅仅满足于重建历史图像，在实证研究的基础上，要加强比较研究、大历史的研究；要充分利用日文资料，利用日据时代的三大档案群，开拓日据时代的台湾史研究，加强台湾、日本、大陆三方面的合作研究等等。

在台北期间还参观了“中央研究院”台史所和近代史所图书馆、中央图书馆台湾分馆，了解了有关史料的收藏情况。台湾分馆藏有日据时期台湾总督府图书馆收藏的图书，非常宝贵，是研究日据时期台湾历史很重要的资料，据介绍，日本学者也常到此处阅读、研究。此外，代表团成员还参观了台北的“故宫博物院”，参观了在那里举办的反映台独立场的“福尔摩沙——17世纪的台湾、荷兰与东亚”展。

在台中访问了中兴大学历史系并与该系教授们举行了座谈。中兴大学历史系是台湾研究台湾史力量比较集中的地方，且注意台湾乡镇的实地调查与研究；文学院院长黄秀政长期从事台湾历史研究，正在主编一套反映台湾历史的丛书；历史系主任孙若怡希望加强两岸学术和人才交流，表示中兴大学历史系愿意推动大陆台湾史学者到中兴大学进行客座研究，还提出互派研究生联合培养人才的问题。在台中的另一项重要活动是参观了台湾文献馆。该馆存放了大量日据时期台湾总督府档案，是研究日据时期台湾历史必须查阅的档案资料。该馆原属台湾省管辖，称台湾文献会，李登辉“精省”后，台湾省政府撤销，台湾文献会改称台湾文献馆，归属于台北的“国史馆”管辖。

虽然中国社会科学院台湾史研究中心访台团是学术代表团，以学术考察为主，但台湾接待方面在欧亚基金会会议室就十六大以后的两岸关系问题安排了与台湾各界人士的座谈会。座谈会是关门的，对外不做报道。欧亚基金会董事长张京育（原政治大学校长、陆委会主任委员）主持了座谈会。我方由张海鹏、陈孔立（厦门大学台湾研究所教授）作了引言发言，对方由欧亚基金会副执行长董立文和杨开煌教授作了引言发言。民进党中国事务部主任陈忠信和国民党“立法委员”洪秀柱也发了言。代表团还利用午餐、晚餐的时间，与国民党、亲民党、民进党等各方面人士和学者见面，就两岸关系和台湾局势交换了意见。有关情况另报。总的来说，此次访问台湾达到了预期的目的，对台湾的现状和历史都加深了了解，特别是对史料的馆藏情况有了初步的掌握，与“中央研究院”、和各大学的著名学者进行了交流，为今后开展台湾史研究打下了基础。

通过此次赴台考察，更加感到台湾史研究的重要性和迫切性，在台湾史研究上要有所前进，任务是艰巨的。

就其重要性而言，台湾是祖国神圣领土不可分割的一部分，国家统一是21世纪初面对的三大任务之一。由于长期分离，两岸历史走过了不同的发展道路。在两岸经济、文化交流持续发展的今天，加强对台湾的了解和研究日趋重要。我们不仅要研究台湾的现状，而且要研究台湾的历史。研究历史是正确把握现状的基础。从李登辉主政到民进党执政，台湾史研究在台湾日益受到重视，这不是自然发展的结果，而是当局提倡、推动的结果，带有明显的政治意图，台湾学者不隐讳这一点。在两蒋时代，台湾史研究在台湾被称为“险学”，无人问津。如今研究台湾史已形成趋势，而且由于“台独”意识形态的推动，“险学”变成了“显学”。据我们观察，尽管“中央研究院”台湾史研究所筹备处的前景如何，尚需判断，但强调台湾主体性的台湾历史研究，在台湾各高等院校和科研院所已成气候。据了解，台湾大学新设置了台湾文学系，与中文系并立，虽遭统派学者反对，仍无济于事。强调台湾主体性的台湾历史研究，正是“两国论”、“一边一国”、“台湾是一个独立的国家”在历史观和文化观上的反应，是“文化台独”走向深入的明显表现。如果注意到历史教科书的改变、中小学语言政策的改变、公共教育系统（如“故宫博物院”）有关台湾历史展出的倾向，“台独”意识形态已深入到民间。我们应当密切关注这些动向，充分认识在大陆开展台湾史研究的重要性。

就其迫切性而言，在台湾和日本，台湾史的研究已有较多积累。但由于研究的出发点不同，在史料的取舍、分析的角度、史实的评价、结论与观点等方面，都必须重新探讨和分析。台湾学术界多注意社会史、经济史的探讨，对于政治史和思想史的研究则相对薄弱。当然还有许多研究空白和尚未触及的领域。例如，日据时期的台湾历史就是一个有待于今后加强研究的领域。另外，通过考察发现，台湾的台湾史研究有两个显著特点：一是学院派强调学术的纯粹性，拘泥于专题研究和“精细”研究，缺乏宏观的角度，对重大问题关注不够。另一种台湾史研究被台独势力所利用，带有明显的政治倾向。上述情况都说明在大陆进行台湾史研究的必要性和迫切性。我们应当做有针对性的研究，既要做专题研究，同时也应重视综合研究。目前，在中国大陆还缺少一部高水平的台湾通史，以阐明我们对台湾历史的全面看法。我们应当尽快聚集人才，搜罗资料，努力以赴。

就其艰巨性而言，通过此次赴台考察，对台湾主要图书馆、文献馆的史料情况、“中央研究院”相关研究所及主要大学的馆藏情况有了初步的了解，对其丰富的馆藏和庞大的史料感到震惊。例如，《总督府档案》是研究日据时期的台湾史必不可少的史料。而这批珍贵而庞大的史料唯有在台湾而且精通日文方能利用。日据时期政府公报以及各类公私报刊，也大多藏于台湾。以上资料少量收藏于日本。研究1949年以后台湾历史和国民党史，基本档案史料藏于国民党党史馆和“国史馆”（所谓“总统府机密档案”也归属“国史馆”）。这就是说，仅依靠大陆现有资料收藏，是难以开展深入的台湾历史研究的，这也就是大陆内地研究台湾史学者甚少、重要著作更少的基本原因。

此次赴台考察，一个最大的感受就是：台湾史研究是学术研究又不单纯是学术研究。基于台湾史研究的重要性，以及大陆的台湾史研究起步晚、研究成果少、人才奇缺的现状，我们认为台湾史是中国历史学领域最为薄弱的一个学科。开展台湾历史研究又是国家统一事业中认识台湾、了解台湾重要一环，非寻常学术研究可比。国家应该对此项研究事业给予积极扶持，在人才聚集、事业经费（主要用于购买图书资料和派研究人员去台湾、日本搜集档案史料）方面给予适当倾斜。我们建议，中央台办、国务院台办和中国社会科学院应该给予台湾历史研究以特殊关照。否则，中国社会科学院虽然成立了台湾史研究中心，近代史研究所虽然成立了台湾史研究室，因为缺乏人才、缺乏研究资料，研究工作势将难以为继，不能满足国家和社会对于台湾历史知识的需要。

台湾选举与政治生态的观察①

中国社会科学院台湾史研究中心代表团在台访问期间，与台湾一些政党的重要人物有过接触，如国民党国家发展研究院院长关中、国民党“立法委员”洪秀柱、新党原召集人陈癸淼、民进党中国事务部主任兼“立法委员”陈忠信、民进党“立法委员”叶宜津、陈其迈、卓荣泰以及“故宫博物院”院长杜正胜等，学者胡佛、曹俊汉等，对岛内现实政治、经济和社会情况以及台湾当局的大陆政策走向进行了观察与了解，现综述如下：

（一）2004年“总统”选举提前开锣，连宋配使泛蓝军声势有所拉抬。

访问团在台湾期间，适逢国民党和亲民党首次宣布连战与宋楚瑜搭配竞选“总统”，泛蓝军声势明显拉抬，民调上升。国民党政策研究会副执行长兼大陆事务部主任张荣恭等国民党干部认为：

（1）上次选举民进党取胜的根本原因是国民党的分裂。在民进党执政近三年时间里，国民党和亲民党已经深入反思，明确“合则胜，分则败”的道理，在未来这次选举中如果落败，国民党和亲民党的前途是不堪设想的。因此，经过国亲两党长期协调，连宋配在两党内部基础已很牢固。“两党中上层干部多数拥护，少数不同意见能够管住”。

（2）在上次选举中使国民党落败的最大内部原因是李登辉因素，已经通过党内反思和开除李登辉出党等措施得以清除；今日国民党也与李登辉时期产生的黑金政治基本划清界限；再加上李登辉近来成为“极端台独旗手”的恶劣表演，使许多原来出走的国民党党员回流，泛蓝军背水一战决心加强，信心增加。

---

① 本文是2003年4月与卢晓衡合作撰写的中国社会科学院台湾史研究中心访台报告之二，经删节后刊载于2003年5月12日《中国社会科学院信息专报》第28期。这里刊出的是原文。

（3）扁当局和民进党执政近三年造成经济低迷不振、民众普遍收入减少，财产缩水，社会动荡，民心躁动，两岸关系笼罩着不确定和不稳定因素，民众对扁当局和民进党的施政无能产生怨气和不满，希望通过政党再一次轮换，让反思悔过的泛蓝军重新执政。

总的印象，国民党一派对于胜选很有把握，情绪高涨，关中等人在宴席上毫不掩饰这种情绪。国民党党部大楼十三层的中常委会议厅重新作了布置，把党主席的座位从原来背靠“总统府”改为面对“总统府”，表示从监督“总统府”到走向“总统府”。也有国民党人士担心，竞选期间如果在“三通”问题上我与民进党走得太近，会暗示我方对民进党的支持，影响国民党的竞选效果。

民进党方面，如陈忠信、陈其迈等“立委”则对连宋配摆出不屑一顾的态度，斥之为“旧势力复辟，黑金复辟，外省人复辟”，甚至说连宋配与国亲合是“面和心不和”，“两党从来就合不起来”，党内矛盾甚多，影响团结。“连战虽然‘辫子’少，但软弱性不会有大的改变，国民党仍然是群龙无首”，“宋楚瑜在亲民党内是一人坐大，在岛内是明日黄花，而且容易挨打”，“选举还是民进党在行，我们在野时就能打败他们，当政了怎么会败呢？！”陈忠信认为，民进党第一次执政，第一次当“总统”，经验或许不足，但是我们正在取得经验，连任“总统”后，我们一定能把“国家”治理得更好。台湾老百姓是理解这一点的。这给我们印象，民进党对胜选也是信心十足。民进党干部年轻，精力充沛，对未来似乎具有信心。

陈忠信不久前会见我院学者时，曾讲过“民进党至少可以执政二十年以上”，因为“民进党接管政权不在表面文章，而是按照中共1949年建国时的做法，有计划地逐步先接管军队、警察、情报部门和经济要害部门，基础较好”。“至于台湾这几年经济情况不好，首先是国际环境不好，再就是在野党不合作和旧政权的腐败与黑金没有清理干净。共产党在大陆执政头几年，经济情况也同样没有明显好转”。陈忠信这段话，表明了他对我党取得政权是缺乏认识的（如说我党“建国时的做法，有计划地逐步先接管军队”、“执政头几年，经济情况也同样没有明显好转”等等是无稽之谈。我党在1928年建军，1949年时已经有数百万大军，建国头三年国民经济恢复取得明显成效），但表明民进党抓权的狡诈和远虑，必然要在未来选举中充分运用占有的行政资源和手段，利用台湾老百姓对国民党的厌恶，揭露国民党执政的黑暗，打击竞争对手。

由于国民党过去长期在大陆和台湾执政，在执政与管理人才方面具有优势，但背负着过去腐败和黑金的历史包袱，在短期内难以清除，有易受攻击的一面，国亲两党合作当前处于最佳时期，但潜在问题不少，易闹内部不和，易受分化瓦解。民进党则以选举见长，又具有执政的行政资源与手段的优势，但施政能力差，执政表现也差。目前竞选处于刚刚开始阶段，判断谁胜谁负为时过早，但有一点是肯定的：未来“总统”选举必然是激烈、复杂的恶战，台湾的学界与政界人士认为，下半年将有残酷的厮杀。

（二）台湾学术界多数人支持连宋配。

民进党执政后种种“去中国化”的表现和施政无能，和由此产生的一系列严重问题，给岛内知识分子带来极大的冲击，他们心里十分压抑和不平，特别是持国民党观点的中老年知识分子。民进党领导层中不少人曾经是他们的学生，或者是学生的学生，这些造反起家当政的“徒子徒孙”的种种“不上档次”的表现，不仅使他们大失颜面，搞渐进式“台独”和文化“台独”和对台湾经济社会造成种种重大伤害的施政措施等等，更使他们无法容忍，私下痛斥为“动摇中华民国的国本”，他们非常气愤地表示，“我们这些老师搞不过民进党说不过去，一定要想办法将政权搞回来”。有的原来在国民党执政时反对国民党的人士，现在转而支持国民党，体现了反对“去中国化”、“反对台独”的态度，如台湾大学哲学系教授王晓波。

一些长期与我们往来的知识界人士，酒后发牢骚吐真言：过去与大陆交流，台湾拥有“经济、学术文化和政治的三大优势”，而现在大陆经济突飞猛进，经济优势不在了；随着大陆改革开放和教育、文化与科研事业发展，学术文化优势不在了；由于主张违“宪”的“台独”政党走上执政之路，台湾以选举为主要指标的政治优势也不在了。上述“三个优势不在了”的讲法，在台湾中老知识分子中获得较多的同感和共鸣，反映了台湾社会的沉沦，也体现了祖国大陆各项事业的欣欣向荣，体现了两岸力量的对比朝着我强台弱的天平转化。这种不满心态也是台湾长期反共教育的深刻烙印在新情况下的表现，已转化成为支持连宋配的一股力量。

据“中研院院士”，台湾大学政治学教授胡佛等学者讲，台湾知识界的多数人都支持连宋竞选“总统”，并为此在不事声张的情况下为国亲两党做了许多穿针引线和出谋献策的工作，知识界虽然没有建立组织，但却是很有成效地活动和工作，和国亲两党的高层保持着紧密的联系。与民进党高层方面，也有联系，主要是讲道理，做教育工作，“我们是老师，还是要教育学生的。”“至于大陆方面做民进党人士工作，希望硬的一手不要放弃，例如军事准备和开展批判还是要搞的，否则民进党是不会转化的。只有软硬兼施，对方才能转化。”胡佛的这些言论，代表了坚定主张中国统一、深刻了解两岸关系和台湾情况的知识分子想法，值得重视。

（三）台湾的政治生态和大陆政策走向。

从上世纪80年代中期起，台湾岛内政治与社会形态发生了很大变化。在反攻大陆希望破灭后，蒋经国为了维护其在台湾的长期统治，转而宣布解除“戒严”，注重发展经济和培养台湾出生的人才。进入90年代，李登辉则将“本土化”和“民主化”推行至极端，特别是1996年实行“总统”直选，“修宪”与“精省”，将“民主化”与“本土化”高度结合，大力排挤外省人才的同时，搞畸形的“民主化”，造成了两个结果：

(1) 提出“中华民国在台湾”，使“中华民国”台湾化，变成了台湾的“中华民国”，从而逐步走向脱离中国主体框架的道路，即背离一个中国原则的歧路，为后来贯彻台独路线打下基础。

(2) 使台湾社会变成了一个“选票出政权，选票出利益，一切为选票”的怪异政治社会，政治人物和政党的一切行言和政策首要准则是“选票至上”，“以获取选票为主导”。选票与金钱相结合。陈忠信说，一个“立法委员”当选，至少可以获得“国家”六百万新台币的补贴，竞选时个人要花多少钱，无从知晓。为此，千方百计地讨好占人口多数的本省人，表面上和形式上满足他们的各种愿望与要求，而不问这方面的要求是否合理和正确。在此情况下，“台湾优先”之类的错误口号应运而生，大陆政策和两岸关系发展也就退居次要位置，跟着这个口号跑了。

以上情况表明台湾社会政治生态的严重恶化，也可以说是台湾岛内的特殊政治生态与社会环境。民进党当政后，这种政治生态与社会环境又向坏的方面继续发展，已经成了“两国论”的思想基础，颇有影响也颇为顽固。民进党“立委”陈忠信说：“台湾不是主权独立的国家，谁当总统都不敢说。”这句话非常真实、非常典型地表达了台湾当前政治生态与社会环境基础，即不论哪一个党派当政所提出的大陆政策都很相近。这是我们观察台湾当局的政策，特别是大陆政策所必须注意和面对的事实。

但是，由于祖国大陆各项事业的欣欣向荣，迅速发展，两岸实力对比已经向着我强台弱方面倾斜。由于我对台政策正确运用的强大威力；国际社会认同一个中国框架的大背景；岛内多数民众仍然不赞成、不认同“台独”路线；因此，陈水扁当局至今虽不放弃“台独”党纲，也不敢公开宣布“台湾独立建国”，不敢公开声称推行“台独”路线，而是采取在“中华民国”名义下的“主权独立国家”的实质“台独”路线，努力推行文化“台独”和渐进式“台独”的做法，以拖待变。

陈忠信解释扁当局的大陆政策是“四不一没有”，其基本精神是“你（指大陆）不找麻烦，我也不找麻烦”。可以预料，由于2003年是“总统”选举年，民进党当局不会在大陆政策上寻求重大突破，仍然执行“蛇形路线轨道”的“中间路线”，左右开弓，左右逢源，有时会故作姿态，在“三通”等两岸关系问题上，寻求某些象征的突破与进展，以争取中间选票；也会以“台独”语言的表态与行动，刺激大陆，以争取基本教义派的选票。

（四）工作建议。

由于台湾社会政治生态的严重恶化和主张“台独”的民进党处于执政地位，台湾岛内赞成祖国统一的知识分子，政界人士和民众都处于受压制状态，我们对今后对台工作建议如下：

（1）对台湾当局推行的所谓“民主化”和“本土化”，应组织学术界进行深入研究和慎重有力的公开批判，过去我们在这方面触动较少，揭露与批判都不够，今后要揭露李登辉和陈水扁将“民主化”和“本土化”作为拒统促独的工具，在岛内压制统派意见，在岛外作为抗拒一个中国原则的借口和盾牌，为“台独”路线服务。还要揭露他们搞民主化的虚伪，操纵和强奸民意是真；指明“本土化”实质是“去中国化”、“一边一国”，两者对台湾社会政治的伤害极大。通过批判，希望使台湾的统派和正直人士所受压抑得到一定的缓解，从而能够有条件公开发表支持国家统一言论。

（2）坚持反独促统的斗争中，要考虑到“独立”这个词从文字上而言可以是正面的，也可以是负面的，特别是容易引起一些不了解台湾和中国情况的国际人士、机构甚至国家的误解和同情，建议更多地采用“反分裂促统一”的提法，因为“分裂”这个词是完全负面的，表述较为准确，容易为国内外人士理解和接受。

（3）在促进三通和改善两岸关系方面要坚持将“以我为主，对我有利”的原则放在首位，对于台湾方面谁当政的问题似应放在次要位置，如民进党当局为了争取连任而在三通等方面做出的姿态中有某些实质内容，我们也应抓住时机，善为运用，推动三通和两岸关系向前发展，而不要等到泛蓝军上台后再办。至于民进党希望以此来获取选票，我们可以在运用中注意策略与方法，以消除民进党的欺骗副作用，使泛蓝军不致被动。对于泛蓝军希望大陆为支持他们当选而不干什么和要做什么的要求，我们应慎重处理，可以适度造成对其有利当选的条件。我们对待泛蓝军的态度是要多交流多体谅，但是，我们要始终占据主动的地位，促使泛蓝军在一个中国原则和改善两岸关系方面能够做得更好，而不是更差。

设立台湾学生求学基金的再次建议[①]

近年来，由于祖国大陆经济建设的高速成长，国际地位的迅速提升，台湾经济发展的低迷，政治局面的混乱，台湾青年深感前途和出路的苦闷，来祖国大陆发展的很多，台湾学生来祖国大陆求学人数逐年增加。不仅读本科，而且读硕士和博士学位，最近还有台湾毕业的博士申请进入大陆有关博士后流动站。这种趋势还在不断加强。这提供了我们做台湾青年工作、培养台湾青年的祖国向心力的极好机会，我们应该设法争取更多的台湾青年来祖国大陆求学深造。依照国际惯例，发达国家争取外国留学生，除了争取潜在的智力资源外，还有争取未来与国人脉的考虑。台湾是中国的一个省，由于长期隔离和台湾当局的反共宣传，台湾人民对祖国统一和“一国两制”存在不少顾虑。大力发展两岸经贸文化往来是减少和消除这种顾虑的重要手段，争取台湾青年前来祖国大陆求学，是值得提出的另外一种重要手段。在祖国大陆取得各种学位的台湾青年学生，不管他们将来的政治立场如何，他们对祖国的向心力必然比没有来求学的青年强。因此，争取大量台湾青年来大陆求学，正是造就未来可以寄希望的台湾人民的一种重要途径。

台湾青年对台湾的认同感，因为李登辉在台上的操纵和陈水扁的执政变得更为严重了。根据最近香港《远东经济评论》发表的该报记者自台北的报道，台湾人认同感的发展和陈水扁的利用，是当前台湾大选的关键所在。据报道，台北“国立”政治大学选举研究中心每两年进行一次民意测验，结果显示，向台湾人认同感转变的趋势十分明显。1992 年 6 月进行的首次民意调查中，26.2% 的被调查者认为自己是中国人，17.3% 的人称自己是台湾人，而

---

① 本文是作者作为第十届全国人民代表大会代表在第十届全国人民代表大会第二次全国代表会议期间向国家有关部门提出的正式建议。

45.4%的人认为自己既是中国人也是台湾人。2003年6月进行的最近一次调查中，称自己是台湾人的人所占比例飙升至41.5%，而认为自己是中国人的降至9.9%，认为自己兼具双重身份的人数降至43.8%。最令人担心的是这种认同感在年轻人身上表现得最为强烈。有调查显示，陈水扁在二十岁至二十九岁年龄群中支持率始终高于反对者。这位记者认为：认同感问题在此次大选中的重要性只不过证明了一种长远趋势，不管是谁获胜，它都很可能延续下去。（参见《港刊说台湾人认同感问题令人担心》，《参考消息》，2004年3月5日第8版）这种估计，也是我的基本判断。我认为，3·20大选中即使泛蓝胜出，这个问题将依旧严重。由于这种判断，更加增强了我们大力做好台湾青年工作的紧迫性。

愿意来祖国大陆求学的台湾青年，不是人人都能负担得起这边的学费，尤其是硕士和博士学位。我建议国家应该设立台湾青年求学基金，尽可能满足许多台湾青年求学的愿望。如果每年资助一百人，这样坚持十年、二十年，将会有一千至两千名具有祖国大陆颁发的学士、硕士、博士学位的青年毕业生走上工作岗位，必然能够培养大量感情甚至政治倾向向我的人才，这些具有高学历的人才必定大多成为祖国统一的积极推动力量。20世纪初，美国利用退还庚子赔款，建立留美基金，不但培养了大量中国青年才俊，而且造就了大量亲美人才。这个历史经验值得我们吸取。

我国当前经济发展水平和综合实力，对于为台湾青年建立这样一个求学基金，我认为是能够承担得起的，所花的钱是有限的，其政治影响是极大的，将来收获的积极作用，将是这笔有限的钱所不可比拟的。

我的这个建议，去年曾提出过。国台办的回复认为，这个建议具有战略意义，但是经与教育部等单位磋商，未能采纳。肯定这个建议具有战略意义，是肯定了这个建议的价值，如何实行，只是一个技术问题。我至今认为，采纳这个建议，对于国家的统一事业，是有百利而无一害的。

2004年3月6日于国谊宾馆

《反分裂国家法》是维护海峡两岸和平稳定的大法，也是促进祖国统一的法律[①]

我在全国人大十届三次会议湖北代表团审议《反分裂国家法》时提交了书面发言，表示我完全赞成全国人大制定《反分裂国家法》，同意《反分裂国家法》的各项条文，支持全国人民代表大会通过《反分裂国家法》。在3月14日上午表决时，我投了赞成票。大会执行主席吴邦国委员长来不及宣布表决结果，全体代表响起了经久不息的掌声。这种掌声充分代表了、表达了全国民意。在人民大会堂庄严的会场上，我体会到了以零票反对通过《反分裂国家法》的激动人心的时刻。

世界上只有一个中国，大陆是中国的一部分，台湾也是中国的一部分。这是自从台湾有行政建制以来的基本历史事实，也是今天国际社会公认的现实，包括美国和日本在内。自从李登辉、陈水扁先后提出“两国论”和“一边一国”的“台独”主张后，在台湾执政当局的鼓吹、推动下，台湾的“台独”思潮泛滥，“台独”势力扩张，他们采取一系列“去中国化”的步骤，尤其是想要通过所谓“公投”和“制宪”的办法，从“文化台独”走向“法理台独”，企图改变台湾现行状况，破坏台湾海峡两岸的和平局势。如果不制止“台独”分裂势力分裂国家的活动，势必严重威胁中国的主权和领土完整，严重威胁国家和平统一的前景。1860年代美国在南北战争期间不惜以六十万人的牺牲打了一场统一战争，并制定了《反脱离联邦法》，立法原意在限制南方州奴隶主的分裂联邦国家的行为，维护了美国的统一。华盛顿的林肯纪念馆为了纪念林肯，在林肯铜像背后的墙上刻上了林肯维护国家统一的功绩。《反分裂国家法》与《反脱离联邦法》具有同样的立法原意。

① 本文是2005年3月作者在第十届全国人大第三次会议期间通过《反分裂国家法》以后撰写的分析文章，未刊。

反分裂国家法以《中华人民共和国宪法》为法源依据，以国家专门法的形式，宣布一个中国的坚定原则，是对“台独”分裂势力的严正警告，是对台湾地区领导人的“台独”活动的严正警告，也是对今后台湾地区上台执政的任何领导人的执政原则的警告。大量事实证明，自从李登辉提出“中华民国在台湾”以来，台湾政坛活动的主要政党，无论是在竞选中，还是在平时的政治活动中，都坚持了“中华民国在台湾”这一原则，都或多或少具有“台独”倾向，区别只是一个把“台独”写在党纲上，写在旗帜上，另一个则坚持了“中华民国在台湾”的口号；一个要急独，一个要维持现状。我们以台湾专门法的形式，把一个中国的原则，把台湾是中国的一部分的原则规定下来，对活动在台湾政治舞台上的任何政党，特别是主张“台独”的政党划出了底线。遵守这个底线，在这个底线范围内活动，台海两岸关系就是和平的；越出这个底线，出现了以任何名义、任何方式造成台湾从中国分裂出去的事实，或者发生将会导致台湾从中国分裂出去的重大事变，或者和平统一的可能性完全丧失，就会在台海两岸关系上出现非和平的局面。是否出现非和平局面，其实主动权在“台独”势力，在台湾执政的政党。一些海外人士所说的“台独不独，中共不武”，大概就是这个意思。一旦出现非和平局面，“台独”势力、在台湾执政的政党的主动权就丧失了。那时候，《反分裂国家法》规定的国家意志就要执行，任何人为的因素都阻挡不了。当然，在那种情况下，国家统一的步伐就加快了。

从这个角度说，《反分裂国家法》是维护海峡两岸和平稳定的大法，不是战争动员令，也不是国家统一法，它是通过反对国家分裂达到走向国家统一的法律，是促进国家统一的法律。也就是说，《反分裂国家法》明确了国家处理海峡两岸关系、实现国家统一的有步骤、分阶段的战略战术原则。这个战略战术原则，是符合海峡两岸关系目前的发展形势的，是符合党和国家历来有关和平统一、不放弃武力的主张的。

《反分裂国家法》第四条规定：台湾问题是中国内战的遗留问题。这是对基本历史事实的认定，是立法的根据之一。在抗日战争暨国际反法西斯战争即将取得胜利的关键时刻，国际社会通过《开罗宣言》、《波茨坦公告》等文件共同认定“日本所窃取于中国之领土，例如满洲、台湾、澎湖群岛等，归还中华民国”。包括中国代表在内的各战胜国代表签字其上的《日本投降条款》，确认了这一原则。这就是说，国际社会通过一系列庄严文件正式确定了中国领土主权完整不可分割的国际法原则。正是根据这一国际法原则，中国政府代表于 1945 年 10 月 25 日正式宣布：台湾从此回归祖国怀抱。在当时，中华民国代表中国。只是因为中国的内战，丧失了在中国大陆统治的国民党势力败退台湾，中国的主体成立了中华人民共和国。这时候，中华人民共和国代表中国。台湾的历史和现实地位并没有改变，即台湾是中国一部分的事实没有变化，但是在治权上造成了暂时的分离。《反分裂国家法》明确规定了台湾问题是中国内战的遗留问题，不仅完全符合历史事实，也是对“台独”势力鼓吹“台湾地位未定论”的鞭笞。全国人民代表大会通过专门立法对“台独”分裂势力的活动予以限制，是在处理中国内战的遗留问题，是在处理中国内部问题，是一个主权国家维护主权和领土完整的严肃问题。因此，我们不容许任何外国势力插手台湾问题，不接受并且反对任何外国势力干涉我们的内政。这是完全符合主权国家有权独立处理国内事务的国际法原则的。

《反分裂国家法》是关于台湾问题的专门立法。在全国人民代表大会通过，就是国家关于台湾问题的大法。我的体会，这部法律贯穿了四个基本原则：第一，一个中国的原则；第二，和平统一的原则；第三，寄希望于台湾人民的原则；第四，反对“台独”分裂活动的原则。这也就是中共中央总书记、国家主席、中央军委主席胡锦涛在十届政协三次会议民革、台盟、台联界委员联组会上发表讲话的基本精神。《反分裂国家法》的许多条文，凸显了寄希望于台湾人民的原则精神。这种原则精神是符合马克思主义指导的，是符合唯物史观的。我认为，今后的涉台立法工作，两岸经济和文化学术交流工作，所有一切涉台工作，都要体现寄希望于台湾人民的原则精神。这方面，我们还有许多工作要做，还有极其广泛的活动空间。

前面指出过，《反分裂国家法》明确了国家处理海峡两岸关系、实现国家统一的有步骤、分阶段的战略战术原则。我认为，最大的战略原则，是国家要争取二十年或者更长时间的战略机遇期，建成并完善社会主义市场经济体制，在科学发展观指导下充分发展自己，尽可能壮大国家综合实力，建设高标准的全面小康社会和社会主义和谐社会，形成解决祖国统一的强大的物质基础。在这个过程中，对台工作要配合这个大战略，要实施一系列可能和需要采取的战术原则，要制定《反分裂国家法》的实施细则，因应国际形势、台湾局势和祖国统一的需要，及时制定促进祖国统一的相关法律，作为处理台湾问题的准绳；除非"台独"分裂势力突破了《反分裂国家法》划定的那三条底线，我们都要尽最大的诚意和最大的努力，不屈不挠地做好对台工作。

我建议，我们的法学家、历史学家、对台事务专门家，共同研究在这个大战略原则下，处理两岸关系中的一些理论和现实问题，如内战遗留问题、"中华民国"国号问题、"中华民国宪法"及台湾当局"修宪"问题、台湾同胞在大陆从事正常活动的国民待遇问题、国际活动空间问题、联合国代表权问题，等等，提出相应的对策，以便国家采纳，俾便推动台湾问题的和平解决，祖国统一的最终实现。

关于陈水扁终止运作“国统会”和《国家统一纲领》后对台工作的建议①

一、陈水扁在2月27日已宣布终止运作“国统会”，终止《国家统一纲领》的适用。用“终止”一词代替“废除”，实际内涵是一样的。

二、直至近日，美国虽然一再压陈水扁，但美方更看重的是“四不”和“维持现状”，对于“终统”或“废统”，美方最后也会不了了之。

三、“国统会”和“国家统一纲领”是1990年国民党在台上搞的，当时是作为对抗我方和台湾民众要求国家统一的趋势，将国家统一计划分成近程、中程和远程，设计每个时期所要达到的目标，实际上是要无限拖延统一进程。

四、2000年陈水扁上台后，依据民进党的“台独”党纲，实际上已经中止了“国统会”的运作和“国家统一纲领”的适用。近年来，陈水扁和民进党已多次主张“一边一国”，台湾是一个国家，只有两千三百万人民，反复强调台湾的主体性，等等，实际上早已把“国统会”和“国家统一纲领”搁置起来。

五、因此，此次“废统”，或者“终止运作”，对于台湾或者海峡两岸的现状来说，只有象征意义，没有实质意义。这一点，无论对台湾，对大陆，甚至对美国，都是如此。“终止运作”还没有到冲击我方底线的地步。我方的反应，似不必过于强烈。国台办发言人已经指出，陈水扁的动作，是走向“台独”的危险信号，这是正确的。因为陈水扁毕竟还没有宣布“台独”，没有突破“四不”底线，我方无法依据《反分裂国家法》采用非和平的办法解决台湾问题。

六、现在的问题是，陈水扁的“法理台独”是一步一步缓慢进行的。这一次“废统”闯关成功，下一次会向“四不”冲击。向“四不”冲击，也会

① 本文是作者在2006年3月第十届全国人大第四次会议期间给国家有关部门提出的正式建议。

是一步一步的，除了不宣布“台独”外，其他方面会逐步突破。这个趋向是可能的。

七、“废统”或“终止运作”，对于期望在2008年取得台湾“政权”的中国国民党，可能是更大的压力。这一次“废统”，实际上也是针对了马英九春节后关于台湾“终极目标”是统一的谈话，是力图控制台湾话语权的努力，避免或降低因“三合一”选举失利加于民进党和陈水扁的压力，取得政治上的主动权。国民党今后如何对付“国统会”终止运作，很值得关注。国民党上台以后，如何处理终止运作“国安会”，很值得关注。预计国民党会坚持统一是终极目标。马英九当上“总统”后，即使不马上恢复“国统会”，也会搞出另一个东西，作为“统一”目标的象征。

八、《反分裂国家法》在制止“台独”势力宣布台湾独立上起到了遏制作用，但是也仅止于此。我方无法有效阻止“台独”势力迈向“法理台独”的努力，《反分裂国家法》法律效力是有限的。事实证明，它对“台独”势力走向“法理台独”的努力无法发挥明显的抑制作用。《反分裂国家法》也是一把双刃剑，既遏制了“台独”，也限制了我方对台展开非和平手段的努力。这个法律，通俗地讲，可以说是你不台独，我不打你。现在陈水扁则说，你不打我，我不宣布台独。这就形成了在解决统一问题上的悖论。这个局面如果长期延续下去，台湾问题怎么办？以前我们说过，台湾问题不能无限拖下去，《反分裂国家法》实际上规定了可以无限拖下去。

九、三点建议：

第一，国家应该考虑在统一问题上，除了《反分裂国家法》以外，还应该做些什么？“台独”势力在走向“法理台独”的过程中，肯定还会做出新的动作，如“制宪绑公投”等，还要一直做下去，甚至可能走到离“底线”不远的地方。即使2008年国民党上台，马英九当“总统”，两岸关系不一定很快出现转机，马英九提出“台独”是台湾人民的选项，是一个证明。即使国民党坚持“中华民国”，虽然符合“一个中国”的共识，但是，一个“中华民国”，一个中华人民共和国，还是两个中国。马英九的所谓“终极统一目标”，是以“中华民国”统一中国。对我们来说。统一中国是一个过程，但如果这个过程无限拖延下去，能够实现统一吗？因此，在走向统一的过程中，除了《反分裂国家法》外，我们还应该有其他的法律制约。

第二，继续下大力做好台湾民间的工作。应该在寄希望于台湾人民上做更多的工作，如继续推动春节包机节日化、正常化，继续推动与国、亲、新三党达成的积极成果，继续推动台湾水果来大陆和熊猫去台湾，我再建议，为台湾贫困学生来大陆求学建立基金，如果每年提供一百个台湾学生（包括中学生、大学生和研究生）的求学资助，十年就是一千人。如果每年资助一千人，十年就是一万人。拿大陆资助学成的台湾学生，对大陆的感情绝对与自费求学的学生不一样。这是扩大做台湾老百姓工作的重要方面，值得我们去做。这个建议，我在2003年3月十届人大第一次会议期间提出过，国台办回函表示是一个战略思考。2004年3月十届人大二次会议期间，再次提出，教育部回函予以拒绝。2005年3月十届人大三次会议，国家做出了对台湾人民工作的更多的承诺，又通过了《反分裂国家法》，我没有再次提出这一建议。但是我仍然认为，这是做台湾人民工作的一个好的选择。

第三，应该做好国际社会尤其是美国的工作。我建议4月胡锦涛同志访美，最好利用白宫南草坪记者招待会的机会讲一下台湾自古以来就是中国领土的历史，讲一下我们对台湾问题的基本主张；如果利用机会访问林肯纪念堂，讲一下林肯当年主张维护国家统一反对南方分裂、独立，并领导取得美国内战胜利的历史，一定会吸引美国中产阶级和知识分子，为他们所倾倒。因为这样两种机会，都会得到美国媒体的广泛报道，是利用美国自己的媒体做美国人民工作的大好机会。

与许信良、林浊水、邱进益等人谈两岸关系①

6月1日至2日在香港油麻地城景国际酒店，由香港崇正总会和珠海书院亚洲研究中心召开了“2010海峡两岸和港台关系学术讨论会”。出席会议的大陆学者十五人、台湾学者十五人、港澳学者九十人、韩国学者一人。出席会议的台湾学者和相关人士有：蓝营方面张京育（原“国立”政治大学校长、原“行政院”大陆委员会主任委员）、邱进益（台湾海基会前副董事长兼秘书长）、张五岳（淡江大学大陆研究所所长）、黄仁德（政治大学经济学系教授兼系主任）、刘德海（政治大学外交系教授兼国际事务学院WTO研究中心主任）、蔡玮（中国文化大学中山与大陆研究所教授）、魏艾（政治大学东亚研究所教授）、郑安国（台北市政府顾问、“国家政策研究基金会”顾问、香港中华旅行社前总经理）；绿营方面有：许信良（《美丽岛》电子报董事长、民进党前主席）、林浊水（专栏作家、民进党政策会前执行长、前立法委员）、洪茂坤（台北德霖技术学院兼任助理教授、《蓬莱岛》杂志社副总编辑）、洪嘉仁（“中华民国”社区总体营造促进总会秘书长）、翁松燃（台湾暨南国际大学公共行政与政策系教授）、张旭成（美国宾州州立大学荣誉教授、台湾政经战略研究基金会执行长、陈水扁时期“国家安全会议”副秘书长）、陈大钧（台中技术学院副教授）。

会议进行了一天半。简短开幕式后，安排了两场主题发言，发言人分别是：张京育、刘国深、许信良、李逸舟；邱进益、张海鹏、翁松燃、郭震远。台湾四人，大陆四人。然后是分组会议。6月2日中午，香港特区政府政制事务局局长林瑞麟在港岛湾仔万丽海景酒店宴请与会学者。据说，这是香港特区政府第一次宴请在港出席学术会议的学者。下午凤凰卫视有限公司邀请两岸

① 本文是2010年6月1日至2日出席香港崇正总会和珠海书院主办的“2010海峡两岸和港台关系学术研讨会”后撰写的有关回忆，刊载于中国社会科学院台湾史研究中心简报总第66期。

许信良、林浊水、邱进益、刘国深、郭震远、张海鹏等六人做了两岸关系的谈话节目。

我在会议期间，曾针对许信良、林浊水的发言做了适当评论。6月2日下午在凤凰卫视与邱进益做了长谈，与许信良、林浊水做了交谈，还与张京育谈了话。

现依据记忆，对上述谈话做一简明记录。

许信良对两岸关系很有信心，认为两岸问题如果从长远看，什么问题都没有，只是当下有问题，必须面对。他认为，民进党不是台独党，而是公投党。民进党的文件明确载明，只要台湾人民通过公投，赞成统一，民进党也会赞成统一。他认为，国共之间不管怎么谈，都不能回避民进党，因为民进党可以杯葛国民党的主张。因此，国共谈判走不下去的时候，共产党一定要与民进党谈。共产党主张尊重台湾的现行体制，那么，国、民两党的政争就是台湾现行体制的基本内容。不同民进党谈，怎么解决台湾问题？在与共产党谈以前，国、民两党最好先取得一致意见，组织国、民两党联合政府，再与共产党谈。他还认为，两岸政治协商一直在进行，只是没有开始进行签署和平统一的政治协商。如果两岸签署和平协议，不能没有民进党参与。

我曾就许信良的这一说法，征求林浊水的意见。林浊水表示可以同意他所说共产党需要与民进党对话，但不同意说民进党不是台独党的话，他说，民进党就是台独党，他自己就是“台独”分子。他认为，许信良的话不过是非主流意见罢了。

邱进益对国、民两党组成联合政府的意见，不以为然。

针对郭震远说两岸对话要以1949年内战为起点的意见，许信良、林浊水不同意。他们认为，1949年，以及近代中国是悲惨的时期，应该遗忘。林浊水说，人类应该学会记忆，也要学会遗忘。许信良说，古代中国很可爱，现代中国也可爱，近代中国则令人有痛苦的回忆，不堪回首。他还说他反对国民党，恨国民党。我曾针对这一点，在分组会上评论说：人类历史是一个自然的过程，近代中国是古代中国的发展，现代中国是近代中国的发展。爱古代中国，爱现代中国，但不能抛弃近代中国。恨国民党，但不能否定国民党存在的历史。如果否认国民党存在的历史，民进党从哪里来的，就说不清楚了。

人类历史的记忆与遗忘，都是一个自然历史过程，记忆什么，遗忘什么，不随个人的意愿为转移。

我还与林浊水讨论过《反分裂国家法》问题。林浊水认为:《反分裂国家法》是一部违反《中华人民共和国宪法》的法律。因为《宪法序言》明确规定:“台湾是中华人民共和国的神圣领土的一部分。完成统一祖国的大业是包括台湾同胞在内的全中国人民的神圣职责。”宪法是不承认“中华民国”的。《反分裂国家法》规定了在三项条件下，国家行政机关可以采取非和平方式解决台湾问题。这就意味着，如果不存在那三项条件，国家就要认可“中华民国”在台湾目前的现状。长期维持现状，就违反了“台湾是中华人民共和国的神圣领土的一部分”的宪法规定。

他认为,台湾当局颁布的《国家安全法》也有类似情形。台湾《国家安全法》详细规定了大陆人民来台的条件，几年可以就业，几年可以拿绿卡，等等，这在其他国家，完全是移民法的内容，而移民法是针对外国人的。

林浊水还谈到共产党曾经联合台湾人反对国民党。江西苏维埃时期，中共把台共安排在与朝鲜、越南一起的苏维埃里。我说，台共是日共支部。在江西的台湾人是中共党员，不是台共。那时候，台湾在日本人占领下，是日本领土。他说，主要是那时候全世界共产党都强调国际主义和民族自决。我说毛泽东 1938 年在延安就强调国际主义与爱国主义相结合。

林浊水没有到大陆来过。我第一次邀请他，他说是要来的，现在条件还不成熟。我第二次邀请他，他点头。

我在凤凰卫视等候做节目的空闲，与邱进益有较多谈话。有关“国统会”和《国家统一纲领》，他是参加其中工作的，有的话是他加入的。制定国家统一纲领,就是告别“汉贼不两立”,承认一国两地区,两个对等政治实体。我说,不管怎么说,这个文件主张国家统一,还是不错的,陈水扁当局将它“冻结”了,马英九应该宣布恢复。他说,不会恢复。我问为什么？他说:马英九不是有“三不”吗,“不统”是其中之一，既然不统，怎么会恢复国统纲领呢!

邱进益也不赞成把两岸关系的起点放在 1949 年。他说，强调 1949 年是国共内战，台湾人会认为，这与台湾人有什么关系？他认为，1990 年台湾当局废除“动员戡乱临时条款”可以作为两岸关系的起点。我说，台湾废除“动员戡乱临时条款”时，大陆方面没有任何反应，只是新华社从香港做了一个极简短的报道。他说，你们现在可以反应了。

邱进益谈到香港回归模式，认为台湾不一样。我说，香港回归，是中国与英国谈，台湾回归，是大陆与台湾谈，情形当然不一样。

邱进益说，你们与民进党接触，最好不要把“一个中国”放在前头，不然，什么都谈不下去。许信良、林浊水都有这样的观点。

台湾蓝绿和香港学者认为，大陆在香港实行“一国两制”，不让香港人直选特首，这让台湾人看到了一个不好的先例。

绿营重要人士张旭成几次在会议上发言指出，此次香港政府在许信良入境时，扣留他一小时，说北京都没有扣留他，香港政府为什么扣留他？张旭成又指陈云林会长见马英九，不称“马总统”，直称你、你、你，对我们台湾很不尊重。又说，美国人多次问我们蔡英文主席有什么政纲，所以我们蔡主席正在制定十年政纲。他在发言中，每次都把美国人摆在前头，显示民进党是在美国授意下才采取行动。

张京育在发言中表示，如果把 1995 至 2008 年看成是两岸冲突共存的阶段，2008 年后将是深化交流合作的阶段。两岸都应该珍惜现在这个机遇期。两岸对协商都有积极的态度，而且双方也认为，只有通过协商才能解决问题。事实上，两岸关系的稳定，需要增进沟通，而且不挑战对方的核心利益。他认为，两岸签署和平协议，经济合作才能深化，和平才有保障，台湾民众才有安全感。

邱进益在发言时说，2005 年 4 月中共总书记胡锦涛与中国国民党主席连战签署五项和平愿景，可谓已拆除了两岸武力冲突的引信。2008 年 5 月马英九上台后，更以具体行动，缓和及改善两岸关系，导致双方善意互动，乃使两岸关系进入空前的和平发展机遇期。

邱进益说，对于两岸关系之未来，大陆重在“和平统一”，而行民主体制的台湾在民意无交集之情况下，重在“维持现状”。然而，现状难以永久维持（否则则形成“和平分裂”），而是属于动态的，随着两岸关系的不断提升，未来的政治对话或政治选项，必将随时浮现。

台湾团结联盟的洪嘉仁在会上提交的文章，以社区老百姓的名义，从八个方面把 ECFA 否定了。这样的意见，似乎未得到与会者认同。

对这次会议，与会者均给予较高评价。邱进益总结说，红蓝绿黄紫五种颜色的学者出席，发表意见。林浊水也说，这次会议，是讲得最彻底的。香港学者认为，各种意见都讲出来了，在香港开这样的会也很少见。我本人也在闭幕式上发言说，我在这次会议上听到了各种不同声音，直接听到了台湾蓝绿知名人士的发言，很有收获，对了解两岸关系的一些关节点很有帮助。这样的会议，恐怕只有在香港才能召开。

书评与影评

台湾的历史与祖国的历史共命运

——观看八集电视专题片《台湾往事》有感[①]

八集电视专题片《台湾往事》（中国华艺音像实业有限公司、中华全国台湾同胞联谊会、台湾夏潮基金会联合制作）已经在中央电视台四频道播完，观众反应良好。我看过这部电视片后，有同观众一样的感觉。这部片子题目很平实，没有任何夸张，不追求宣传效果，体现一种客观的、实事求是的讲故事的风格。这与当前流行的市场炒作是不同的。我很欣赏这种风格。反映台湾历史的文献故事片也需要这种风格。

看《台湾往事》，想台湾的历史，感慨良多。这部《台湾往事》讲述了台湾的历史故事，讲述了荷兰殖民者强占台湾三十八年的历史，讲述了民族英雄郑成功驱逐荷兰人，收复台湾并按照祖国大陆的政治制度和文教制度开发和建设台湾的历史；讲述了福建船政大臣沈葆桢和台湾第一任巡抚刘铭传经营和建设台湾的历史。经过这几任官员的经营，台湾人民的努力打拼，在1895年10月日本侵占台湾以前，台湾的社会经济已经在逐渐现代化，并且成为当时中国最先进的省份之一。这是台湾故事的一方面。自19世纪70年代开始，日本就在觊觎台湾，并且终于通过1894—1895年的中日甲午战争，占领了台湾，直到1945年8月日本战败，中国政府再次收复台湾回到祖国怀抱。这是台湾故事的又一方面。

《台湾往事》还讲述了台湾故事的第三方面，这是台湾故事更重要的一方面。这就是：在日本占领台湾时期，台湾人民始终没有停止反抗。这是体

① 2003年8月14日在北京金台饭店出席了由中华文化发展促进会、全国台联和台湾夏潮基金会主办的“台湾抗日五十年座谈会”，观看了北京华艺公司摄制的八集电视片《台湾往事》。会后根据在会议上的发言撰写了这篇稿子。未刊。

现这部专题片的核心精神所在。《台湾往事》共有八集：第一集：台岛烽烟，第二集：拒倭守土，第三集：孤岛鏖战，第四集：碧血英风，第五集：旷世浩劫，第六集：长歌当剑，第七集：挥戈复疆，第八集：神州光复，每一集都体现了台湾人民的抗日斗争：包括武装的，文化的等等手段。专题片第一集的末尾，解说词说道："台湾沦陷了，在其后五十年的漫漫长夜里，那里的同胞承受了多少血雨腥风，饱尝了多少痛苦磨难，产生了多少惊天地、泣鬼神的英雄壮举，又涌现了多少不自由、毋宁死的刚强铁汉！我们或许不知道他们，但是，我们决不应该忘记他们，正是他们，率先吹响了中国人民救国救亡运动的号角！"这些话是符合历史事实的。以下七集正是叙述了这样的震撼人心的历史故事。

今天的台湾社会，有些人出于不可告人的目的，故意散布一种所谓"台湾人的悲情"的说法，似乎祖国大陆把台湾故意丢弃了。一些人人云亦云，是不了解台湾历史的表现，也是不了解祖国历史的表现。其实，在近代中国，台湾的历史命运，与祖国的历史命运是呼吸与共的。

鸦片战争以后，中国的发展落伍于西方发达国家，频频遭到西方殖民主义的侵略。挟着鸦片和大炮的资本主义列强打开了中国的大门，中国成为半殖民地半封建社会。日本随后发生明治维新，革新政治，着力培植国力，走上"脱亚入欧"路线，积极加入西方列强向海外扩张、殖民的行列，把"开疆拓土"、"布国威于四方"作为基本国策。19世纪70年代以后，世界进入自由资本主义向垄断资本主义转变的时期，远东的中国和朝鲜成为那时国际间斗争的焦点。英、法、德、美、俄等国都想在这里攫取利益，与中朝两国隔海相望的新兴的资本主义国家日本，抢在各国的前面，不仅想独吞朝鲜，而且要染指中国。

日本蓄谋已久，早已厚养兵力，弯弓待发。对于日本在1894年发动的这场突发的侵略战争，清政府完全没有做好因应准备。朝廷颟顸，政府腐败，指挥无能，前线失败。甲午战争以签订屈辱的《马关条约》而结束。《马关条约》是鸦片战争以来中国政府对外签署的最为屈辱的不平等条约之一。条约带给中国的物质和精神损失极为巨大。原先以为只有西洋的英、法、俄、美等国可以轻易地使清政府就范，现在，连东洋的日本也可以轻易地迫使清政府就范了。此后，帝国主义列强在中国划分势力范围，强租租借地，中国呈现被列强瓜分之势。接着八国联军侵华，中国被迫签订《辛丑条约》，中国不仅赔款四点五亿两白银，而且中国的土地接受联军的驻扎，首都的使馆区也在列强军队的护卫之下。中国已经是国且不国了。

《马关条约》是中国的耻辱。它对中国的影响，无论从哪个方面来说，都是至大至巨的。除了战争赔款两亿两白银，还有大量的土地割让。比台湾和澎湖列岛大得多的是辽东半岛的割让。在当时，辽东半岛的重要性对于清朝廷来说要大于台湾、澎湖列岛。仅仅是法国、德国、俄国的干预，日本被迫把已经吞进口的辽东半岛吐了出来，中国却平白无故地被迫交给日本三千万两白银去赎回。因此，台湾是“弃儿”之说是说不通的。台湾的被割让，不仅是台湾的悲情，首先是祖国的悲情，是全体中国人民包括台湾人民在内的共同的悲情。

中国的痛苦不仅于此。为了在三年内还清赔款，不至于增加5%的利息，清政府立即着手向西方借款。从1895年到1898年，清政府先后向俄、法、英、德银行团完成三笔巨额借款共三点零九亿两白银，扣除回扣，清政府实得二点六亿两，差不多全部交给了日本。为此，清政府承担了列强提出的严酷的政治和经济条件，大约说来，借款本息必须在三十六年或四十五年内还清，不得提前。在还清本息前，中国海关必须由外国人控制。中国政府为此要支付本息超过六亿两白银。战争虽是中日两国打的，其结果，却是西方列强和日本一起宰杀中国。当时中国一年的财政收入约八千万两白银，要拿出差不多八年的全部收入来偿付赔款和借款，中国在现代化的步伐上还有任何作为吗？还敢奢言求富求强吗？经济剥削和政治奴役像两根绳索，把中国政府的脖子勒得紧紧的，把中国人民的手脚捆得紧紧的了。甲午战后的中国，深陷半殖民地深渊而不能自拔，坎坷的洋务自强运动因此招致破产，微弱的现代化追求遭到致命打击。

在台湾人民遭受日本殖民统治的同时，日本又发动了长达十五年的侵华战争，给中国人民、台湾人民造成难以形容的创伤和痛苦。在东西方帝国主义的长期侵略和控制下，中国差不多从半殖民地变成殖民地了！历史事实很清楚地昭示人们，中国近代的贫穷落后，中国的现代化难以起步，是西方列强和东方日本的侵略和掠夺造成的。

应该指出，中国人民包括台湾人民在内，并没有停止在“悲情”的哭泣之下。甲午战争的失败，台湾的被割让，刺激中国人迅速觉醒。在中国近代史上起过推动历史前进作用的改良派和革命派，其活动的起点都在甲午一役。孙中山于1894年11月在檀香山成立兴中会,其章程第一次喊出了“振兴中华”的口号,显然是受了甲午战争的刺激。康有为于1895年5月在北京发动“公车”上书，要求变法维新，正是与《马关条约》的签订有关。他们都认识到中国的落后，希望加以改变。维新派批评洋务派追求西人的“船坚炮利”，徒袭他人皮毛。他们要求革新政治，发展资本主义。此后一切“工业救国”、“教育救国”等方案的提出都是从维新改良主张衍化出来的。但是封建的专制制度的存在，外国势力的控制，使他们的主张不能实现。与此相反，革命派看到朝廷的腐败，不仅要求根本推翻清朝廷，还要求推翻站在朝廷之上的洋人势力,中国才能发展。此后中国共产党主张的反帝反封建的新民主主义革命路线,也是从这一认识发展而来的。

在全国人民救亡图存的努力中，台湾人民的斗争是与整个中国人民的斗争同步的。不仅李友邦率领的台湾义勇队以及许多台湾同胞直接参与了祖国大陆的抗日武装斗争，在岛内，在五四运动的影响之下，林献堂、蒋渭水、赖和、杨逵、连横等从事的政治和文化诉求，都是直接间接同日本殖民者进行斗争的。从1895年到1945年，中国第一次赢得了对外战争的胜利——打败了日本帝国主义发动的第二次侵华战争。正是全国人民坚持了八年的抗日战争取得胜利，台湾才得以回到祖国怀抱。台湾的命运与祖国的命运是结合在一起的。再过四年,新中国诞生,彻底实现了国家的独立、民族的解放，奠定了中国实现现代化的牢固基础。从此，国家的发展才有了全新的起点。

在救亡图存的努力中，在反对帝国主义和国内的封建统治的斗争中，台湾人民和祖国人民一起铸成的不屈不挠的民族精神，是中华民族能够自立于世界民族之林的精神力量，是中国不能灭亡于任何外国的精神支柱，是台湾终得以回归祖国怀抱的内在根据。1895年日人割占台湾时，台湾曾出现过短暂的以“遥奉正朔”、年号“永清”为形式的“台湾民主国”。那是愤于清政府的卖国，反对日本占领，绝不是“台独”的表现。今日岛内由李登辉等“大正男”掀起的台独嚣张，是违背台湾人民光荣斗争传统的。台湾回归祖国，正是历史指示的唯一出路。《台湾往事》这部专题片告诉我们的正是这一点。

2003年9月8日写于东厂胡同一号

警世甲午　醒世亦甲午

——电视历史纪实片《警世甲午》观后①

由中央电视台、威海电视台录制，李虹、李鹏俊编导的电视历史纪实片《警世甲午》已经在中央电视台地方台30分钟栏目内播放。我看过以后很有感触。

刚刚过去的4月17日，是丧权辱国的《马关条约》签订一百周年的日子。这个日子，使我们特别回忆起百年前国家所遭受的耻辱，特别深切地感受到面对强邻日本的侵略，清廷颟顸腐败和落后就要挨打的痛楚。

电视历史纪实片《警世甲午》正是着眼于百年前近代中国的这一重大历史事件，为了总结历史的经验教训，为了对国人进行爱国主义教育而录制的。该片除了发挥电视片的长处外，还具有如下特点：

首先，编导者不仅使用了大量珍贵的历史图片，还实地访问了日本侵略军旅顺大屠杀的现场，通过采访旅顺博物馆和凭吊埋葬遗骨的万忠墓，揭露日本侵略军的残酷和惨无人道。日军不仅在1937年12月有南京大屠杀的暴行，而且在此前四十多年就发生了旅顺大屠杀的暴行，两万旅顺人惨死在日军屠刀下。镜头还对准了威海卫战场故地，采访了设在昔日北洋海军公所的中国甲午战争博物馆，又采访了清华大学学生为纪念甲午战争百年举办的图片展览，使观众看到了甲午战争在川流不息的参观者和今日大学生心中的地位。所谓警世，所谓爱国主义教育，我们正是通过今天的青年一代对甲午战争的理解，看到它的意义的。其次，编导者访问了许多学者、专家，由这些教授们面对观众，用通俗的语言，讲解甲午战争的历史过程，比较中日两国最高统治者对甲午战争的态度，分析中国在甲午战争中失败的原因，用生动

① 这篇影评刊载于1995年5月20日《人民日报》，第7版，副刊。

的事实告诉人们，清朝统治者腐败、落后及战争指导上的消极避战方针，是中国失败的内在根据。学者们的精辟议论充贯其间，为这两集电视历史纪实片平添了许多生气，也使它具有了权威性。

此外，编导者并不是只把眼睛盯着甲午战争，而是通过甲午战争及中国的失败，揭露了帝国主义列强扩大对华侵略的事实，由此推动了中国人的民族意识和民族觉醒。可以说，中国社会的不同阶层，都因受到甲午战争失败的刺激，而有不同程度的觉醒。电视片介绍了以孙中山为代表的资产阶级革命派在 1894 年 11 月因受甲午战争刺激，宣布成立“兴中会”，第一次喊出“恢复中华”的口号，以后发展到以武装斗争推翻清朝统治；以康有为、梁启超为首的资产阶级改良派，在获悉马关签约、割地赔款后，立即在北京发动“公车上书”，并由此展开戊戌维新运动，呼吁清廷改革政治制度；北方农民则懔于帝国主义侵略，发动了原始形式的以反帝爱国为主旨的义和团运动。中国各阶层的民族觉醒，汇成了一股力量，导致了辛亥革命的胜利，导致了清朝廷的垮台。这些分析，都是符合历史事实的。看了这部电视片，能使观众认识到，“警世甲午、醒世亦甲午”的道理。

甲午战争已经过去了一百年，也是台湾割让一百年。今年又是抗日战争胜利五十周年，也是台湾回归祖国怀抱五十周年。这些都是影响中国历史进程的重大事件。回顾历史，利用这些历史事件教育人民，是极有意义的。

李理著《日据时期台湾警察制度研究》序言①

中国是一个历史悠久，又广土众民的国家。各个省作为它的组成单位，在自己的历史发展进程中各具特点。中原各地是如此，边疆各省区也是如此。台湾，作为中国东南海疆的门户，1865年正式建省的一个省份，在自己的历史发展过程中，更是具有与别省不同的独特之处。显著的特点之一，台湾与大陆有海峡相隔，又在明末清初被荷兰人占据三十八年，在晚清和民国年间被日本占据五十年，1949年以后，又因国家内战的原因，与大陆长期分离，未能完全统一。这个特点，是中国其他各省不能同时具备的。台湾历史是中国历史的一个部分，台湾历史中含有中国历史的共同的东西；但是台湾历史确有自己独特的东西。因此，认为只要研究中国历史就行了，不要研究台湾历史的观点，是站不住的。认识台湾历史，研究台湾历史，不仅是中国历史学学术上的需要，也是中国现实生活的需要。当然，研究台湾历史，如果不从中国历史的大背景中来求得理解，不把台湾历史放到中国历史的大背景中来理清来龙去脉，那可能要走偏方向。多年来，台湾史研究成为一个具有高度政治敏感性的话题。在台湾某些政治人物的嘴里，如果说台湾史是中国历史的一部分，就会发生所谓"国家认同"问题。这在具有正常思维、有一些基本历史知识的人们看来，是难以理解的。所谓"国家认同"，到底要认同哪一个国家呢？显然那不是要认同中国，而是要把台湾作为一个国家来认同。如果从这个角度来研究台湾历史，那么，台湾历史就不是中国的台湾历史，而是那些主张"台独"的人心目中的台湾史了。这样的台湾史，是不客观的，

① 李理著:《日据台湾时期警察制度研究》,是在我指导下完成的博士论文。这是我作为博士指导教师指导完成的第一部有关台湾历史的博士学位论文，这篇论文已经在2007年12月由台北海峡学术出版社出版，本文是为该书写的序言。

是失去历史真实性的，因而不是真实的台湾史，不是科学的台湾史。

最近三十年来，对台湾这个中国特殊省份的历史研究，才开始提上学术日程。但是，在中国大陆，关注的人、投入的研究力量还是不够多。中国社会科学院成立台湾史研究中心，中国社会科学院近代史研究所成立台湾史研究室，意在增强这个研究力量，为台湾史研究添砖加瓦、累积能量，求得对台湾这个特殊省份真实历史的深入了解与理解。

摆在读者面前的这本《日据时期台湾警察制度研究》就是这个努力的一个初步成果。本书是李理博士在博士论文基础上增补、修订完成的。李理是我指导的第一个研究台湾史的博士生。我是从中国历史，特别是从中国近代史的角度观察台湾历史的。如果从严格的学术立场言，我对于台湾历史，还是站在门外。从学术史的角度看，日据时期的台湾历史研究，显得很不够。从我个人的经验而言，我对日据时期台湾历史的知识也很不够。我希望我指导的台湾史博士生研究日据时期的台湾史。愚意在于，这样一个研究过程，其实就是我学习和理解日据时期台湾史的过程。恰巧，李理是学日语出身，对现代日语和侯体日语都有基础，她的博士研究方向就这样确定下来。李理选择了日据时期台湾警察制度作为下手的方向。

日本在统治台湾期间所实施的警察制度，是日据时期台湾历史的最大特点之一。日据时期台湾的政治史，在一定程度上可以说是在台湾总督府制定的警察制度下的警察政治史。台湾总督府的政治，就是警察政治。日据时期台湾社会的政治、经济、文化生活都渗透着警察的活动，警察统治无孔不入，警察制度的设置，对台湾历史的发展形成严重的影响。研究台湾历史，特别是研究日据时期台湾历史，不能回避日本统治者在台湾设置的警察制度。早有日本学者认为:“台湾的警察制度，不论体或用，都与日本的警察制度不同，这实为台湾警察之一特色。如果不了解这种警察制度的特色，就不能理解台湾殖民政策的性质。台湾的警察,实为台湾殖民政策的重心所在。台湾的警察，除其本身固有的事务以外，而几乎辅助执行其他所有的行政；过去有所谓‘警察国家’的理想，这一理想在台湾已经成为事实。台湾殖民政策的成功，一部分不得不归功于这一警察制度。”(持地六三朗著:《台湾殖民政策》，台湾南天书局有限公司，1912 年 8 月东京二版发行，1998 年 5 月台北一刷发行，第

67—68页。）当然这个估计还是显得乐观了些，终日本统治五十年，依靠警察政治，还是没有把台湾人民都改造成为日本“皇民”。国内外台湾史研究者对台湾警察制度问题缺少专门研究。因此，对日据时期警察制度展开全面深入的研究，是有学术价值的。认识了台湾的警察制度，对于认识日据时期的政治史，认识日据时期的经济社会乃至文化教育状况，都是有帮助的。

本书除绪论外，共分九章，分别对日据时期警察制度的起源、“儿玉、后藤”时代的警察政治、警察制度与原有保甲制度的结合、高等警察与经济警察的设置、警察实际职务与日本警察的对比、警察对抗日运动和民族运动的镇压、警察对原住民的绥抚和镇压、警察制度对日本殖民台湾的作用以及台湾警察与中国东北和朝鲜警察制度的比较，逐一进行了研究，条理是清楚的，史实梳理与运用也较恰当，对台湾警察制度和警察政治的作用的认识，也是建立在史实和分析基础上的，有较强的说服力。

应该说，本书的研究还主要是在复原台湾警察制度方面下的工夫多些，对这种警察制度下，台湾警察政治的实际作为还有很大的研究空间，还值得继续去挖掘史料，继续对台湾在日据时期的社会生活做出新的开拓，这样做在学术上还是有意义的。这是对作者今后研究的建议，我想这个建议会对进一步加深日据时期台湾历史的研究有帮助。百尺竿头，更进一步，李理博士其有意乎？

许毓良著《清代台湾的军事与社会——以武力控制为核心的讨论》序言①

台湾青年学者许毓良的新著《清代台湾的军事与社会——以武力控制为核心的讨论》，送交大陆的九州出版社付梓，即将问世。许君索序殷切，难以辞谢。

台湾历史的研究，在台湾已从“险学”演变成“显学”。学人争驱若鹜。大陆的台湾历史研究，也有逐渐加强的迹象。现实政治的需要是第一动力，学术的发展往往总是受到现实政治的推动，学者的研究兴趣往往是在现实政治的推动下产生的。

许毓良君的新著着意讨论有清一代对台湾的统治。他从军事与社会的角度切入这一领域。这是有眼光的。所谓军事，其实质内容是军队组成及其运动方向，而军队是国家机器控制社会的核心力量。研究台湾社会军事（含军队，或者武装力量）与社会的关系，就是探讨了有清一代台湾政治史的基本内容。我个人对这样的研究取向是赞赏的。

本书作者有很好的学术素养。他把政治史、军事史、社会史的研究内容和研究方法熔冶于一炉，有纵的历史走向，又有横的历史剖面，经纬分明。他从台湾的人口发展问题入手，通过大量历史典籍，钩稽了从康熙、雍正到乾隆、光绪时期台湾的人口发展。如何估算各个时期的人口，不是容易做到的。作者采用档案与方志记载的丁口数目、档案与方志记载的正供数目、档案与方志记载的开垦面积、档案与官书记载的食盐数目、档案与方志记载的仓贮数目，交相推论，酌情估算，务求真实。这种研究方法是可取的。

---

① 许毓良是台湾青年学者，他在 2004 年获得台湾师范大学历史研究所历史学博士学位，所著《清代台湾军事与社会》是他的博士论文，2008 年 11 月由北京的九州出版社出版。许毓良曾在 2004 至 2006 年间在我指导下从事博士后研究。

作者正确地指出：人口是一切施政的重点，更是军事部署的指标。透过对清代台湾总人口与区域人口的描述，已经点出了一个基本问题。那就是面对数量众多的被统治者，清廷要如何稳定社会秩序。这其实是台湾政治史、社会史的重大问题。清朝统治者既需要基本的武装力量，才能达到稳定台湾社会秩序的目的，又需要从对台湾统治的经验中，学会如何利用存在台湾民间的武装力量，寻找可靠的合作对象，才能有效地来治理台湾的社会。

台湾由于闽粤移民社会的特点，早期垦殖不易，生存的争斗剧烈，往往形成社会动乱的渊薮。竖旗、抢劫、械斗，“三年一小反，五年一大反”，充斥着台湾的历史。作者研究了竖旗、抢劫、械斗的蔓延区域，研究了每件个案都呈现不同的发展特点，指出不管任何动乱，它代表的意义是各方武力本质的展现；也因为武力的本质有差异，所以乱事的结果也各不相同。作者尝试把清代台湾社会的武力分为四大类，并依照战力高低排列为职业式、原住民、契约式、拜盟式，进而解释以它们为主体的军事史发展。然后探讨与武力相关的统治手段，说明武力以外的统治策略；以及讨论战争发生时，各方兵力的人数分析。作者最后指出了武力是维持台湾区域稳定与土地开拓的重要因素。

许毓良君在研究过程中，相当全面地利用了大陆和台湾地区档案馆、图书馆所藏文献，相当全面地利用了海峡两岸学术界的相关研究成果。这是许君研究中的一大特点。像这样全面参考、利用海峡两岸学者的研究成果而形成自己的独特研究，我所见是不多的。许君在获得台湾师范大学博士学位后，曾有机会到中国社会科学院近代史研究所从事博士后研究，我有幸认识他，并有机会与他共同切磋。许君的研究成果，是海峡两岸学术交流的成果与结晶。他的研究公诸于世，我谨表衷心祝贺。

《台湾·1895》，一个沉重、震撼人心的话题

——评电视连续剧《台湾·1895》①

台湾，是所有中国人都心向往之、魂牵梦绕的地方。台湾的故事，千千万万，1895年的台湾故事，最值得让人记忆，也最使人感到沉重。

中央电视台第一频道正在黄金时间热播的三十六集电视连续剧《台湾·1895》，就是这样一部反映台湾历史上最值得让人记忆的故事。看完这部电视剧，感到重温历史，受到爱国主义教育的洗礼，话题沉重，令人印象深刻。

第一，《台湾·1895》从长时段的历史视角切入，反映了1874年日本借琅峤发生琉球漂流民被杀事件策划侵略台湾的过程，反映了1884—1885年以刘永福为首的黑旗军在越南抗击法国侵略的过程，以及法军进攻福建马江和福建所属台湾基隆、淡水的经过，反映了1894—1895年甲午战争中丰岛海战、平壤大战、大东沟海战以及马关和谈和割让台湾岛、澎湖列岛的经过，还反映了慈禧、光绪皇帝以及李鸿章、翁同和、恭亲王、醇亲王等清廷帝后、大臣面对外国侵略时张皇失措、勾心斗角，在民族国家利益面前相互推诿、虚骄无能、一味妥协求和，造成一再缔结丧权辱国的卖国条约的屈辱局面，尤其可贵的是塑造了在外国侵略者面前大义凛然地为保家卫国英勇牺牲的英雄群体。所有这些，艺术地再现了历史的场景，用艺术形象恢复了历史的真实。在我看来，这些表演，把握住了近代中国的历史脉络，是符合近代中国的历史真实的。

第二，这部电视连续剧在探索历史的真实与艺术的真实上下了工夫。历

① 这篇影评是应邀为2008年11月中央电视台播放的三十六集电视连续剧《台湾·1895》写作的。2008年12月2日《人民日报》海外版第3版刊登；2008年12月4日《人民日报》第12版摘要刊登时题为《艺术诠释台湾历史》，人民网刊载全文。

史的真实是事实的美，艺术的真实是艺术的美。如果只追求历史的真实，可能只有《三国志》，而没有《三国演义》。《三国演义》的好处是大体符合历史真实的大趋势，或者说在大的历史趋势上是真实的，在故事情节上是虚构的，具有艺术再创造的美。《三国志》尽管是在历史记载基础上编撰的，是历史书，但是由于缺乏故事情节，难以吸引读者。《三国演义》故事引人入胜，抓住了读者，在一定意义上，在广大读者中普及了历史知识。《台湾·1895》如上所述，它的大的历史趋势是符合历史的真实的，它的故事情节，人物的言谈举止，是在历史真实的前提下，用艺术形式创造出来的。如宫廷斗争、大臣争议、侵略者的策划、群众场面等等，我们未必能够在历史记载上一一找到对应的记录，但是这些经过艺术再创造形成的场景大体上是符合历史的氛围的。历史的真实场景是不可能复原的，但是符合历史氛围的人物场景、故事情节是可以艺术地再现的。当然这种艺术地再现不是毫无边际的，它必须符合于一定的历史氛围。这就是掌握历史真实和艺术真实相互关系的“度”。我觉得现在评论的这部电视剧，大体上达到了这种要求。在艺术情节难以准确表达的地方，电视剧采用旁白或者画外音的形式，比较准确地弥补了故事情节以及情节的发展难以表现的历史的真实。全剧有八十多处这样的旁白或画外音，指出了历史上真实发生的情景或结果。这种旁白或画外音，提示了观众，如何去理解或者掌握艺术真实和历史真实的“度”。据说，影视作品往往忌讳这样的旁白或画外音。但是历史题材的影视剧也这样拒绝，可能会造成剧情的缺失，给观众留下遗憾。剧中安排了刘永福和冯子材结成儿女亲家，两家子女一直战斗在抗击外国侵略的战场上；刘铭传的侄子与台湾少数民族女孩的恋爱等等，虽然不一定能找到历史文献作支持，但是在剧中有戏，好看，本质上没有违背历史真实，在艺术上是成立的。

第三，剧中出场的人物一百三十多个，大体上反映了他们在那个历史时代的地位，重现了历史场景中的矛盾、冲突，反映了清政府的腐朽、落后和面对外国侵略时的张皇失措，揭示了朝野爱国者的奋斗、牺牲和无奈。有些人物形象的塑造是不错的，如李鸿章、刘铭传、刘永福、冯子材、唐景崧、丘逢甲等人物的刻画，如高山族中“老祖母”的刻画，也都活灵活现。李雪健主演的李鸿章，在人物性格的刻画上很讲究，在重大历史场景中李鸿章的举手投足，情感表现，都经过了仔细设计，表演很到位，也很有分寸。英雄人物在反侵略，反对台湾割让上的表演，还是很能震动人，对今天的观众会有震撼性。片子以艺术的形式提供了很充沛的历史知识,我认为应该给予肯定。

第四，本剧也注意一些特殊历史细节的真实性。黑旗军是第一次在影视剧中得到表现，观众所看到的黑旗军，其旗帜，其服饰，都与历史的真实相符，这就增加了剧情的真实感。黑旗军及其首领刘永福在越南长期抗法，埋下了后来在台湾主持抗击日本侵略的伏线，很有说服力，也符合历史真实。

本剧利用高科技手段，营造了陆战、海战，以及发生在大陆、台湾和越南、朝鲜的战争场面，气势磅礴。服饰、美术、道具都很讲究。

当然，这部片子还是有一些小的瑕疵，如有的人物称谓不恰当，个别台词有误等。如果后期制作再精细一点，尽量减少屏幕上的错字就好了。另外，表现 1895 年台湾人民的反抗斗争的场面和情节，还显得有些突兀，似乎还可以展开一些。

台湾在甲午战争后被割让给日本，是近代中国历史上的大耻辱，是中国人的大悲情。今天在影视剧上重现那些历史场面，我们完全可以体会到当时的爱国者那样义愤填膺，那样举国悲痛的缘由。看到人民群众为了反对割让演出那样气壮山河的战斗场面，仍难免荡气回肠，有一种震撼人心的冲击力。听说本剧还要送到台湾播映，这对于海峡两岸人民共同回顾那一段历史，一定是有意义的，我预祝在台湾播映的成功。

2008 年 11 月 24 日

一江春水向东流，海峡春潮逐浪头

——观电视纪录片《海峡春潮》①

为了纪念《告台湾同胞书》发表三十周年而拍摄的电视纪录片《海峡春潮》，已经在中央电视台四频道播出。看过以后，颇有感触。

1979年元旦，全国人民代表大会通过的《告台湾同胞书》正式发表。这是在解决台湾与祖国统一问题上代表国家意志的正式文告。通过这一文告的发表，中国共产党关于解决台湾与祖国统一问题的主张转化成为全民意志。这个文告，明确了一个中国、反对台湾独立的立场；明确提出“完成祖国统一大业，在解决统一问题时尊重台湾现状和台湾各界人士的意见，采取合情合理的政策和办法，不使台湾人民蒙受损失”。这就是邓小平提出的一个中国、两种制度的和平统一的基本方针；文告还描绘了两岸通邮、通航、通商以及“双方同胞直接接触，互通讯息，探亲访友，旅游参观，进行学术文化体育工艺观摩”的美好前景。文告提出的解决台湾问题的基本立场、方针和原则，为和平统一、一国两制提出了最初的设想，是三十年来我们对台工作始终遵循的原则，从此揭开了两岸关系和平发展的历史新篇章。正如胡锦涛总书记所说：“《告台湾同胞书》的发表标志着我们解决台湾问题的理论和实践进入了一个新的历史时期。”自那以后，《告台湾同胞书》所确定的基本原则，始终没有改变。

1979年元旦以后，党和国家领导人针对不同的历史背景和现实需要，针对台湾岛内政治、经济和民情的变化，发表过对台工作的多次讲话，在不同时期提出过解决台湾问题的多种主张，大大完善了对台工作的原则和方针。例如，1981年9月30日，全国人大常委会叶剑英委员长向新华社记者发表谈话，

① 这篇影评发表于《中国社会科学院报》，2009年2月17日第7版。

阐明了关于台湾回归祖国，实现和平统一的方针政策（“叶九条”）；1983年6月26日，邓小平进一步阐述了“一国两制”的构想（“邓六条”）；1995年1月31日，江泽民总书记发表了《为促进祖国统一大业的完成而继续奋斗》的讲话（“江八点”）；2005年3月4日，胡锦涛总书记发表了关于新形势下发展两岸关系的四点意见（“胡四点”），与此同时，第十届全国人民代表大会第三次全国代表大会通过了《反分裂国家法》；2008年12月31日胡总书记在纪念《告台湾同胞书》发表三十周年座谈会上，针对2008年3月以来两岸关系所发生的积极变化，在《告台湾同胞书》原则立场上，阐明了“要牢牢把握两岸关系和平发展的主题，积极推动两岸关系和平发展”的重要主张，提出了包括恪守一个中国、建立政治互信，推进经济合作、促进共同发展，弘扬中华文化、加强精神纽带，加强人员往来、扩大各界交流，维护国家主权、协商涉外事务，结束敌对状态、达成和平协议等开创两岸关系和平发展新局面的六点建议。所有这些主张、建议，构成了在解决台湾与祖国统一问题上的系统理论和实践纲领。它在国家统一问题上构成了中国特色社会主义理论的重要组成部分。

在这个理论指导下，三十年来，我们在祖国统一大业上取得了重要进展。

第一，祖国统一是中华民族的神圣伟业，是复兴中华的题中之义。这个伟大事业，是全体中华儿女的责任，既是大陆的中国人的责任，也是台湾的中国人的责任。正是这种伟大事业的神圣感、责任感，打破了台湾当局的“三不”政策（不妥协、不接触、不谈判）的紧箍咒，促成了台湾老兵回乡探亲潮，促成了广大台胞回乡探亲潮。探亲潮打破了海峡两岸长期的隔绝，推动了了两岸人民间的往来与接触。迄今，两岸人员往来（主要是台湾同胞来大陆）已达五千万人次。

第二，祖国社会主义现代化伟大事业的蓬勃开展，社会主义市场经济体制的确立，吸引了分布在全世界的华人的眼光，尤其是吸引了香港、台湾的中国人的眼光，促成了广大台商透过第三地前来大陆投资经商，打破了台湾当局“戒急用忍”的非理性政策，进一步推动了海峡两岸人民间的亲密往来与接触，逐渐融化了政治上的敌意所造成的亲情隔绝。台商来大陆投资项目已超过七万个，合同投资金额超过一千亿美元；两岸贸易已从1978年的五千万美元，达到2008年八千亿美元。祖国大陆已经成为台湾最大的贸易伙伴、贸易顺差来源地和投资目的地。

第三，一个中国、和平统一的主张开创了中国历史上国家统一问题上的新模式，推动全世界范围内“反独促统”运动的进行，推动了台湾人民反对“台湾独立”运动的进行，打破了以台独势力谋求台湾独立的梦呓。什么“一中一台”、“两国论”、“一边一国”等主张，都拿不上台面。台湾人民不能容允“台独”势力的扩张，用选票否决了陈水扁、民进党以台湾名义“加入联合国”的诉求，否决了陈水扁以及民进党竞选台湾当局“大位”的诉求。2008 年 5 月以来，民进党以及“台独”势力受到严重打击和挫折，陈水扁作为台湾最大的贪腐头子被囚禁狱中。

电视纪录片《海峡春潮》以两集篇幅记录了三十年来我党中央关于一国两制、和平统一理论的形成过程，记录了三十年来海峡两岸关系的发展历程，可以把它看作三十年来海峡两岸关系发展史来读。这部形象的海峡两岸关系发展史，史实准确，观点鲜明，描绘到位，解说凝重，是值得充分肯定的。

纪录片题名为《海峡春潮》，生动，准确，令观众有想象的空间。现在的海峡两岸关系，确如春潮，预示着海峡两岸的合作、融合、发展，将会达到新的高度。2008 年 5 月以来，在两岸关系经历了十多年的严酷考验后，步履加快了。首先，通邮、通航、通商基本实现，使 1979 年《告台湾同胞书》提出的呼吁得以兑现。其次，继两次汪辜会谈之后，海协会陈云林会长实现了访台，与江丙坤董事长达成了一系列有效的协议，海协会、海基会之间的会谈形成了制度性的安排。这就为两岸之间的和平发展初步铺平了一条道路。沿着这条路继续前进，两岸之间必然会面对结束敌意、签订和平协议问题。第三，四川卧龙保护区的大熊猫团团、圆圆已送达台北动物园，两岸互赠珍贵礼品，加深了两岸人民间的信任与友谊。第四，大陆人民到台湾旅游以及从事经贸、文化事业的交流，也将会有相应的安排。这好比一波一波的春潮，将会出现一浪高过一浪的景象。

胡锦涛同志在 2008 年 12 月 30 日郑重提出呼吁，在一个中国原则的基础上，协商正式结束两岸敌对状态，达成和平协议，构建两岸关系和平发展框架。海峡春潮的浪头，要向这个方向发展。这个方向，就是海峡春潮的一个新的高度。国家统一是一个历史过程，达到了上述新的高度，两岸复归统一，共同语言就会多多了，中华民族复兴就会指日可望了。

看过这部电视纪录片后，我个人还有一点感想。1992 年 5 月初，我作为研究中国近代史的学者，与我的两位学术界同事一起，出席了政治大学举办的“黄兴与近代中国学术讨论会”，访问了台湾学术界，在《联合报》、“中研院”近史所、政治大学历史研究所等单位作了学术演讲。这是大陆学者自 1949 年后第一次踏上台湾的土地，第一次与台湾的学术界接触。自此以后，大陆学者访问台湾的道路就通畅了，两岸学术界人士交往就密切了。这些对于加强两岸学术交流，大有好处。2005 年 3 月，我作为第十届全国人民代表，在第十届全国人民代表大会第三次会议上，对《反分裂国家法》投了赞成票。《反分裂国家法》在大会上高票通过，没有一票反对，充分说明了人心所向。《反分裂国家法》是国家最高立法机构通过的一项涉及台湾问题的单型大法。它进一步明确一个中国原则，反对“台独”势力分裂国家，对确保和平统一，阻遏“台独”势力扩张起到了十分重要的作用。

在海峡两岸关系发展历史中，我个人也曾参与其中，成为春潮中的一朵小小的浪花，个人深感荣幸。

解决台湾问题，实现祖国完全统一，恰似一江春水向东流，是任何人和任何势力也阻挡不了的。但愿海峡春潮逐浪高涨，海峡两岸人民复归团圆，大陆十三亿人民，台湾两千三百万人民，在中华民族复兴的大道上尽显聪明本色，作出自己的贡献吧！

戚嘉林《台湾史》大陆版序[①]

台湾学者宋光宇教授著《台湾史》，要求在大陆出版。人民出版社要我提出审查意见，我做了郑重推荐。那本书已经在2007年由人民出版社出版。宋光宇先生是我在20世纪90年代初认识的朋友。作为台湾的历史学家，他不像近些年一些学者那样，以所谓台湾的主体性讲台湾历史，而是站在一个中国的立场上，用具体的历史事实，批驳了“台独”意识形态对台湾历史的歪曲，批驳了史明所谓台湾四百年史的错误说法，批驳了杜正胜的所谓“同心圆”理论，批驳了日本的强权史观，批驳了李登辉的弥日史观，强调了自古以来大陆人民开发了台湾的土地，强调了台湾文化的根是中华文化。作者在讲述台湾的上古历史时，强调“本书的基本立场就是以新考古材料为依据，把台湾上古文化定位在‘中华文化多元起源’的一个源头”。我基本上赞成这样的观点。当然，我推荐出版此书，宋光宇先生在事前是不知道的。

2008年夏，来自台湾的又一位台湾史学者戚嘉林博士应中国社会科学院台湾史中心邀请，到北京访问。他告诉我，大陆的海南出版社要出版他的著作《台湾史》（台北海峡学术出版社2008年版），他坚持要我为他的《台湾史》大陆版作序，海南出版社也提出了同样的要求。我虽有辞意，却感却之不恭。

戚嘉林博士是近几年才结识的台湾学者。2007年夏在厦门大学出席有关二二八事件学术讨论会时得以晤面，倾谈之下，甚有相见恨晚之憾。戚博士是出生在台湾的湖北沔阳人，我是出生在汉川的湖北人，他与我有同乡之谊。他赠送给我五卷本《台湾史》（1985年初版，1998年三版），又送我在五卷本

① 戚嘉林博士是台湾出生的台湾史学者，早些年有五卷本《台湾史》问世。他在五卷本《台湾史》基础上重新撰写了一卷本《台湾史》，值得推荐给读者阅读。海南出版社征得他的同意，决定出版大陆版。本文是大陆版序言。

基础上改写的一卷本《台湾史》（海峡学术出版社，2007 年 8 月版、2008 年 4 月增订一版），先后还拜读他撰著的台湾史学术论文和在《海峡评论》杂志上发表的文章。

戚博士的所有著述，明确地、强烈地体现了中国情怀。他是出生在台湾的台湾人，也是祖籍湖北的湖北人，更是中国人。他爱台湾和他爱中国，是完全统一的，没有丝毫地含糊。他的台湾史研究，是在这样的历史认识下，依据历史事实铺陈叙述的。所以，他在台湾史的撰述中，通篇灌注了对台湾分离主义和“台独史观”的批评，对台湾历史、台湾人的祖国意识的赞扬，对台湾人民抵抗外来侵略精神的宣扬，对祖国统一的期待。戚博士指出：“台湾属于中国，是天经地义的事，也是国际所公认的事。如果台湾不属于中国，那日本何须侵略中国，强迫中国割让台湾？如果台湾不属于中国，那台湾人为何发动长达数十年的武装抗日，接着又从事数十年的非武装抗日。”掷地有声，无可辩驳。

尽管台湾属于中国的理由如此不可辩驳，戚博士还是下了数十年工夫，主要利用业余时间，搜集、整理、阅读了与台湾历史相关的大量史料，爬梳耕耘，早于 1985 年就出版了《台湾史》，随后累加修订，终于成就 2394 页的五卷本巨著，并且辩证史料真伪、交代史料出处，不遗余力。现在要出版的一卷本，正是在这样的前提下，提纲挈领，删繁就简，突出重点，明晰条目，补充了新的史料，删去了注解，减少了书袋气，更便于大众阅读。

戚嘉林博士的《台湾史》，和宋光宇教授的《台湾史》，各有撰述特点，各有论证侧重，都是从一个中国的视域下，叙述台湾的历史，值得中国读者，包括中国大陆和台湾的读者阅读，以了解真实的台湾历史，了解台湾的未来，了解祖国统一的历史趋势。

我于是对这两本《台湾史》公开地予以推荐，望读者鉴察！

张海鹏
中国社会科学院台湾史研究中心主任
2009 年 3 月 6 日于北京东厂胡同一号

王键著《日据时期台湾总督府经济政策研究》序言[①]

王键君新著《日据时期（1895—1945）台湾总督府经济政策研究》即将杀青付梓，他一定要我在他的大著前赘上几句话。他的理由很简单，他这部著作的题目是我出的。这当然是事实。但是，王键的著作是大部头，出版甚急，而我冗务缠身，一时无法拜读全书。不得已而为之，我是很遗憾的。

提起这部著作的命题，话要从头说起。2002年中国社会科学院成立台湾史研究中心，同时在近代史研究所内建立台湾史研究室。台湾史研究中心的任务是推动、协调国内台湾史研究。台湾史研究室是一个研究台湾历史的实体，意在中国社会科学院建立台湾史研究的学术基地和人才基地。成立这个研究室，研究人才是一个问题。我们采取了三个办法：首先是从近代史所内有关研究室抽调愿意做台湾史研究的年轻学者，再是从社科院内各研究所物色相关人才，三是自己培养研究生。王键是中国社会科学院研究生院世界史系毕业的博士，毕业后留在世界历史研究所从事科研工作。他的学术研究方向是日本经济史，通日语。有人把他推荐给我。我正要吸收几位懂日语的青年才俊，以便开展日据时期台湾史研究。在我看来，日据时期台湾史是台湾史研究中较为薄弱的环节。于是我动员王键到近代史研究所来，改做台湾史研究。我告诉他：做日据时期台湾经济史，其学术方向与做日本经济史没有很大的不同。他经过考虑后，同意了。那时候，我还在兼任中国社会科学院中日历史研究中心专家委员会召集人，我告诉他，如果同意做日据时期台湾经济史，不妨

① 王键曾在2003—2005年间在我指导下从事台湾史博士后研究。所著《日据时期台湾总督府经济政策研究》，题目是我给他出的，那时我还在兼任中国社会科学院中日历史研究中心专家委员会召集人，在专家委员会开会时提议给他资助，得到通过。研究结果已于2009年8月和10月先后在台湾海峡学术出版社和北京社会科学文献出版社出版。

先从中日中心申请一个课题，我给他出了题目，这就是日据时期台湾总督府经济政策研究。我当时考虑，作日据时期台湾经济史，先要搜集散处各方的经济史料，工作量很大。做台湾总督府经济政策研究，重点搜集总督府文献，工作量相对小一些，这未必不是研究台湾经济史的下手之作。他接受了，申报了，也通过了。课题最后完成了。虽然课题的完成超过了申报时约定的时间，但是这不是事情的关键。事情的关键是课题研究完成了，书稿达到了出版水平。

《日据时期（1895—1945）台湾总督府经济政策研究》，全书共十七章（含序章和终章），几乎包括了这一历史时期的若干重要方面，重点是总督府的经济政策研究。作者对台湾总督府经济政策的基本脉络作了较为系统的梳理，阐述了台湾殖民地经济体系的建构过程，逐一研究了台湾总督府的土地调查与财政租税政策、“理藩”政策、扶植日本资本压抑土著资本的殖民经济政策、糖业政策、农业经济政策、水利电力产业政策、单一出口型殖民地贸易政策、以官营农业移民为核心的移民政策、以“军需化”为特征的工业及统制政策、配合南进扩张政策的南进经济政策、对中国大陆经济进行扩张的对岸政策，等等，对这些经济政策制定过程、背景及实施效果作了实证研究。不仅如此，作者还注意到实证研究中可能出现的理论性问题，特别注意经济政策、经济制度和经济体制的区别和联系，注意区别经济思想、经济计划和经济政策之间的关系。这些都是很有见地的，也是研究中必须解决的。

作者在研究台湾总督府殖民地经济政策时，指出了通过建构台湾殖民地经济体系，把台湾建成了日本资本主义的投资场所、原料来源地和商品销售市场，所有台湾的经济建设和规划，一切均以日本的利益为依归。日本的这个利益又服从于他在亚洲和世界的战略利益。这就是早期“工业日本，农业台湾”和后期“工业台湾，农业南洋”殖民地经济政策制定的总的背景。所谓“农业台湾”，就是把台湾的经济控制在所谓米糖经济上。米糖经济为日本节省和赚取了大量外汇，支持了日本资本主义经济的发展，同时也支持了日本军备扩张型经济的发展。所谓“工业台湾”，就是对台湾的工业进行了军需化改造，使之服从于日本军国主义的南进政策，服从于它的军事战略。简言之，无论是“农业台湾”，还是“工业台湾”，都不是出于台湾自身的需要，不是出于发展台湾经济的需要，不是基于发展台湾经济的经济规律的需要。这是研究日据时期台湾总督府经济政策应该得出的基本结论。得出这个结论是正确的。这个结论的学术意义和现实意义，不言自明。一些论者在讨论日本的台湾经营的时候，往往把日本殖民地台湾看做台湾现代化的起始阶段，似乎日本给台湾带来了现代化的美丽光圈。读过王键的著作，我们了解，这完全不是日本殖民地台湾的本意。我们当然不能否认，日本在二战中投降后，被迫撤出台湾，不能不给台湾留下一些东西，但这是日本经营台湾时未曾料到的。日本经营台湾，完全是为着日本自身的利益。

作者广泛阅读了中国大陆、台湾和日本有关这个题目的学术研究成果，搜集了藏于日本和台湾的总督府文献史料，这就给本书的研究提供了最为基础性的东西。这是可贵的。但是基础性史料的搜集，还有余地，特别是涉及这个课题的原始性史料，作者在研究中，限于条件，还是搜集得不够。因此这项研究还有进一步努力的空间。学术专著的内容构成，要体现学术专著的特点和逻辑要求，学术专著不是通史性著作，应避免枝蔓，在学术性描述方面，在学术论争的结论的阐述上，要注意简洁明了，不可有过多的重复。这是翻阅过书稿后的一点印象。提出来，与作者商榷。

我感到高兴。台湾史中心和台湾史研究室成立以来，我们的年轻学者勤奋耕耘，已经不断有新的学术成果问世，为台湾史学术园地增添了美丽的春色。这使我对台湾史研究的前景增加了信心。王键著作的出版，是应该祝贺的！

李理著《教育改造与改造教育》序言①

人的一生成长，其基本的世界观、人生观的养成，在相当程度上，实在得益于中学语文、历史课教育。历史课教育恰恰是塑造青少年世界观、人生观的不可或缺的重要手段。青少年接受以中国为主体编写的历史教科书知识，就会形成青少年一个中国的世界观和人生观；相反，青少年接受以台湾为主体编写的历史教科书的知识，青少年就会形成以台湾为主体的世界观和人生观。“台独”势力深明此理,他们知道在现实上很难实现台湾独立建国的“理想”，便在塑造台湾青少年的世界观上下工夫，以他们发明的“台湾同心圆”理论为指导，制定了2004年“高中历史课程纲要”，强行要求以此为准编写高中历史教科书。这个以“台湾同心圆理论”为核心的“课纲”，是一个以台湾为叙述主体的纲要，是一个彻头彻尾“去中国化”的纲要，引起了台湾教育界和台湾社会的强烈批评。但是“台独”势力我行我素，罔顾民意，强制推行。

台湾是中国的一部分，是中国的一个省，台湾史是中国历史的一部分，这是为全部中国历史和台湾历史所证明了的，这是中国人的常识，也是中国历史学的常识。在世界历史学的认知上，也很少有异议。中国大陆各省都在编撰各省的通史，台湾也应该编写自己的新的通史，这是自不待言的。但是十多年来，在李登辉、陈水扁的主导下，台湾史成为一个具有高度政治敏感性的话题。如果说台湾史是中国历史的一部分，就会发生所谓“国家认同”问题。这在具有正常思维、有一些基本历史知识的人们看来，是难以理解的。所谓“国家认同”，到底要认同哪一个国家呢？显然那不是要认同中国，而是要把台湾作为一个国家来认同。它反映的是陈水扁的“一边一国”的基本主张，

① 本文是为李理所著《教育改造与改造教育——“教育部”审定高中台湾史课程纲要及教科书研究》写的序言，该书已在2010年3月由（台北）海峡学术出版社出版。

这也就是“台独”的主张。

“台独”是一个政治口号，是一种分裂国家的政治主张，是台湾岛内诸如李登辉、陈水扁之流明知不可为而偏要为之的政治行为。陈水扁说过：“台湾虽然是一个主权独立的国家，台湾的两千三百万人民却不能享受百分之百的完整国家主权。”把这句话翻过来说就是：台湾不能享受百分之百的完整主权，因为台湾不是一个主权独立的国家，只有中国才享有百分之百的完整独立主权。这也说明，陈水扁虽然想急独，但还是不敢越过底线，不敢宣布台湾独立。

为了谋求台湾的独立，“台独”论者硬是要从中国历史中寻找根据，极力歪曲中国历史和台湾历史。他们把台湾历史与中国历史对立起来，极力伪造一部脱离中国历史的台湾历史。

所谓台湾史就是本国史，明显是把台湾作为一个国家看待，这是“台独”人士提出的主张，台湾的教育行政当局已经把这种主张强行贯彻到高中历史教科书中。高中历史课程分为台湾史、中国史和世界史，台湾史从中国史中分割出来，中国史被肢解，世界史也被弄得混乱不堪。纵观整个中国史和世界史，台湾从来不是一个国家，从来都是中国的一部分。即使根据不平等条约《马关条约》，中国被迫割让台湾给日本，台湾成为日本的殖民地，也不曾成为一个国家；1945年10月回归祖国怀抱，台湾依然是中国的一个省。讲历史，最重要的是要讲出历史根据。根本就没有台湾是一个国家的历史根据，怎么能把台湾史讲成一个国家的历史呢！台湾人和大陆各省人一样，他们的本国史只能是中国史。站在这个立场上讲台湾史，或者鉴于台湾历史的某种特殊性突出台湾历史的重要性，是可以理解的，也是应该的；但是跳出中国史的立场，或者站在与中国历史相对立的立场上讲台湾史，不仅违背了中国历史的真实，也违背了台湾历史的真实，那不是讲台湾史，而是乱台湾史，乱中国史。乱台湾史、乱中国史的结果，酿出许多令人苦涩的笑话，所谓中国是“外国”，是“敌国”，“中华民国史是外国史”，“孙中山是外国人”，等等。听到这些无知妄语，我们不知道是要笑呢还是要哭？

为了把台湾史说成本国史，没有根据也要制造出根据来。所谓《开罗宣言》位阶不够，就是他们制造出来的一个根据。1943年11月下旬，国际反法西斯战线的三个盟国美、英、中等三国首脑在开罗聚会，商讨战争后期以及战后处置日本的方案。因为苏联没有对日宣战，没有参加开罗会议。开罗会议讨论了军事问题和政治问题。军事问题是最急迫的话题。政治问题主要是在美国总统与中国军事委员会委员长蒋介石之间展开。中国方面提出了处置日本投降和收回日本窃据的我国东北、台湾和澎湖列岛等多项问题。经过讨论，这项处置方案为三国首脑通过。11月26日开罗会议结束后，罗斯福和丘吉尔带着开罗宣言稿到德黑兰与斯大林会晤。斯大林看过《开罗宣言》后表示同意，于是在12月1日将《开罗宣言》公布于世。“台独”论者说《开罗宣言》未经三国首脑签字，不是法律文件。这是削足适履，削历史事实之足，以适应“台独”谬论之履。1943年的开罗会议和德黑兰会议，是国际反法西斯战线四大盟国首脑之间在战争紧张时刻召开的最高军事政治会议，所做出的最重要的军事政治决议经四大国首脑一致同意，正式公布，是战时最重要的政治文件，也是战时最重要的国际法文件，无论是从历史事实来说，还是从国际法学原理来说，它都是战时位阶最高的法律文件，怎么能说它法律位阶不够呢？须知《开罗宣言》是当时的三大国首脑一致通过的，发表后，没有任何一个当事人表示异议。而且在两年后的1945年7月26日美、英、中三国首脑在另一个重要文件即《波茨坦公告》中正式引用，随后苏联首脑斯大林也在这个档上签字。这个文件的第八条明确载明：“开罗宣言之条件，必将实施；而日本之主权，必将限于本州岛、北海道、九州岛、四国及吾人所决定其他小岛之内。”由《开罗宣言》所决定、《波茨坦公告》所肯定的这些条件，又在1945年9月2日的《日本投降条款》中再次得到确认。这个“投降条款”是由同盟国各国代表和日本国代表共同签署的。1972年9月29日签署的《中日政府联合声明》中，日本政府再次声明“坚持遵循波茨坦公告第八条的立场”。这一系列重大的历史文件都以《开罗宣言》关于处分日本的决定为根据，怎么可以说《开罗宣言》法律位阶不够呢！

国际法与国内法的不同在于，国内法是由一国的立法机构提出并经讨论通过颁布后在一国范围内施行的，国际间并没有国际立法机构形成国际法条文。所谓国际法是由两国及多国通过双边和国际会议折冲樽俎所形成的文件，由此所形成的各种国际关系案例所抽象出的各种共同认识，公认的权威的国际法学者发表的有关国际法的著作，有时也为有关各国所遵循。因此国际法并不是由任何人说了算的。台湾前任"教育部长"所谓《开罗宣言》是新闻公报，不是会议公报的说法是站不住脚的。应该说《开罗宣言》是经四国首脑授权公开发布的新闻公报，也是会议公报，也是严肃的国际法文件。经国家间权威机构授权发布的新闻公报，一个世纪以来，往往为相关国家处理国际关系时所采用。中美之间有关建交和处理共同关心的课题所发布的"三个公报"，是处理中美关系的政治基础，其基本原则也是用"公报"来体现的；中日之间解决建交和进一步密切关系的《中日联合声明》、《中日和平友好条约》和《中日关于建立致力于和平与发展的友好合作伙伴关系的联合宣言》，其中两个是用宣言或声明的形式发布的，这些文件对中日两国是具有法律的拘束力的，它们是国际法文件，是不待言的。

"台独"势力在历史教材中降低《开罗宣言》的地位和作用，却肯定《旧金山和约》的地位和作用。这无非是利用了美国人当初在其中埋下的所谓"台湾地位未定论"的措辞，似乎日本只是放弃对台湾和澎湖列岛的权利，并未明言归还中国。其实，无论是就国际法、国际惯例和国际现势，所谓"台湾地位未定"都是没有根据的。今天的国际社会有谁还相信台湾地位未定呢？仅就《旧金山和约》文本而言，该约明文规定"日本放弃对台湾及澎湖列岛的一切权利、权利根据与要求"，"日本放弃对千岛群岛及由于1905年9月5日朴茨茅斯条约所获得主权之库页岛一部分及其附近岛屿之一切权利，权利根据与要求"。这里可以说明三点：第一，日本对于台湾及澎湖列岛的一切权利、权利根据与要求，均来自《马关条约》，是从清代时期的中国取得的，现在要放弃这些，当然是要物归原主。清政府已被推翻，中华民国政府是它的合法继承人，中华人民共和国政府又是中华民国政府的合法继承人。因此，无论从中华民国的角度，还是从中华人民共和国的角度，都是一个中国，日本所放弃的权利当然应该归还中国。第二，日本所放弃的对于千岛群岛及库页岛一部分及其附近岛屿的权利、权利根据与要求，也没有指明归还苏联，因为苏联是俄罗斯帝国的合法继承人，没有人怀疑日本放弃的这些权利应该归苏联收回。同样的文字表述，为什么没有人说千岛群岛及库页岛一部分及其附近岛屿地位未定呢？仅仅挑出台湾来说地位未定，显然是不合条约自身的法理逻辑和文字逻辑的，是说不通的。第三，美国主持的对日和约谈判，排除了中国的参加，苏联拒绝在和约上签字，和约文本上做出了对中国和苏联应享受的权利的不公正描述，是冷战时期国际政治的反映。尽管如此，客观地说，和约文本上看不出台湾地位未定的含义。所谓台湾地位未定是美国人根据当时的国际政治版图演绎出来的，并不是真实的存在。

台湾从来是中国的一部分，从来不是一个独立的国家，无论从历史还是从现实来说，都是准确无误的客观事实。站在中国史和台湾史的立场，所谓“国家认同”自然是认同中国，不存在其他的所谓“国家认同”问题。编写台湾史，和编写中国史一样，在这个问题上没有也不可能有根本的利害冲突。从中国史的角度看台湾史，我们可以看出台湾史在中国历史中的独特性；从台湾史的角度看中国史，我们可以看出台湾史与中国史的同构性。台湾史与中国大陆各省的历史相比较，各有独特的史实，表现出各种不同的特色。贯穿其中的共同特点，是中国历史文化的传统，是共同的经济、政治发展的路向。尽管日据五十年，日本的殖民文化曾经强行影响了台湾，但是，中国历史文化特点的共相在台湾社会有着强烈的存在，难以消灭。

站在这个立场，谈台湾历史中的主体性问题，是一个不难处理的问题。作为台湾史，它的主体，当然是台湾自身。台湾的人口构成，台湾的历史发展道路，都可以从主体性的角度来说明，但是所有这些，都与中国大陆的原生性紧密相关。如果把这个主体无限夸大，超出中国史的范围，那就是为不能成立的“台独”制造历史根据。近年在台湾出版的台湾史教材和著作中，出现了一些值得注意的所谓主体性倾向。比如一些著作，把清朝时期的台湾称作清领时期，又把日据时期的台湾称作日治时期，贬此扬彼，泾渭分明。所谓“清领”，是指台湾曾经为清朝占领或领有的意思。台湾自有文字记载以来，就是中国的领土，台湾作为福建省的一个府，就有两百多年，虽然历史上曾经有短暂的时期为荷兰、日本占据，不久便为中国收回。所谓“荷领”、“清领”、“日治”，分明是把台湾的主体性无限扩大为“台湾国”，是为“台独”制造历史根据的用语，虽然一字之差，却体现了一种春秋笔法。2004 年台湾“教育部”公布的《高中历史课程纲要草案》，把全部台湾史分成四个单元，其中把史前到 19 世纪称为早期台湾史，把 20 世纪前半称为日本统治时期，把 20 世纪后半称为战后的台湾（含两个单元）。在第一单元中，把清代在台湾的统治和经营一笔抹掉，1885年的台湾建省也不提了。这样来讲台湾史，台湾的主体性是有了，但台湾是中国的一部分这个更重要的历史事实就一笔抹杀了。用这种“台独”史观来教育青年学生，来影响台湾史教学与研究，其“去中国化”的用心不是昭然若揭了吗！

李理博士选择了台湾史作为专门研究方向，在出版了《日据时期台湾总督府警察政治研究》后，看到台湾依据2004年“课纲”编写的高中历史教科书，愤愤不平，认为这些教科书所传达的历史知识，距离客观的中国历史和台湾历史甚远，乃决心对“台湾高中历史课程纲要及教科书”进行专题研究，努力恢复台湾历史的真实。这样的课题选择，既有学术意义，也有现实意义，是非常值得肯定的！这一选题，在台湾已经有学者关注，在大陆，还未见学者作过研究。因此，这一研究，不仅可提供海峡两岸读者了解台湾近年历史教科书编纂情况，也可为台湾坚持正确方向的历史教科书编纂者们提供大陆学者的视角，似乎也还可以看作，对那些坚持编写体现一个中国立场的历史教科书的台湾历史学界和中学历史教师们，一种有力的学理支持！

书稿杀青在即，应作者要求，写了上面的话，向读者讨教，是为序。

附录

记檀香山纪念辛亥革命八十周年国际学术讨论会上两岸学者的交流①

1991年8月29日至31日，纪念辛亥革命八十周年国际学术讨论会在美国檀香山东西方研究中心举行。这次学术讨论会是由日本孙文学会于1987年提议的，经东京亚细亚大学校长卫藤沈吉教授和美国东西研究中心文化与传播研究所所长杜维明教授的筹划，终于得以举行。

这次会议的主题是"孙中山与中国革命"。会期只有两天。会场设在东西中心的会议厅里。出席这次讨论会的正式学者有五十多人，大多被公认为这个领域的知名学者。如美国的韦慕廷（C. Martin Wilbur）、詹逊（Marius Jansen）、史扶邻（Harold Schiffrin）、周锡瑞（Joseph Esherick）、薛君度、郭颖颐、杜维明。韦慕廷年逾八十岁，据告，他可能是最后一次出席这样规模的国际学术讨论会；如日本的卫藤沈吉、山田辰雄、小野信尔、小岛淑男、久保田文次、中村义、狭间直树、藤井升三等，都是学术界很熟悉的学者。著名学者山口一郎这次以旁听身份出席，未能获得发言机会；如中国大陆的金冲及、李文海、李侃、张岂之、张磊、姜义华、章开沅，也都是一时之选，刘大年和汪敬虞都提供了论文，却因故未能出席；如中国台湾的蒋永敬、张朋园、李国祁、李恩涵、吕士朋、胡春惠等。其他如法国的巴斯蒂夫人（Marianne Bastid-Bruguiere）、德国的费路（Roland Felber）、韩国的闵斗基、澳大利亚的黄宇和、香港的霍启昌等。会议共收到论文三十六篇，每篇论文约三千字。

一般说来，这次学术讨论会上的学术气氛比较浓厚。尤其是台湾海峡两边的中国学者，相互尊重，共同切磋，进一步增进了了解。发起这次会议的最初动机，是要促进海峡两边的中国近代史学者的接触。自从1987年以来，

① 本文刊载于《近代史研究》1992年第1期。收入本书时，题目有修订。

两岸形势逐步缓和，两岸学者在中国大陆、在海外，已经有了较多的接触机会。正如会议主席卫藤沈吉先生在闭幕讲话中说的："海峡两岸学者热烈地、活跃地交换意见，本着友好的态度进行辩论。……对两岸学者，我放心了，我们外国人不需要为你们担心了。"

从学术上看，这次讨论会确实提供了一次海峡两岸学者交流学术的好机会。我提供会议的论文题目是：《孙中山的社会主义思想与科学社会主义的关系》。原以为我的论文会引起台湾学者的异议。在我报告后，两位台湾学者的提问是建设性的，态度是友好的。来自台中的东海大学文学院院长吕士朋教授说：孙中山在三民主义演说中提到共产主义是民生主义的好朋友，固然是告诫国民党人不要排斥共产党人，也是告诫共产党人不要走得太远，不要越出民生主义的圈子。来自台北近代史研究所的吕芳上副研究员说：论述孙中山的社会主义思想要注意同时代人对孙中山的影响，如民国八、九年的《建设》杂志上刊登过戴季陶、周佛海等一些人的文章，戴季陶甚至主张用唯物史观来解释历史。我在答辩中表示我已注意到了质疑中提出的这些问题，同时表示同意并感谢两位台湾同仁的鼓励和指教。这篇论文的报告、质疑和答辩在各国学者面前表明：在这样一个比较敏感的问题上，海峡两岸学者并未因意识形态有异而争吵，在学术研究上表现了互相尊重、客观公正和包容不同意见的良好风气。

海峡两岸学者学术观点的接近，还可以从另一个事例上看出来。台北的政治大学蒋永敬教授的论文是关于海峡两岸中国学者对孙中山"三大政策"的不同解释的比较研究。从报告后的质疑和答辩看，双方观点在接近。台湾学者认为，联俄、容共、扶助农工的三大政策，不是孙中山本人的概括，也不是国民党"一大"的概括；大陆学者承认"三大政策"是大革命时期首先由共产党人概括出来的，在当时得到了包括蒋介石在内的国民党人的广泛采用，这一概括且反映了孙中山本人和国民党"一大"的原则立场，并符合大革命时期的历史事实，对此蒋永敬也表示同意。看来，双方对"三大政策"的阐述上都表现了尊重历史事实的意向，减少了以往的敌意。虽然在"容共"或"联共"、"三大政策"还是"三个政策"等问题上还存在不同认识，那已不是很重要的了。

在讨论张岂之《辛亥革命时期伦理思想和人生价值观新课题》时，来自台北近代史研究所的李恩涵研究员和美国东西中心的杜维明教授表示了赞同的意见。杜维明还分析了人生价值观的三个相关方面:关于个人和集体的关系，关于市场经济与政府的巧妙指导，关于民主制度的不同形式，他认为，欧美的民主制度不一定适合中国的情况。

当然分歧仍然存在。如关于辛亥革命性质问题。1981 年在美国纪念辛亥革命七十周年讨论会上，章开沅和张玉法的公开争论曾轰动一时。这次夏威夷讨论会上，两岸学者均未提供辛亥革命性质的文章，因而，未展开正面讨论。但蒋永敬曾一再提到十年前的争论，表明他仍然主张全民革命的观点，反对资产阶级民主革命的观点。我与蒋先生在会下有过讨论，但是在这个重要问题上，我们很难达成共识。史观上的分歧仍然是深刻的。

这次檀香山会议，各国学者之间还进行了其他一些有意思的讨论和争论，限于篇幅，不赘述。会议论文，不久将在日本出版英文文集，那时，了解整个会议的全貌就不难了。

记台北“黄兴与近代中国”学术讨论会[①]

今年5月9—10日，“黄兴与近代中国”学术讨论会在台北政治大学行政大楼第一会议室举行。我们大陆学者一行三人（中国社会科学院近代史研究所张海鹏、尚明轩，湖南师范大学文史研究所韦杰廷）应邀出席了这次学术讨论会，会后还访问了几处学术单位。这是大陆学者第一次正式赴台参加学术会议并进行学术交流活动，实现了大陆学者赴台的历史性突破。

“黄兴与近代中国”学术讨论会是由政治大学历史研究所与黄兴基金会主办的。列名与会学者近八十人，但检查名录，至少有七人未到会（如华裔日本学者伊原泽周、台北传记文学社社长刘绍唐、淡江大学历史系主任郑梁生，以及大陆学者章开沅、林增平、姜义华、李喜所）。实际与会学者中，“中研院”近代史研究所有十六位，政治大学十七位，台湾大学四位，台湾师范大学两位，东海大学两位，淡江大学一位，中国文化大学两位，东吴大学三位，中国国民党党史编纂委员会五位，“国史馆”七位。台湾有关中国近现代史的知名学者几乎都被邀请与会。他们是：王聿均、李恩涵、吕实强、林明德、陈三井、陈慈玉、张玉法、张存武、张朋园、黄福庆、刘凤翰、苏云峰（以上都是“中研院”近史所研究员，陈三井兼任所长），胡春惠、蒋永敬（以上是政治大学历史所教授，胡兼所长，又是此次会议的秘书长），王曾才、李守孔、缪全吉（以上是台湾大学教授），王家俭、李国祁（以上是台湾师范大学历史所教授），李云汉、陈鹏仁（中国国民党党史会主任委员、副主任委员）等，还有政治大学文理学院院长王寿南、政治大学传播学院院长严沁恒、东海大学文学院院长吕士朋、中国文化大学文学院院长宋晞，海外学者有韩国汉城大学教授

① 本文发表于《近代史研究》1992年第5期。

闵斗基、日本立教大学教授戴国辉、美国马里兰大学教授薛君度、美国纽约圣约翰大学教授李又宁、香港珠海书院客座教授岑练英等。

会议共收到并宣读论文二十一篇。其中台湾学者提供九篇，大陆学者提供七篇，海外学者提供五篇。这些论文对黄兴的生平业绩，黄兴与孙中山、胡汉民、宫崎寅藏、徐宗汉等的关系，黄兴的人格风范、文学造诣等进行了探讨。每篇论文均安排学者担任主评人，主评人针对论文有准备地给予评论。会场学术气氛较好，两岸学者坐在一起相互分析疑义，各抒己见。从学术讨论的角度说，会上的大多数学术观点是两岸学者都可以接受的。我们提交的论文受到了重视和较高评价。我本人的论文宣读后，谬承主评人的台北政治大学历史系林能士教授夸奖，指为“无懈可击”，又承吕实强教授在中央院近史所的会议上予以推介，实在愧不敢当。我在题为《论黄兴对武昌首义的态度》的论文中，把我研究黄兴与武昌首义的一得之见贡献出来。众所周知，黄兴以从事反清武装斗争的光辉业绩而彪炳于史册，他是同盟会领导的武装起义的实际主持者。但是同盟会领导的起义中，规模最宏大、战斗最激烈、影响最深远、业绩最瑰丽的武昌起义，黄兴作为同盟会的负责人却不了解其底蕴，未参加直接领导，起义时不在现场。我根据对黄兴在武昌首义前后言行的具体分析，认为黄兴对武昌首义的重要性和紧迫性缺乏必要的认识。黄兴虽然早就确立了“雄踞一省，与各省纷起”的起义方略，但首先雄踞哪一省，却是革命实践中的最大难题。黄兴领导了多次起义，每次选择的首义地点都未能成功，但他并未考虑过选择武昌作为首义地点。不仅黄兴如此，孙中山也如此，中部同盟会的领导人也如此。这反映了同盟会领导人在反清武装起义的战略决策方面的失误。此种失误，在确知武昌即将发动首义时仍未彻底纠正。面对武昌党人敦促黄兴、宋教仁等前往领导起义，黄、宋等表现了犹豫、迟疑乃至行动上迁延不进，终于失去了由同盟会领导人直接掌握导致中华民国成立的武昌首义的领导权，从而使武昌首义后的政治局势发生了意想不到的变化。对我的论文，除了主评人的评论外，先后有李云汉、薛君度、蒋永敬、李恩涵等教授发表意见，或者质疑，或者补充我的解说，均未对我的论点提出重要的商榷意见，表现了两岸学者之间在学术讨论上的和谐气氛。

会上提出的论文中，最多的还是讲黄兴与孙中山的关系，或曰孙黄关系。

多数讲孙黄关系的论文作者，似乎有意无意地针对了薛君度的“双元领袖”说。撇开感情因素不说，鄙见以为，此次会议关于孙黄关系的种种评论，并无多少实质的分歧。

薛君度在会上提出了《〈黄兴与辛亥革命〉出版三十年》的专题演讲稿。他在这篇文稿中说：“我这本书的主题是孙中山和黄兴在辛亥革命中的‘双元领导’。这并不是一个独创性的观念，事实上，满清覆亡前后至民国初年，世人以孙黄并称。人们普遍承认并深信这观念。按照当代中国人和日本人的观点，有一段时间，黄兴行使的权力和产生的影响要比孙中山大……。由于受到‘国无二主’这种中国传统文化观念和20年代以后国民党中国个人崇拜的影响，也由于孙中山在晚年曾与共产党合作，黄兴的名字在孙中山的名字下黯然失色。在对革命的叙述中，黄兴经常只是被顺便提及。”我以为，这一段文字是平实的。所谓“双元领导”，追求的只是“孙黄并称”。由于不满意在革命史上黄兴只是被顺便提及，因而强调在辛亥革命时期，有一段时间黄兴的影响要比孙中山大。这些评论，不足以构成“矫枉过正”。我不知道“双元领袖”（或称“双元领导”）该如何界定其含义。“双元”是否意味着要把黄兴与孙中山拉平？查薛君度的《黄兴与中国革命》及上引专题演讲，似乎并无“拉平”之意。但是人们在评论时往往针对“双元”为“拉平”立说。这是否有望“元”生义之嫌？除非有直接的证据，我不认为把“双元”理解为“拉平”是符合作者愿意的。否则，吴相湘著《开国元勋黄兴》一文，同尊孙黄为“开国二元勋”，所谓“孙氏理想，黄氏实行”，也具有“双元”含义，为什么没有人指责吴相湘要把黄兴与孙中山拉平呢？

薛君度在《黄兴与中国革命》一书中说：“在推翻清朝的辛亥革命中，黄兴和孙中山是中国两个最有影响的革命领袖。辛亥革命，世以孙、黄并称。无疑，孙和黄的共同领导，是理解1905年以后十年间中国革命运动的关键。”（见杨慎之译本第9页）这应该是对“双元”说的最好注脚。如果排除“双元”为“拉平”的含义，则这次会议上关于孙黄关系的评论，与“双元”说并无根本分歧。伊原泽周在《论黄兴在辛亥革命史上的地位》一文中说：“黄兴是辛亥革命的伟大的领导人，是中华民国的创造者。孙中山的革命没有黄兴的努力协助，难于推翻清朝，难于建立民国。二者相辅相行，不可缺一。但从革命思想及理论、国家元首的领导上来说，黄兴要让孙中山一步。”又指出：“他（按指黄兴）的火热的民族意识，急进的革命行动，绝不亚于孙中山，甚至有时，有过之而无不及。”虽然作者申明是与“双元”说讨论，但作者的观点与“双元”说并无本质区别。再如章开沅的《孙黄轴心的历史演变》一文，系展延他十余年前提出的“孙黄轴心”说。作者说，薛君度生活在美国很久，可能是用西方现代政治理念来解释民元前的孙黄关系并称之为“双领袖”。“其实中国在很长一段时间内，‘天无二日，国无二君’的传统政治思想，仍有很大影响。不仅统治者不会允许‘二君’并存，就是革命党首领也不会允许‘双领袖’并存。所以，我宁愿比较含蓄地称之为‘孙黄轴心’。”作者在这里并不是反对“双领袖”说，而是说革命党首领不会允许“双领袖”并存，而用“孙黄轴心”说较好。所谓革命党首领不许云云，应别有申论：历史学家提出“双领袖”说，并不需要革命党首领允许，正如历史学家提出“孙黄轴心”说不需要革命党首领允许一样。至于俄国革命党首领列宁提出过领袖是一个集团，不仅需要双领袖，而且允许多领袖。可见革命党首领不可一概而论。不知西方现代民主理念是否也认为领袖不止一个的。又如张玉法讨论《黄兴与孙中山之关系》，全面比较孙黄二人，发议常有令人受益之处，说明孙黄关系，结论是“从同盟会成立，到二次革命前夕，革命派都是孙黄共同领导的局面”，孙黄“是排名第一、第二的革命领袖”（章开沅文章中不愿把轴心的乙方称之为次要的或从属的一方之语，似与此处排名说有异）。又说：“黄兴在1907年至1911年间，可谓为国内实行革命的首席领袖。”张玉法没有申明同“双元”说讨论，但上引论点，与薛君度的“双元”说竟毫无二致，难怪他引薛君度关于“孙和黄的共同领导”（前文已征引）的一句话作为全文的终结。

在会议的讨论中，我们曾对一些歧义之点提出过商榷意见。如蒋永敬评论胡汉民笔下的黄兴时，引申出“革命”之事不好，说什么“大陆中共革命越革越糟”，吕实强评论黄兴个人品质，高度推崇其“无争”，“淡泊名利”，“有如菩萨，渡己渡人”；张玉法评论孙黄关系，说孙中山一生仰仗三人，一个对他百依百顺如陈英士，一个叛变了的如陈炯明，一个有依有违如黄兴。我在质疑中提出：不要一般地说革命不好，否则辛亥革命就会被否定了，应当说该革命的就革，不该革命的不革，中共“文革”革错了，不能说中共革命越革越糟；把“无争”推崇到至高无上，对政治家来说未必是妥当的；笼统地说黄兴对孙中山依违并存，并不严谨，应当说黄兴在多数情况下都是执行孙中山的革命主张的。尚明轩补充说，孙中山依仗的不止三人，晚年依仗的尚有廖仲恺。我们的这些质疑，颇能得到台湾学者的理解。

总起来说，这次黄兴与近代中国学术讨论会开得是比较成功的。我们三名大陆学者的出席，引起与会台湾学者的莫大兴奋，成为他们谈话的中心。作为筹备委员会主席的政治大学校长张京育在开幕词中说：“希望这一次会议成为两岸学术交流的起点。”“国史馆”馆长瞿韶华作为会议嘉宾在致辞中说，两岸学术交流“从此可以展开新的一页”。《联合报》报道认为，这次海峡两岸学者的会议“是台湾史学界的一大盛事”。可见，两岸学术交流的这一次突破，得到了台湾学术界的积极评价。

会议结束后，主人安排我们访问了几处学术单位：中国国民党党史编纂委员会、台北故宫博物院、“国史馆”、“中研院”近史所和东海大学文学院与图书馆（位于台中）。李云汉主任委员、秦孝仪院长、瞿韶华馆长、陈三井所长和东海大学文学院吕士朋院长热情接待了我们。我们参观了党史会档案陈列和“总统府”机要室档案（俗称大溪档案）陈列，参观了故宫、“国史馆”和近史所的档案库房，获得了初步印象。

主人还安排我们参加了三次座谈会。一次由政治大学历史研究所所长胡春惠教授主持，该校历史所和历史系全体师生参加；一次由“中研院”近史所所长陈三井研究员主持，该所全体研究人员参加；一次由联合报系所属《历史月刊》社社长刘洁先生主持，在联合报系大楼内，由社会各界人士参加。

这几次座谈，是我们继黄兴与近代中国学术研讨会，与台湾学术界和社会人士学术研讨和思想交流的继续。前两次座谈会上，我主要报告了本所历史和现在的研究情况，尚明轩报告本所中华民国史研究室研究状况，韦杰廷报告湖南省研究中国近现代史状况。第三次座谈会，主持者定名为“两岸学术交流对研究中国近现代史的影响”。这次座谈会的主要发言人除了我们三人外，还请了三位台湾著名学者：蒋永敬、张玉法、陈三井。主持人规定每位学者依次发言二十分钟，然后有听众提问。由于会前在报纸上发表了召开这次座谈会的消息，出席会议的约四十人中，有香港中文大学的王尔敏教授，有政治大学外交系邵玉铭教授，有“中研院”近史所的几位研究员，有中学历史教师，还有一位对历史有兴趣的资深化学博士。

在这次座谈会上，我们在发言中高度评价了两岸历史学家在台北会晤的积极意义，明确指出由于指导思想的差异，两岸学者在史观上分歧甚深。为了使两岸学术交流得以顺利开展，我们可以把史观上的深刻分歧摆在一边，先从中国近现代史研究中寻找相互感兴趣的课题，交换心得，加强切磋，尽量求同存异。通过交流，扩大同的方面，减少异的方面。台湾学者认为不讨论不同的观点，是鸵鸟政策。对此我们表示异议，提出两岸历史学者由于史观的分歧，引起对若干重大历史问题的认识不一致是明显的、不容回避的；但是，初次面对面交流学术，就把明显的分歧意见摆出来，势必出现吵架的局面。这自然是大家不愿意看到的。两岸学者共同认为，两岸学术交流虽然彼此没有改变对方的观点，但交流使两岸学术界都能受惠。陈三井认为，交流对中国近现代史研究的冲击特别大，加强两岸学术交流远比中日、中美交流来得重要。他把两岸学术交流产生的良性互动概况为四点：第一，资料的互补性；第二，研究工作更富挑战性，现代史家必须面对更多的同行专家；第三，观点更具客观性；第四，出版更具时效性，同大陆朋友竞争，将来能不断开拓新的研究领域。显然，这种评论是客观的、务实的、积极的。这也表明，此次大陆学者赴台访问对促进两岸学术交流的实际效果是好的。

1992 年 6 月 26 日

几位台湾著名人士关于两岸关系的言论及我见①

今年5月9日至17日，我们大陆学者一行三人赴台湾参加台北政治大学历史研究所主办的“黄兴与近代中国学术研讨会”，并访问有关学术单位。在主要参加学术活动之余，还与若干人士接触过两岸关系问题。现将了解到的情况报告如下。

一

5月10日晚，台湾中华奥委会副主席兼秘书长李庆华(前“行政院长”李焕之子)以展望基金会董事长名义宴请与会学者，我被安排与李坐在主桌上。李告：他已获国民党内陶百川、赵耀东等七位名流力荐，正式宣布参加立法委员选举。他祈请同席的“国史馆”馆长瞿韶华（部长级以上）及其他台湾人士为他多拉选票，并咬牙切齿地谈及党内选举中的腐败现象。他说，在党内选举中，只要有六七千张票，就可当选；党外选举中，则需要拉到六七万张选票。他自信，拉到这些选票是没有多大问题的。他送我一份竞选立委的宣传材料，从其竞选声明中看出他的政治抱负。他说：“以台湾近期的发展来说，我们曾在政治安定的基础上，创造了经济奇迹；又以经济成果为基础，推动政治开放；在政治开放中，引发两岸互动。在此情势下，若能掌握历史契机，推动政治进步，带动经济升级，然后挟强大之政经优势，催化中国大陆，创造属于中国人的21世纪。如此则中国人数世纪以来之落后与屈辱，皆可因台湾两千万人之奋发而扬眉吐气。”他在批评了台湾“当前政治人物”以后说：“整个中国都

① 本文是1992年5月28日撰写的访台报告，原载于中国社会科学院《对外学术交流情况》增刊第18期，1992年7月12日出版。

站在历史抉择的转折点上。台湾的命运与大陆不可分割。台湾的角色举足轻重。而台湾所能做出的唯一抉择，就是尽速建立责任政治，重塑有远见、有担当、有道德勇气的政治格局，建立公平正义的社会，开创中国的前途。”李庆华把“建立富强统一的国家，反对台独分化的野心”作为他的政治主张的头一项，把“实施两岸直航，便利两岸人民来往；扩大两岸交流，增进两岸人民情谊；建立中华经济共同体，促进两岸经济发展”，列入选举政见的前三项。可见，李庆华的竞选，把处理两岸关系问题，放到极为明显的地位。李庆华还兼任政治大学历史系副教授，该系系主任告我：李庆华如能竞选立委成功，对促进两岸关系大有裨益。据介绍，李庆华在促进台湾当局制定新的大陆政策、成立大陆专责机构、为孙立人将军平反、呼吁妥善处理二二八事件方面，都有很多建树，他可能是台湾未来政治生活的一颗值得注意的新星。

二

5 月 12 日中午，我们在政治大学餐厅与台湾“总统府资政”邱创焕邂逅相遇，匆匆握别。他得知我们是来赴会的大陆学者后，表示欢迎，并赠送我们他刚刚在政治大学博士班的讲演稿。他的讲演题目是《开拓中国世纪》，检读之下，发现主要是论述未来的海峡两岸关系。邱创焕生于 1925 年，1978 年后历任中国国民党中央委员会副秘书长、国民党中央常务委员、内政部长、行政院副院长、台湾省政府主席等职，1990 年后任“总统府”资政、七人策划小组成员、执政党宪政改革策划小组分组召集人。很明显，他关于两岸关系的言论值得重视。

《开拓中国世纪》是一份讲演提纲。演讲人从分析世界局势的变化（苏联解体、冷战结束）着眼，说明以经贸合作取代武器竞赛、建立区域性经济合作圈标志着世界新秩序的形成，在此基础上提出中华经济文化圈的构想。邱创焕认为，提出中华经济文化圈构想的现实根据是：政治上统一的前提尚未成熟（列举的理由是：“意识形态与政经制度不同，生活程度有巨大差距，人民对共产制度的排拒与恐惧感”），而两岸经济合作可互补有无、互助互利，大陆经济制度已朝向自由经济方向滑动；又因为世界各地区域经济组织正加速形成中，我们如不早日合作，将来恐在经贸竞争上要居于劣势地位。

照演讲人的设计，中华经济文化圈的构想包括如下内容：第一，“中华民国”与中共政权相互承认对方为政治实体；第二，以“中华民国”、中国大陆及香港地区为范围，成立自由贸易区；第三，“中华民国”政经制度照现制继续发展，中共政权在大陆加速采自由经济制度，香港于1997年后仍保持与现制相当的地位；第四，中华经济文化圈内的直接贸易、关税制度、货币流通、交通运输、人民往来、劳工供需等事项，基于上述三点原则，由三方面会商决定。按邱创焕统计，以1991年的数字，台湾、大陆和香港三地区人口合计11.8440亿，生产毛额6311亿美元（其中台湾1803亿、大陆3684亿、香港824亿），贸易总额4733亿美元（其中台湾1390亿、大陆1357亿、香港1986亿）；以1990年计，欧洲共同体加欧洲自由贸易联盟共十九国，人口3.8亿，生产毛额约为5.6万亿美元，北美自由贸易区加美国、加拿大、墨西哥三国，人口3.6亿，生产毛额6万亿美元。邱创焕认为，如果中国大陆生产力提高到台湾的程度，则中国大陆、台湾、香港三地的年生产毛额可达10万亿美元，这样，中华经济文化圈内无论是人口或生产力，均居于世界第一位。

关于实现中华经济文化圈的优点，演讲人列举了六点。兹全文转录如下：

（一）免除疑惧，安居乐业。台湾不必耽心中共武力侵犯，香港不必顾虑九七大限，中共不必害怕和平演变，人人安居乐业，团结奋斗，创造更大成就。

（二）顺应世局，提升地位。成立世界最大的经济圈，在世界以经贸关系为主轴的新秩序形成过程中，提升发言与影响的地位。

（三）目标远大，化解统独。台独的主张固属狭隘的想法，政治的统一也不是短期间内所能达成。中国的富强既为中国人一致的愿望，则经济的合作目标远大，效益无穷，足以化解统独的情结于无形。

（四）繁荣富庶，实质统一。中国统一的方式，绝非让中共并吞台湾使台湾沦入共产专制的桎梏，也很难由中华民国政府反攻大陆，回到大陆统治全国。统一的目标在于实现十二亿同胞民主、自由、均富、繁荣、幸福的生活。因此中华经济文化圈如能成立，即使政治上暂不统一，实质上从人民生活观点言，也等于统一。

（五）第一强国，中国世纪。中华经济文化圈在世界上既然居于首要地位，将来政治上走向统一，自然是世界上的第一强国，就是仅止于经济上的合作，也等于中国人世纪的来临。

（六）仁爱思想，永久和平。中国人崇尚仁道、爱好和平，于富强之后，继绝兴废、济弱扶倾，可促进世界的永久和平。

邱创焕在结语中表示："要恳切地呼吁中国人：终止敌对，经济合作，一心一德，开拓新纪！"

三

5月14日访问台中东海大学，东海大学文学院院长吕士朋教授陪同。去年在夏威夷参加关于辛亥革命的学术讨论会，吕士朋曾同我长谈过成立中华邦联的设想，我回国后曾有报告。此次在台中见面，时间短促，他在便中向我谈到台湾的国际生存空间问题。他明确告诉我，他是从中国统一的角度考虑这个问题的。他认为：中共在国际上尽量挤压台湾的国际生存空间的策略值得再加斟酌、考虑，中共应给予台湾一定的国际生存空间。他说，台湾的执政党是分裂的，李登辉主张"台独"，郝柏村就是支持中国统一、支持反"台独"的势力。如果郝柏村的"行政院"在国际上完全没有一点生存空间，"行政院"威信下降，郝柏村难以取信于民，就会失去同李登辉斗争的阵地。把郝柏村搞垮了，就是支持了"台独"，打击了统派势力。从这个意义上说，给台湾一定的国际生存空间，是很有必要的。他说，大陆是大哥哥，台湾是小弟弟，兄弟相斗，大哥哥的度量要大一点。

四

按我个人的接触，在台湾岛内，关于两岸关系的未来走向，从主张统一的人士来说，存在着如吕士朋的中华邦联、李庆华的中华经济共同体和邱创焕的中华经济文化圈等三种主张。李庆华的中华经济共同体，尚不明了其实质内容，姑不置评。吕士朋的中华邦联，其值得注意的提法是请邓小平出任中华邦联第一任大总统，他的主张的积极意义，是急于把中国大陆和台湾都框在一起，避免“台独”长成气候；但他主张，中华邦联把台湾的“中华民国”框进来以外，还可包括新加坡和外蒙，甚至新疆和西藏都可成为邦国。如此主张，窒碍不行处甚多，甚不可取。

浅见以为，邱创焕的中华经济文化圈的构想值得注意。第一，这个构想是建筑在不变更大陆、台湾、香港三地现行政治经济制度的基础上的（所谓“台湾不必耽心中共武力侵犯，香港不必顾虑九七大限，中共不必害怕和平演变”云云），这与邓小平同志倡导的“一国两制”的构想在实质上有相通之处。第二，邱的构想，是台湾当政者中最不具有反共火药气味、较能平实地设想两岸未来走向的言论，它是对台湾学生演讲用的，尚未公开发表，较不具有虚张声势的宣传意味。第三，这个构想鉴于政治统一实际上难以做到，着眼于经济建设，着眼于提升大陆的生产力水平，与我党以经济建设为中心，扭住经济建设不放的路线暗相符合。十年二十年以后，大陆生产力水平得到大大提高；人均国民所得若达到5000美元（美国有人估计，按中国国内的购买力水平，目前人均国民所得已达到2000美元，而不是300到400美元。台湾目前为9000美元），民主政治建设打开一个新的局面，那时社会主义的政治、经济优势开始突显，台湾地区人民对中华人民共和国的政治向心力会大大加强，和平统一祖国就会水到渠成了。

邱的主张与“一国两制”构想的最大不同处，是坚持“中华民国”旗号，谋求被承认为政治实体。在这一点上，它又是与中华邦联的主张相同，甚至与“台独”思想相通的。据我对台湾民情粗浅的实地体察，岛内各种政治势力大约都主要谋求台湾为政治实体（中国统一联盟中的左派似稍有异），不过有的以台湾的名义，有的以“中华民国”的名义。这一点，目前可能是两岸关系上的一个死结。浅见以为，“一国两制”构想已含有承认台湾为某种特殊的地方政治实体的意味，问题在于“中央”与“地方”的对立。邱的演讲似乎已放弃了谋求以“中华民国中央政府”统治整个大陆的打算，这无异于承认台湾为地方政治实体。

我在台湾接触的主要是一些著名的历史学者，也包括若干正在就读的博士生，还有个别普通老百姓（我的族人）。他们颇以台湾的经济生活和民主政治自炫。他们往往回顾50、60年代台湾的困顿，对现状颇为满足。按我的体察，他们对我党的“一国两制”构想，对台湾成为中华人民共和国的一个特别行政区这样一种中国统一的方式（尽管丝毫不防碍他们的经济生活和民主政治），不以为然。这种民情，我以为是李庆华在竞选声明中提出“挟强大之政经优势，催化中国大陆，创造属于中国人的二十一世纪”的大话，是中华邦联或中华经济文化圈主张的思想基础。我认为，我们应当因应这种情势，认真研究台湾统派人士提出的各种统一主张，尤其注意研究邱创焕的构想，提出实质上与“一国两制”主张相符、而在形式上能为台湾民众倾心接受的方案，以争取民心为尚，以便从实际上推进两岸统一的大业。

张海鹏

1992年5月28日晚草成

首次赴台进行学术访问的情况报告①

今年5月8日至17日，我们一行三人（中国社科院近代史所张海鹏、尚明轩，湖南师范大学文史研究所韦杰廷）应台湾政治大学历史研究所之邀，赴台参加“黄兴与近代中国”学术讨论会，并访问若干学术单位，进行了学术交流。这是大陆学者首次正式赴台进行学术访问。兹将经过情况报告如次。

一、关于学术会议

“黄兴与近代中国”学术讨论会，由台湾政治大学历史研究所和美国黄兴基金会（黄兴的二女婿、美籍华人学者薛君度任董事长）主办。会议的经费，除薛君度出资两万美元外，大部分由政大历史所所长胡春惠募集。据胡告：政大除提供会议场所和劳务外，未出一文钱。提供经费并参与主办的有台湾“国史馆”、太平洋文化基金会、中正农业科技社会公益基金会等单位。当我们抵台与会后，尚有其他一些基金会先后捐助了资金。我们自香港到台北的往返路费由会议负担。

会议筹委会共邀请大陆学者十余人，正式提请台湾“教育部”和“入出境管理局”审查的七人，只有四人通过了审查（南开大学历史系李喜所因我方未办妥手续未能与会），其余三人（华中师大章开沅、湖南师大林增平、复旦大学姜义华）据闻系因具有政协委员身份而未通过。

列名在《会议手册》的学者七十余人中，仅南韩汉城大学闵斗基一个外国人，余者全是中国人。其中有日籍华人学者戴国辉（台湾人），美籍华人学

① 这是1992年6月13日由张海鹏执笔撰写的首次赴台进行学术访问的情况报告，这个报告提交给中国社会科学院时以张海鹏、尚明轩共同署名。曾摘要刊载于中国社会科学院内部刊物《对外学术交流情况》，第38期，1992年7月27日出版。刊出时署作《台湾举办“黄兴与近代中国”学术讨论会——访台报告》。

者薛君度（广东人）、李又宁（台湾人），香港珠海书院（接受台湾“教育部”资助）学者岑练英。台湾岛上知名的中国近现代史学者几乎全都参加了会议，其中“中央研究院”近代史研究所研究员有十六人、政治大学教授有十七人。据我们观察，除极少数人身份不明外，与会者均是纯学者。台湾报界认为，这次海峡两岸学者的会议“是台湾史学界一大盛事”。

会议于9至10日举行了两天。会上宣读并研讨了所收到的二十一篇论文：台湾九篇、大陆七篇、海外五篇。未到会者论文请人代读。这些论文对黄兴的生平与思想，黄兴与孙中山、胡汉民、宫崎寅藏、徐宗汉等的关系，黄兴与辛亥革命，以及黄兴的人品风范、文学造诣等进行了探讨。每篇论文均由知名学者担任主评人，有准备地给予评论。会场学术讨论气氛较好，两岸学者能够坐在一起相互质疑和对话，各抒己见。除极个别人的题外引申外，从学术讨论的角度说，会上的大多数学术观点是两岸学者都可以接受的。我们提交的论文受到了重视和较高的评价；台湾和海外学者的论文，有两篇提供了大陆学者没有掌握的资料。

由于是和不同观点和方法的台湾学者讨论问题，自然免不了出现歧异，不同看法和意见进行了有限的争论。我们对台湾学者明显的欠妥或不严谨的论点有分寸地谈出了自己的意见。如蒋永敬评论胡汉民笔下的黄兴时引申出“革命”之事不好，并声称“大陆中共革命越革越糟”；吕实强评论黄兴个人品质，高度推崇其“无争”，“淡泊名利”，“有如菩萨，渡己渡人”；张玉法评论孙黄关系，说孙中山一生仰仗三人，一个对他百依百顺如陈英士，一个叛变了如陈炯明，一个有依有违如黄兴。（以上三位都是台湾著名学者）张海鹏在质疑中提出：不要一般地说革命不好，否则辛亥革命就会被否定了，应当说该革命的就革，不该革命的不革，中共“文革”革错了，不能说中共革命越革越糟；把“无争”推崇到至高无上，对政治家来说未必是妥当的；笼统地说黄兴对孙中山依违并存，并不严谨，应当说黄兴在多数情况下都是执行孙中山的革命主张的；孙中山晚年所依仗的尚有廖仲恺。台湾学者对我们的质疑表示理解。

除了薛君度在会议闭幕式上的讲话欠妥并触犯众怒，因而引起台湾学者的抨击外，总起来说，这次会议开得还是比较成功的。我们三人的出席引起与会台湾学者的莫大兴奋，成为他们谈话的中心。政大历史研究所因首次成功地邀请大陆学者到台而声名鹊起。作为筹备委员会主席的政治大学校长张京育（曾任“行政院”新闻局长）在开幕词中说：“希望这一次会议成为两岸学术交流的起点”。“国史馆”馆长瞿韶华作为会议嘉宾在致辞中说，两岸学术交流“从此可以展开新的一页”。可见台湾方面对大陆学者赴会的重视。会前，会议主持人打电话到北京，表示如果北京办手续时间不够，他们可考虑会议延期，也反映了台湾方面对大陆学者赴会的期盼。“国史馆”馆长瞿韶华、中国国民党中央党史编纂委员会主任委员李云汉及副主任委员陈鹏仁、“中研院”近代史所所长陈三井、“总统府参议”项达言、政治大学校长张京育都几乎全程参加了会议，海基会副秘书长李庆平（刚到任）专程到会场看望了我们。

二、关于访问

会议结束后，主人安排我们访问了几处学术单位。它们是：中国国民党中央党史编纂委员会、台湾故宫博物院、“国史馆”、“中研院”近代史研究所和东海大学。

党史会设于阳明山原蒋介石“总统府”，现称阳明书屋。那里现设有蒋介石、蒋经国纪念室并保留蒋介石、宋美龄卧室等。党史会除藏有大量国民党档案史料外，还藏有“总统府”机要室档案，这批档案是有关蒋介石本人的，因过去曾藏于大溪，故俗称“大溪档案”。大溪档案过去、现在都是台湾最重要的核心机密档案，迄今未真正开放。主人安排我们参观了党史会档案陈列和大溪档案陈列。

故宫博物院位于台北市外双溪，傍山建成的仿古式现代化建筑物，其文物库房筑于地下。主人炫耀他们用高科技手段保护文物档案，保安措施万无一失，地下库房除恒温恒湿外，工作人员、参观者与珍贵档案接触须戴软绵纸做的口罩和手套；用电脑监控火情，用先进的海龙瓦斯灭火，对人无损害；以及周密的电视跟踪等。这些设施，目前是北京故宫博物院难以做到的。我们曾询问台北故宫博物院院长秦孝仪，是否有什么话带给北京故宫博物院。秦说，“我们欢迎北京故宫博物院派人来学习用高科技保护文物，但是北京要同意我们派人去大陆参加考古发掘”。

“国史馆”设于台北县新店市。“国史馆”第一任馆长是国民党元老张继，于1946年开馆于南京，今南京第二历史档案馆即建于其原址。国民党政府败退台湾时，该馆文献、史料未能携出。“国史馆”在台湾于1957年复馆，复馆后第一任馆长是罗家伦。现任馆长瞿韶华，1990年9月经“总统”李登辉特任。按组织条例，“国史馆”直属“总统府”，掌理纂修国史事宜。该馆现藏有政府各机关档案（包括大陆时期的）七百五十多万件。馆内所藏资源委员会档案数量甚多，尤以完整量大的阎锡山档案颇具特色。阎锡山在大陆时期建立了庞大的情报网，不仅窃收共产党、八路军的电话、电报等各种情报，也窃收国民党、蒋介石及其嫡系的电话、电报，当时即整理归档，退台后移交“国史馆”。

“中研院”近代史研究所是纯学术研究单位。该所特色是有一座很好的档案馆。该馆藏有自1860年总理各国事务衙理成立以来到北洋军阀时期总理衙门、外务部、外交部的大量档案。1842年8月29日中英签订的第一个不平等条约《南京条约》原本，人们原以为已经失传，现在证明藏在那里。《南京条约》以后一系列不平等条约的原件都存在该馆。我们曾向该馆提出得到《南京条约》原本照片，被该馆馆长托词拒绝。

参观访问以上单位给我们印象很深，感受颇多。第一，各单位主要负责人均待我们以贵宾之礼，亲自主持接待、安排参观并宴请。他们对参观日程都作了周密安排，展示了所藏精华。谈话一般是礼节性的，不涉及两岸敏感话题。以往国共两党的对立情绪，现在一般看不到。除赠送书籍外，我们想要的文献资料，都得到有礼貌的婉拒，体现了内紧外松原则。第二，通过耳闻目睹，我们深感台湾收藏有大量中国近现代史档案文献，许多收藏是大陆没有的。这些档案文献，对于研究中国近代史、中华民国史、中外关系史、中国国民党史、甚至中共党史，都是必不可少的。我们近代史所及大陆各地的研究人员今后应设法利用这些史料，以加深和拓宽自己的研究。第三，各单位都有储存档案的较好的物资设备。文献庋藏库都使用了电脑监控、海龙瓦斯灭火等安全设施；办公使用了电脑网络；各单位都有了缩微设备、微卷阅读装置、照相翻拍机、视听装置，传真机得到普遍使用。“国史馆”还有一间引自日本的设备先进的熏蒸室（用于文献消毒、除虫、防霉等用）。他们近代史所每个研究员一间宽敞的办公室，并配给一个助理员作助手。研究人员所需要的图书，不管是哪里出版的，图书馆都有责任尽量购进。

此外我们还应邀访问了台中的私立东海大学。该校文学院院长吕士朋陪同游览校园，参观了他们的附属小学和鲜乳厂；历史系教授兼台北联经出版公司总编辑林载爵陪同参观了校图书馆。该图书馆藏书三十六万册，其最大特点是全部开架（除善本书外），管理员多是打工的学生。据告：该校首任校长对付丢书的办法是丢一本补一本，三十几年来，该校师生已经养成了爱护图书的习惯，现在丢书、损坏图书现象已经不是一个问题了。我们看到，从大陆购进的图书单独陈列，《马恩全集》也在架上，但未看见《列宁全集》、《毛泽东选集》等大陆出版物。

三、关于座谈会

访台期间，主人安排我们参加了三次座谈会。一次由政治大学历史研究所所长胡春惠主持，该校历史所和历史系全体师生参加；一次由“中研院”近代史所所长陈三井主持，该所全体研究人员参加；一次由联合报系所属《历史月刊》社社长刘洁主持，在联合报系大楼内，由社会各界人士参加。

这几次座谈，是我们继“黄兴与近代中国”学术讨论会与台湾学术界和社会人士学术研讨和思想交流的继续。前两次座谈会上，张海鹏主要报告本所历史和现在的研究状况，尚明轩报告本所中华民国史研究室研究状况，韦杰廷报告湖南省研究中国近现代史状况，第三次座谈会的题目主持者定名为“两岸学术交流对研究中国现代史的影响”。这次座谈会的主要发言人除了我们三人外，还请了三位台湾著名学者：蒋永敬、张玉法、陈三井。主持人规定每位学者依次发言二十分钟，然后由听众提问。由于会前在报纸上发表了召开这次座谈会的消息，出席会议的约四十余人中，有香港中文大学的教授，有“中研院”近代史所的几位研究员，有台北的中学历史教师，还有一位对历史有兴趣的化学博士等。

在这次座谈会上，我们在发言中高度评价了两岸历史学家在台北会面的积极意义，明确指出由于指导思想的差异，两岸学者在史观上分歧甚深。为了使两岸学术交流得以顺利开展，我们可以把史观上的深刻分歧摆在一边，先从中国近现代史研究中寻找相互感兴趣的课题，交换心得，加强切磋，尽量求同存异。通过交流，扩大同的方面，减少异的方面。台湾学者认为不讨论不同的观点，是鸵鸟政策。对此我们表示异议，提出两岸历史学者由于史观的分歧，引起对若干重大历史问题的认识不一致是明显的、不容回避的；但是，面对面交流学术，就把明显的分歧意见摆出来，势必出现吵架的局面。这自然是大家不愿意看到的。张玉法在发言中，常出现一些挑逗性的语言，表现了对大陆学者的进攻态势。我们在答辩中适当地给予了回答，两岸学者共同认为，两岸学术交流彼此没有改变对方的观点，但交流使两岸学术界都能受惠。陈三井认为，交流对中国现代史研究的冲击特别大，加强两岸学术交流远比中日、中美交流来得重要。这次座谈会长达四个小时，使连日奔波不息的我们甚感疲惫。

四、与若干重要人士的会见

我们本着国台办和院领导所指示积极主动、广交朋友的精神，除了与参加学术讨论会和座谈会的学者广泛认识、交流外，在可能条件下还与一些台湾有影响的重要人士作了一定的接触，主要有下述几位：

李庆华，前“行政院长”李焕之子，现任台湾中华奥运会副主席兼秘书长、展望基金会董事长，还兼政治大学历史系副教授。“黄兴与近代中国”学术讨论会结束后，李庆华以展望基金会董事长名义与台湾中国历史学会会长王寿南（政治大学文理学院院长）联名宴请与会学者。张海鹏被安排在主桌与李庆华同席，并有所交谈。李庆华正在竞选台湾下届立法委员，得到了陶百川、赵耀东等全力举荐，很可能成功。据观察，此人很可能成为台湾政界一颗新星，他以统一中国、加强两岸关系相号召，值得注意。

邱创焕，国民党中央常委、前“行政院”副院长，现任“总统府资政”、七人小组成员。5月12日我们在政治大学参加座谈时，他正在政大对博士生发表演讲，我们在政大餐厅不期而遇。他知道我们是大陆学者，表示了欢迎，并赠送我们一份他在政大的讲演稿。他主张在尊重中国大陆、台湾、香港现行政治制度的前提下组成中华经济文化圈，先谋求经济的统一，再谋求政治上的统一。他的主张值得研究。

陈荣杰、李庆平，海基会秘书长、副秘书长。李庆平5月初才从美国被召回履新。会议期间及会后，李庆平曾几次与我们见面。5月13日，陈荣杰在海基会办公处与我们见面，陈荣杰提及海基会与海协会讨论两岸文书验证未取得一致意见，似有埋怨我方之意，曾流露海基会工作进展不大，有打退堂鼓意思。他曾明确告诉我们：台湾如有人问你们是否共产党员，你们不要承认，也不要否认，打个哈哈应付一下就过去了。

邵玉铭，曾担任“行政院”新闻局长四年半，虽经“行政院”一再挽留，仍放弃了新闻局长职，出任政治大学政治学教授。他已应联合报系之聘，主持联合报系文化交流基金会工作。该基金会是新建的，主要支持海峡两岸文化学术交流。5月16日中午，邵玉铭特地赶到联合报员工食堂，与我们吃了一顿便饭。他说，他今后要多考虑两岸文化交流，要多与大陆学者打交道，并表示：“过去担任新闻发言人，说了不少批评中共的话，抱歉抱歉！”此人头脑清楚，活动能量大，今后动向似值得注意。

此外，张海鹏还同台湾中国统一联盟的几位学者陈映真、王晓波、尉天聪等人有过接触；尚明轩应台湾政治大学历史系教授李守孔之邀与台湾北京师范大学和河南大学校友会的先生们分别见过面，交换了加强学术交流和增进友谊的意见。

五、对台湾接待的印象

此行接待，全由政治大学历史研究所和历史系承担。接待热情、周到、礼貌。主人安排我们住在政大行政大楼八层（顶层）访问学者招待所，安全可靠。访问日程安排很满，没有我们自由活动的时间，以致没有上过台北市内大街。

抵台之初安排的日程，在政大住一礼拜后，在“中央研究院”住一礼拜，由近代史所接待，预定20日离开台北。5月10日上午11点接到通知，要我们17日离开台北，不容商量，也不移住“中研院”招待所。后来获悉，这一决定是台湾“入出境管理局”作出的。可见台湾官方对此次正式访台的大陆学者还是有点紧张感。透过热情、礼貌接待的背后，看到的是防范。为免主人难堪，我们未向接待单位提出异议。但在海基会，我们曾向陈荣杰提起此事，陈荣杰提出可以帮助斡旋（我们判断他知道内情），我们没有领情，仍决定17日离开，同时希望此后大陆学者来台访问，能在可能条件下允许他们按自己的意愿安排日程。

六、感想和建议

第一，两岸交流日益热络，为了祖国统一大业，我们很难把两岸交流之门关上。邵玉铭说：两岸交流先从文化开始，文化交流先从历史学开始。对中国现代史的看法有共识，其他就好办了。邵的意见有可取的一面。现在，两岸学术交流之门已经突破了，从台湾学术界现状看，今后两岸互访会日见增多。我院应跟上这种形势，努力因应，避免被动。我们认为，交流之始，我院可组织有优势的文、史、哲、经等传统学科与台湾学术界交流。可以有选择地派过去，也可以有选择地请进来。台湾方面多次举办国际学术会议，我院也可以办这类会议，以提高我院在国际学术界的影响。

第二，两岸交流虽然日见热络，但台湾方面的入境审查仍将是严格的，大陆学者入台数量不可能太多。我方应邀入台学者素质应高一些，所提论文，似应经过某种审查。此次黄兴会议，有一位大陆学者（未批准入台）的论文，颇为台湾学者诟病。据悉，那位学者已患老年痴呆症，其论文很可能为学生捉刀。

第三，关于政策问题。我方规定，不能参加台湾召开的国际学术讨论会。台方规定，不是国际会议，不能请大陆学者参加，甚至在大陆召开的不是国际会议，台湾学者不能赴会。此种情况，值得从政策角度加以研究。

此次“黄兴与近代中国”学术讨论会，邀请书上无国际字样，会场横幅上加上了“国际”二字。我们曾设想过退出会场，但考虑到，我们是经批准正式来台参加学术讨论会议的大陆学者，如果宣告退出，将立即引起台湾学术界注意，引发新闻传媒的竞相报导，可能形成政治事件，有损两岸关系，把我们和台湾学者之间刚刚打开的接触之门关上，这样做实际上对我不利；同时我们看到，会场横幅虽有国际字样，胸牌上却无国际二字，到会学者除南韩闵斗基外，其他全是中国人，从会议主办人和台湾学者对大陆学者出席的热望和积极评价来看，此次会议，实际上是海峡两岸的学术讨论会。从实际效果看：台湾报纸在报道会议时采用“国际”二字，反映了他们争取国际生存空间的岛民意识外，并无多少实际意义。我们在会议上出现及会后对若干学术单位的访问和演讲，不仅展示了大陆学者的学术水平、学者风度，而且在数处讲坛上同台湾学术界的许多学者见面，同一部分社会人士见面（包括一些具有官员身份的人和普通人士如前述中学教师等），直接向他们讲述大陆历史学家的意见，取得一些积极的反映和一定程度的认同，是有积极意义的。“中研院”近代史所所长陈三井在观察了此次学术交流后评论说：两岸学术交流所产生的良性互动表现为四个方面：一、资料的互补性；二、研究工作更富挑战性，现代史家必须面对更多的同行专家；三、观点更富客观性；四、出版更具时效性，同大陆朋友竞争，将来能不断开拓新的研究领域。我们认为，这种评论是客观的、务实的、积极的。它表明，此次大陆学者赴台访问的实际效果是好的，是对我有利的。

从目前两岸关系看，政治上的对话暂不可能，经贸关系日见频繁且要大力促进，学术文化上的交流刚刚开始。我们认为，在当前形势下，应大力推动两岸学术文化的交流。除互访、讲学外，互相参加学术会议是一重要形式。台湾当局已开禁台湾学者来大陆参加学术会议。我们这次访台成功，给台湾学术界刺激很大。许多学者向我们表示，他们要积极筹办学术会议，欢迎大陆学者前往参加。我们建议：台湾岛内举办的学术会议上，在是否使用“国际”二字上，我们的尺度似以放宽为宜。因为第一，学术会议不能等同于政治性会议，政治性会议必要时尚且可以放松，学术性会议放松的尺度应更大一些；其次，如果严格执行有“国际”字样的会议不能参加，等于自我封杀，不利于大陆学者直接面对台湾人民，从学术上和政治上来看，那样做，对我弊多于利。据我们所知，台湾的学术会议挂“国际”字样，也有便于争取经费的意义在内。

第四，关于学者立场。我们此次赴台访问，经国台办同意，以学者身份从事活动，除了学术访问外，不负担其他任务，言行均本学者立场。从实际效果看，这种态度是可取的。我们在访问过程中，坚持不谈政治问题，不触及两岸敏感问题。虽有台湾学者提出放弃意识形态、反对政治参与，我们只是作出适当回应，未多加引申。我们体会，在学术活动中不鲜明体现政治立场（包括使用若干中性词语），对于接近各方面社会人士是有利的。我们学术研究的指导思想是马克思主义、是唯物史观，但我们在学术论文和学术演讲中，虽努力体现马克思主义、唯物史观、实事求是原则，但在文字上、口头上，尽量不使用马克思主义、唯物史观的术语，较易使台湾学者对我们产生亲近感，较易使他们接受我们的观点。

第五，我们认为，大陆人文科学、社会科学在学科视野、人才数量、学术水平方面，一般来说要优于台湾；台湾学者在外语水平、对外国学术界的了解方面，一般来说，要优于大陆。就中国近现代史来说，大陆优秀学者很多，台湾则有限，而两岸中国近现代史史料则亟须互补。今后加强两岸学术交流有必要性、有可能性。我们要充分信任建国以来成长起来的各方面学者，在条件可能时（主要指台湾方面召开的学术会议有利于发扬我方优势），应多允许有成就的大陆学者与会。也要在财力允许的情况下，在大陆召开经过充分准备的学术会议，邀请较多的台湾学者出席。可考虑先从研究中国传统文化的学科入手。也可考虑召开国际汉学会议（先请各地华人学者参加，再邀请外国汉学者），吸引较多台湾学者。从中国近现代史来说，可先回避某些敏感问题，召开两岸关于中国近现代史研究的检讨之类的学术讨论会，以交换信息和资料，沟通感情，促进深入交流。

鉴于此次赴台访问是第一次，报告文字拖长了一些。以上报告和建议如有不当之处，请批评指正。

促进海峡两岸中国近现代史的交流①

“两岸学术交流对研究中国近现代史的影响”，题目很大。这几天往来匆匆，难得冷静思考。仓促之间，恐怕谈不好。

学术交流可分为直接间接两种。两岸学术的直接交流早在十年前就开始了。那时两岸各派出阵营强大的中国近现代史学者往会于美国芝加哥，问难答疑，颇积一时之胜。在座的张玉法教授当时正置身其中。1988年后，两岸学者在海外，在大陆，时相过从，获益良多。今天，大陆学者终于有机会来到台湾，在《联合报》提供的讲台上，直接向各位请益。与十年前相较，是一种有趣的巧合。看来，两岸的中国近现代史学者走在两岸学术交流队伍的前边。刚才邵玉铭教授讲，两岸交流先从文化交流开始，文化交流先从历史学开始，对中国现代史的看法有共识，其他就好办了。这是值得重视的意见。这说明了两岸中国近现代史学者肩负的责任。历史是以往的政治，中国近代史就是昨天的政治，对中国近现代史有共识，有分歧，都与对昨天的政治的认识有关。而昨天的政治演变为今天的政治。可见，研究中国近现代史，与政治完全脱节，事实上是难以办到的。中国历史几千年，分分合合，最终走向统一。今天的中国又出现了走向统一的过程。我相信，今天两岸聪明的政治家们，是会善处中国统一问题的。我不是政治家，在这方面无法作出贡献。如果能利用这样的机会，在学术交流上贡献些心力，则是个人很愿意做的事。

关于间接交流，则很早就开始了。我们一直在关注台湾学者在中国近现代史方面的出版物。尤其最近十余年，我们的学者在开始一项新的研究时，

---

① 这是1992年5月16日在联合报系所属《历史月刊》社社长刘涛先生主持的“两岸学术交流对研究中国近现代史的影响”座谈会上的演讲记录整理稿。这个稿子寄到台湾时，《历史月刊》已发表了记录稿。本稿后来刊于《江海侨声》（江苏）1992年5、6期和《民国春秋》1993年第1期。

总要先检索一下台湾学者在这个问题上作过什么工作，说过什么话。两岸学者在自己的著作中常常征引对方的出版物，不仅对方公布的史料必须征引，对方在研究中得出的各种结论，也都是必须加以参考的。由于两岸隔离太久，意识形态不同，史观上分歧很大，难免对中国近现代史上的许多问题有不同的看法。这并不可怕。无论在台湾，还是在大陆，学术界都有许多不同的意见，百家争鸣。我以为，我们两岸学者坐到一个讲台上，面对面交流请益，还是把因史观不同引起的许多重大分歧暂时搁置，先就若干容易取得共识的具体历史问题着手，然后逐步扩大交流面。两岸学术交流的基础还很脆弱，我们要避免出现争吵那样不愉快的局面。有的先生问到，大陆学者对辛亥革命性质的解释是否有变化？照我看来，把辛亥革命定性为资产阶级民主革命，凡是以唯物史观作指导的学者，都是支持这一观点的。我们知道，台湾学者并不同意这一看法。这是由史观不同引起的，我们可以暂时把这一分歧搁置起来。搁置分歧，并不是说我们之间没有问题可以讨论。我这次提供给“黄兴与近代中国学术讨论会”的论文，题为《论黄兴对武昌首义的态度》，受到与会学者重视，有几位朋友对我说，你的文章的写法怎么和台湾学者一模一样？这说明，两岸学者在中国近代史研究的各领域内，是有不少共同语言的。对晚清历史的研究，对辛亥革命历史的研究，对北洋军阀史及抗战史的研究，双方都有许多题目可以合作，可以交流。

两岸学术交流不仅在资料交换、在合作研究方面，更重要的是感情上的联系。我们都是中国人，血浓于水，两岸学者在大陆、在台湾，还是在海外见面，不仅切磋学术，还交流亲情，总能感到愉快和满足。这次我们三位来到台湾，参观访问各学术机构，承蒙各位热情接待，我们很满足，很感谢！我希望台湾学者多到大陆访问，也希望能有更多的大陆学者到台湾来，常来常往，亲情更亲，把学术交流的基础逐渐培植稳固，这对两岸中国近现代史研究的影响，将是可以看得见的。

1992 年 6 月 28 日根据台湾《历史月刊》社寄来的录稿整理

祝贺《海峡评论》200期①

《海峡评论》杂志社
发行人吴添财先生
社长吴琼恩教授
总编辑王晓波教授：

敬悉海峡评论杂志社即将于8月4日假台湾师范大学教育大楼国际会议厅举办创刊200期庆祝活动，谨作为贵社聘请的编辑顾问（大陆）之一，向《海峡评论》杂志社，向各位执事先生，向杂志社各位同仁，并通过你们向《海峡评论》的广大读者致以衷心的诚挚的祝贺！

贵刊1991年元月创刊以后，我有幸在1992年5月在赴台出席黄兴与近代中国学术讨论会期间，与总编辑王晓波先生认识，并获读《海峡评论》杂志，一直以来，我都是贵刊的忠实读者。从《海峡评论》的小开本到《海峡评论》的大开本，象征着《海峡评论》杂志事业的开展与影响的扩大。在海外大学图书馆的刊物架上，也能发现《海峡评论》的身影。发行200期是贵刊事业的第一步，作为读者和作者，我期望她继续前进，走出第二步、第三步。

贵刊一直遵循“继承台湾同胞爱国主义传统，发展中华民族和平统一理论”宗旨，一向强调爱国主义与中华民族，这是贵刊不断吸引海内外读者的可贵之处。一向强调爱国主义与中华民族，就是一向强调一个中国的立场，不屈不挠地反对任何台湾独立的政治和思想倾向。贵刊发表的社论和一系列重点文章，都是秉持这个立场和这样的思想倾向。在这样的阵地上不断奋斗，鄙

① 本文载于《海峡评论》2007年9月号。

人无任感佩之至!

在下作为学人，从《海峡评论》杂志学习了很多知识，通过你们获悉台湾思想动态和各种思想政治主张，获益良多。作为海峡评论杂志的朋友，我本来应该援笔为文，无奈近期事务纷忙，难以成文，谨以此短笺表祝贺之意。

祝《海峡评论》杂志继续秉持固有立场，继续发挥在思想界的作用，继续为推进海峡两岸的思想和文化交流，迈出新的步伐!

张海鹏

中国社会科学院学部委员

中国社会科学院台湾史研究中心副理事长兼主任

2007 年 8 月 3 日于北京

后 记

承蒙九州出版社关照、督促，要我编出一个有关我所写台湾问题的集子，好让他们出版。此前，台北的海峡学术出版社也提出了同样的要求。今年上半年才有机会加以安排。我在搜集二十年来所写有关台湾的文字以及编辑、校对的过程中，得到了赵庆云博士的帮助。九州出版社周春编辑认真负责，校订全部书稿。这个集子终于可以与读者见面了。书稿中文字，我期待读者的批评指正。对于以上帮助各位，谨致感谢之忱！

张海鹏

2010 年 8 月 18 日于北京